教师专业发展

张典兵　王作亮　著

中国矿业大学出版社

内容提要

本书基于教师是自身专业发展主体的立场，从教师专业发展的内容与路径两个维度，以教师专业发展规律和学科学的视角，遵循着“教师专业角色—教师专业素养—教师专业发展过程—教师专业发展动力—教师专业发展路径—教师专业幸福”的逻辑体系，对教师专业发展相关问题进行了全景式的探索和研究。本书不仅吸收和借鉴了国内外教师专业发展研究的最新成果，充分彰显了时代性和创新性，而且突出强调了教师专业发展研究的实践价值取向，大大增强了针对性和实效性。

本书可作为教师教育专业本科生和研究生的教学用书，也可作为各级各类学校教师增强自身专业素养、促进自身专业发展和专业成长的参考用书。

图书在版编目(CIP)数据

教师专业发展 / 张典兵，王作亮著. —徐州：中国矿业大学出版社，2017.1

ISBN 978-7-5646-3382-0

Ⅰ.①教… Ⅱ.①张… ②王… Ⅲ.①师资培养—研究 Ⅳ.①G451.2

中国版本图书馆 CIP 数据核字(2017)第 006355 号

书　　名　教师专业发展
著　　者　张典兵　王作亮
责任编辑　陈振斌
出版发行　中国矿业大学出版社有限责任公司
（江苏省徐州市解放南路　邮编 221008）
营销热线　(0516)83885307　83884995
出版服务　(0516)83885309　83884920
网　　址　http://www.cumtp.com　**E-mail**:cumtpvip@cumtp.com
印　　刷　江苏淮阴新华印刷厂
开　　本　787×1092　1/16　**印张** 18.5　**字数** 462 千字
版次印次　2017 年 1 月第 1 版　2017 年 1 月第 1 次印刷
定　　价　46.00 元
（图书出现印装质量问题，本社负责调换）

前　言

自有人类，便有教育；自有教育，教师职业也便客观存在了，只不过那时的教师还不具有独立的身份，而是与其他职业混杂在一起。到了奴隶社会和封建社会，教师职业逐渐从社会其他职业中分化出来，成为一种独立的职业，但它仍然是非专门化和经验化的职业。从非专门化、经验化到专门化、专业化，教师职业经历了一个十分漫长的分化和发展过程。在这个过程中，教师职业的专业性日益凸显，逐渐得到了社会的普遍认同，并成为世界各国教师职业发展的共同目标。在我国，1993 年第八届全国人民代表大会常务委员会第四次会议通过了《中华人民共和国教师法》，其中第三条规定“教师是履行教育教学职责的专业人员”。1995 年国务院颁发了《教师资格条例》，2000 年教育部颁布了《〈教师资格条例〉实施办法》，在全国范围内开始正式实施和推行教师专业资格制度。2011 年 10 月，教育部为了落实教育规划纲要，深化教师教育改革，规范和引导教师教育课程与教学，培养造就高素质专业化教师队伍，颁布了《教师教育课程标准(试行)》，明确指出要把“教师专业发展”列为教师教育的一门主干课程。接着，2012 年 2 月教育部又分别颁发了《幼儿园教师专业标准(试行)》、《小学教师专业标准(试行)》和《中学教师专业标准(试行)》，为更好地实现教师专业化、促进教师专业发展提供了方向、要求、规范和准则。这一系列政策措施的相继出台，充分表明我国政府已经把教师专业发展摆在了教育改革与发展的重要位置，把它看成是提高教育质量、增强综合国力、实现中华民族伟大复兴“中国梦”的关键和支撑。

本书基于教师是自身专业发展主体的立场，从教师专业发展的内容与路径两个维度，以教师专业发展规律和学科学的视角，对教师专业发展的理论体系进行系统研究和架构，突出体现了以下几个特点：第一，内容丰富，体系完整，结构严谨，逻辑严密。作者遵循着“教师专业角色—教师专业素养—教师专业发展过程—教师专业发展动力—教师专业发展路径—教师专业幸福”的逻辑体系，对教师专业发展问题进行了多视角、全景式的探索和研究。第二，吸收和借鉴了国内外教师专业发展研究的最新成果，丰富了教师专业发展的研究内容，拓展了教师专业发展的研究视域，充分彰显了教师专业发展学科的时代性和创新性。第三，突出强调教师专业发展研究的实践价值取向。教师专业发展不仅是一门理论学科，而且是一门蕴含于教育教学情境和教师日常生活的应用学科，教师专业发展研究的最大价值，就在于其对教师专业发展实践的启迪和引领，从而大大增强了教师专业发展学科的针对性、操作性和实效性。

本书是一项合作完成的研究成果，徐州工程学院张典兵教授撰写第一章、第三章、第六章、第八章、第九章、第十章、第十一章和第十三章，王作亮教授撰写第二章、第四章、第五章、第七章和第十二章。在写作过程中，作者参阅了国内外有关教师专业发展研究的著述，吸收了专家学者和一线教师的研究成果和真知灼见，有的以注释的方式加以标明，有的以参考文献的形式加以说明，在文献资料的注释和引用过程中可能会出现挂一漏万的现象，在此特别加以说明并表示衷心感谢。本书的出版，得到了中国矿业大学出版社的支持和帮助，一并表示最诚挚的谢意。

我国著名教育学者叶澜曾经说过："没有教师生命质量的提升，就很难有高的教育质量；没有教师精神的解放，就很难有学生精神的解放；没有教师的主动发展，就很难有学生的主动发展；没有教师的教育创造，就很难有学生的创造精神。"教师专业发展不仅是经济社会发展和教育变革的客观要求，而且是教师实现自身价值、追求专业理想的基础和条件。本书的根本旨归就在于，从幼儿园、小学和中学教师的角度出发，引领并帮助他们了解自身职业的专业属性，明晰自己作为专业人员的发展规律，并为其提供实现自身专业发展的对策建议。倘若本书能够对教师专业发展有所启迪和帮助，我们的目的也就达到了。

作者

2016 年 11 月

目　录

第一章 导 论

20 世纪 80 年代以来，随着世界范围内基础教育改革的不断推进，教师专业素质及教师教育问题也备受关注。回顾国内外教师教育发展的历程，我们能够很清楚地看到，从最初的"师资队伍建设"到后来的"教师专业化"，再到今天的"教师专业发展"和"教师专业成长"，其关注点更加突出了教师个体的、内在的体验，体现了从关注群体到关注个体、从强调外在到支持内生的时代转变。教师专业发展不仅是教师在教育教学实践中丰富专业知识、增强专业技能的过程，而且是教师不断坚定专业理想、涵养专业道德、升华专业情操的过程。从根本上来说，教师专业发展不是由外在的制度和标准来衡量的，而是由教师发展程度及发展整体水平所决定的。在我国不断深化基础教育改革和新课程改革的当下，教师面临着专业理念、专业道德、专业知识、专业能力、专业心理等几乎是全方位的挑战。教师要想直面这些新挑战、迎接时代赋予的新任务，就必须加强学习、进修和研究，更好地实现自身的专业发展。

第一节 职业、专业与教师专业化

在探讨教师专业发展之前，首先需要遵循着时代发展和人们对教师工作认知的演进，对职业、专业、专业化等几个相关概念加以厘定和明晰。

一、职业的内涵及特点

在 2015 年 7 月国家职业分类大典修订工作委员会审议并颁布的《中华人民共和国职业分类大典》一书中，职业是"从业人员为获取主要生活来源所从事的社会工作类别"。就其本质而言，职业是指个体赖以谋生的社会劳动岗位，以及必须承担的社会角色和社会责任。首先，职业应当是一种谋生手段，是一种能够为个体提供主要生活来源的社会活动；其次，职业也意味着个体在社会生活过程中对社会所承担的一定的职责，以及所从事的专门业务；第三，职业还能够提供给个体自我实现的机会，能够使个体通过工作发展自身的才能和个性，从而顺利达到自我实现的目的。

一般来说，职业需要满足以下三个基本条件：其一是能够给予从业者合理的报酬，满足就业者的各种生活需求；其二是赋予从业者一定的社会角色，能够使其在履行义务和职责的过程中发展自身的个性和才能；其三是能够提供从业者体现个人价值的机会和舞台，使其在工作中赢得尊严、荣誉、声望和影响力。

结合上述职业内涵的理解，职业主要表现出以下五个特征：第一，经济性。职业是个体谋生的重要手段，从事一项职业活动首先能够为其带来经济收入，也就是说职业活动要以获得现金或实物等报酬为目的。第二，社会性。一方面，职业是随着人类社会进步和劳动分工逐渐产生并发展起来的，它是社会生产力和科技进步发展到一定阶段的产物。另一方面，从业者一般都要承担着一定的社会职责和义务，扮演着一定的社会角色。职业位置往往并不是继承性的，而是获得性的。在现代社会中，职业应当是国家确定和认可的。第三，技术性。从业者一般要经过专门机构的职业培训，具有专门的基础知识和基本技能，并且能够为社会提供某种专门的服务。第四，服务性。从业者能够为他人和社会提供最基本的服务，并且在工作中能够不断提高自己的能力以便为社会提供更好的服务，促进社会的进步和发展。第五，发展性。职业并不是一成不变的，而是随着社会的发展而不断发展变化的，随着某些旧的职业的消亡，代之而起必然是一些新兴职业的出现。

二、专业的概念及特征

专业不仅是社会分工和职业分化的结果，而且也是其特定表现形式，是人类认识自然和社会达到一定深度的表现。从词源学上来看，“专业”一词最早来源于拉丁语，原意是指公开地表达自己的观点或信仰，与之相对的是“行业”，它包含着欧洲中世纪手工行会所保留的、对其行业专门知识和技能控制只能传授给本门派人的神秘色彩。我国《现代汉语词典》中“专业”一词的解释包括以下几点：一是指高等学校的一个系里或中等专业学校里，根据科学分工或生产部门的分工把学业分成的门类；二是指产业部门中根据产品生产的不同过程而分成的各业务部分；三是指专门从事某种工作或职业的；四是指具有专业水平和知识。日本当代学者石村善助认为，专业是指“通过特殊的教育或训练掌握了业经证实的知识（科学或高深的知识），具有一定的基础理论和特殊技能，从而按照来自非特定的大多数公民自发表达出来的每个委托者的具体要求，从事具体的服务工作，借以为全社会利益效力的职业”①。

专业的出现和形成，经历了一个长期的发展演变过程。首先是以工具为代表的先进技术的开创。如人类的石器时代、铜器时代、铁器时代，古代中国著名的“四大发明”，古代社会的石匠、铜匠、铁匠、木匠等，作为专业的雏形至今仍然流行于家庭作坊之中。其次是以蒸汽机为代表的工业革命开创了人类现代专业的先河。如现代工业的发明大王爱迪生，作为专业的发明家，为人类贡献了非常多的发明，包括至今仍然使用的白炽灯、电话等。这一阶段出现了工厂、作坊等为单元的工业原始结构，人们长期从事不同的产品加工和服务分工，出现的是现代工业专业化分工的原型。再次是以教育、工业等现代科学技术迅猛发展为代表的现代专业的出现。大量的社会化分工，不断催生了教育实践和工业、商业实践，为某一特定的人群的工作名称、工作内容的规划、设计和研究，促进了新职业专业化理念的传播。最后是以专业化的培训、教育和人才培养为代表的现代化专业模式。由于规模化的工业发展，需要对于某种特定的技能、技术、科学理论、科学研究、科学试验、科学检测、科学评测的人才群体，进行大规模的人才人力输出，满足社会和企业的巨量需求，因而奠定了现代信息化条件下专业的基本概念。

关于专业所具有的基本特征，学者们从不同方面进行了研究。美国学者利伯曼认为，专业必须具有以下八个特征：范围明确，垄断地从事与社会不可或缺的工作；运用高度的理智技术；需要长期的专业教育；从事者无论个人、集体，均具有广泛的自律性；在专业的自律范围内，负有作出判断、采取行为的责任；非盈利，以服务为动机；形成了综合性的自治组织；拥有应用方式具体化了的伦理纲领。② 澳大利亚学者凯米斯认为，专业应当具有三个显著特

① ［日］筑波大学教育研究会.现代教育学基础［M］.钟启泉，译.上海：上海教育出版社，1986：441.

② Liebeman M. Education as a profession[M]. NJ：Prentice Hall，1956.

征:其成员采用的方式与程序要有系统的理论知识和研究支持;其成员以顾客的利益为压倒一切的任务;其成员不受专业外势力的控制和限定且有权作出自己的职业判断。① 美国学者帕森斯认为,专业一般包含两个基本特征:其一是一个专业好比一个行会,意味着一个自愿的协会,其成员受到行会的限定,表明自我规范和自律成员关系;其二是专业建立在科学的基础之上,此职业控制着一套专门的知识理论体系,它的获得除了要经过学徒式的训练之外,还要在大学里经过多年的研修,科学性为行会的存在提供了合理性,行会通过对从业权力的控制保证科学知识社会功能的权威性。② 我国学者曾荣光则认为,专业的特征主要包括以下十个特征:为社会提供不可或缺的服务;享有专业服务的专业权;接受长时间训练和入职辅导;具有一套"圈内知识";有专业自主权;组成对成员有制约力的专业团体;确立一套专业守则;获得社会当事人信任;享有相当的社会地位和职业报酬;不断接受在职培训和从事科研活动。③

三、专业化的含义及特点

目前学术界对于专业化的含义一般从两个层面加以解读:作为改善地位的专业发展的过程;作为扩大专业实践中专业知识和改善其专业技巧的过程。这也就是说,专业化一方面关注改进从业者的职业行为和服务质量,提高一个职业群体的专业性质和发展水平,它是在严格的专业训练和自身不断主动学习的基础上,逐渐成长为一名专业人员的发展过程。这一发展过程的实现不仅需要专业人员自身主动的学习和努力,以促进和提高自己的专业能力,而且良好的外部环境的创设也是专业成长所必不可少的重要条件。另一方面,专业化也关注整个职业社会地位的提升,使职业争取成为专业而持续不断努力的转变过程。它是一个普通职业群体逐渐符合专业标准,成为专门职业并获得相应的专业地位的过程。专业化是指某一职业真正成为一个专业,从业者成为专业人员得到社会承认这一发展的结果。如果从个体与群体的角度来分析,前者主要是指"个体专业化",后者则主要是指"职业专业化",二者共同构成了专业化过程和结果。由此可见,专业化不仅是专业人员的培养和教育过程,而且是人才培养、教育目标和发展趋势,体现了对其专业水平和社会地位的一种肯定和认可。

专业化一般具有以下六个特点:一是运用专门的知识与技能,即有一套完善的专门知识和技能体系,作为专业人员从业的依据;二是强调服务的理念和职业伦理,即服务或奉献的专业道德,它是该职业群体为履行责任,满足社会需要,维护职业声誉而制定的自我约束的行为规范——一套一致认可的伦理标准;三是经过长期的培养与训练,即成熟的专业必须通过长时间的专业训练,有一个养成的过程;四是需要不断地学习进修,即作为专业的职业生涯,在几十年的专业活动中,随着社会的进步与变迁,对于专业的挑战几乎每天都在发生,因而需要不断地适应和学习进修,才能使专业的知能不断跟上时代前进的步伐;五是享有有效的专业自治,即当一个专业处于相对强盛的地位时,它的专长能满足重要的社会需求,它的

① 高慎英.教师成为研究者:"教师专业化"问题探讨[J].教育理论与实践,1998(3).

② Buce Kimball. The problem of teacher authority in light of the structure analysis of profession[J]. Educational Theory,1988(1).

③ 曾荣光.教师专业与教师专业化:一个社会学的阐释[J].香港中文大学教育学报,1984(1).

科学知识体系已经高度专门化而十分深奥复杂，以至于外行不能挑战专业人员的技术判断，专业自治便成为可能；六是形成坚强的专业团体，即一种工作是否专业，可从是否形成坚强的专业组织上来考量。专业团体的形成，一方面能够保证专业地位的确定，保护和提高他们的个人利益；另一方面则能通过设立章程和伦理法规，促进伦理规范与权利义务的实施，强化个人以及团体的责任感，保障客户和公众的利益。

四、教师专业化的意涵

对于教师专业化的核心意涵，学术界存在着不同的看法。有学者在进行系统深入的文献分析的基础上，归纳出以下三种观点：①

首先，若从动态的角度来看，教师专业化主要是指教师在严格的专业训练和自身主动学习基础上，逐渐成长为一名专业人员的发展过程；若从静态的角度来看，教师专业化则是指教师职业真正成为一种专业，教师成为专业人员并得到社会承认的发展结果。教师专业化的标准主要包括两个方面：一是教师自身素质，二是客观环境条件。在教师专业化发展过程中，这两个方面的内外标准都是必不可少的，如果单纯强调教师自身素质的发展，或单纯强调创设良好的外界环境，都不可能真正实现教师的专业化。只有这两个方面相互配合、相互渗透和相互促进，才能为教师专业化创造积极良好的内外条件，也才能促进教师的专业成长。

其次，主张从以下两个视角来界定教师专业化的本质内涵：一是从专业出发进行界定，二是从个人入手加以解读。前者还可以具体分成静态与动态两种考察方式：静态论者参考专业特质学者的观点，提出教师专业化的指标包括专业知识和能力、专业训练、专业组织、专业伦理、专业自主、专业服务和专业成长，他们以此指标为参照系来评价教师职业是否达到了专业的水平，并提出达成教师专业化的具体措施；动态论者则把专业化看成是某一职业逐渐达到专业水平的过程，认为教师专业化必须具备教师社会地位的提高和教学能力的提升两个标准。后者则认为教师专业化是指教师个人成为教学职业的成员，并且在教学中具有越来越成熟的作用转变过程。教师职业社会化过程并不以进入教师职业作为结束点，也不在早期教师职业任何一点上结束。

最后，教师专业化发展经历了两个发展阶段：一是组织发展阶段，这种理论关注教师整体素质的提升，以此提高教育教学工作的质量和效率，出现了谋求整个专业社会地位提升的“工会主义”和强调教师入职高标准的“专业主义”两种不同价值取向。二是专业发展阶段，这种理论一方面出现了教师专业发展注重教师既要有知识、技能和价值观等，又要有学科知识、教育知识的理智主义价值取向。另一方面也出现了注重实践，通过多种形式的反思，加强教师对自身教育教学实践的认识，并在此基础上提升教育教学实践、探究自身专业发展的实践反思价值取向；同时还出现了关注教师专业发展的方式或途径，注重通过小组教师的相互沟通、合作与交流，确定教师自身专业发展方式而形成的一种合作型教师文化的生态价值取向。

① 蒋竞莹．教师专业化及教师专业发展综述[J]．教育探索，2004(4)．

第二节　教师专业发展的本质内涵

从哲学上来说，发展是指事物由小到大、由简到繁、由低级到高级、由旧质到新质的运动变化过程。它不仅包含对生命本体的关注，而且也包含对影响事物的外部因素的关注。对教师专业发展内涵的解读，从构词方式的角度有两种理解："教师专业"的发展与教师的"专业发展"。前者主要是指教师职业与教师教育形态的历史演变；后者则着重强调教师由非专业人员成为专业人员的发展过程。从目前我国对教师专业发展的概念界定来看，正体现出这样两种不同的思路和视角：一是侧重外在的、关涉制度和体系的、旨在推进教师专业发展与职业成熟的教育与培训发展研究；二是侧重理论的，立足教师内在专业素质结构及职业专门化规范与意识的形成完善的研究。可以说，这两种认识和思考过程密切相关，但却又表现出"合而不同"的特点，是在一致的研究旨趣下包含并牵涉着不同的领域与概念范畴，甚至研究方法和逻辑也存在较大的差异。但从以往的研究来看，大部分是秉持第二种认识视角，因而话语体系比较一致，问题和争论也很集中。

一、教师专业发展的意涵

关于教师专业发展的概念界定，因研究的逻辑结构与选用方法不同而呈现出不同的表述。有学者认为："教师专业发展就是教师的专业成长或教师内在专业结构不断更新、演进和丰富的过程。"①也有学者指出，教师专业发展是指，"教师个人在历经职前师资培育阶段、任教阶段和在职进修的整个过程中都必须持续地学习与研究，不断发展其专业内涵，逐渐达到专业圆熟的境界"②。从以上对教师专业发展内涵表述的比较中，我们可以看到一些共性特征：第一，都强调教师专业发展要素的内生性和自觉性；第二，都重视基于教师专业发展过程理解的阶段性与动态性；第三，都承认教师专业发展状态的非终结性。但表述中也存在着一些不足之处，如对教师专业发展的时代背景、教育理念及价值旨趣的变化等方面没有给以充分的考虑。

我国正面临着社会体制转型、多元文化与思想观念的冲突与整合、知识信息总量及人才素质结构的不断变化、教育规模与效益日益彰显等新的时代背景，教师在教育系统中的位置、角色与职责正在受到空前的冲击和挑战，传统的师德权威也正不断遭受质疑。为顺应时代发展要求，教师必须积极转变教育理念和自身角色，树立开放教育、民主教育、生态教育等大教育观，不断增强、拓宽自身的文化修养与专业视野，尤其要提高教育教学实践中的反思意识和行动研究。这些包含了教育信念、内在动机、专业知识、专业能力、专业态度与规范等要素在内的调整与提高，正是教师专业发展的核心内容。而这种专业发展，虽然以外部的教师教育为主渠道，但其根本动力却来自于教师的职业自觉意识和主动精神。正是基于以上分析，我们认为，所谓教师专业发展，是指以教师专业自觉意识为动力，以教师教育为主要辅助途径，实现教师的专业知能素质和信念系统不断完善、提升的动态发展过程。

教师专业发展既不同于教师专业化，也与教师专业成长存在一定的差异。教师专业化

① 叶澜，白益民，王枬，等. 教师角色与教师发展新探[M]. 北京：教育科学出版社，2001：226.

② 朱宁波. 中小学教师专业发展的理论与实践[M]. 长春：吉林人民出版社，2002：72.

更多的是从社会学角度进行考虑的，它更为强调教师群体的、外在的专业水平的提高；教师专业成长主要是从生态学角度加以考量的，是指一个生命由小到大、由弱变强、由稚嫩走向成熟的生长变化过程，在这一过程中不仅包括自然界生物的成长，而且也包括人类生命的成长；教师专业发展则更多的是从教育学的维度进行界定的，它所强调的是教师个体的、内在的专业性水平的提升。从本质上来说，教师专业发展是教师个体专业不断发展变化的历程，是教师不断提升专业素养的过程。教师要成为一个成熟的专业人员，需要通过不断的学习与探究来拓展其专业内涵，提高专业水平，从而达到专业成熟的境界。① 在当前社会和教育背景下，教师专业发展重心正在发生由"技术熟练者"向"实践反思者"、从"外显知识"到"内隐知识"的变革，教师专业发展的性质不仅仅停留在教育学、心理学知识的获得和在教育实践中的合理应用上，而是在复杂教育教学情境问题解决过程中所形成的实践性认识的发展，也就是说教师个体积极主动的、内在的专业成长已经成为当前教师专业发展的核心问题。事实上，"教师专业发展从本质上就是一个个体社会化的过程，是带有自身经历的个人通过一定年限的师范教育训练，以及长期在职进修而不断地获得教师角色的过程，是其与教师角色有关的一系列认知、情景及其行为发生变化的过程，也是其与各种社会化动因不断互动的过程"②。在这个过程中，教师个体从自己的经历中逐渐发展和确认自己的教师角色，也不断认同着当下自己所从事的教师职业。由此可见，"在当前形势下，基于'从事实际活动的人'来追寻教师身份，把教师作为'人'的教师，正视其专业成长中社会外在规约与教师个体内在诉求的矛盾交织，在不断认识自我的过程中，合理把握内外条件，是促进教师专业发展的可行性路径"③。

二、教师专业发展的特征

（一）自主性

教师的专业自主性是教师专业发展的前提和基础。教师在设计课程、规划教育教学活动以及选择教材时，应有充分的自主性，教师本人必须把外在的影响转化为自身专业成长过程中的动力，必须具有自主专业成长的意识。教师自主专业成长的意识可增强教师对自身专业成长的责任感，使教师不断寻求自我成长的机会，逐渐获得自我成长的能力。教师专业发展要通过各种相关的制度激发教师的自我控制、自我引导和自我成长。

（二）情境性

美国有学者曾经指出：教师角色的最终塑造必须在教育教学实践环境中进行。教师的知识和能力很多是依靠个人经验和对教育教学的感悟而获得的，教师应该不断反思自己的教育教学理念与行为，不断进行自我调整和自我建构，从而获得持续不断的专业成长。不仅如此，由于教育教学情境具有不确定性和挑战性，教师的专业成长必须与教育教学实践、教育教学情境紧密联系，并与同事、专家乃至家长建立良好的合作关系，在学校中形成一种互助合作的文化氛围，从而更好地促进教师的专业成长。

（三）多样性

教育教学工作的复杂性决定了教师专业结构的复杂性和多样性，从而也就决定了教师

① 教育部师范教育司.教师专业化的理论与实践[M].北京：人民教育出版社，2001：50.

② 吴康宁.教育社会学[M].北京：人民教育出版社，1998：215.

③ 黄文芳.身份认同视域下的教师专业成长[J].宁波大学学报(教育科学版)，2012(5).

专业发展的复杂性和多样性。教师工作包括观察学生、创设学习情境、组织教育教学活动、训练学生、评价学生学业成绩等多种活动，教师专业发展体现在这些不同的活动之中。教学不仅是对知识和技能的传授，而且更是师生之间的情感交流、心灵沟通和智慧碰撞过程，教师专业发展既要注重教育教学知识与技能层面的发展，也要适当兼顾认知、情意、人格等各方面的成长。

（四）阶段性

教师的专业成长过程呈现出明显的阶段性，在这一过程中不仅有发展，有进步，而且有停滞，有低潮。研究教师专业发展阶段性将有助于教师选择、确定个人的专业成长计划和成长目标，对此，国内外学者提出了各种不同的教师专业发展阶段理论。教师专业发展又具有连续性，教师只有不断地进修和研究，以终身学习为基本理念，才能不断促进自身的专业成长，从而确保教育教学知识以及专业能力符合时代的需求和教育教学的需要。

第三节　教师专业发展的基本历程

教师职业伴随着人类社会的产生而产生，是人类社会古老而永恒的职业活动之一。教师是人类文明的重要传递者和创造者，其所承担的社会功能、专业素质要求、职业劳动特点等，都处于不断变化和发展中，推动着教师职业从非专门化、经验化逐渐走向专门化和专业化。

一、教师专业发展的初始阶段

在古代社会里，教师是一个相当自由的职业，没有培训和考核的要求，只要有知识和兴趣，任何人都可以开馆办学，教学是一种纯粹的个人行为。那些由政府所设立的官学，教师主要是以吏为师或以僧侣为师。那些隐于山野的书院或其他形式的私学，教师则主要以智者为师或学者为师。近代以来，这种局面在教师教育机构成立以后逐步得到改变，尤其是在第一次工业革命以后，西方发达国家纷纷实行义务教育，以此应对工业革命对劳动者素质方面提出的新要求。实施义务教育需要有两个最基本的条件：一是要有经费作为保障；二是要有受过专门职业训练的教师作为前提。因为到了这个时候，人们已经认识到，仅有知识虽然可以做教师，但如果没有或缺乏职业训练，就会直接影响教育的质量和效果，就难以成为好的教师。在普及教育的过程中产生和发展起来的初等学校，不但需要大批教师，而且要求他们具备一定的学科文化知识、教育教学的技能和管理的才干，教育第一次成为公共事务，政府对教师教育的干预也提到了议事日程上。于是，一些国家通过立法或行政手段，创立培养教师的正规机构，规定教师任职资格，规范教育使之走向正规化、制度化，教师仅凭个体经验的随意教育行为开始“解冻”，教师职业由无需专业训练的“自由职业”转变为必须经过一定培训的职业。1685 年，法国天主教人士拉莎尔首创“师资培训学校”，标志着西方国家教师职业向着规模化和专门化方向发展。系统和正规的师资培训体系的出现，预示着教师专业发展的开始，这是世界教育史上的一个重大进步，对提高教学质量、完善教师素质起到了积极的作用。然而，这一时期的教师教育远未包含教师专业发展的全部内涵，更多的是一种职业训练，因而只能是教师专业发展的初始阶段。

二、教师专业发展的制度化阶段

从世界范围看，教师专业发展伴随着人们对教育质量的关注而不断得到重视。20 世纪 60 年代，随着教育的大发展，世界各国教师教育的主要矛盾是量的问题，即需要大量的教师；而到了 80 年代，各国对教育质量问题的关注则要求把教师职业作为一个专门的职业来看待。

1966 年，国际劳工组织和联合国教科文组织就在《关于教师的地位和工作建议》中提出，要把教育工作视为专门的职业。1976 年，联合国教科文组织在日内瓦召开的第 45 届国际教育大会通过的第 7 项建议就认为“专业化”是“一种改善教师地位和工作条件的策略”。

1980 年 6 月 16 日，美国《时代周刊》发表了一篇题为《危急！教师不会教!》的文章，拉开了以提高教师素质、促进教师专业发展为核心的教师教育改革的序幕，并使人们对教师的关注从数量转向质量。1986 年，美国卡耐基教育促进会和霍姆斯小组先后提出了《国家为 21 世纪准备教师》和《明天的教师》的报告，明确阐明了“教师专业化”的概念，主张确立教师的专业地位，建立与教师专业化相应的衡量标准，以教师的专业化来实现教学的专业化，并将注意力转向对教师专业发展过程规律性的探究。随后，霍姆斯小组在 1990 年发表的《明日之学校》中提出了“教师专业发展学校”的设想，在 1995 年发表的《明日之教育学院》中则明确提出要重新设计教师教育课程和创设专业发展学校，由大学和中小学合作共同提高教师专业学习的质量。此后的许多研究和改革都是围绕如何促进教师获得最大程度的专业发展而展开的。美国教师专业发展运动对国际社会特别是对西方社会的教育产生了很大的影响。

20 世纪 90 年代以来，英国社会、经济、科技的发展以及教育本身的改革对于学校特别是教师提出了一系列挑战。英国政府把提升全球化背景下国家的竞争力作为国家发展的当务之急，并意识到在变革社会中教师具有举足轻重的地位和作用。从 20 世纪 90 年代中期开始，英国保守党政府开展了重构有效学校运动，英国教师培训署主张，为适应全球化经济发展，国家教育体制必须重构，通过构建“有效教师”来构建“有效学校”，并致力于教师专业效能的提升。这种以学校为中心来培训初任教师的计划，允许学校自己为师范生颁发教师合格证书，鼓励学校教师在指导学生实习的过程中来反思自身教学。英国教育标准局与英国教师培训署于 2002 年专门颁发了入职教师标准与在职教师训练标准，以提升教师专业标准，保证教师质量，并注重大学与中小学建立联系，从而把教师的专业发展提升到一定的战略高度。

20 世纪 80 年代，日本临时教育审议会相继发表了四次咨询报告，在第四次报告中明确提出了要培养新任教师的实际教学能力和责任感，延长试用期，实行任用后为期一年的新任教师进修制度。1987 年 12 月，日本颁布了《关于提高教员资质能力的方策》。1988 年 12 月，为进一步提高教师素质，日本又颁布新修订的《教师资格法》，修改的要点就是要提高大学的教师培训课程的专业性。至此，日本教师教育已经由教师的培养、任用、研修三个阶段构成了一个连续的、完整的过程。进入 20 世纪 90 年代，日本的教师教育又形成了以“全面素质提高”为中心的“反思型”教师培养模式，并为适应和满足教师专业发展的需要，不断地进行着教师教育中心的转型。发展至今的日本教师教育，不仅重视职后培训，真正将教师视为在教育实践中持续不断发展的专业人员，而且特别强调未来教师和在职教师专业能力的自我提升。

我国第一次在法律上确认教师专业地位的是1994年颁布实施的《中华人民共和国教师法》，其中规定“教师是履行教育教学职责的专业人员”，并从社会分工角度提出教师这一专门职业的专业性要求。1995年颁布实施的《中华人民共和国教育法》又作了进一步明确，同时在我国建立了“教师资格证书制度”，从而为教师的专业发展创造了有利条件。虽然与美国、英国、日本相比，我国教师专业发展起步较晚，但我国非常重视教师专业发展的政策保障，重视政府在教师专业发展进程中承担的主要责任。教师专业发展不仅要依靠教师自身的努力和教育研究者的探索，而且要依靠政府采取相应的推进措施，如教师资格证书制度、教师专业发展立法、教师教育课程标准、教师专业发展标准等。正是注意了教师内在积极性的调动和外部政策力量的推动，我国教师专业发展在理论上和实践上都取得了长足的进步。

三、教师专业发展的深化阶段

进入21世纪以后，科学技术飞速发展，国际经济竞争激烈，各国普遍重视人才培养。自此至今，在世界范围内掀起了新一轮的教育改革浪潮。在教育改革浪潮的推动下，教师专业发展取得了实质性的进展，教师个体专业化水平成为了教师专业发展运动的重心，教师专业发展得以不断深化。

首先，教师队伍高学历化，教师资格制度化。目前世界上许多发达国家的中小学教师的学历都有提高的趋势，大都提高到大学以上文化程度，具有学士以上学位，一部分研究生也补充到中小学师资队伍中。同时，教师培养机构分别培养各级教师，学历程度无差异，只是所学课程不同，以提高教师的专业化水平。教师资格标准是对教师专业素质的全面要求。当前许多国家实施教师资格证书制度，教师资格证书与学历证书并行，互不代替。通过制定高标准的教师职业要求，加快教师专业发展进程。

其次，教师职前培养与职后培训的一体化。一方面，世界各国普遍延长中小学教师职前教育专业学习年限；另一方面，大力推广教师在职进修工作，通过立法保障教师继续教育，完善培训体制，并采用多样化的培训方式，实施灵活而系统的课程安排，从而保证教师的专业水平持续有效的提高。教师成长向培养培训一体化方向发展，但不是任何机构都有条件和资格培养教师。为此，美、日、英和波兰等国专门制定了教师教育的机构认定制度，我国台湾地区也于1997年对教师教育机构进行了明确的认定。

再次，教师培养逐渐趋向终身化。随着终身教育理念的渗透，人们普遍认为教师教育应通盘考虑教师的专业发展，打破职前和职后相互独立的局面，实施一体化教育，使教师终身都能受到连贯的、一致的教育，强调教师应树立终身学习的意识，主动吸取新知识，不断提高自身专业素养。尽管各国对教师素质要求各不相同，但普遍重视知识更新和开拓创新能力。例如，日本着重强调教师要由“单一型”向“复合型”发展，俄罗斯也要求教师的劳动有创造性，成为适应时代要求的多面手。

最后，教师专业发展走向专门化。很多国家纷纷效仿美国，通过建立“教师专业发展学校”(PDS)，切实提升教师品质。所谓教师专业发展学校，是指由大学的教育学院与地方的公立中小学或学区合作成立的一种师资培训学校，其目的在于改善教师教育的职前培训计划，给在职教师提供专业训练和职业发展的机会，提高教师素质，创新教师专业发展机制，进而改善整个教育质量。教师专业发展学校最早是1986年由美国霍姆斯小组提出的，它在美国出现以后，因其鲜明特色和显著成效而备受世人瞩目。

第四节　教师专业发展研究的意义

叶澜教授曾经说过："没有教师生命质量的提升，就很难有高的教育质量；没有教师精神的解放，就很难有学生精神的解放；没有教师的主动发展，就很难有学生的主动发展；没有教师的教育创造，就很难有学生的创造精神。"①这充分表明，最终决定学生发展水平和教育教学质量的关键要素在于教师，在于教师自身的专业发展和专业成长，这也正说明了教师专业发展研究所具有的意义和价值。

一、理论意义

教师专业发展研究的理论价值主要体现在通过研究阐明教师专业发展的诸多问题，形成教师专业发展的一系列概念，揭示教师专业发展的基本规律，建立科学的教师专业发展的理论体系。

（一）阐明教师专业发展的诸多问题

问题不仅是教师专业发展研究的基本逻辑起点，而且也是教师专业发展研究的最终旨归。教师专业发展研究的理论价值之一，就是阐明教师专业发展领域的诸多问题，如教师专业发展是什么，教师专业发展的内部结构，教师专业发展的根本动力，教师专业发展的主要路径等。换句话来理解，教师专业发展研究就是要探寻和发现教师专业发展的这些核心问题，分析和解释教师专业发展的这些核心问题，并最终应答和解决教师专业发展的这些核心问题。

（二）形成教师专业发展的一系列概念

概念是一门学科的基本元素，教师专业发展研究的重要任务之一，就是要从纷繁复杂的教师专业发展事实中抽象、提取和加工出教师专业发展过程中那些质的规定性，从而形成教师专业发展学科的若干基本概念。教师专业发展是伴随社会发展和教育改革的深化而不断发展变化的。当人们在长期教师专业发展实践活动中积累了相当丰富的行之有效的经验之后，许多学者对这些经验进行总结、概括和理论升华，形成各种教师专业发展的思想和理论，这时教师专业发展学科也便应运而生了。由此可见，教师专业发展研究的重要价值首先就是对教师专业发展一系列概念的科学解释和细致描述。

（三）揭示教师专业发展的基本规律

规律是事物内在的、本质的和必然的联系。教师专业发展研究的理论价值之一，就是通过研究教师专业发展的问题、现象和事实，揭示教师专业发展存在的客观规律，认识教师专业发展的发展规律。通过把握规律，而对怎样有效促进教师专业发展提出建议和规定，也就是试图在总结经验的基础上提升到较高的理论层次，以便为更普遍的教师专业发展活动提供有效的借鉴、指导和帮助。

（四）建立科学的教师专业发展的理论体系

逻辑体系是事物发展过程的本质在人们头脑中的反映，是客观事物在理论思维中的再

① 叶澜，白益民，王枏，等.教师角色与教师发展新探[M].北京：教育科学出版社，2001：276.

现形式。教师专业发展研究的理论价值之一，就是完成教师专业发展理论体系的建构，追求教师专业发展研究的科学化。教师专业发展理论是通过一系列教师专业发展概念、教师专业发展判断和命题，借助一定的推理形式构成的关于教师专业发展问题的系统性陈述。它有三个基本的规定：教师专业发展概念、教师专业发展命题和一定的推理方式，是对教师专业发展现象和事实的抽象概括，具有较强的系统性。为此，首先要找出教师专业发展学科体系的逻辑起点，也就是起始概念；然后沿着逻辑的进程，将各种复杂的联系形成逻辑体系；最后达到逻辑终点，也就是建构出科学的教师专业发展学科体系，从而实现教师专业发展理论对教师专业发展实践的指导价值。

二、实践意义

教师专业发展研究的根本目的在于促进个体的自我实现，改进学校专业文化，达成学校教育目标以及增进教育品质。其实践意义主要表现在以下几个方面。

（一）增长专业知能

由于课程和教育教学知识的扩充，教师在面对教育教学改革的同时，也要面临因社会和时代的变迁以及知识迅速增长所出现的情境，因此教师不断充实自己就显得格外迫切。教师必须对这些日益增长的专业知识加以了解和应用，通过不断地进修与成长确保教育教学的成功。教师专业发展研究正好可以提高教师的专业知能，扩充教师的知识领域，提升学术及专业上的成就，并尽可能发展新的专长领域，从而适应课程和教育教学知识不断增长的形势。

（二）提升教育品质

教师专业发展是一条迈向优质教育的重要途径，也是确保教师专业权力得以充分发挥的必然路径。唯有教师能获得持续的发展成长，不断促使专业能力得以提升，才能使教师专业理想以及教师专业自主的理念落到实处。教师专业发展研究的主要目的之一，就在于强化教师的教育、发展及更新，借助教师教育品质的提升，促进学生的知识与能力的形成，最终实现学生学业的良好发展。

（三）体验专业幸福

教师专业发展研究能够使教师更好地体验专业生活的乐趣，获得专业成就感、满足感、自豪感和幸福感，发挥自身教育教学创造性的才能，分享成功的喜悦，同时也使其把教师职业不仅看作是生存的一种手段，更重要的是从职业活动中体现人生的价值。正如有人学者所说的那样：教育不是牺牲，而是享受；不是重复，而是创造；不是谋生的手段，而是生活的本身。①

（四）实现生命价值

人的价值既包含人生价值，也包含人格价值，前者是指个人对他人、社会的价值，后者则是指人自身的价值。教师的人生价值是指教师对他人、社会的价值，强调的是教师如何使自己的一生有益于他人和社会；教师的人格价值是指教师行为对维持其需要、尊严、自我价值的实现等的价值。教师的人生价值和人格价值是辩证统一的，教师作为价值客体和活动主体，是其在价值关系和活动关系两个参照系中的两种身份，而不是两个人或两个群体。从教

---

① 刘次林．教师的幸福[J]．教育研究，2000(5)．

师存在是人生价值和人格价值的统一角度来理解教师的专业成长，它应该具有双重性：教师专业发展既要实现教师的人生价值，又要实现教师的人格价值。教师专业发展实现教师的人生价值，是教师专业发展的事实特性或工具价值，主要指教师寻求知识更新、提高教育技能，把自己培养成喜欢教师职业又有教育技能的教师，这是教师专业发展的事实要求，也是最基本的要求。教师专业发展实现教师的人格价值，是教师专业发展的价值特性或本体价值，是指教师把教育活动作为一种境界加以追求。在这样的价值观引导下，教师能够更加关注生命、关注现实社会，从而使教师的专业成长能够超越世俗功利，成为个体生命完善的中介。

（五）促进教育变革

教师的专业成长水平直接影响其对教育诸因素的看法，决定教师的教育价值观、学生观、教学观和课程观等，决定着教师在教育教学活动中的行为表现。对教育的不同理解，直接影响教师处理问题的方式，反过来又影响到教师的教育教学水平。教师怎样看待学生，直接影响学生个性的形成和人格的完善。教师对学生的态度、对同事以及教育工作的态度影响着教育的成效。有学者根据对专家型教师和新手型教师的比较研究，认为专家型教师的知识至少有三方面的特征：一是专家的知识是专门化的，而且限于特定的领域；二是专家的知识是有组织的；三是专家所知道的大部分是缄默的知识。① 这种缄默的知识是难以形式化和通过他人的直接传授来获得的，而只能由当事者本人在特定领域内活动的经验中去构成或创造。这就说明，教师的专业成长水平对学生的成长和发展具有直接的影响，决定着教育教学的质量和效率。教师对课程的认识水平也影响课程最终目标的实现，影响教育社会功能的发挥。因此教师专业发展研究是教师教育的重要课题，我们不仅要关注学生的成长，而且也要特别关注教师的专业成长。

（六）服务社会发展

教师承担着为社会培养高素质、高水平人才的重任，因而能更有效地发挥教育在社会政治、经济以及文化等领域的作用，促进人类社会的文明与进步。教育作用发挥得如何，起决定作用的就在于教师的素质与水平的高低。可以毫不夸张地说，社会的文明与进步有赖于具有良好素质的人才，高素质人才的培养有赖于优质的教育，而教育作用的发挥和水平的高低则直接取决于教师的素质与水平。衡量教师水平高低的主要标准是看教师专业发展的水平和层次。教师的专业成长间接地影响着社会，教师是为社会培养人才的人，所培养的人才的素质和质量，影响着社会发展的速度和质量，特别是在当今知识经济和学习化时代，人才的质量决定着经济增长的质量和水平。没有高素质的人才保证，就没有社会的良性发展，就难以实现全面现代化。当今世界国力的竞争，更主要的表现在人才的竞争，没有一大批高素质的人才，就难以在日趋激烈的竞争中占据有利地位。因此教师专业发展研究不应受到忽视。

第五节　教师专业发展研究的基础

教师专业发展研究有着深厚的理论基础，主要包括哲学、心理学、社会学、教育学、管理学等。在各种理论之下又存在多种不同的流派，每种流派又各有其独到的观点和主

① 叶澜，白益民，王枬，等. 教师角色与教师发展新探[M]. 北京：教育科学出版社，2001：200.

张，它们对教师专业发展问题的深入探讨、对教师专业发展本质与规律的揭示，具有极为重要的理论价值。

一、哲学基础

哲学是一切学科研究的基础。进行教师专业发展研究，也必须注意从哲学的视角加以展开，才能更好地促进教师的专业成长。[①] 马克思科学地揭示了人的本质是一切社会关系的总和，从而为理解人的成长动力提供了科学的理论依据。在马克思看来，人的成长动力不仅有来自客观条件和环境的外在制约，也有来自人的意识思想等的内在决定，是内在动力与外在动力有机作用的结果。因此，教师专业发展的动力不仅应包括外部条件和环境提供的动力，而且也应包括教师的主观能动性在内的内在因素，是受动性与能动性的有机统一。教师专业发展的受动性是指来自外部环境并在外在力量的作用和推动下产生的动力；而教师专业发展的能动性是指来自教师的内心活动作用下产生的心理和精神动力。其能动性源于受动性，受动性则通过能动性得以表现和发挥作用。教师专业发展究其内在动力而言，应当从理性精神出发，因为教育作为一种理性的事业，其日常教育教学活动也应该洋溢着理性精神，并由理性引导和规范。由此可见，教师的专业成长也应蕴含理性精神，通过理性审视改进教育教学理念及其教学行为。教师作为一个理性主体，其专业成长的自我诉求由信仰理性出发，经过认知理性再到反思理性，只有经历这样不断积累的过程，才能增强教师的事业使命感，形成日益成熟的教育教学理论和实践能力，从而实现教育教学中真善美的有机统一。依据教育教学这种特殊实践活动的特点，教师专业发展中的信仰理性是教师专业发展的不竭动力。如果具有一定的信仰，并在此基础上具备了坚定的信念、博大的胸怀、高尚的人格、良好的道德品质并热衷于教育事业，教师的专业成长就首先具备了良好的精神支撑和信念支持，为其认知理性的产生奠定了基础。教师专业发展中的认知理性就是通过专业的理论知识学习和相应的实践技能训练，使其在理论上具有改善教育教学行为、提升教育教学质量的能力。因为专业教育理论知识的系统学习是教师专业发展的基础保障，教师只有不断增加自己的知识量，才能为自己的专业成长提供有力的专业保障。

二、心理学基础

从心理学角度来说，教师的专业成长也就是教师个体内在的专业性的不断提高。教师不仅是专业成长的对象，而且也是自身专业成长的主导者，因此在教师专业发展中，教师自身的主观努力往往起着更为关键的作用。教师的专业成长过程是教师由自我认识的形成和发展到自我专业发展意识的产生，再到自我效能感产生和不断发展的过程，也是由专业理想到专业自我再到专业体验的不断实践过程。

第一，教师专业自我认识。从心理学角度来看，教育教学活动是师生之间理性与情感两方面的动态互动过程。在这一过程中，教师必须首先认识自我，并依据社会对教师职业的要求及与其他教师的比较，形成较为完整系统的关于自身的教育价值观、教育思想态度、教育能力发展等的认识，不断缩小专业理想与专业现实之间的差距。教师的专业自我认识是教师专业生涯的开始，也是教师专业发展的基础。教师能够正确地了解自

---

① 施学莲.关于教师专业成长的多维度反思[J].教学与管理，2012(9).

我、认识自我、评价自我，辩证地看待自身的优缺点，这对于教师的专业成长是至关重要的。教师只有对自己所处的发展现状有深刻认识，才能有效调节工作压力、生活挫折及内心冲突所带来的困扰。教师只有在真正认识自我的基础上，不断缩小社会对教师个体成长的要求之间的差距，并根据自身的实际情况合理制定适合自己的专业成长目标与计划，选择自己需要的学习内容，并将所制定的目标和计划付诸实施，展示自我的主体力量，才能逐渐走向自我超越和自我实现。

第二，教师专业自主成长意识。专业自主成长意识是教师为达到社会发展的需求并依据专业成长要求，自由自觉地形成的系统化和理论化的成长目标意识和规划意识。专业自主成长意识是社会发展的客观要求在教师专业发展心理的直接反映，也是教师针对社会赋予教师的角色期望和能力要求的追求意识。在产生专业自主成长意识之后，教师往往能将自身过去经历的成长过程与当前正在经历的发展状态，以及未来可能达到的成长水平有机结合起来。因此，教师专业自主成长意识的形成是产生教师理想信念并为之奋斗的前提，它不仅有利于教师自我潜能的挖掘，而且更有利于教师的专业成长。但是，在专业自主成长意识的产生过程中，教师必然要经历角色定位的模糊、多重角色的冲突以及理想与现实的差距等阶段，它并不是一帆风顺的。角色定位模糊往往出现在教师专业生涯的开始，是指教师所体验到的角色环境的不确定性。它主要是由于多元文化的碰撞与融合所引发的价值取向的多元化，导致社会各界对教师角色的认知产生较大分歧，尤其是专业评价偏低及专业认同感下降，由此引发新任教师的角色感不清晰、期待不明确，甚至产生一定的角色模糊。多重角色冲突是指教师在其专业生涯中往往扮演多个角色，扮演的角色既有知识的传授者、心理的疏导者，也有家长的代理人、班集体的管理者，更有学生的知心朋友等。教师在面对不同群体的不同期望，甚至在不同群体的利益产生冲突时不能顺利进行角色转换将会出现角色冲突，教师的专业发展将由此受阻。此外，教师的理想与现实存在差距时，就会影响教师专业自主成长意识的形成与发展。在现实教育教学实践活动中，教师的成功往往具有较大的不确定性，专业成就感往往不是十分明显，这些情况一旦出现，教师就极有可能会因职业倦怠而导致其专业生涯的终止。

第三，教师专业发展的自我效能感。所谓教师自我效能感，是指教师相信自己有能力对学生的学习产生积极影响的一种知觉和信念。它影响着教师对所从事职业的主动性和积极性、对教学工作的关注和投入程度，以及在遇到困难时克服困难的坚持程度，是教师关于自身能力的预期、感知、信心或信念，是对自身能力的判断和评估。教师在产生自我认识、形成专业自主意识的基础上，逐渐产生了自我效能感。教师的自我效能感主要包括一般教育效能感和个人教学效能感两个方面。所谓一般教育效能感，是指教师对教与学的关系、对教育在学生发展中的作用等问题的一种信念。所谓个人教学效能感，则是指教师对自己教学能力的一种信念。教师的教学效能感其实就是教师的一种自信心，即能否教好学生的自信心。[①] 教师自我效能感直接影响着教育教学效果及教师的专业成长。建立在教师自我认识基础上的合理的自我效能感，能使教师积极应对外在环境的变化，不断克服职业生涯中的各种挫折，积极调整自己的心态，以期获得更好的专业成长。

---

① 施学莲.关于教师专业成长的多维度反思[J].教学与管理，2012(9).

三、社会学基础

在现代社会对教师专业要求越来越高的情况下，教师专业社会化的过程不再是一个简单的变化过程，而是一个复杂多样的社会和教育现象，它赋予教师专业发展不同的内涵。

第一，结构功能学派的理论。结构功能学派以帕森斯的思想为主。他认为教师的专业化是教师为了达到教师专业组织的整体目标，通过学校组织和法令规定的奖惩制约以及与同辈之间的角色期望，了解自己在该体系中的身份地位，习得教育的专业知识，内化教师团体的规范，表现适当的教师角色行为的历程。在这个历程中，培训职前教师的院校和教师任职的学校是社会主体，是促成教师的角色期望或规范的直接因素，教师的个性和社会文化因素等都会使其受到影响，并影响到教师专业角色表现。

第二，冲突论学派的理论。冲突论学派的主要代表人物有美国的科瑟尔和德国的达伦多夫。他们认为，教师的专业化就是教师在冲突的社会中不断通过主动调适冲突，并接受利益集团不断变化的价值规范的过程。教师在专业化过程中习得的专业规范有可能不是真正的专业规范，而只是代表教师利益的规范。此时，必须要求教师在任何社会情境中都具有反省、批判的能力。只有这样，才能使原来被忽略的价值或合法化利益歪曲的思想意识重新得到公正评价。

第三，符合互动学派的理论。符号互动论学派的代表人物是米德。他认为，教师专业化是指师范生或在职教师在师范学院或任职学校中，与“重要他人”彼此互动以习得专业角色的自我观念过程。在互动过程中，他们逐渐意识到自己的角色期望，再通过个人的自我判断来调整这些角色知觉，并据以表现专业角色。其实，教师角色社会化的过程就是教师受社会中人际关系影响的过程。在其中，教师有主动解释或选择他人影响及环境结构因素的功能，因而又称之为主动的社会化模式。

上述三种理论在对教师专业社会化的内涵、教师的本质、社会化的方法和目的的认识上，存在较大的差异。结构功能论和冲突论是从宏观角度论及社会化，指出社会化过程中人们受到社会结构和历史文化的影响，但又很难说明教师专业社会化的实质内涵。符号互动论可以弥补前两者的不足，但是因为是从微观入手研究，很容易使之带有主观色彩，因而使社会化活动模糊不定和难以把握。

第二章　教师的专业角色

当今世界已经进入了知识经济时代，一个国家民族素质的高低、掌握知识的程度、拥有人才的数量，特别是知识创新、技术创新及制度创新能力，将成为决定国家或民族在国际竞争和世界格局中地位的关键因素。民族素质的提高、创新人才的培养、创新能力的开发，主要依赖于教育，而教育的发展则要求造就一批高素质的教师队伍。学校教育对人的成长起着最为基础性的作用，教师质量的高低直接影响着人的终身发展。教师是向学生传递人类积累的文化科学知识和进行思想品德教育，把他们培养成一定社会需要的人才的专业人员。教师有广义与侠义的理解，从广义上讲，凡是把知识、技能和技巧传递给别人的人都可称之为教师；从狭义来说，教师则是经过专门训练，在学校从事教育教学工作的专门人员。要想从根本上提升教师的专业素养，促进教师的专业发展，就必须全面了解教师的角色，把握教师所承担的权利与义务。

第一节　教师专业角色概述

教师不仅是一种社会职业角色，而且也是这一角色的担任者。作为社会职业角色，它是教师终身或者较长时间所从事的，并以此为主要生活资料来源的教育教学活动，是一种客观的社会规定；作为角色担任者，教师则是具有个性的具体的人，他们总是同时承担着众多的社会角色。从学校教育领域来说，可以把教师专业角色理解为：教师在为实现与自身身份地位相对应的权利和义务时，所表现出来的符合社会期望的态度与行为模式。

一、教师专业角色的意涵

（一）角色的含义

角色原指舞台上演员所扮演的人物，一般分为主要角色、次要角色和群众角色等。后来这种理论被社会学所借鉴，美国芝加哥学派最早系统地运用了角色这一概念，其中以乔治·米德的符号互动理论最为著名。从社会学上来看，角色主要是指社会角色，即“与人们的某种社会地位、身份相一致的一整套权利和义务的规范与行为模式，它是人们对具有特定身份的人的行为期望，它构成社会群体或组织的基础”①。《中国大百科全书·教育》认为：“角色是个体因占据一定的社会位置而产生的行为模式，如教师角色、学生角色等。”我国著名教育学家顾明远主编的《教育大辞典》则认为：“角色是处于一定社会地位的个体，根据社会的客观期望，借助自己的主观能力适应社会环境所表现出来的行为模式。”

角色一般可划分为期望角色、领悟角色和实践角色。所谓期望角色，是指社会或团体对某一特定角色所规定的一整套权利义务和行为规范，因而这种角色也被称为理想角色；所谓

---

① 郑杭生. 社会学概论新修[M]. 北京：中国人民大学出版社，2002：99-130.

领悟角色,是指人们对期望角色理解后所形成的观念中的角色模式;所谓实践角色,是指个人在社会互动过程中实际扮演的角色,它受领悟角色的指导与制约,但有时也由于社会环境和个人水平的制约,很难达到领悟角色的水平,更谈不上达到期望角色的水平。

(二) 教师专业角色的含义

对于教师专业角色的含义,国内外研究者存在着不同的认识与理解。瑞典现代教育学家胡森对教师专业角色所代表的含义作了以下三个方面的解释:“第一,教师专业角色就是教师的专业行为;第二,教师专业角色就是教师的社会地位;第三,教师专业角色就是对教师专业的期望。”①顾明远在其主编的《教育大辞典》一书中则这样界定教师专业角色:教师与其社会地位、身份相联系的被期望行为,主要包括两个方面,“一是教师的实际角色行为;二是教师角色的期望,包括‘他人对自己的期望’、‘自己对自己的期望’以及‘自己对他人的期望’”②。我国也有学者研究指出:“教师角色即代表教师个体在社会群体中的地位与身份,包含着社会所期望于教师个人表现的行为模式,它既包括社会、他人对教师的行为期待,也包括教师对自己应有行为的认识。”③还有学者认为:所谓教师角色“是指处在教育系统中的教师所表现出来的由其特殊地位决定的符合社会对教师期望的行为模式”④。

由此可见,人们对教师专业角色的理解,大多都是以社会学意义上的角色概念为基础的,突出强调的是教师的地位、行为以及期望等。据此,我们认为,所谓教师专业角色,是指教师在教育教学过程中为实现与自身身份、地位相对应的权利和义务时,所表现出来的符合社会期望的态度和行为模式的总和。

(三) 教师专业角色的理解

叶澜等在其所著的《教师角色与教师发展新探》一书中,深入追问的第一个问题就是“教师是谁”。“教师是谁”要解决的是两个核心问题,即教师要做什么和教师做什么才有意义。我们据此可以从以下两个方面来理解教师的专业角色。

首先,教师专业角色的作用是寻求教育社会功能的最大化。从历史来看,随着生产力的发展、教育与政治的分离、教育规模的扩大以及科学技术的发展,教师作为一种专门职业逐步确立起来。教师的职责就是教书育人,通过教育培养社会需要的人,通过人才培养使自己所具有的社会功能得以最大化。教师是人类灵魂的工程师,可以塑造一个个未来的灵魂,但这个灵魂是以什么为目的、以什么为标准来塑造,这就不得不涉及教师角色的终极目的。任何一种教师角色都具有这样的终极目的,对这种终极目的的追问实际上是在追问教师之所以存在的社会价值。任何一种理想的社会都有一种理想的教育,都存在教育理想未来的动人图景。教师不只代表自己,还主要代表了社会,代表一种社会的理想与希望,教师专业角色的作用越来越具有了社会功能的价值。教师代言社会,就代表社会的形象出现在学生面前,为学生做社会理想人格的表率,因而理想的教师形象是理想性的。教师专业角色是一种具有理想人格的角色,这就要求教师可以不完美,但要不断追求完美,要使这种不断追求完美的表率对学生起到引领的作用。

① 中央教育科学研究所比较教育研究室.简明国际教育百科全书·教学[M].北京:教育科学出版社,1990:282.

② 顾明远.教育大辞典(上)[M].增订合编本.上海:上海教育出版社,1998:702.

③ 冷宇.新课程改革视野下教师角色的转型与建构[D].天津:天津师范大学,2005:5.

④ 冉祥华.试析教师角色及其角色丛[J].黄淮学刊(社会科学版),1995(11).

其次,教师专业角色的意义体现了个人价值与社会价值的完美统一。教师专业角色的作用是教师能为社会做些什么,教师专业角色的价值则是指教师能为自己做些什么。作为学生成长的重要他人,教师是教育者、组织者和引领者;作为有血有肉的生命个体,教师也是自身价值的追求者,他不仅追求社会功能的最大化,也追求个人功能的最大化。研究表明,教师是有着清醒自我意识和角色意识的存在。教师应该思考自己对于学生意味着什么,对于自己意味着什么。教师对自己的思考来自良心的呼唤,也来自理智的好奇。教师是探索有意义存在的存在,是追求超越自身的存在,是实现存在并获得意义的存在。教师要获得生命的最大意义,就要取得最大的社会工作效果,简单地说是对学生有用,对社会有价值。对教师自身而言,如果他不为身外的目的服务,那么就失去了存在的价值。教师的专业角色呈现一个与其他职业不同的特点:教师是"被需要"的"需要",因而教师在追求自身意义的时候便成为一名学习者和研究者。教师努力实现自身价值也恰是教师工作的内在动因,这种内在动因支配教师个人价值的实现,同时又外在地表现为教师社会价值的实现,从而教师的社会价值通过教师自身意义的追求而得以实现。

二、教师专业角色的特征

(一)主导性

教育价值的实现不是一个人力量的结果,而是要综合多种力量来实现教育的合力。放任与放弃任何一种力量都是不对的,过于强调学生自主学习的价值而忽视教师作用,或者强调教师权力而忽视学生自觉性,都是不可取的。一般而言,教育是需要教师、学生个人、集体、学校、家庭与社区等共同努力来实现的,而这些力量的相互配合与协调的关键就在于教师。教师是各种教育力量的协调者,其主导着教育关系。不仅如此,教育还要按照社会的要求培养符合社会规范的人,教师代言社会按社会的教育目的、教育内容和教育方法主导学生的发展,表现出较强的主导性特征。

(二)示范性

教师劳动与其他劳动有所不同的地方在于:一般的劳动都借助于特定的工具,并且工具与劳动者是分开的。教师的劳动虽然也需要借助于一些与自身分离的工具,但教师自身就是一种十分重要的劳动工具,即教师自己的思想、学识、能力、人格、言行等,都是重要的教育影响手段。教师劳动工具的主体性决定了教师劳动具有示范性的特点,而这一特点也决定了教师专业角色的示范性。在社会生活中,人们赋予教师的"楷模"、"榜样"、"引路人"等角色,其实都体现了教师专业角色的示范性。教师专业角色的示范性,要求教师要不断关注自己的风度仪表、言谈举止、知识修养、思想品德等。正如孔子所言:"其身正,不令而行;其身不正,虽令不从。"

(三)多样性

在社会学家戈夫曼看来,个体在社会生活中要扮演多种不同的角色,他把这些角色称为"角色丛"。社会对教师的要求是多样的,赋予教师的专业角色也具有多样性。教师要培养学生成为一个合格的社会人,就要面临很多不同的情境,在不同的情境中要扮演不同的角色。在课堂教学中,教师是课堂的主导者;在学生的矛盾面前,教师是判断是非的法官;在处理学生违纪的问题上,教师又是一个地地道道的警察。不仅如此,社会对教育不同的要求也是教师角色多样性的根源,社会需要塑造学生成为一个有用之才,教师就是授业者;社会需要管理学生的行为，教师就是控制者与惩罚者。

（四）发展性

教师专业角色虽然是社会和教育规定的，但教师专业角色却不是一成不变的。在不同的历史时期，社会对教师存在不同的要求，需要教师承担多种不同的角色，这就必然要求教师专业角色体现出发展性的特征。教师专业角色的发展性是动态的社会需求的外在表现，这种表现实际上是教育培养的社会人的重新定义，是对教师培养人的角色的再认识。在当前社会条件下，社会对人才规格的定位直接影响着教师专业角色的定位。变化的社会需要不同的社会人的规格，同时也必然要求有动态发展的教师专业角色。

（五）创造性

教师的教育对象是具有主观能动性的人，教育环境和教育过程都是十分复杂的，这些情况决定了教育过程是一个探索未知、战胜困难、超越现实的创造过程。教师专业角色的创造性，首先表现在教师在教育过程中要根据每一个学生的特殊情况，根据个性发展的要求与特点，实施因材施教和个别教学；其次，表现在教师要创造性地灵活处理教学内容、选择和运用教育方法；再次，表现在教育过程中要具有并能够运用教育智慧，有效处理教育教学过程中出现的各种意想不到的问题；最后，教师的创造性还表现在教师能够不断地超越自我，在教师专业发展过程中不断提高自己的专业素质，提升自己的教育水平，创造出自己独特的教育风格。

第二节 教师专业角色定位

从本质上来说，定位不是一个静态的结果，而是一个动态的过程。教师专业角色的定位同样也是一个动态的过程，是一个对教师专业角色的发展取向和目标进行不断指导的过程，是教师专业角色不断整合和完善的过程，是教师在教育教学活动中通过与学生以及同事的交往不断地理解、体验、感悟和创新的过程。这一过程不但要考虑社会对教师的职业要求以及学生发展对教师的要求，还必须考虑教师的特性及教师自身的发展需求。这就决定了教师所承担的专业角色不仅是多元的，而且也随着社会进步和教育变革而展现出时代性和发展性。

一、传统教师的专业角色

传统教育是受赫尔巴特和凯洛夫教育思想影响的教育。在传统教育中，教师的角色是知识的传授者。赫尔巴特是率先将哲学与心理学引入教育学研究的教育学家。在哲学方面，赫尔巴特指出，每个人都应有“五种道德观念”：内在的自由观念、完美的观念、善意的观念、法律的观念和正义的观念。赫尔巴特把这五种道德观念的培养看成是教育的最高目的。在心理学方面，他说：“教育者的首要科学，不是全部科学，是心理学，人类活动的全部可能性的概要，均在心理学中从因到果的陈述。”①赫尔巴特受莱布尼茨“单子论”的影响，强调感觉和经验以及观念的统觉。赫尔巴特认为，人的灵魂是一种不变的实在，灵魂通过肉体接收许多感觉，并和周围的事物发生关系，从而创造出自我保存的观念。观念是通过主体的内省来

① 张焕庭．西方资产阶级教育论著选[M]．北京：人民教育出版社，1998：266．

认识的，只能在经验中体验而不能实验。许多和谐的观念能联合成一个强有力的能吸收和谐材料并能使自身不断丰富的“统觉团”。在这种心理学的基础上，赫尔巴特认为，扩大儿童观念的途径主要是经验的积累和知识的传授。在其所著《普通教育学》一书中，赫尔巴特分析了“多方面兴趣”、“性格的道德力量”、“管理”、“训练”、“教学”等基本概念，提出了由“明了”、“联想”、“系统”、“方法”构成的“形式教学阶段”的学说，推演出了以教材为中心、以教师为中心、以课堂为中心的“教育性教学”理论。赫尔巴特以心理学为基础，提出了明了、联想、系统、方法四阶段教学法，后经他的学生将其发展为预备、提示、联系、总结、应用五阶段教学法。

苏联教育家凯洛夫继承和发扬了赫尔巴特教育学传统。凯洛夫进一步论证了教师中心、教材中心和课堂中心的“三中心论”；教学过程由“准备、复习导入、教授新课、巩固练习、布置家庭作业”组成的“五环节说”；教学本质的“特殊认识论”观点；直观性、可接受性等“六大教学原则”；以讲授法为核心的“九大教学法”。

赫尔巴特与凯洛夫的教育理论在教育史上被称为传统教育理论。在传统教育理论中，儿童存在着他们难以克服的问题与缺陷，他们的发展必须借助外在的力量，教师就是这种力量的体现。在教师与儿童的关系中，强调教师在教育过程中的绝对支配地位，从而主张学生是教育的对象而无视其主体地位。学生由于年龄的原因，确实需要教师更多的指导与帮助，但学生并不是被任意加工的产品，他们作为教育的主体，有着自己的成长经历、自己的主体意识。在教育教学过程中，教师的教必须遵循学生身心发展的规律，必须调动学生的自主性。

二、当代教师的专业角色转变

传统教师的角色，过于强调教师的权威性与控制性，在某种程度上压抑了儿童的个性。随着“对话时代”的到来，传统的教育思想受到广泛批评，同时也预示着教师角色的转变。

当今社会是一个对话的时代，从国际事务到人与人之间的关系，从古代文明到现代文明，从东方文明到西方文明，从政治领域到学校领域，对话已成为人们追求的普通状态。对话能够增进人与人、国家与国家、团体与团体之间的沟通、理解、宽容以及资源的共享，能够增进文明与文明之间的相互吸收与整合。“教学对话”是时代精神在教育领域的回应，因此也是教育改革普遍追求的价值取向。

近年来，国内外教育理论与实践界对“以教师为中心”的传统教学理论进行了彻底的批判，对“以儿童为中心”的现代教学论进行了深刻的反思，我国新一轮基础教育课程改革强调教师在教学过程中应与学生积极互动、共同发展。“对话教学”已成为教学改革所追求的教学理念。

日本教学专家佑藤正夫认为，对话教学是通过师生的互动引发学生“自由地思考，自由地叙述他们的疑问和见解”。克林佰格认为，在所有的教学中都进行着广泛的对话，不管哪一种教学方式占支配地位，相互对话都是优秀教学的一种本质性标志。戴维佰姆在论述对话的意义时指出，就像大家可以一起分享食物那样，我们也能够对这一共同意义进行分享，参与其中，又分享彼此，这就是共同的意义。它不拒绝和排斥任何一个人，即使个人有不同的意见，他的意见也会很快被群体所吸纳，并融入到群体的共同意义之中。通过共享，对话群体可以形成一种共同的思想。我国的《学论》对于教学的实质有这样的论述：“君子之教，喻也。道而弗牵，强而弗抑，开而弗达。道而弗牵则和，强而弗抑则易，开而弗达则思。”意思是说，好的教师要晓谕他人，传授知识而不强制，勉励学习而不压抑，启发学习而不直接告诉答案。传授知识而不强制则能和蔼可亲，勉励学习而不压抑则能平易近人，启发学习而不直接告诉答案可以引人思考，这才是教学的真正实质。

时代的变化必然导致教师角色的转变，对话时代强调学生发展的潜能和成长的主体意识，强调学生受教育权的保障。在当代教育中，教师作为信息源的权威地位已经被消解，教师的角色不再是知识的传授者，而应成为与学生“平等对话”的伙伴。教师的任务不再是制造、强制和塑造，教师应该是学生学习的鼓励者、促进者、帮助者。教师教育应发展教师与人交往的能力、理解自我的能力、乐于助人的情感等。

三、当代教师专业角色的定位

1966 年，联合国教科文组织在《关于教师地位的建议》中指出：“应把教育工作视为专门的职业，这种职业要求教师经过严格的、持续的学习获得并保持专门的知识和特别的技术，它是一种公共的业务。”[①]至此，教师专业化的问题就成了世界教师教育的主题。2012 年 2 月 10 日，教育部下发了幼儿园、小学和中学教师的“专业标准”，提出了师德为先、学生为本、能力为重和终身学习等四大基本理念。该专业标准对教师提出了新的要求，呼唤着教师从传统的教育角色中摆脱出来，实现如下几个方面的角色转变。

（一）学生成长的引导者

在教育活动中，立足于学生的身心发展，人们逐渐把教学过程定义为一种引导的过程。教师作为学生成长过程的引导者，意味着通过教育教学活动中的师生交往，教师的角色不仅是知识的传授者，更是学生全面发展的引导者。教师对学生全面发展的引导，不仅包括引导学生建构知识和道德品质的健康发展，而且包括引导学生身心的健康发展和树立正确的人生观、世界观和价值观等。

（二）学生学习能力的培养者

美国教育家布鲁纳提出，教学生学习任何科目，绝不是对学生心灵灌输固定的知识，而是启发学生主动去求取知识。学生不是接受知识的容器，而是知识的主动建构者。传统教学是以教师为中心的，教师负责教，学生负责学，教学就是教师对学生单向的“培养”活动。教师是知识的占有者和传授者，是学生的控制者与管理者。现代教学理论则在强调学生学习主体地位的同时，也要求教师的角色从原有的传道授业者向学生学习能力的培养者转变。当代社会是一个信息化的社会，在这样的信息时代，学生获取信息的渠道越来越多，教师作为学生唯一信息源的地位已经动摇。教师的职责不再只是传授现成教科书的知识，而是要指导学生懂得如何获取自己所需要的知识，掌握获取知识的工具以及学会如何根据认识的需要去处理各种信息，使学生从被动学习转向主动学习，真正成为学习的主体。

（三）自我知识的建构者

教育的发展客观地要求教师专业化，认知心理学对不同领域专家专长的研究表明，与新手相比，专家的一个明显的特征在于拥有大量专业领域的知识以及知识的高度组织化与结构化。因而，教师专业化的过程也是教师对自我知识进行不断建构的过程。学校教育是一

① 谢安邦．师范教育论[M]．北京：中国建材工业出版社，1997：59．

项十分复杂的事业，具有不断探索的诉求，其不确定性和不可预测性以及教育培养长期性的本质，决定了教师知识建构的复杂性。在知识建构的过程中，学习者所接触到的新信息的来源和形式可能不同，它可以是接受关于客体的符号化的信息，可以是自己直接接受来自客体的信息，也可能是从与他人的交往中获得关于客体的信息，来自不同渠道的信息总要通过主体不断琢磨与检测，才能实现对新知识的有效建构。教师的专业成长是由“准教师—新手教师—熟练型教师—专家型教师”这样一个渐进的过程，在这个过程中教师建构教育理论知识是至关重要的，而阅读恰恰是教师建构教育理论知识最有效的途径。“教师的阅读是让学生飞翔的第一步，也是使一枝梅花变成‘一枝春天’的魔法石。作为文本的诠释者，教师的阅读量与阅读率决定着课堂上每句话的分量，也决定着学生人生每一步脚印的深浅，延伸的阅读化成教师的修养与感悟，也增强了诠释者的诠释能力，诠释后化成涓涓细流流进学生的心田，温馨而坚韧。”①

（四）教育实践的反思者

实践反思取向的教师知识是建立在对意义的“一致性”理解基础之上，通过教师对于学生学习意向和动机的反思，对于社会、学校和班级环境的反思，对于自己经验和行动意义的理解和诠释，对外部权威理论知识的反思过程中生成的。反思型教师不仅要带着批判性的、审视的目光检验教育理论的真伪，更重要的是要求他们能反思自身的教育实践，在自身实践反思的基础上，特别是借助于教育理论观照下的案例解读，逐渐积累形成富有个性的教育实践的见解与创意。教师施教的过程实质上就是一个不断更新自我、超越自我的过程。唯有经常学习、实践、探索、反思，才能使自己的知识、心智、能力、方法适应发展变化的教育形势、教育对象和教改要求。教师对自己教育教学行为的反思，大体有以下五个方面：一是反思教育理念、教学思想；二是反思教学过程；三是反思教育结果；四是反思教育整体；五是反思教育个案。反思的形式是多种多样的，如经常想一想，写教学日记、写实验报告、写学术论文等。著名特级教师魏书生自24岁至今，写下了200多万字的教学日记，多达60余本。我们翻开他近几年出版的专著，可以发现其中许多生动的材料都来自他的教学日记。当今的教师应该克服浮躁之风，养成实践反思的习惯，不断提升自己的专业化水平。

（五）信息技术的应用者

21世纪是信息化社会，信息化社会需要信息化人才，信息化人才有赖于信息化教育。《基础教育课程改革纲要》要求，大力推进信息技术在教学过程中的应用，逐步实现教学内容的呈现方式、学生的学习方式以及教学过程中师生互动方式的变革。充分发挥信息技术的优势，为学生的学习和发展提供丰富多彩的教育环境和有力的学习工具。课程改革的目标之一就是教材立体化，从原有单一的纸质课本转向以文字教材为主体、音像教材和电子教材为两翼、向网络教材发展的教材媒介体系。文字材料没有必要、也不可能承担教材的所有功能，多媒体、立体化的教材更生动、更形象、更活泼，更便于教师进行课堂教学，更利于学生进行自主探索，更益于学生创新精神和实践能力的培养。在教育信息化过程中，教师要有良好的信息意识，能够将网络上知识信息应用课堂教学中去，进一步开阔学生视野，启迪学生思维；教师要有较强的信息处理能力，能够快速地获取信息、储存信息、加工信息、筛选利用信息以及更新创造信息；教师要有熟练的计算机、多媒体操作能力，能够将教学软件、互联网络

① 胡庆芳.教师专业发展背景下的学习与学习文化的重建[J].上海教育科研，2005(3).

等信息技术运用在教学中，并且能指导学生进入互联网络检索信息获取知识。

（六）教育过程的合作者

教育教学活动不仅是一种个体活动，更重要的是一种团队活动。“在其中，大家得以不断突破自己的能力上限，创造真心向往的结果，培养全新、前瞻而开阔的思维方式，全力实现共同的抱负，及不断一起学习如何共同学习。”①教师作为教育教学过程的合作者，首先应强调生生互动的重要性，因而使教师与学生在教学中的地位与角色较传统教学发生了重大的变化。合作学习提倡教师当好“导演”，学生当好“演员”，更加注重学生的活动，把重点放在学生的学上。而不再像传统教学那样为保持所谓的权威，教师既“导”又“演”，集数职于一身，结果是“导”不“明”、“演”不“精”，事倍功半，苦不堪言。与此相应，学生在传统教学情境中只能跑跑龙套，敲敲边鼓，充当配角或背景，甚至是旁观者。由于教师占用了课堂上大部分的时间，学生的主体地位只好靠铺天盖地的各种作业来体现。教师只能埋头于作业堆里不能自拔，不堪重负，根本无暇顾及教学内容的精心研究与设计，因而不可能当好“导演”兼“主演”，“导”不明、“演”不精也就在所难免。

四、教师专业角色存在的问题与应对

作为当代教育改革的核心问题之一，教师角色的话语反思和内涵拓展不仅是教育改革的内在需要，而且是教师发展的专业诉求。但正如美国教育家威尔逊所言：“所有对他人高度负责的角色，都要经受相当多的内在冲突和不安全感。”②加之教师在教育教学实践活动中往往是以“角色丛”的身份出现，教师角色话语的纷繁与教师角色表达的冲突、角色扮演中的复杂性和挑战性以及社会对教师角色的期待性和理想化等，在很大程度上会致使教师专业角色出现这样或那样的问题，需要采取有针对性的应对措施。

（一）教师专业角色存在的主要问题

第一，教师角色的“泛化”。考察我国有关教师角色的比喻，主要表现在以下三个方面：一是亲密无间型，如慈母、严父、朋友等；二是光彩夺目型，如园丁、蜡烛、灵魂工程师等；三是厚积薄发型，如学者型教师、专家型教师、研究型教师等。诚然，立足于教育内在的神圣性视角和教育发展的变革性要求以凸显教师职业的特殊性，这样的认识本无可厚非；但如果这种“附加形象”只是由外而内的修修补补，则可能只会导致教师自我的进退两难和教师角色的迷失。由此出发，试图理性地看待教师作为“生命”角色的一般性，正确对待教师作为“职业”角色的特殊性，则往往会本末倒置。正如著名学者陈桂生所言：“简单地说，这类比喻如果只是说说而已，不发生影响，那它就是废话。如果发生什么影响，那它既可能增加教师已经相当沉重的负担，又可能成为对教师的苛求。”③

从具体的教育实践来看，要适应全球化教育和现代性教育的要求，切实转变教师角色和丰富角色内涵，这既不是一个一蹴而就的过程，当然也不是一个水到渠成的自然结果。令人遗憾的是，当人们注重浓墨重彩于教育回应挑战与机遇的契机之时，却恰恰轻描淡写于教师投身现实与实践所存在的危机。因此，在现实的教育境域之下就出现了教师一方面超越了

① 李灵莉，李天鹰．构建学习型教师组织[J]．教学与管理，2002(2)．

② 郑金洲．教育通论[M]．上海：华东师范大学出版社，2000：322．

③ 陈桂生．也谈“教师角色”[J]．江西教育科研，2005(6)．

自身内涵而被赋予更多的角色功能，教师超越了自身的个体需求而承担了更多的社会责任；另一方面则是相当多的教师尚未有充足的知识储备和积极的心理准备，在分身无术、力不从心的背景下他们必然走向了“生命难以承受之重”而疲于应付。在素质教育依然轰轰烈烈、应试教育依然扎扎实实的时代，教师要想积极承担起诸如校本课程开发、校本教材研制等新课程改革所赋予的崭新角色，就只能成为一种空话，进而势必会导致教师角色的困惑和教育行为的乏力。

第二，教师角色的“虚化”。与其他职业相比，教育对象的复杂性、教育活动的长期性和教育实践的迟效性等，决定了教师工作的内在独特性。正如日本课程与教学论专家佐藤学所说：“医生的工作是通过治愈一种疾病而告终结，律师的工作是随着一个案件的结案而终结，教师的工作则并不是通过一个单元的教学就宣告结束。教师的工作无论在时间、空间上都具有连续不断地扩张的性质，具有‘无边界’的特征。”①从某种意义上而言，教师工作如同西西弗斯一般，永远不抛弃、不放弃手中向上推动的巨石，因为教师对学生的影响既不是因为某次考试的结束而结束，也不是伴随学校教育的终结而终结。然而，社会关注的是教育的经济价值及工具价值，家长关注的是教育的应试价值及升学价值，在这种功利主义思想的驱使下，一方面教师践行的是责任感，而另一方面教师却难以唤醒尊严感；一方面教师播撒的是使命感，但另一方面教师却难以收获幸福感。

特别是伴随着社会发展的速度加快、教育变革的程度加深和人才培养的力度加大，传统意义上教师作为“典范”、“楷模”、“权威”的教育学内涵，往往致使教师角色所承载的“枷锁”的厚重远甚于“光环”的闪亮。更何况，我国文化传统倾向于把教师当“神”看，现代社会价值观倾向于把教师当“完人”看，管理者倾向于把教师当“超人”看。② 这种角色期望的“圣化”与角色期待的“神化”，往往造成了教师角色的“虚化”，教师仿佛成了不食人间烟火的真空存在。一旦这样的认识无限扩张甚至泛滥成灾，就极有可能遮蔽教师作为“人”的真实存在。当教师角色的实际表现离期望值越来越远时，教师就会产生消极无助、自信心低落、自尊心下降的后果，最终将导致教育的低效、无效甚至负效。

第三，教师角色的“钝化”。教师社会文化的传承性、人格的示范性以及教育的责任性，决定了教师角色与生俱来的独特价值和地位。然而，当知识经济、信息技术和终身学习演进为当代社会的生存概念和法则时，置身于知识信息更新、教育技术跟进、学习方式改变的现实语境，教师“权威”地位的合法性和“主体”形象的辐射性，在很大程度上遭遇了一种“双重陷落”。不仅如此，经济体制和市场机制的改革，文化观念和多元价值的碰撞，“在教育中既有传统教育价值观的‘固执’，也有现代教育价值观的‘强挟’，还有既非传统又非现代的教育价值观的‘游离’”③，这种社会转型时期所引发的传统与现代、中心与边缘、主流与非主流之间的矛盾冲突，社会价值状态和观念形态之间的裂变异化等，也必然会对教师存在的确定性和价值性产生冲击与挑战。再加上基础教育新课程改革的深入推进，更增加了教师角色心理的摇摆性和角色行为的动荡性，教师角色不断陷入“钝化”的困境。

在现实生活中，当社会对教师角色的期望发生改变时，或当教师的社会地位发生改变

① [日]佐藤学. 课程与教师[M]. 钟启泉，译. 北京：教育科学出版社，2003：213.

② 明庆华，程斯辉. 论作为“人”的教师[J]. 课程·教材·教法，2004(11).

③ 李润洲. 教师角色失调现象解析[J]. 天津市教科院学报，2004(5).

时，教师如果不能及时调整自身行为以适应新角色，就很有可能会引发角色的冲突和混乱。不仅如此，能够面对社会的挑战和工作的压力进行正确归因并积极应对的教师，毕竟只是少数，当这种错综复杂的关系达到无法调和时，很多教师就会不得以“退而求其次”，以便规避这种矛盾和风险：或者自我封闭，降低对自己的期望值，工作、生活和学习缺乏信心、激情；或者随波逐流，容易受他人影响，自身缺乏明确的目标感和方向感；或者麻木不仁，固守既定的思想观念和工作方式，因循守旧，不敢越雷池半步。长此以往，教师角色自我就会日趋模糊，“在教师实际担当的单向度角色与职业内在的立体性角色以及与社会需要的多元化角色之间，彼此的冲突与割据联手开垦出了一条难以逾越的鸿沟”①。

（二）教师专业角色的应对策略

第一，激发教师生命自觉。教师生命的唤醒与激发，教师生命的成长与丰富，集中代表了教师角色的本质内涵。在引导学生成为“人”的教育教学实践活动中，首先需要激发教师生命的潜力和灵性。教师不仅应该敏于发现、开掘和丰富生活中的教育教学资源，而且应该促使自己在教育教学的改善、尝试和冒险中张扬内心的生命之帆。“实现教师生命意义与生存价值的教师发展，其内涵从展现生命丰富多彩的意义上看，应该是丰富而有活力的，应该是极富生命力和人性的。”②在一个珍视生命发展的教师心目中，教育教学不是单纯的技术操作过程和逻辑推理展现，而是作为一种境界加以追求，并在教育教学及其追求中实现自身生命的意义和价值。只有深刻认识并努力践行这一点，教师才能重新焕发自己的精神面貌，从关注职业到关注生命，从关心教育教学到关心学生，从实现自己到对自我的不断超越。

事实上，教育教学并不仅仅是学生生长与建构的过程，而且也是教师自身生命展开与意义建构的过程。只有教师的专业能力和专业水平获得提升，才可能不断促进、支撑和发展学生的学习能力和学业水平；只有教师的精神境界和生命质量首先得到提升，才可能不断陶冶、净化和丰富学生的灵魂和生命。“因为教育教学活动呼唤的是教师的经验改造和心灵丰富，显示的是教师的文化底蕴和教育追求。”③教育教学不是心灵的荒芜，而是精神的沐浴；不是机械的重复，而是自由的创造；不是谋生的手段，而是生命的洗礼。如果一个教师沦为丧失生命的工具，只有工匠意识而缺乏书生意气，或者只有“春蚕到死丝方尽”的悲悯情怀而缺乏“化作春泥更护花”的剑胆琴心，他无论如何也不能以智启德，以情育魂。由此观之，“教师要持久地支撑自我角色存在的位置和意义，就必须从一种‘逻辑的存在’转换为一种‘生命的存在’”④。唯有如此，教师角色才可能在洞察自身专业深度、体味和享用自身生命光辉中，得以书写、衍射、升华和弘扬。

第二，营造教师专业文化。在当代这样一个学会学习、学会合作、学会对话的教育领域，如果仅仅依靠个人的力量，教师是很难在教育教学生活中游刃有余的，因而教师角色的转变应该得到更大限度的群体共享和集体推进。正如当代思想家麦克尔·富兰所说：“如果你想……让人的信念和行为产生根本性的变化——持久的、能够对他人产生示范作用的变化，你需要在他们周围创造一个社团；在这个社团中，新的信念可以得到贯彻实施、自由表达、培

① 张华，方媛．教师角色的迷惘与式微[J]．教育与教学研究，2009(6)．

② 金美福．教师自主发展论——教学研同期互动的教职生涯研究[M]．北京：教育科学出版社，2005：13．

③ 张华．教师自我：展现生命语境下的美丽人生[J]．福建教育，2005(8)．

④ 张华．教师角色的校正与开掘[J]．四川师范大学学报(社会科学版)，2008(3)．

育成长。”[①]在教育教学改革的背景下，转变教师角色无疑是重要而迫切的，而让教师角色在专业文化的引领中生成、发挥和丰富，却是关键而深刻的。因为教师角色的转变不仅体现在知识、能力、经验的改变上，而且也体现在心灵、情感、价值的转变上。相较于教师个体的努力，通过教师群体之间的合作、对话与分享，更有利于为教师营造积极、稳妥、和谐的心理氛围和学习环境。

国内有学者曾经提出“教师发展文化场”的概念，这种特定时空中的文化语境往往是影响教师发展的重要因素，因为“作为一个整体，教师发展文化场的核心是观念体系，围绕这个核心，外层是一系列行为规范和相应的活动方式”[②]。观念和文化虽然不能改变物质世界，但它却能改变人的视界。教师视界的改变不仅是教育教学世界改变的第一资源，而且同样也是教师角色转变的内在根源：一方面，学校需要在教师中形成共同的教育信念和发展目标，建立教师学习共同体，努力促进不同学科教师之间、不同年龄教师之间的交流和沟通，在为教师提供丰富资源的同时，也为他们之间的信息交流、经验分享和专题研讨提供平台，进而形成良好的专业文化；另一方面，学校可以整合校内外资源，通过心理辅导、健康运动、家校合作、媒体引导等措施，为教师形成正确专业期望、提高自我心理承受能力提供服务和保障。只有在群体发展中成长起来的教师，其专业素养的提升才更为有效；只有在心灵和谐中丰满起来的教师，其角色期待的实现才变得更为可能。

第三，丰赡教师教育智慧。教育智慧是教师角色的一种诗意的栖居，是教师行为的一种存在语境。“在过程的维度上，它表现为教师在教育活动中具有解决教育问题、处理偶发事故、创造生命价值的卓越能力，它是出乎意料的、动态生成的，是一种教育机智；在结果的维度上，它表现为教师对美好生活及存在意义这一‘畅神境界’的执着追求，它是矢志不渝、坚定不移的，是永不止境的终极鹄的。”[③]在教育学的视界里，智慧就是有生命、有力量、有热情，然后感性的冲动和理性的逻辑才能活跃起来。而这种活跃，也就是教育开掘本身存在的证明，当然也正是教师彰显自我存在的形式。教育智慧就在于推动教师小心翼翼地去叩击和开启那些未知的心灵和世界，以求帮助自己和学生脚下的道路尽可能地伸展到未来；教育智慧能使教师在这种好奇和探索的过程中体验到教育的快乐，无论教师怎样选择教育方式表达教育逻辑，他都能发现教育过程中创造的活跃与机智的萌动。

生命是一种智慧性的存在，智慧是生命的理性力量，它不仅让教师照亮学生前进的航向，而且也点亮了自己生命的旅程。因为教育本身就是需要洋溢思想和智慧的行动，教师理所当然应该成为教育的策划者、建构者和思想者。教育智慧不仅推动了教育对纯粹知识传授的超越，而且也能帮助教师亲近生命的天空；真正的教育不仅应当直面生命的当下，而且也应正视人生的未来。教师的教育智慧就在于以感情赢得感情，以生命开悟生命，以心灵撼动心灵。对此，传统教育的代表人物赫尔巴特曾说：“关于你究竟是一位优秀的教育者，还是拙劣的教师这个问题非常简单：你是否发展了一种机智感呢？”[④]教育智慧从根本上来说，是教师对自我教育生涯的整体性回望和深刻性沉思，它不仅是教师对教育经验和教学技巧的

---

① [加]麦克尔·富兰.变革的力量——深度变革[M].中央教育科学研究所，加拿大多伦多国际学院，译.北京：教育科学出版社，2004:60.

② 徐莉.论教师发展文化场及其构成[J].西南大学学报(社会科学版)，2008(1).

③ 王枏.教育智慧：教师诗意的栖居[J].社会科学家，2002(2).

④ [德]赫尔巴特.普通教育学[M].李其龙，译.杭州：浙江教育出版社，1999:144.

检视，而且也是教师对教育世界和生活状态的反思，更是教师对生命存在品质和人生意义境界的体验与觉知。

第三节　教师资格认定制度

教师专业发展已经成为当今世界教师教育改革与发展的时代课题，实现教师专业发展需要教师资格认可和再认可等一套完备的专业发展保障体系，而教师角色的资格制度则是这一体系中的关键一环。教师资格制度是指国家对教师实行的一种特定的职业许可制度，包括教师资格认定制度、考试制度和证书制度等①，其对于促进教师职业专业化发展与提高教师地位具有重要意义。进入21世纪，教育在经济发展与国际竞争中的地位越来越重要，从而引发了人们对教育质量的关注。决定教育质量高低的关键因素是教师的质量，为提高教师的质量，教师认证制度已经成为当代教育改革的重要内容。由于历史与现实的原因，国际上存在着教师"专业化"与"非专业化"两种教师认证制度。

一、专业化教师认证制度

从国际来看，师范教育经历了由师范学校到师范学院再到综合性大学教育学院的转变。大学教师教育的选择彰显了国际教育界对于教师专业化命题的探索。

师范学校教师教育时期，部分学者将从哲学中衍生出的"永恒原则"作为指导教育教学工作的科学法则。格罗斯比指出："任何专业课程的设置都不是机械的或者凭借经验的，课程设置的背后都蕴含着专业原则与哲学的考虑……就教师培养来说，其学习的学科主要应该是教育原则。"②这些教育原则最初是从洛克、阿斯克姆、卢梭等伟大思想家的教育思想中提取的，19世纪60年代之后瑞典教育家裴斯泰洛齐(Pestalozzi)关于教育过程与儿童发展的思想、德国教育家赫尔巴特科学教育学的思想先后进入美国的师范学校，随之开设了大量的教育专业的课程。20世纪初，随着实证主义教育科学研究的发展，教师教育研究开始借鉴社会学与心理学定量研究的方法，而不再是抽象的思辨和具体的经验总结的方法，教育心理学、教育统计学等一批教育学的分支学科丰富了教师教育课程体系，这为后来大学教师教育的专业化追求奠定了知识基础。

第二次世界大战之后，美国为适应世界政治格局的变化，提高国际竞争力，同时缓解高校生源剧增的压力，各州在扩大高校招收规模的同时，把部分师范学院升格为综合性大学或并入综合性大学的教育学院以及多科性学院或文理学院中的教育系。于是，追求教师专业发展的大学教师教育成为了美国教师培养的重要模式。在教师专业化的进程中，"结构功能主义"与"实践反思取向"是美国大学教师教育的两条重要路径。

（一）结构功能主义取向的教师角色

结构功能主义是一种深受实证主义影响的社会学理论，这种理论认为社会是由各种互相联系的结构形成的功能体系，结构是发挥某种功能的相对稳定的系统。关于大学的功能，

---

① 国家教委人事司. 学校教育法制基础[M]. 北京：教育科学出版社，1997：123.

② Lucas C J. Teacher education in America: reform agendas for the twenty-first century[M]. New York: St. Martin's Press, 1997: 61.

美国当代杰出的结构主义社会学家塔尔科特·帕森斯提供了对其进行主导性理解的合法化解释，他把大学界定为一个把知识、理性、学习、能力以及智力联系起来的认知复合体，认为大学这一认知复合体立足的基础是认知理性。大学教师教育的整个方向就是要改变以往建立在教育实践基础之上学术水平与技术含量较低的教育知识的状况，设置学术水平与技术含量较高的教育课程，使师范生通过理论学习与学术训练而达到专业人员的标准。

从结构功能主义的视角，帕森斯区分了专业人员与非专业人员的五对变量：普遍性与特殊性、情感中立与情感性、专门性与遍布性、自我定向与集体定向、成就与归属。他认为前者是专业人员应该具备的特征，而后者则是非专业人员所具备的特征。美国全国教师教育协会(NEA)对专业人员的素养提出了八个方面的标准要求：属于高级的智力活动；具备特殊领域的知识；经过专业的职业训练；不断地接受在职培训；将职业视为终身从事的事业；受行业内普遍认同的规范标准的制约；为社会服务的职业目的；归属健全的专业组织。之后，李佰曼(1956)、班克斯(1968)、霍勒(1969)、奥恩斯坦(1984)、舒尔曼(1998)等先后对专业的标准与特征进行了界定。

以上关于专业标准的界定，表述方式虽有不少差异，但其核心内容是一致的。一个职业要成为专业，必须具备指导实践的一套逻辑严谨的知识体系；必须掌握需要专门培训才能获得的技术技能；必须具备为客户服务的专业态度；必须具备高度自治权和自律性的专业行为；必须具有能够制裁其成员的专业标准及组织；必须建立组织化与程序化的专业准入制度。在教师专业发展方面，结构功能主义专业观的基本观点是“大学这一认知复合体代表了当代社会发展结构中最具批判价值的独有表征，这些结构中的中心内容是如何对学术职业进行保存与发展”①。也就是说，大学是最具资格培养专业教师的社会机构，大学教师教育应将中立、普适、客观的理论认定为教师教育的知识基础。

(二) 实践反思取向的教师角色

按照结构功能主义专业观培养教师的相关文件出台，在美国以及世界掀起了一次教师专业化的运动。但是，经过数年的努力，并未取得令人满意的效果。这样的结果使美国教师教育界开始重新思考教师专业化的路径。美国当代哲学家、教育家舍恩通过对结构功能主义教师教育思想的批判和对杜威“反思性教学”思想的继承，提出了对美国当代教师教育改革产生重大影响的“实践反思取向”的教师专业发展思想。

舍恩对教师的专业实践活动进行了两个层次的划分：“高硬之地”和“低湿之地”。“高硬之地”是目标和情景都是明晰的，实践者是可以通过科学理论和技术的应用就能解决问题的实践活动；“低湿之地”是目标和情景都是非常复杂的、模糊的和不确定的，实践者是难以运用现有知识和现成的技术解决问题的实践活动，这类问题的解决必须借助于“行动中的知识”，就是实践者在专业实践活动中通过反思形成的知识。这种知识是实践者在面临不确定、不稳定、独特而又充满价值冲突时所表现出来的艺术与直觉，是求诉于艺术性，并在行动中生成的，由“现场试验”来推动和检验。② 舍恩认为大学教师教育应该充分认识到艺术性在专业实践中的重要意义，重视学生“行动中知识”的建构，“行动中的反思”和“对行动的反

① [加]雷蒙德·艾伦·保罗，[美]卡洛斯·阿尔佰特. 社会理论与教育[M]. 宇文利，译. 上海：上海人民出版社，2012：46.

② Schon D A. The reflective practitioner：how professionals think in action[M]. New York：Basic Books，1983：141.

思”是学生建构“行动中知识”的重要途径。

“行动中的反思”就是教师在教学的真实情境中对学生感到困惑或者惊讶之事、对教师因此而采取的行动及行动后果的反思。好的教师应对学习者的困惑或惊讶之事随时做出解释，并采取恰当的行动，这需要教师的教学艺术及能力。这种艺术和能力是在“行动的反思”中形成的，它涉及一种惊讶，涉及让思想回到自身对惊讶的回应，它需要重新思考我们正在做的那些事情，并对情境中的问题进行重新调整，通过现场的行动实验寻求解决新问题的方法，关注学生在学习中所感到的困惑和惊讶之事，把回答这些困惑与惊讶之事视为要解决的问题，并进行现场设计来寻求答案；好的教师应帮助学生把自发的理解与学校的权威性知识结合起来进行学习。这样的教学就是行动中的反思性教学。“对行动的反思”是借助于词语符号进行的行动后的反思，是理智之思。“对行动的反思”包含了某种形式的试验，试验者要通过“设定问题”、“行动”、“对行动的反思”、“重新设定问题”等环节，最后达到“解决问题”的目的。

实践反思取向专业发展思想的赞同者强调对教师的培养以反思性教学理念为基础，帮助他们发展反思性教学的能力与倾向。大学的教师教育者要加入到在职教师和职前教师的“行动中的反思”中去，帮助职前教师通过现场教学的观察与体验，达到对教育教学本质问题的理解；为职前教师提供参与到中小学教师教育、教学、教研实践中去的机会，鼓励与启发他们学会运用所学的教育理论知识解释教育现实问题，并培养他们更加理性和更加符合逻辑地解决教育问题的能力。基于“实践反思”的教师教育实践应该注重实践教学的意义与价值；应该强调大学与中小学合作培养未来教师的作用。

20 世纪 80 年代以来，美国教师教育改革的一项重要举措是建立大学教师、职前教师和中小学教师之间的合作组织，试图通过这一共同体的构建措施，培养职前教师的实践反思能力。美国从 1991 年开始建立大学与中小学合作培训教师的共同体——专业发展学校(PDS)，师范生要花 15 周时间在教师发展学校进行实习，实习生除教学实习外，还要参加学校的一切活动，布置班级、出席家长座谈会、参加教研活动等。中小学教师和大学教师共同组成合作小组，共同负责师范生实践能力的培养。参与合作的大学教师一半的时间在大学从事教学与科研工作，一半的时间在中小学指导实习生，参与中小学的各种活动，有时也走上中小学课堂，给中小学送去新的教育理念，将中小学教育教学中的真实问题反馈到大学教学之中。中小学教师负责对职前教师教育教学工作中的指导，师范生并不是单纯地在实习指导教师的指导下上几节课，而是像正式教师一样参与到学校的一切活动之中，包括家访、教研和教学实验等。普林斯顿大学的教师教育培养方案通过大学院系、地方学区和中小学协作共同体，建立大学教师教育工作者、职前教师与中小学教师的密切联系，要求师范生在大学学好文化基础课、通识课、学科专业课和教育专业课，在中小学进行教育实践，培养师范生的反思思维品质，使他们不断成长为反思型的教师。

为了提升职前教师的实践反思能力，美国还对“同伴合作教学”的共同体实践教学模式进行了探讨。2002 年，美国的杨佰翰大学教师教育处与盐湖城学区在实践基础上对这一模式进行探讨。这一实习模式是两名实习生在一名指导老师的指导下合作进行课堂教学。实习生与指导教师组成了学习共同体，他们之间是一种合作、依赖与互赢的关系，实习指导老师的角色是咨询者、反馈者、参与者和学习者。实习生在学习中遇到困难首先是相互商量，然后才去找指导老师。他们相互分享对方的思想和教学资源，他们将对方视为自己观点与想法的反馈者和支持者。这种共同体的教学模式有两种做法:一种方式是相互合作,两位实习生同时深入一节课的教学中,共同承担教学任务和承担课堂事务。在课堂教学中,一位实习生为主、另一位实习生为辅,为主的实习生在黑板前指导时,为辅的实习生进行课堂巡视,发现问题及时指导。另一种方式是两个人轮流执行不同的教学任务。这两种方式可以交叉进行。

二、非专业化教师认证制度

非专业化教师认证制度就是对获得了学士学位,而没经过师范教育且愿意做教师的人,对他们进行短期的教学现场培训,能够获得教师资格,进入教学领域的制度。美国选择性教师教育项目包括三种形式:一是为年轻人提供的,鼓励其到贫困学校从事数年教育教学工作的派遣项目,这是一项得到美国联邦州政府支持的项目;二是由私人经营的营利性计划;三是中小学校本项目,由社区来培养教师。选择性项目代表的是美国教师教育的解制取向,对大学为本教师教育的专业取向提出了挑战。

非专业化教师认证制度的支持者重视“教什么”的知识,也就是十分注重文理知识与任教学科科目的学习,忽视教育理论知识的价值。他们呼吁大学教育学院及其相关的认证体系应予以解除,学科专业合格的人结合短期的教育教学实践培训就可以生成师资。非专业化教师认证制度的支持者强调应压缩教育理论课程、增加与教学实践相关的课程、加大实践的时间,强调被培训者一开始就进入课堂,一边从教、一边学习理论知识。选择性教师教育项目对于被培训者教育教学知识与技能的学习采用的是几周或1～2个月的短期培训来完成的,这个项目把教育教学工作只看作一种技艺,而非专业。新保守主义与新自由主义是选择性项目对专业解制的两种思想渊源。

(一)新保守主义影响的教师角色

新保守主义是当代在美国崛起的政治思潮。新保守主义信奉超民族的、超文化的和超历史的普遍价值,认为美国的文明和政治民主是最优秀的,强调美国文化的一元性与绝对性。新保守主义是深受实证主义哲学影响的理论流派,新保守主义教育学者认为以古典课程为主、注重人的精神训练的大学自由教育模式是没有教育价值的。他们强调通识性知识的重要性,曾任哈佛大学校长的埃略特指出:青年人“为了做好未来职业的准备,除选择一门学科全面学习以外,应拥有关切人类情趣所有学科领域的通识性知识”①。新保守主义在当代教育领域的代表阿兰·布鲁姆通过对美国女权运动及民权运动所倡导的相对主义价值观的批判,认为大学应该根据自己的条件,创设一系列课程,使培养的学生能够承担起对整个人类世界自由之命运的责任。这种带有“精英主义”倾向的教育理念受到部分“解构”学派的推崇,美国学者克莱默认为教育的目的应该是培养具有渊博的文化知识、精深的科学知识并掌握一定技能的公民。为实现这一目的,教师教育应该为职前教师提供良好的通识教育和学科专业知识的教育。克莱默指出充斥教师教育课程体系的“教学策略”类课程必然削弱文学、科学和数学类课程的比重,培养出的教师在知识方面是十分匮乏的。克莱默对教学技能不屑一顾,认为一个暑期的集中培训就能使有知识的人掌握教学方法。克莱默赞成选择性教师教育项目,认为它的意义在于避开了教育学院所开设的不必要的课程包袱,为实质性学

① Ernest L Boyer, Martin Kaplan. Educating for survival[M]. Philadelphia: Change Magazine Press, 1977: 31.

习腾出了空间。

20 世纪 80 年代,许多学者赞成克莱默的观点,并建议取消教育学院。戴默瑞尔 1985 年在《教育的烟枪:教师学院如何毁坏美国教育》一书中对大学教师教育的专业化问题进行了猛烈抨击。他认为教育作为学术领域并没有自己的知识体系,根本没有衡量教育专业学生的标准。他甚至狂言应取消大学的教育学院,采取其他的方式培养教师。在他看来,"教学只有通过教育实践才能学会。对于一个有潜力的人来讲,利用一学期的实践跟随课堂教师,并辅助其教学,就能获得教学的能力"①。2005 年 7 月 31 日,《纽约时报》刊文《谁还需要教育学院?》表达了民众对大学教师教育的不信任。文章披露任职 1 年离职的教师占 14%,5 年后离职的占 50%以上,教师只精通理论,而对实践却一无所知。教师的流失,加之 20 世纪 80 年代学龄儿童的增加,导致了中小学教师的严重短缺。据 1981 年的统计,严重缺少数学教师、科学教师和物理教师的州分别有 43 个、33 个和 45 个。在这种形势下,选择性教师教育项目应运而生。

(二)新自由主义影响的教师角色

新自由主义是在古典自由主义思想基础之上建构起来的理论体系。这一理论在经济方面,一是宣扬自由化,认为个人自由是自由市场制度的基础,国家应该尊重个体在市场中的自由选择权;二是鼓吹私有化,认为私有制经济具有内在的合理性;三是推崇市场化,强调国家对经济的运行活动干预得越小越好。新自由主义思想在教育领域的反映,就是将市场机制引入教育实践,按照市场的逻辑对教育进行结构性变革,将教育视为商品,通过家长择校、学校自由竞争等形式,引导教育资源的有效分配。20 世纪后期美国经济衰落,公共财政支出出现前所未有的困难,新自由主义思潮对教师教育的影响越来越强。竞争、效率、选择等概念不断涌入教师教育领域,大学教师教育的垄断地位受到了质疑,专业解制取向的选择性教师教育项目受到了政府与社会的重视。

解制取向教师教育的支持者建议打破传统教师教育管理体制,寻求教师教育管理的新途径。他们认为传统教师教育的认证制度不仅是无效的,而且影响了有志于教育事业的优秀人才进入教师领域,极力支持那些面对社会各界和非师范专业人员进行短期速成培训的方案。以"为美国而教"这一项目为例,该项目是为贫困地区学校的学生提供支教的项目。该项目受到包括奥巴马政府及社会各界的支持,政府组织、企业、基金组织和个人纷纷出资援助该项目,2009 年该项目就获得 1.48 亿美元的财政支持。该项目招聘的对象主要是刚毕业的美国大学生,经过 5 周时间的短期培训,被派遣至所需学校任教,时间为 2 年,2 年后是否继续留校任教,可以自愿选择。

三、我国教师资格认证制度

21 世纪我国教师培养也步入了大学化的道路,但与美国的大学教师教育有很大的不同。美国大学的教育学院只是一个院系,教师教育根本不是其主要任务,培养的教师很难满足社会的需要。根据莱文报告,一所研究型大学每年只能培养 300 名教师,一所专门培养教育硕士的大学每年只能培养 200 名教师。由于历史的原因,我国目前高等院校培养教师的

① Damerell Reginald. Education's smoking gun: how teachers colleges have destroyed education in American[M]. New York: Freunlich Books, 1985: 282.

路径比较复杂。从学历层次上,有初中起点五年制大专、高中起点三年制大专、四年制本科以及学科专业硕士;从组织机构上,有在专业学院内建立教育系的从属路径,有以"3+1"模型为标志的分离路径,有专业学院设立教师教育系的专业路径,还有直接在大学设立教师教育处的专业路径。根据我国的实际国情,教师培养不能实行市场化,国家应加强宏观调控,建立师资培养的资质与考评制度,在教师培养的数量、学段、课程设置和学历等都应进行总量平衡和引领。

《国家中长期教育改革和发展规划纲要(2010～2020年)》强调要"造就一支高素质专业化教师队伍",这就为我国的教师教育指明了方向,我国的教师教育应以培养高素质的专业化教师为己任。"高素质专业化教师"应具备优秀的师德、广博的科学文化知识、精深的专业知识、教育学心理学知识以及高超的教育教学能力。

为提高我国中小学教师的素质,应建立教师教育学科制度。学科制度是现代大学制度的核心,随着教师教育的大学化,如果沿用依赖于具体学科如数学教育专业、中文教育专业等的教师教育学科制度,将很难建立教师教育独立的专业地位,对于专业教师的培养是极其不利的。我们可以在教育学二级学科的层次建立学前教育专业、初等教育专业等,每一个专业中设置不同的专业方向。其次,我们应高度重视实践教学,大胆进行课堂教学改革,采用案例教学、讨论教学、现场教学等形式,搭建教育理论与实践相联系、文本世界与学生生活世界相联系的桥梁;构建大学与中小学协作共同体,打通大学理论教学与中小学教学实践相联系的通道,培养高素质老师。

我国1993年10月31日颁布的《中华人民共和国教师法》(简称《教师法》),首次以法律形式明确规定"国家实行教师资格制度"。1995年,国务院颁发了《教师资格条例》,规定:"中国公民在各级各类学校和其他教育机构中专门从事教育教学工作,应该依法取得教师资格。"我国的教师资格制度是国家实行的一种法定的职业许可制度。具体而言,教师资格制度至少包含以下三层含义:第一,教师资格制度是国家实行的一种职业资格制度,不是教育行政部门,也不是地方政府实行的。教师资格是由国家对符合相应教师资格条件并提出申请的人员认定的资格,属于国家资格性质。第二,教师资格制度是法定的教师职业资格制度,必须依法实施。教师资格作为国家法定的职业资格,对所有的申请人都按照法律规定的条件和程序认定。教师资格一经取得,在全国范围内不受地域限制,具有普遍适用的效力。第三,教师资格制度是教师职业许可制度,教师资格是公民获得教师职位、从事教师工作的前提条件。教师资格制度全面实施后,只有依法取得教师资格、持有教师资格证书的人,才能被教育行政部门依法批准举办的各级各类学校和其他教育机构聘任为教师,没有相应教师资格的人员不能聘为教师;同时,教师资格只是从事教师工作的必要条件,而不是充分条件,具备教师资格者只有在被学校依法聘任后,方能成为教师。学校应根据岗位需要,从具备教师资格者中择优聘任。

根据《教师法》和《教师资格条例》规定,我国教师资格条件包括以下四个方面:中国公民身份、思想品德条件、学历条件和教育教学能力条件。而教育教学能力条件一般又包括身体条件、普通话水平、教育教学基本素质和能力、教育学心理学知识。2012年,我国出台了《幼儿园教师专业标准(试行)》、《小学教师专业标准(试行)》和《中学教师专业标准(试行)》,确定了"师德为先"、"学生为本"、"能力为重"和"终身学习"四大理念。"师德为先"就是强调要热爱教育事业,具有职业理想,践行社会主义核心价值体系,履行教师职业道德规范;关爱学生，尊重学生人格，富有爱心、责任心、耐心和细心；为人师表，教书育人，自尊自律，做学生健康成长的指导者和引路人。“学生为本”就是要尊重学生权益，以学生为主体，充分调动和发挥学生的主动性；遵循学生身心发展特点和教育教学规律，提供适合的教育，促进学生生动活泼学习、健康快乐成长。“能力为重”就是要把学科知识、教育理论与教育实践相结合，突出教书育人实践能力；研究学生，遵循学生成长规律，提升教育教学专业化水平；坚持实践、反思、再实践、再反思，不断提高专业能力。“终身学习”就是要学习先进的教育理论，了解国内外教育改革与发展的经验和做法；优化知识结构，提高文化素养；具有终身学习与持续发展的意识和能力，做终身学习的典范。

“标准”从专业理念与师德、专业知识、专业能力等维度对教师的任职资格提出了要求。为推动“标准”的落实，我国的教师教育将全面推行“国标、省考、县聘、校用”制度。也就是要按照“标准”，各个省组织教师资格考试，考试分为理论和实践两个方面的内容，省要按照学生的考试成绩颁发“教师资格证书”。获得“教师资格证书”的人员才有资格参与县级的“入编考试”。“入编考试”一般也要经过理论考试与说课、即兴演讲等实践方面的考试，获得编制的人员才能进入学校成为一位正式教师。

第四节　我国教师的权利与义务

教师的权利是指教师依法应当享有的各种权益。用法律规定教师的权利，是保障教师顺利工作、正常生活和维护教师利益所不可缺少的手段。教师除了享有国家宪法规定的公民的一般权利外，还应享有这一领域有关法律所赋予的各种特殊权利。教师的义务是指教师依法应当承担的各种职责。用法律规定教师的义务，是规范教师行为的必要手段。

一、我国教师的权利

《教师法》规定，教师所享有的权利主要有以下几个方面。

（一）教育教学权

《教师法》第七条第一款规定：教师有权“进行教育教学活动，开展教育改革和实验”。这是教师最基本的权利，任何组织和个人都不得非法剥夺在聘教师从事教育教学活动，开展教育改革和实验这一基本权利。教师的教学权利主要包括依据其所在学校计划、教学工作量等具体要求结合自身的教学特点自主地组织课堂教学的权利；按照教学大纲的要求确定其教学内容和进度，并不断完善教学内容的权利；针对不同的教育对象在教育教学的形式方法具体内容等方面进行改革、实验的权利等。

（二）科研学术活动权

《教师法》第七条第二款规定，教师享有“从事科学研究、学术交流，参加专业的学术团体，在学术活动中充分发表意见”的权利。这是教师作为专业技术人员的一项基本权利。教师的科研学术活动权包括确定科研课题和科研方法的权利，决定是否参加学术团体的权利，在学术活动中发表自己的观点，并决定是否出版论文著作的权利等。

（三）管理学生权

《教师法》第七条第三款规定，教师有权“指导学生的学习和发展，评定学生的品行和学业成绩”。这是与教师在教育教学过程中的主导地位相适应的基本权利。教师有权根据学生的身心发展状况和特点，有针对性地指导学生的学习，并在学生的特长、就业、升学方面给予指导。教师有权对学生的品德学习、社会活动、劳动文体活动、师生及同学关系等方面的表现作出公正的评价。教师有权利严格要求学生，对好的行为进行表扬，对不良行为提出批评，并根据学生的个性指导学生的发展方向。教师要指导好学生的学习和发展，首先要转变传统的教育观念，树立现代教育观，树立正确的学生观、质量观，由应试教育转到素质教育的轨道上，因材施教促进学生健康发展，培养学生德智体美劳各方面的素质和才能。

（四）获取报酬待遇权

《教师法》第七条第四款规定，教师享有"按时获取工资报酬，享受国家规定的福利待遇以及寒暑假的带薪休息"的权利。根据法律的规定，教师有权要求所在学校及其主管部门根据教育法律以及教师聘用合同的规定，按时足额支付工资报酬；有权享受国家规定的福利待遇，包括基础工资、职务工资、课时报酬、奖金及津贴、班主任津贴及其他各种津贴等。

（五）参与民主管理权

《教师法》第七条第五款规定，教师享有"对学校教育教学、管理工作和教育行政部门的工作提出意见和建议，通过教职工代表大会或其他形式，参与学校的民主管理"的权利。根据法律规定，教师有权听取校长工作报告，讨论学校年度工作计划、发展规划、改革方案等重大问题，并提出意见和建议；有权讨论通过岗位责任制方案、教职工奖惩管理办法以及其他教职工有关的基本规章制度，由校长颁布施行；有权讨论并决定教职工的住房分配、教工福利费管理使用原则和办法以及其他有关教职工的集体福利事项；有权对学校各级干部实行民主监督，对干部进行评议、表扬和批评，必要时向上级教育行政部门建议予以嘉奖、晋升或处分、免职。

（六）进修培训权

《教师法》第七条第六款规定，教师享有"参加进修或者其他方式培训"的权利。教师的这一权利同时也是政府和学校的义务，各级政府教育行政部门和学校要做好教师的进修培训工作，切实保障教师的这一权利。

二、我国教师的义务

《教师法》规定，教师除了必须承担国家宪法规定的公民的一般义务，还必须履行如下基本义务。

（一）遵纪守法的义务

《教师法》第八条第一款规定，教师应"遵守宪法、法律和职业道德，为人师表"。此项义务也是教师所担负的"育人"职责和教师的劳动"示范性"特点对教师提出的基本要求。它要求教师时时、处处、事事严格要求自己，言行一致、表里一致，堪为学生和社会一切人的表率和楷模。

（二）教育教学的义务

教育教学工作是教师的本职工作，也是教师的基本义务。教师在教育教学活动中应全面贯彻国家教育方针，遵守学校的各项规章制度，履行聘任合同中约定的教育教学职责。

（三）教书育人的义务

《教师法》第八条第三款规定，教师要有"对学生进行宪法所确定的基本原则的教育和爱国主义、民族团结教育，法制教育以及思想品德、文化、科学技术教育，组织、带领学生开展有益的社会活动”。教师应当结合自己教学教育业务的特点，把政治思想品德教育贯穿教学工作之中。

（四）尊重学生人格的义务

《教师法》第八条第四款规定，教师应“关心、爱护全体学生，尊重学生人格，促进学生在品德、智力、体质等方面全面发展”。爱护学生是教师的职业道德，是对教师的基本要求。它要求教师一方面热爱学生，另一方面保护好学生。

（五）保护学生权益的义务

《教师法》第八条第五款规定，教师有“制止有害于学生的行为或者其他侵犯学生合法权益的行为，批评和抵制有害于学生健康成长的现象”的义务。教师履行本项义务是有特定范围的。教师应当制止有害于学生的行为或者其他侵犯学生合法权益的行为。至于批评抵制有害学生健康成长的现象，主要是指社会上出现的有害于学生身心健康的不良现象。

（六）提高思想觉悟和教学水平的义务

《教师法》第八条第六款规定，教师有“不断提高思想觉悟和教育教学业务水平”的义务。教师的首要职责是教好功课，完成知识教学任务，因此教师就必须锐意进取、刻苦学习。

教师的权利和义务都是由法律规定的，是受法律保障的，二者相互依存、不可或缺。按照马克思主义的法学观点，权利和义务是相互联系，不可分割的。任何教师都不能只行使权利而不履行义务，当然也不能只承担义务而不享受权利。教师所享有的权利越多，所承担的责任就越重，意味着社会对教师的要求也越高。同时，教师的权利和义务的界限也不是绝对的，在不同的场合下权利和义务相互交叉并且可以相互转化。

三、教师权利与义务的关系

教师权利与义务的关系遵循一般意义上权利与义务关系的基本原则，两者之间也是对立统一的关系，既存在着一致性，也存在着对立性。

所谓教师权利与义务的一致性，是指权利与义务是统一的，两者在一定条件下可以相互转化。教师权利与义务的统一不仅指道德上的相关性的统一，还指逻辑上的相关性的统一，即一是同一主体在法律关系上的权利和义务的统一，二是法律关系双方权利和义务的统一。法律在赋予教师权利的同时，也规定了他的义务，这种权利和义务是对应的，无轻重主次之分。教师作为专业人员，其职业权利的构成表现为既是权利又是义务，体现了职责与职权的统一。“从权利角度看，是一种职权，不能受到随意干涉，也不能被随便剥夺，相应的主体负有服从或者保证其实现的义务，否则，可能构成侵权；从义务角度看，是一种职责，教师不得随意放弃履行，也不得随便让他人代为履行，否则可能构成失职或者玩忽职守。”①权利意味着教师在教育教学活动中的主体地位，义务意味着教师在教育教学活动中所担负的重要职责。这种一致性的产生是以教师作为个体的从业利益与社会利益的一致性为基础的，体现了教师职业的社会意义。此外，教师权利与义务也不是绝对的，两者在一定条件下可以相互转化。例如，《教师法》规定，教师有“指导学生的学习和发展，评定学生的品行和学业成绩”的权利。这一权利从某种意义上来说，也是教师的义务。“教师如果没有认真地指导学生的学习和发展，没有认真地评定学生的品行和学业成绩，则说明他没有很好地履行自己的法律

① 李晓燕.我国教师的权利和义务论纲[J].华中师范大学学报(人文社会科学版),1998(1).

义务，是他的失职。”①

所谓教师权利与义务的对立性，是指其权利和义务指向目标的冲突，即教师作为社会公民的权利和其作为专业人员之间的义务的矛盾。教师首先作为一个公民，享有一切公民享有的基本权利；同时教师作为专业人员，也有其特殊的职业义务。在教师行使权利和履行义务的过程中，难免发生双重角色的权利和义务指向目标的冲突。这些冲突主要表现在：教师作为公民有个人自由发展的权利，但作为教师必须处理好自身发展与培养学生成长的关系；教师作为公民具有宗教信仰的自由，但作为教师必须遵守教育与宗教相分离的法律原则；教师作为公民具有选择个人生活方式的自由，但作为教师其仪表、嗜好等必须考虑对受教育者可能产生的误导而必须有所克制；教师作为公民有言论自由的权利，但作为教师是代表国家、社会来培养年轻一代的，其言论必须符合国家、社会的政治利益等。由于教育是一项公益性事业，教师作为人类灵魂的工程师，当他作为公民的权利与他的职业义务发生矛盾的时候，要求他能够放弃个人利益，服从社会公共利益。

① 侯小娟.谈谈教师的权利与义务[J].中小学管理,1994(4).

第三章　教师的专业理念与师德

教育部于 2012 年 2 月颁布实施了《幼儿园教师专业标准(试行)》、《小学教师专业标准(试行)》和《中学教师专业标准(试行)》,从 3 个维度 13(14)个领域 60 多个方面对合格教师必须具备的专业素质做出了详细规定,其中第一个维度就是“专业理念和师德”。作为一名教师,必须首先拥有正确的专业理念和高尚的专业道德,这是其能够卓有成效地发挥自身教育影响的重要前提。

第一节　教师的专业理念

教师所从事的是一种专业活动,其专业行为从根本上受其内在的专业理念的支配和制约。如果教师的专业理念是正确先进的,就能从根本上保证专业行为的科学和有效;而一旦专业理念产生了偏差,低效、无效乃至负效的专业行为就很有可能出现。因此,对教师而言,把握自身专业理念的基本原理,并在专业实践活动中加以创造性地操作转换,无疑具有十分重要的意义。

一、教师专业理念的意涵

要想准确界定教师专业理念的内涵,首先必须明确何为理念。最早提出“理念”一词并对之进行意义阐释的是古希腊哲学家苏格拉底,他认为“理念作为模型存在于自然之中”,“每个理念只是我们心中的一个思想”,“而所谓理念正是思想想到的在一切情况下永远有着自身同一的那个单一的东西”。① 继苏格拉底之后,古希腊另一位哲学家柏拉图以“理念”为核心建立起自己的唯心主义哲学体系。他认为“理念”乃是永恒的精神实体,是万事万物的本原;个别事物只是完善的理念的不完善的“影子”或“摹本”,“人应当通过理性,把纷然杂陈的感知觉集纳成一个统一体,从而认识理念”;而“最普遍的理念是相通的”。② 18 世纪德国哲学家康德在其三大哲学名著《纯粹理性批判》、《实践理性批判》和《判断力批判》中也对理念进行了研究,认为理念“是指从知性产生而超越经验可能性的‘纯粹理性的概念’”,“理念也包含在理性的性质中”,“理性在它本身里也含有理念的根据”,而且“它是理念的源泉”。③ 其后,哲学家黑格尔也对“理念”进行了较为详尽的论述。他指出:“理念并不是形式的思维,而是思维的特有规定和规律自身发展而成的全体”,“因此,理念也就是真理,并且唯有理念才是真理”,“理念是自在自为的真理,是概念和客观性的绝对统一”。他还进一步指出:“理念自身就是辩证法,在这种辩证过程里,理念永远在那里区别并分离开同一与差别、主体与

① 颜一.流变、理念与实体——希腊本体论的三个方向[M].北京:中国人民大学出版社,1997:93-94.

② 北京大学哲学系外国哲学史教研室.西方哲学原著选读(上卷)[M].北京:商务印书馆,1982:72-99.

③ 北京大学哲学系外国哲学史教研室.西方哲学原著选读(下卷)[M].北京:商务印书馆,1982:300-301.

客体、有限与无限、灵魂与肉体，只有这样，理念才是永恒的创造、永恒的生命和永恒的精神。”因此，“理念本质上是一个过程。……理念的统一是思维、主观性和无限性”。因而黑格尔反对“把理念仅仅看作一个理念，即意见中的观念或表象”，而主张把理念视为一个“观念性的理念总体”。[①] 由此可见，理念乃是一个精神、意识层面上的上位性、综合性结构的哲学概念，是主观见之于客观的科学反映，是人们经过长期的理性思考及实践所形成的思想观念、精神向往、理想追求和哲学观点的抽象概括，是理论化、系统化了的，具有相对稳定性、延续性和指向性的认识、理想的观念体系。简言之，理念就是指人们对于某一事物或现象的理性认识、理想追求及其所形成的观念体系。[②]

教师专业理念包括的内容较为广泛，但从其核心要素上看，主要是指教师的教育理念。因此，本章我们在探讨教师专业理念的过程中，主要是从教师教育理念的视角加以解读，也就是说教师专业理念与教师教育理念可以作为同义语使用。我国教育工作者根据对“理念”的理解，对教师专业理念的本质内涵进行了界定。李萍和钟明华认为：“教育理念是关于教育发展的一种理想的、永恒的、精神性的范型。”[③]韩延明认为：“教育理念是指人们对于教育现象的理性认识、理想追求及其所形成的教育思想观念和教育哲学观点，是教育主体在教育实践、思维活动及文化积淀和交流中所形成的教育价值取向与追求，是一种具有相对稳定性、延续性和指向性的教育认识、理想的观念体系。”[④]陈桂生认为，教育理念“是关于‘教育的应然状态’的判断，是渗透了人们对教育的价值取向或价值倾向的‘好教育’观念”[⑤]。眭依凡则认为：“教育理念是教育主体在教育实践及教育思维活动中形成的对‘教育应然’的理性认识和主观要求。”[⑥]上述这些观点虽然认识的出发点和视角有别，但都强调教育理念是对“理想教育”和“应然教育”的理解和追求，是对“教育是什么”和“教育应该是什么”的价值判断和理性认识，是指向教育未来发展的精神范型和远见卓识。据此，我们认为，所谓专业理念，就是教师在长期教育实践活动中，经过亲身体验和理性思考形成的关于教育本质、规律及其价值的根本性判断和观点。教师专业理念一般具有以下几个突出特征：

（一）前瞻性与预见性

教师专业理念不仅源自于教育实践，是教育实践工作者通过分析教育现实，借鉴先进的教育理论，在其睿智头脑中形成的超越“实然”教育现实的价值判断和理性认识；同时教师专业理念又反哺教育实践，它引领教育实践朝向正确的方向，调控教育实践的有效运行，使教育实践最终达到理想境界。可见，教师专业理念具有较为突出的前瞻性和预见性特点。特别是在当代，人类社会正在加速发展和进步，教育事业的发展正呈现出鲜明的超前性和未来性，而发挥着巨大指导作用的教师专业理念的前瞻性和预见性也得到越来越突出的体现。

（二）社会性与个体性

教师专业理念不仅与我国社会主义改革开放和现代化建设相联系，反映着我国教育改革与发展的要求，而且与当代世界政治经济文化的发展相联系，反映着当代世界教育变革的

① 北京大学哲学系外国哲学史教研室.西方哲学原著选读(下卷)[M].北京：商务印书馆，1982：440-441.

② 韩延明.理念、教育理念及大学理念探析[J].教育研究，2003(9).

③ 李萍，钟明华.教育的迷茫在哪里——教育理念的反省[J].上海高教研究，1998(5).

④ 韩延明.理念、教育理念及大学理念探析[J].教育研究，2003(9).

⑤ 陈桂生.“教育学视界”辨析[M].上海：华东师范大学出版社，1997：4-12.

⑥ 眭依凡.简论教育理念[J].江西教育科研，2000(8).

现状及其思想动向，具有社会性及时代性特点。同时，从教师专业理念的形成来看，它必须明确理想教育应达到何种结果、理想教育的过程如何以及用什么术语表达教育理念，这表明教师专业理念从“萌芽”到“孕育”到“创生”再到“运用”都深深打上了教育实践工作者的“个人烙印”，呈现出鲜明的个体性和个性化特点。

(三) 概括性与普遍性

教育经验虽然是现实的、鲜活的和宝贵的，但它往往又是个别的、零散的、表面的和肤浅的，很难概括反映教育过程的内在本质和普遍规律。教育工作者从事教育实践，固然需要教育经验，但它更需要教育理论和专业理念的指导。教师专业理念较之于教育经验更能阐明教育过程的一般原理，揭示教育过程的普遍规律，具有重要的抽象概括性和现实普遍性特点。教育工作者需要专业理念的指导，需要深刻的教育思想、明确的教育信念和丰富的教育见识，而这也正是教育理念的理论价值和实践意义之所在。

(四) 稳定性与发展性

无论是教师个体的专业理念还是群体的专业理念，它一旦形成，就会反过来指导教师的教育实践，体验、累积和生成教师的教育经验，并会因这一过程中成就感和幸福感的获得而更加坚信专业理念的科学性、先进性和有效性，最终转化为自己从事教育工作的坚定信念。这时的专业理念就具有了稳定性特点。但是，由于社会和时代是不断发展变化的，教育实践的价值取向和利益诉求是不断更新的，作为教育主体的教师和学生也是不断向前发展的，因而教师专业理念也必须适时转变和更新，表现出动态发展性的特点。

二、教师专业理念的意义

(一) 引领教育实践

教师专业理念是教师在长期教育实践中经过亲身体验和理性审思而形成的对教育的根本性判断和观点，它一经形成，就会立即反哺教师的教育实践，从而发挥其强有力的引领价值。一般而言，教师专业理念来源于教师鲜活的教育实践，教育实践是专业理念形成的基础和源泉。但从另外的角度来说，教育实践也一刻不能离开专业理念的指导，专业理念又是教育实践的向导和灵魂，主要原因就在于它能够帮助教师深刻认识教育现象和教育问题，把握教育本质和规律性。教师一旦掌握了教育本质和规律，就可以超越教育经验的褊狭和限制，改变教育实践中的某种被动状态，获得教育实践的自由和自在。可以看出，教师专业理念能启迪教师的教育观察与深度思考，提高教师的教育认识能力并形成正确的教育思想、教育观念和教育信念，从而使教师成为真正拥有并能有效利用教育智慧的教育行家。

(二) 塑造教育对象

教育的本质是育人，教师专业理念作为教育活动的核心要素也必然蕴含着巨大的育人功能。教育过程从本质上说，其实就是师生之间的心理交往、情感沟通、智慧碰撞、视界融合以及思想同构的过程。教师正是以其深刻而厚重的专业理念、明确而坚定的教育信念、丰富而多样的教育情感、民主而平实的教育作风，搭起与学生对话、交流、理解和沟通的教育平台。教师如果仅仅拥有向学生传授知识的某些技能与技巧，还不能算是一名优秀教师；理想的优秀教师必须拥有自己独具特色的先进科学的专业理念，并能以此统率文化知识的传授、驾驭教育技能技巧的运用，用自己的专业理念去感召学生的灵魂，启发学生的思维，激活学生的心灵，引领学生的方向，实现其自然生命和精神生命的超越和升华。如果缺少了先进科学的专业理念的深层支撑，教师的教育活动往往就会成为无源之水、无本之木，缺少内涵、缺乏灵魂、丢失精神、丧失人格、背离价值，培养德智体美全面发展的、具有开拓精神和创新精神的社会主义事业建设者和接班人的教育目标也就难以真正实现。

（三）调控教育过程

教师专业理念总是蕴含着相应的教育价值取向和价值选择，带有一定的教育价值观实现的强烈要求。因而它能调节和控制教师的教育活动和行为，使之不违背特定的教育价值取向，从而少犯错误、少走弯路和少受挫折。专业理念的调控价值首先表现为对“培养什么样的人”的教育目标的分解和落实。教育目标虽然是国家制定的，但它的分解和具体实施却依靠教师，如何更好地实现教育目标，离不开专业理念的调节和控制。专业理念的调控价值其次表现为对教育内容的编排和取舍。同样的教育内容，在不同的专业理念的调控之下，就会产生不一样的教育效果。专业理念的调控价值最后表现为对教育方法和手段的选择与运用。教师在教育过程中如何选用教育方法和手段以及选用什么样的教育方法和手段，取决于其所拥有和秉持的教育理念。教师教育方法和手段选用的传统与现代之分，有以教为主和以学为主之别，以及教育方法和手段的改革和推陈出新，都是专业理念这种调控作用的最突出体现。

（四）激励教育行为

教师专业理念是推动教育实践的内在动力，任何教育改革和发展都要以教育理念的更新为先导和灵魂。没有先进科学的专业理念，教师的教育活动和行为往往就会变得短暂、消极和被动。教师专业理念能产生一种超越自身和现实的力量，为教师教育活动和行为的持续高效推进提供源源不断的动力。这是因为“教育理念本身是指向教育的‘应然状态’而非‘实然状态’。如果没有先进的教育理念，就会只局限于当时的条件或眼前的利益，受到急功近利心态的影响和摆布，使教育行为呈现出短期性、局部性和离散性”。作为教育实践活动中最具有激励价值的教育目标，它本身既是专业理念的体现，同时也是教育行为的向导。若是缺乏先进的专业理念的支持，教育目标必然会因教师教育决策的主观性和随意性而无法兼顾，从而导致教师教育行为的偏差和失误，并最终影响学校教育目标的全面实现。

（五）反思教师自身

教师专业理念一旦融入教师的素质结构，就会成为教师精神生命的一部分，转化为教师的教育方式、生活方式和思维方式，促使教师及时进行自我观照、自我分析、自我评价和自我总结，客观理性地分析和评价自己的教育行为和结果，从而增强自我教育的意识，学会自我调整教育目标，改进教育策略和完善教育技能，最终完成由“自发”的教育者向“自觉成熟”的教育家的转变。教育实践已经证明，教师要想从教育外行变为教育的“行家里手”，就需要一种自我反思的意识、能力和素养，这是教师专业发展和快速成长的内在根据和必由之路。真正的教育智慧是自省、自知、自明和自强，善于在自我反思、自我评价、自我修正和自我改造中学会教育教学。当然，教师能否有效进行自我反思是有条件的，条件之一就是要形成专业理念，学会教育思维，拥有教育智慧。教师正是在不断总结和生成专业理念的过程中，开阔了教育视野，升华了教育认识，增强了教育反思的意识和能力。

三、教师专业理念的结构

教师的专业理念可以划分为理论型、实践型和操作型等不同种类和范型，其中每一个种类之下又涵盖了多种具体的专业理念，构成了教师专业理念的复杂多样的内容结构。

（一）理论型教师专业理念

所谓理论型教师专业理念，是指一种以抽象的理论形式存在的专业理念，它的形成和发展离不开教育理论工作者对教育现象及教育问题的科学探究，离不开他们对教育实践经验的总结、概括和升华。教育实践经验经过理论的抽象和概括，虽然缺少了一些直接感受性和现实鲜活性，但是却将教育实践经验升华到教育理念的高度，揭示了教育的普遍规律和教育实践的根本原理，获得了一种普遍的真理价值和特殊的实践意义。终身教育、素质教育、全民教育、和谐教育、后现代教育等都属于这种类型主要理念的范畴，它们既是一个个独立的专业理念，同时又是其他较低层次专业理念应用的指导思想，因而在教师专业理念体系中居于指导和支配地位。理论型教师专业理念的出现和形成不仅反映了现代教育发展的一种客观趋势，而且也是我国当前教育改革和发展以及教育现代化的迫切需要。下面主要针对终身教育和素质教育这两种专业理念做一介绍。

第一，终身教育理念。终身教育理念的核心是从时间维度出发进行的概念界定，是指贯穿人一生的教育形态，是一种从摇篮到坟墓的教育。保罗·郎格朗在终身教育的奠基之作《终身教育引论》一书中认为："终身教育是完全意义上的教育，它包括了教育的所有各个方面，各项内容，从一个人出生的那一刻起一直到生命终结时为止的不间断的发展，包括了教育各发展阶段各个关头之间的有机联系。"①联合国教科文组织捷尔比则认为："终身教育应该是学校教育和学校毕业以后的教育及训练的统一；它不仅是正规教育和非正规教育之间关系的发展，而且也是个人（包括儿童、青年、成人）通过社区生活实现其最大限度文化及教育方面的目的，从而构成的以教育政策为中心的要素。"②可见，终身教育作为一种现代教育新理念，其内涵具有深邃性，其涉及范围具有广泛性。虽然表述方式不同，但是有一点是必须明确而且一致的，即现代终身教育的基本目标是要改革长久以来存在于教育领域中"闭锁与僵硬"的、"以学校教育为中心"的"封闭型教育制度"，并通过学习化的社会来建立起一个富有弹性及有活力的"开放型教育制度"。概括地说，终身教育可被理解为人从出生起直至老年为止的一生中接受教育的全过程。从横向上看，包括了家庭、学校和社会等三个领域的教育；纵向上则贯穿于人的整个生命过程。

终身教育理念具有以下几个基本特征：第一，时间特征。过去的教育体系把教育限制在人生的早期阶段，终身教育体系将教育延长到人的整个生命周期，通过教育促进人的终身持续发展。终身教育的"终身性"具体表现为人的学习活动的持续，因此，人在进入成年之后终止教育是没有道理的，它使人们难以适应飞速发展的社会，更难以开发自身的潜能。教育应该是连续的，应与个体生命共始终。第二，空间特征。终身教育不仅仅局限于校园里，而是拓展到人们社会生活的所有领域，是教育与生活的整合。第三，形式特征。终身教育已经不只限定学校教育，而是包括了正规教育和非正规教育、学校教育和社会教育的一切教育形式。终身教育突破了学校教育体制的局限，实现多种教育形式的整合，最大限度地发挥社区、家庭和学校的教育功能。第四，内容特征。终身教育已经不限于传授和储存知识，而是要努力寻求获取知识的方法。学习过程正在趋向于代替教学过程，学生的主体性和主动性

① ［法］保罗·郎格朗.终身教育引论［M］.周南照，译.北京：中国对外翻译出版公司，1985：17.

② ［日］捷尔比.生涯教育——压制和解放的辩证法［M］.前平泰志，译.东京：东京创元社，1983：198.

受到越来越多的重视。终身教育的内容可以是个体参与社会生活并适应不断变化着的社会所需要的情感、技能、道德等各方面的知识内容。第五，主体特征。终身教育突破学校教育“师授生受”的局限，教师由权威性地传授现存的知识，转变为更多是判断学习者的需要，设计学习环境，推动和鼓励学生学习，评价学习过程，帮助学生改进学习方法。教师由知识的载体、学术的权威、高高在上的教育者变为学生学习的引路人、学习的伙伴。教师还应该成为学生智慧的启迪者、情操的陶冶者。

第二，素质教育理念。素质教育是根据社会经济发展和人的发展的实际需要，以全面提高学生的综合素质水准为宗旨的教育。从根本上讲，素质教育是指在人的固有的“感觉器官”和“神经系统”的“生理条件”的基础上，开发和促进人的“心理发展”，并赋予人的“心理内容”和提升人的“发展水平”的活动。素质教育是适应时代的需要而产生的新的教育观念、教育思想和教育方法，而不是什么固定的模式。它是凸现以提高学生的创新能力为核心的主体教育，在教育与人的关系上坚持以学生为中心，是造就适合于学生的教育，是一种促进学生身心全面发展的教育，包括学生的身体素质、心理素质、思想道德素质、科学文化素质以及创新素质等。素质教育的主要目的是强调在传播知识和发展能力的基础上，使学生的身心得到全面发展，成为既有高尚人文精神又有良好科学素养的人；其实质是促进学生的身心和潜能的发展以及人类文化和知识向个体心理品质的内化；其核心是提高学生的知识和品质，培养学生的创新精神、创造能力和主体性。由此可见，素质教育是以提高国民素质为目标的教育，其终极目标是以个体素质和全民素质的提高为基础的人的现代化，即在发展个性的基础上，促进人的现代化，以增强个人适应社会的生存能力和改造社会的能力。

素质教育理念具有以下几个基本特征：第一，坚持“以人为本”。素质教育坚持“以人为本”，这是教育本质的体现，是教育本体功能的回归。关于教育的本质，理论界的讨论远未终止，也不会终止，因为人们对本质的认识是没有止境的。到目前为止，各种观点尽管反映着不同时代、不同阶级的不同利益.但各种论述却有一个基本的共同点，即把教育看作培养人的活动。实施素质教育的根基就在于以学生发展为本。具体地说，在推进素质教育的过程中，必须考虑并做到：一切为学生发展，为一切学生发展，为学生发展的一切。从这一根本点出发，尊重、关心、理解与信任每一个学生。第二，注重面向全体。素质教育是面向全体国民的教育，对各级各类学校而言，则是面向全体学生的教育。面向全体的核心是教育机会平等。教育机会平等包含三层含义：一是受教育权利和义务的平等；二是受教育机会平等；三是教育结果的相对平等，即每个学生在接受某一阶段教育后都能达到国家规定的最基本的标准，都能获得学业上的成功，都能在德智体等方面获得全面发展。面向全体除了依法保障学生学习发展的基本权利，还指教育过程中应该面向每一个有差异的学生。面向全体学生，最终要落实到面向每一个具体的学生。而每一个具体的学生又各不相同，互有差异。面对着互有差异的学生，“应试教育”的态度是带歧视性的选拔，以忽视大多数学生发展为代价来“优待”少数学生。素质教育并不否认培养英才的意义，而是在面向全体的基础上用民主的方法扩大教育的基础，使得所有个人的才能都能得到实现，这样便促进了天然的杰出人才的产生。也就是说，素质教育是一种非歧视性的民主性教育，在这样的教育模式、教育氛围中，各种杰出人才都会“天然地”产生。机会平等是要肯定每一个人都能受到适当的教育，而且这种教育的进度和方法是适合个人的特点的。努力开发每个学生的特长和潜能，使每个人都在他原有的基础上得到最大潜能的发展，这是面向全体学生的真谛。第三，强调主体精神。主体是指从事现实活动的人，即活动的承担者和发动者。主体精神是人作为活动主体在自觉活动中表现出来的一种性状，既包括主体的能动性、创造性和自主性等精神因素，又包括主体将这些精神因素物化为活动成果的能力因素。素质教育的主体性是指在素质教育过程中，管理者、教育者、受教育者的主体意识充分觉醒，包括主体潜能在内的主体能动性的充分发挥，主体精神世界和意志的充分拓展，主体素质的全面提高。应试教育在升学率的压力下，压抑和扭曲了人们原本应有的主动性、能动性、积极性，教育给人们带来的常常不是自我创造的审美愉悦，而是倦怠、痛苦、挫折和尊严的贬损。素质教育以突出受教育者的主体精神为重要标志，将所有的教育活动都建立在学生主动需要的基础上，学生的学习活动在学生自主探索的过程中进行，以满足学生的学习需求为直接目的。

（二）实践型教师专业理念

所谓实践型教师专业理念，是指一种指向现实教育实践问题解决的教育理念，它是由教育理论和教育实践工作者面向教育实践进行理论思考而形成的系统的理性认识。实践型教师专业理念与理论型教师专业理念的根本区别在于：理论型教师专业理念重在探索和回答“教育是什么”的问题，而实践型教师专业理念则重在思考和解决“如何进行教育”的问题。实践型教师专业理念是专业理念的一种重要类型，是整个专业理念系统的有机组成部分。主体教育、创新教育、生活教育、人本教育、创业教育、合作教育、生态教育、愉快教育等都属于实践型教师专业理念的范畴，它们在实现教育的合目的性与合规律性的统一、发挥对教育实践的指导作用和服务功能等方面，起着十分重要的作用。下面主要针对主体教育理念和创新教育理念做一介绍。

第一，主体教育理念。学生作为教育主体，蕴含着主体性。学生的主体性一是指学生在自我发展中的主体性，这是处于发展和提高过程中的不成熟、不完全的，开始甚至是很微弱的主体性，它属于教育与发展过程的问题，是在教育过程中需要调动、培育和提高的学生的主体性；一是指学生在历史发展中的主体性，这是在社会作用包括教育影响下学生达到一定发展水平，能独立自主地发挥能动作用的主体性，它属于教育目的和结果的问题，是教育应塑造、追求和实现的学生在未来发展上成为社会主体的人的主体性。学生作为一个正在成熟和发展中的个体，他的主体性需要通过多种途径得以培养和发展。而教育作为学生生活的一个极为重要的组成部分，作为一种有目的、有计划、有组织的培养人的社会实践活动，是通过促进人的社会化和个性化来展开的。而人的社会化和个性化的过程，就是人的主体性素质的不断培育与展现的过程，其结果便是使个体由自然人逐步成为社会生活的主体、社会活动的主体。只有这样的人才能主动、积极地参与社会生活，并为社会进步做出贡献。从这个意义上讲，教育在本质上是对个体主体性的培养过程，是一种主体性教育。所谓主体教育，是指根据社会发展的需要和教育现代化的要求，教育者通过启发、引导受教育者内在的教育需求，创设和谐、宽松、民主的教育环境，有目的、有计划地组织、规范各种教育活动，从而把他们培养成为独立自主、自觉能动、积极创造地进行认识和实践活动的社会主体。

主体教育理念具有以下几个基本特征：第一，思想层面上的科学性与民主性。学生主体性发展的重要基础是其生理、心理、文化结构的全面、和谐和充分的发展，而不是某个方面或局部的发展。学生的主体性素质是一种综合的、整体的素质，各要素之间具有相互影响的内在制约关系，即一种主体性素质的发展，有助于促进其他主体性素质的提高。传统教育在追求教育的“科学化”方面往往是不自觉的、局部的、非系统的，且仅仅流于空洞的设想和美妙的愿望，致使在实践中出现了诸多偏差。主体性教育则是建立在尊重学生的主体地位、学生学习发展的客观规律基础上，对学生进行全面科学的引导，促使学生在自主发展的教育教学过程中不断建构合理的观念结构、知识结构、智力结构和方法结构。主体教育是在师生共同营造出的活泼、生动、和谐、民主、平等的教育氛围中进行的。民主、平等的人际关系，是学生主体性发展的基本条件和前提。第二，实践层面上的活动性与开放性。学生主体性发展是以活动为中介的，学生只有投身于各种活动之中，其主体性才能得到良好的发展。学生主体性的形成与发展，究其实质而言可以抽象为两个方面：一方面，通过活动不断地将人类现实据为己有的内化过程；另一方面，通过活动不断地将已有的心理品质表现出来的外显过程。学生的主体性正是通过内化与外显的无数次交替而逐步形成、发展和完善的。学生在活动中形成了主体性，在活动中表现出主体性，活动是影响学生主体性发展的决定因素。从某种意义上讲，主体性教育就是对学生学习活动的规范、组织和引导，通过精心设计各种教育活动，使影响学生主体性形成和发展的各种因素达到优化，使各种不同的活动形式和决定着它们的诸多条件相互促进、紧密结合，从而对学生的身心发展发挥主导作用。第三，教学模式上的主体参与性。教学模式是教育观念与指导思想、教育目标、内容、方法与评价等要素的总称，它是教育思想与教育实践之间的一个中介环节。主体参与教学模式承认学生的主体地位和作用，对教学本质的认识不再停留于"特殊认识说"，而是把教学视为构建学习主体的对象化活动。课程内容的掌握仍是重要的，但课程内容掌握本身不再是教学的目的，而是成为构建学习主体的手段。教学目的是把课程内容转化为学习主体的主体意识和主体能力，教学的整个过程就是为了学生主体性的发展，使学生最终成为能够自主驾驭和支配整个世界的主体。主体性教学模式在新的教学观的指导下，将教学活动设计成为极富个性化的活动，既要求教师充分发挥主体性，针对教学对象、教学内容、教学目标、教学手段以及自己的教学背景进行综合考虑，精心规划和安排，又一切以学生的主体参与为核心。

第二，创新教育理念。"创新"这一概念是在 20 世纪初期提出来的。当时世界经济学家是从技术应用这一角度提出来的，其主要意思有两层：一是创造发明，即创造前所未有的产品，强调首创性；二是重组，即把已有的成果引入到新领域并加以重新组合，产生新的效益。"创新"引入教育，就是创新教育。所谓创新教育，就是学校按照一定的培养目标和培养规格，通过有效的教育手段和科学方法，培养受教育者的创新意识、创新能力和创新人格，使其成为适应知识经济需要的创新人才的教育。创新教育是反映时代精神的一种新的教育理念，是以创新为价值追求的全新的教育实践。创新教育不仅仅是教育方法的改革或教育内容的增减，而是教育功能上的重新定位，是带有全面性、结构性的教育革新和教育发展的价值追求。为了培养造就适应未来需要的创新性人才，必须要有适应这样人才成长的"土壤"和良好的环境。

创新教育理念具有以下几个基本特征：第一，全体性。创新教育不是精英教育，它是面向全体学生的教育。创新教育的提出从深层次上讲，是社会经济的发展对培养人才提出的新要求。在当今时代，不但需要杰出人物的创造，需要专门人才的创造，更需要千千万万个劳动者的创造。科学需要创造，技术需要创造，产品需要创造，生活需要创造……从广义上讲，创造是现代人的基本品质和生活方式。以至于我们不得不确立这样一个观点：现代社会中，创造是每个学生需要掌握的生存本领，不管你是大学生、中学生还是小学生，不管你是优等生、中等生还是后进生。创新教育的信念是：每个正常儿童都有创造的潜能，关键在开发教育。只要开发得当,教育适时,每个儿童的创造潜能会被唤醒,从而形成创新能力。与素质教育一样,创新教育也是一种面向全体学生的教育。第二,基础性。创新能力的产生和发展,建立在两个基础上:一是生理基础。人类大脑由左半脑、右半脑两部分组成。左半脑同抽象思维有关,右半脑则执行形象思维的功能。科学研究表明:人的创新能力与右脑有着密切关系,只有把左、右脑的功能平衡发展,增加左、右脑活动的相互配合,人的创新能力才能得到充分发挥。二是知识基础。创新能力是建立在牢固、深厚的知识底蕴之上的。有了知识底蕴,才能产生创新观念,才能对问题进行分析、比较,才能得出创新结论。第三,民主性。创新的思想往往产生在民主、宽松、协调、合作的氛围中。学生感到宽松、融洽、愉快、自由、坦然,没有任何形式的压抑与强制,才能自由与自主地思考、探究,提出理论的假设,无顾忌地发表见解,大胆果断而自主地决策和实践,才有可能创新与超越。如果没有民主,学生感到有压力,担心不安全,时时处处小心翼翼、顾虑重重、如履薄冰,一味地看教师或领导的眼色行事,个人的聪明才智与激情都被窒息,只能表现出依赖性、奴性,愈来愈笨拙与迟钝,因此民主性是创新教育不可或缺的内在特性。第四,实践性。创新教育特别重视实践性。创新教育是一种开创性的教育,是人类教育史上的一种新型的教育。这就需要我们大胆创新,勇于实践,在积极的实践中构建创新教育的理论框架,构建创新教育的实践体系。同时,创新教育本身也必须坚持实践性的原则。为了提高学生的创新能力,必须做到理论与实践相结合、学校的课堂教学与课外活动相结合、学生的"学"与学生的"做"相结合,让学生在实践中亲自体验、亲自动手、亲自设计、亲自评价,既享受创新的喜悦,又培养创新的能力。

(三)操作型教师专业理念

所谓操作型教师专业理念,是指以某种模式、方法或操作范型的形式表现出来的专业理念,它是理论型和实践型专业理念的具体化。如果说理论型和实践型专业理念更多地表现为一种内隐性的观点和思想,那么操作型专业理念则更多地表现为一种外显的技术、技能、模式和方法,是教育实践工作者在具体的学科教学活动中可直接进行操作和利用的。启发式教学、交往教学、发现教学、情境教学、协作教学、暗示教学等都属于操作型专业理念的范畴。由于操作型的专业理念不仅指向教育实践,而且提供了操作技术、技能、模式与方法,因而对教师的教育教学活动更具有借鉴和启迪价值。下面主要针对启发式教学理念和交往教学理念做一介绍。

第一,启发式教学理念。关于启发式教学理念的本质内涵,学术界存在着不同的认识和解读。有学者认为:"启发式教学是教师根据教学目标,从学生的知识基础、年龄特点等实际出发,遵循辩证唯物主义的认识论,采用各种生动、活泼的方法,引导学生积极思维,使他们主动地获取知识、发展智能的一种积极的双向的教学方法。"①有学者认为:"所谓启发式教学就是受教育者在教育者的启发诱导下,主动获取知识,发展智能,陶冶个性,形成完满人格的过程。"②也有学者指出:启发式教学"是指在教学中教师要承认学生是学习的主体,注意调动他们的学习主动性,引导他们独立思考,积极探索,生动活泼地学习,自觉地掌握科学知识和提高分析问题和解决问题的能力"③。从以上学者对启发式教学的概念界定来看,有的

---

① 陈国盛.论启发式教学[J].课程·教材·教法,1993(11).

② 熊梅.启发式教学原理研究[M].北京:高等教育出版社,1998:35.

③ 王道俊,王汉澜.教育学[M].北京:人民教育出版社,1999:230.

把它看成是一种教学方法，有的把它当成是一种教学过程，还有的则把它限定为一种教学原则。上述这些认识虽然有一定的道理，但也存在一定的欠缺，其实启发式教学从根本上来说应该是一种教学指导思想。据此，我们认为，所谓启发式教学，是指造成学生心灵的激活状态，使产生积极的思维活动，运用已有的知识经验，能动地获得新知识，充分地发挥智力的一种教学指导思想。启发式教学理念具有以下三个突出特征：

启发式教学不是一个结果，而是一个过程。在教学实践中，许多启发式教学活动都只是看重教学效果，即引导的结果。许多教师认为，只要设置出合理而灵活的问题，学生能在问题的启发下积极思考，获得答案，这就是成功的启发式教学。殊不知，这种教学方式只是披上了启发式教学的外衣，并没有体现其中的内涵。因为这样的课堂，直接的目标是教师设计的教学结果，课堂上一个个问题的解决，实际上却是教师牵着学生的鼻子，一步步地走向预设的"标准答案"。这样的启发式只重视结论的启发，即启发学生向已有的结论方向去思考和发表意见。而真正的启发式教学，目的不在于所谓的标准答案，更重要的是启发学生解决问题的方法，启发他们的心智，启发他们的思维过程。我国也是世界上第一部教育专著《学记》就指出："道而弗牵，强而弗抑，开而弗达。""弗达"恰恰就体现了对结论的淡化。孔子曾说："吾有知乎哉？无知也。有鄙夫问于我，空空如也。我叩其两端而竭焉。""叩其两端"即用类似的矛盾启迪求学者，让他们自己去找答案。这便体现了启发式教学的实质。启发式教学强调不把现成的结论告诉学生，主张在教学过程中引导学生去寻求事物发生发展的原因和与其他事物的关系，通过思考找出规律，获得真知。

启发式教学不是一种设计，而是一种习惯。在教学实践中，很多教师并未能从实质上把握启发的目的，变满堂灌为满堂问。教师往往会在课前研究教材，围绕教学大纲确定好教学目标。在教学步骤的安排上，特别注重设计各种各样的问题，以便能在课堂上引发学生的学习兴趣，调动他们学习积极性，与老师共同完成教学任务。于是，设计问题便成了备课及教学活动很重要的一项工作。这一程序的特点是：教师设计提问，学生思考讨论；教师创设情景，学生投入学习；教师归纳总结，学生接受改进。从课堂表象来看，学生学得似乎得心应手，收获颇丰。实际上学生却是被教师牵着鼻子，习惯于被人激发，被人牵制。教师的质疑问难组成了课堂教学的滚动链，也形成牵引学生朝固定方向行走的绳子。这种设计出来的课堂在显而易见处或众所周知处设置启发点，无视学生的具体特点，无视课堂的实际问题，往往会使启发流于形式，达不到启发的目的。实际上，启发式教学不应只流于表面，而应渗透进教学的每一处环节中。只有教师具备时时启发的意识，养成处处启发的习惯，时刻关注学生的特点和问题，才能在必需之时、合适之处对学生进行有效的启发，开启他们的智慧，促使学生养成独立阅读、积极思考、善于发现、勇于解决问题的习惯与能力。在启发式教学中，学生要成为真正的学习主体，通过教师积极主动的引导，逐步养成积极思维、善于提问、自主解决问题的学习习惯。

启发式教学不是一种模式，而是一种思想。把启发式教学看成是一种具体的教学方法，主要是从"式"而来。很多人认为"式"便是一种具体的方式方法。而一种具体的教学方法，是由一套固定的教学格式或若干个具体的教学环节来体现的。于是在课堂上的很多设问、提问和解疑，都是为了"格式"二字。教师们脑海中有的只是教学目标和教学步骤，而忘记了教学的真正主体——学生。如果年复一年、日复一日、课复一课"问"是为了"式"，"启"是为了"模"，课堂上依赖的是一种机械的教学模式，那"启发"只能成为一种新的桎梏。要正确运用启发式教学必须走出以上误区，准确领会其精神实质。启发式是运用各种教学方法的基本指导思想，不是一种具体的教学方法，并没有固定的教学格式和环节。每一节课情境都会有所不同，教师应把启发式教学思想贯穿于教与学过程的始终，因人因时因境灵活地运用各种教学方法，使教学安排适合教材特点和学生实际，最大限度地调动学生的学习积极性，才能真正体现出启发式教学的本质内涵。

第二，交往教学理念。所谓交往教学理念，是指以教学生活世界为基础，以师生的互动、共享与共创过程为价值导向，用整体交往观来建构理想的教学交往活动的一种教学理念。它是在传统教学理念的基础上发展起来的，是对以往教学理念的总结、升华与超越。交往教学理念的本质内涵可以从以下几个方面加以解读。①

如果从本体论意义上来看，交往教学理念把交往看成是师生的生存方式与发展方式。交往教学理念主张教学过程是通过师生、生生之间的互动，不断促进教师和学生的自我生成与建构的过程，这种互动是通过语言交往、信息交流以及精神交往而实现的。教师与学生的自我生成和建构是以主体间性为基础，通过自我认知、自我评价、自我调控与自主行动等方式得以实现的，整个教学过程是教学组织的开放过程，是教师和学生个体生命本质的自由、自主展开和创造的过程。交往教学理念要求尊重教师与学生的生命存在，特别是话语的自由、精神的自由以及交往的自由。在交往教学活动中，教师的作用表现为给学生提供良好的环境，以适当的方式对学生进行价值引导和具体指导以及必要的监控。同时，教师的个体生命也因为与丰富多彩的教学生活相适应，与千差万别的学生交往而变得不断丰满，生命的意义与价值是教师自己创造的。交往教学理念为教学改革指出了一条正确道路：话语的自由与更新，课程内容的多样化，教学生活方式的变革，师生的有意义生活的建构。

如果从认识论意义上来看，交往教学理念强调整体的交往观。交往教学理念所指的交往主要包括作为主体的师生与作为共同客体的知识、教育情境之间的对象性交往；作为个体主体的师生、生生之间的主体间交往；作为个体主体的教师或学生与之关联的作为主体班级、小组、小群体之间的点面式交往；主体师生与客体自身之间的自我交往；教学组织与外界环境之间的面体式交往。这几种交往是一个有机统一的整体，是以对象性活动为基础的主体性与主体间性的统一、主体性与客体性的统一、主观性与客观性的统一以及教学与环境之间的统一。由此可见，整体交往教学理念肯定了多种交往并存及其相互作用的必要性与可能性，把教学活动中的人置于整体交往背景之中，揭示了学生发展的社会制约性与自主建构性。以整体交往教学理念指导教学实践，必然要求教师与学生的合作与理解，同时也要求学生与学生之间的沟通与合作，师生自我的反思与建构，以及教学与环境的良性互动。

如果从价值论意义上来看，交往教学理念倡导教育性交往。交往教学理念强调教学对学生的全面发展，以及教师自我发展的整体性教育意义，包括认识、情感、意志、个性、伦理、审美、社会性等诸多方面的教育意义。也就是说，交往教学理念不仅强调学生知识掌握、能力发展、情感丰富、个性成熟以及社会性发展，而且也强调教师教学认识的不断丰富，教育智慧的不断增长，教学技能的不断熟练，以及教学风格的不断形成等。教育性交往的教学生活是一种能够发掘教师与学生的智慧潜能，发挥教师与学生的主观能动性，发展教师与学生的个性特长，提高教师与学生的教育生活质量，提升教师与学生生命价值的生活。

---

① 田汉族．交往教学论的特征及理论价值[J]．教育研究，2004(2)．

如果从实践层面上来看,交往教学理念强调创新型交往。所谓创新型交往,是指教师与学生之间交往、学生与学生之间交往、自我交往以及教学组织与外部环境之间的交往活动,是一种创造新知识、新关系、新自我的实践活动。当师生双方以开放的心态整体投入到教学生活之中时,随着对话、理解与沟通等交往活动的不断深入,师生之间与生生之间就会产生智慧的碰撞、情感的交流、人格的感染和心灵的沟通,教师与学生就会逐渐摆脱自我原有的认识狭隘性、思维片面性和思想肤浅性,从而使自己进入更为广阔的精神活动领域,超越自身的认知结构、能力水平和人格层次。到了这个时候,师生关系及生生关系也就进入了一个创新的境界。交往教学理念试图揭示教学的创新特征,并用创新教学原理去引导创新教学实践,它强调教学理念不仅能促使教师引导学生学会学习与创造,而且也能激励教师不断进行自我创造。

教学交往作为一种特殊的人际沟通活动,它是教师与学生之间在具体教学情境中以知识为中介、以对话为基本形式、以互动为内在机制、以促进学生发展为旨归的活动。具体而言,交往教学理念具有以下几个基本特征。①

一是交往教学理念以知识为中介。交往教学理念的中介是特定的文化,这是教学交往区别于其他交往的一个重要特征。所谓特定文化,是指教学内容是经过选择的,因而具有再生性与简洁性。它是从人类历史所积累的大量知识中经过精心挑选的,并结合主体认识特点加工改造成更易为学生所掌握的中介物,也是学生借以社会化的主要工具。而知识是教学内容中的重要组成部分,知识授受是教学理念的基本逻辑起点。交往教学理念的中介是以知识为主要内容的特定文化,离开了知识的传授就不称其为教学,因而也就不存在教学交往。教师作为交往教学中的"首席",其重要职责之一就是将知识转化为教学交往话题,努力实现教学交往中知识与技能、过程与方法以及情感态度与价值观的有机融合。

二是交往教学理念以对话为基本形式。交往教学理念的基本形式是对话,这种对话表现为三种具体形式:②其一是师生之间的对话。这是交往教学理念中最基本的沟通,教师的价值引导与学生的自主建构主要在这种对话中得以实现。其二是生生之间的对话。这是同学之间的沟通,它可以实现信息资源的分享与整合、情感的交流以及协作精神的培养。这种对话应该是师生之间对话的补充与完善,因而不能取代师生之间的对话。其三是师生与文本之间的对话。这是一种跨越时空的对话,是历史眼光与现实视界的交融。这种对话不仅是文明的传递,而且也是文明的创造过程。这种对话在学生的学习中占有非常重要的地位,学生的学习是以间接经验为主的学习,而这种对间接经验的学习就是与间接经验的发现者及探索者之间的对话。这是一种心灵之间的对话,对话的过程也是学习者生命的体验过程。这种对话中学生的认识结果是个性化的,教师既要尊重学生独特的认识与感受,又要用文本的基本价值取向引导学生,从而不断地提升其认知质量与生命境界。

三是交往教学理念以互动为内在机制。交往是形式,互动则是其内在机制。教学交往的本质是一种心理互动,即课堂教学中师生之间、生生之间在心理上的相互影响的过程。人际交往是一个动态过程,包括沟通、认知与互动。所谓沟通,是指交往主体之间的信息传达与接受;所谓认知,是指在沟通的基础上,通过信息交流而互相了解和理解;所谓互动,是指

① 张琳.论交往教学[J].西安社会科学,2010(6).

② 薛二勇,盛群力.教学是一种特殊形式的交往[J].当代教育论坛,2005(3).

交往双方在心理上和行为上的相互影响。从交往主体上来看，教学交往互动可以划分为两大类：师生之间的交往互动与学生之间的交往互动。这两类互动构成了教学交往的全部，缺一不可。交往互动实际上是个体与环境之间的相互影响，教学心理环境主要是人际关系，师生关系、生生关系是构成教学心理环境的主要因素，对个体发展具有重要的影响作用。在教学交往活动中最有效的交往是多向交往，只有这种多向交往才能充分发挥环境资源对个体成长的积极影响，也才能最终有效地促进学生的身心发展。

四是交往教学理念以促进学生发展为旨归。交往不仅是教学的实践形态，而且也是教学的一种本质属性，但我们不能把它异化为目的。尽管教学也需要培养学生的交往能力，但那只是作为人的社会适应性的一个方面，并不是学生发展的全部，也不是教学交往的全部意义和价值。教学交往的主要目的就在于促进学生的身心全面发展。那种把交往异化为目的的做法所产生的效果，只能是教学的表面繁荣或所谓的气氛活跃，丢掉的却是学生的全面和谐发展。关注交往的目的性就要围绕教学目标精心选择交往内容、设计交往活动、确定交往话题。教学交往中的话题不仅是预设的，而且又是生成的。那种目的不明确或根本无目的的交往，都不是真正的教学交往，因为真正的教学活动永远都具有目的性。

第二节　教师的专业道德

教师职业从一开始产生，就以良好的道德形象出现在人们面前。在教师专业发展已成为教师教育改革主旋律的当代，其专业道德更是受到社会的普遍重视。从本质上来看，教师专业发展其实就是适应社会要求不断提升教师素质水平的活动，而教师素质水平又是与专业道德紧密相连的，教师专业发展必然要求教师的专业道德不断提升。可见，从传统师德向教师专业道德的发展转变，不仅是教师专业发展的一个重要组成部分，而且是教师专业发展的内在要求与核心要素。

一、教师专业道德的意涵

对于教师专业道德的内涵界定，不同的人存在着不同的认识和解读。有学者认为："专业道德是指一种职业群体为更好地履行职业责任、满足社会需要、维护职业声誉而制定的自我约束的行为规范——一套一致认可的伦理标准。"[①]有学者认为："教师的专业道德是指教师基于自己的专业知识和技能，在专业领域内能够合理行使专业权力来完成专业职责和使命，使专业服务对象得到高质量的专业服务的一整套伦理标准和规范。"[②]有学者指出："教师的专业道德是指教师作为专业人员应具备的独特道德品质，包括教师的专业责任、教师个人道德品性以及以自律为核心的专业精神。"[③]也有学者认为："教师专业道德是指教师在专业发展过程中逐渐形成的比较稳定的能够表现教师专业特征的品质观念和行为规范，体现的是教师专业情感、专业理性和专业意志的行为准则。"[④]基于上述观点，我们认为，教师专

① 刘捷.专业化：挑战21世纪的教师[M].北京：教育科学出版社，2004：62.

② 蔡辰梅，刘刚.论确立教师专业道德的意义和基础[J].江西教育科研，2007(10).

③ 黎琼锋.从规约到自律：教师专业道德的建构[J].教育发展研究，2007(1).

④ 韩峰.论教师专业道德的结构[J].教育理论与实践，2011(7).

业道德本身包含着对教师其他标准的要求，是教师各种身心素质的综合表现。教师专业道德是教师专业发展的内在要求，是教师作为专业人员所必须具备的、最基本的专业素养。如果缺失了专业道德，教师将与一般职业雇员无异，也就不可能有效地行使其专业权力和专业职责。从传统的强调教师"师德"到对教师"专业道德"的重视，既是教师专业发展的重要组成部分，也是教师专业发展的内在诉求与理想追求。

如果与教师"师德"相比，教师"专业道德"更强调专业性和主体性。教师"师德"是指教师在从事教育劳动过程中形成的，用以调节教师与他人、教师与社会、教师与集体等相互关系时所必须遵守的基本道德规范和行为准则，以及在此基础上所表现出来的道德观念、道德情操和道德品质。教师"师德"以适应于教师职业活动的具体形式，体现了全社会对教师职业行为的基本道德要求。它具体体现为教师的职业理想、教师的职业责任、教师的职业态度、教师的职业纪律、教师的职业技能、教师的职业良心、教师的职业作风和教师的职业荣誉等诸多方面。在教师专业发展的过程中，其"专业道德"的专业性和主体性，已经成为教师专业发展的目标和旨归。"专业性"实质上是指某一行业行为主体和主体行为的"不可替代性"。教师的专业道德建设之所以成为教师专业发展的核心内容，就是因为在教师专业发展的过程中，"教师的职业道德向专业道德的转换始终是一个重要的线索"，"从最初的一般性的德行要求到具有道德法典意义的许多专业伦理规范教育，从重视知识、技能教育的技术性培养逐步过渡到专业精神与专业知识、技能水平提升的兼顾，是教师专业发展的一个重要方面"。[①] 教师的"师德"向"专业道德"的转换，其实也就是一个从思想理念到实践行动的发展过程。教师专业道德建设要融入教师专业发展的过程之中，为教师专业发展提供强有力的动力支撑。教师专业道德具有以下几个突出特征：

（一）专业性

教师专业道德是在教师专业化的大背景下提出来的，也是在教师个体专业发展过程中存在并不断发展的。在承认教师职业专业性的同时，也应认识到教师道德的专业性。"教师专业道德强调从专业特点出发讨论伦理规范的建立，而不再是一般道德在教育行业里的简单演绎和应用。"[②]教师职业是一个专业化水平要求很高的职业，教师的专业发展具有极为突出的专业性特点。教师道德伦理规范的建立，要具有一定的专业理论依据，体现出教师职业与教师成长的专业性与独特性——对教师道德专业性的强调和突显。这种专业性意味着教师的道德规范不能被简单移植或套用到其他职业之中，其他职业的道德规范反过来也不能简单适用于教师职业。唯其如此，教师才能真正养成良好的专业道德，从而顺利实现自身的专业发展。

（二）示范性

教师职业劳动的对象是青少年学生，他们是活生生、有思想、有感情的个体，具有很强的可塑性、向师性和模仿性，他们的人生观、世界观、价值观和个性品质也都处于快速形成的时期。教师在学生心目中占有特殊的地位，对学生的身心发展起着极为重要的榜样示范作用。特别是低年级的学生更是如此，他们对教师往往有一种神秘且仰慕的感觉，和教师有一种天然的接近感，会不自觉地模仿教师的言谈举止、处世态度和道德学识。不管教师本人是否意

① 檀传宝.论教师"职业道德"向"专业道德"的观念转移[J].教育研究，2005(1).

② 檀传宝.论教师"职业道德"向"专业道德"观念的转移[J].教育研究，2005(1).

识到，其一言一行、一举一动、思想情感、教学态度、教学作风等，都会潜移默化地感染并影响着学生。教师要顺利完成自身所肩负的教书育人的神圣历史使命，就必须努力在学生乃至整个社会面前建立起更高的道德威信和职业声望，形成良好的道德形象，成为全社会的道德楷模和道德典范。

(三) 自觉性

人类的道德实践就其调节方式来说，都十分强调道德主体的内在自觉，教师专业道德实践也不例外，并且它在这方面表现得更为突出。教师职业是以个体的脑力劳动作为主要劳动方式的，这也就意味着，教师的劳动经常是处于无人监督之下的。例如，教师是否能够充分备课，是否能够认真批改作业，是否能够耐心细致地教育学生等，这些都是很难进行监督和量化考核的，更多的是依靠教师自身的自觉和自律。不仅如此，教师对学生的教育和影响具有广泛性，并不一定局限于课堂教学和校园里面，但凡要求学生做到的，教师本人必须首先身体力行、率先垂范。正所谓："学校无闲人，人人在育人；学校无闲时，时时在育人；学校无小事，事事在育人"。这种劳动时间和劳动空间的灵活性和多维性，必然要求教师在遵守专业道德方面要表现出更强的积极性、自觉性和主动性。

(四) 自律性

从教师职业道德的角度来看，主要是把它作为一种外在的行为规范发挥作用，更强调对教师强制和执行，缺少教师的主体性和自律性。而教师专业道德则强调以自律为核心的专业精神，具有鲜明的自律性特点。教师劳动的对象是青少年学生，尤其要关注他们健康全面的成长与发展；教师劳动过程复杂且劳动结果具有迟效性，尤其是与青少年学生道德发展联系的方面，更是难以准确加以定量评价，也不会立刻就能见到成效。这就要求教师在专业发展过程和专业道德养成中，要充分体现出自主性和自律性特点。教师不仅要以为人师表的言谈举止与青少年学生进行交往，而且还应时刻牢记自己对青少年学生的道德承诺，利用恰当的教育契机促进青少年学生的道德发展，这对教师来说是一个更高层次的自律性要求。教师专业道德不仅要求教师要明确意识到自己的道德责任，而且在实际教育工作中还要不断地进行自我反思、积极探究和交流合作，发挥自身专业道德的主体性和自律性，使这种道德影响力更好地促进青少年学生全面发展。

(五) 关怀性

教师劳动从本质上来看，是一种极其复杂细致的精神生产活动。教师的劳动对象既不是死的自然物质，也不是一般的有生命的植物和动物，而是具有一定思想、意志、情感、能力、性格和其他个性品质的活生生的人。不仅如此，这些人又正处于成长发育阶段，其身心状况每时每刻都在发生着变化，受到来自家庭、社会等多方面的复杂环境的影响。教师的情感和意志对学生具有特殊的感染作用，它能启发学生的学习积极性，转变学生的思想行为，塑造学生的个性品质，培养学生对学习和生活的热爱。教师不仅要关心学生的现实人生，而且也要关心学生情感性、精神性素质的发育与成长。一句话，教师要关怀学生的全面、健康、协调和可持续发展，要对全体学生的全面发展给予全面关怀。可见，教师专业道德具有强烈的关怀性特征。

(六) 发展性

从教师专业发展的视角来看，所有教师都要经历一个渐进的、持续的发展和成长过程，自身的专业素质才能不断得以提升。教师专业道德作为教师专业发展的一个主要内容，同样也处于动态的、持续的运动变化过程之中。传统的教师职业道德依靠一系列规范对教师的行为举止做出硬性规定，但这种规范只是以一种静态的方式存在，它对教师的要求主要限定在不违反、不越界和严格遵守。在这种情况下，教师对职业道德的遵守往往处于被动和静态之中。与之相反，教师的专业道德则更关注自身道德的动态性和发展性。这种动态性和发展性不仅表现为教师作为为人师表的榜样，应不断提升自身的专业道德素养，而且也要求在对学生道德承诺的基础上，不断提高对学生的积极而有效的道德影响力，做到对学生良好道德观念的形成及人格的发展完善真正有所作为、有所裨益。

二、教师专业道德的意义

（一）形成教师专业理念

在新的历史条件下，教育正呈现出崭新的发展态势，传统的教师观、学生观、知识观、人才观、教育价值观等都需要重新接受时代的审视。教育人道主义问题、教育公平与教育民主的问题、教学工作与学校管理中的道德问题等日渐突出，师生关系、教师集体中的人际关系、学校与社会的关系等也呈现出了许多不同于以往的新特点。这一切变化都对教师专业道德建设提出了新的挑战和要求。因此，新时期的教师专业道德建立在对教师劳动新特点进行科学分析和把握的基础之上，不仅向全体教师阐明自己的行为规范，也紧跟时代发展以及世界教育发展的新趋势，用先进、科学的专业理念武装教师的头脑，使教师行为符合社会基本道德要求的同时，又能与时俱进，更好地履行自己的崇高的专业责任。

（二）提升教师专业品质

从目前社会相对成熟的专业来看，专业道德都有其内在的构成要件；从有关专业标准的研究来看，专业道德也是评判一个职业是否能够为专业的重要标尺。国外有学者认为，任何一项可以称为专业的行业，大致都需要满足五个标准：一是要提供重要的社会服务；二是要具有以理论和实践为基础的专业知识；三是要满足一些独特的以实践标准形式得到表述的伦理道德标准；四是要为招募新成员或训练提供一定的组织与管理保证；五是为了在实践中做出独立的判断，专业实践者需要高度的自主性。可见，伦理道德的考虑内含于专业的其他评价标准之中，是一个职业能否成为专业的首要特征。[①] 由此观之，对于教师的教育工作而言，形成专业伦理道德，在形式上满足专业的基本标准，无疑是其专业建设中首先需要考虑和解决的关键问题之一。

（三）协调教师人际关系

为了顺利完成教育教学任务，实现教育教学目标，教师需要调节许多不同的人际关系，如教师与教师之间的关系、教师与学生之间的关系、教师与学生家长之间的关系、教师与社会之间的关系，等等。这些人际关系要想达到良好和和谐，就需要教师专业道德的协调。教师专业道德对人际关系的协调作用主要受两个因素影响：一是受到外在力量——社会舆论的影响。当教师行为符合教师专业道德要求，有利于学生的全面发展时，社会就会形成肯定和赞扬的舆论，就会激励教师选择这种职业行为；当教师行为违反教师专业道德规范，不利于学生的全面发展时，社会就会形成否定和谴责的舆论，使教师产生巨大的精神压力，从而鞭策自己，纠正错误，遵循专业道德规范。二是受到内在力量——内心信念的影响。教师道

① 王丽佳，洪洁. 解读“教师专业伦理”[J]. 湖南师范大学学报（教育科学版），2009(11).

德信念是教师在教育教学过程中判断自己行为善恶的一种内在力量。当自己的行为符合道德要求时，教师就会从精神上感到欣慰和满足，从而产生一种力量和信心，以继续这一行为。当教师某种行为不符合专业道德标准时，教师就会感到内疚和惭愧，从而检讨自己的行为，并力争不再发生类似的错误。

（四）促进学生智能发展

从表面上来看，教师专业道德似乎与学生智能发展的关系不大，但实际上并非如此。教师专业道德对学生智能发展促进作用至少表现在以下两个方面：一是教师热爱教育事业，有献身教育、教书育人、为人师表等高尚专业道德，就会刻苦、努力和认真地工作，这就为教育教学质量的提高，进而为学生智能的发展提供了重要保证。假如教师不具备良好的专业道德，那他就会放弃或放松教育教学研究，压抑自我提高的要求，教育教学效果不可能高效，这也就无法提高学生的智能。二是教师专业道德还会影响学生的心理状态，并进而影响学生的智能发展。教育教学过程是一个极为复杂的心理活动过程，学生的心理状态与其智能的发展关系极大。如果教师能够遵循专业道德要求，真心热爱学生、关心学生、尊重学生，就会使学生感到温暖，就能激发学生学习的热情，增强学习的信心，诱发学生的积极性、主动性和创造性。反之，如果教师对学生漠不关心、动辄批评，就会挫伤学生学习的积极性和自尊心，影响其心理和智力的健康成长。

（五）维护教师专业自主权

由于专业人员的活动与社会福利密切相关，其实践中的任何一个决定都可能关乎其服务对象的重大利益。不仅如此，专业实践场景的复杂性也决定了不可能有一套固定的和具有普适性的理论，这在教师职业中表现得更为明显。面对学生的多样性与教育场景的多变性，教师随时需要做出独立而准确的判断，并采取果断有效的实际行动。面对专业知识与专业服务场景的高度复杂性，外行公众倾向于认为自己没有资格对专业人员的实践进行干预，从而准予专业人员具有广泛而高度的自主性。正是这种专业自主性，确保了专业人员能够在不受直接监督的复杂情境中运用自己的专业知识和能力，做出独立的专业判断，开展自己的专业服务，从而在最大限度上保障服务对象的权益。① 因此专业团体通常会制定本行业的伦理道德规范，以获取社会公众的信任和支持，最大限度地保证专业自主权的获得与行使。对于教育专业来说，其专业伦理道德规范也必然会使社会公众对教师及其行业的道德操守产生基本的信任与尊重，从而赋予教师以专业自主权，从而能够保证他们独立高效地开展教育教学活动。

（六）积极影响社会道德

教师作为一个特殊的职业者，他们是良好社会风尚的倡导者和社会精神文明的建设者。教师的专业道德既对学生的道德品质产生重要影响，也对社会生活具有巨大的促进作用。教师专业道德对社会道德的促进作用主要表现在两个方面：一是教师能以自己的专业道德教育影响学生，再通过学生传播和辐射于整个社会，从而对社会的精神文明建设产生积极影响。教师担负着培养青少年一代的重要任务，其世界观、人生观、价值观等思想情操和道德品质关系到亿万青少年儿童的成长。一批又一批的学生从学校毕业后，走上生产工作岗位，成为社会的主人。他们的思想政治品质、道德风貌、专业学识等又直接关系到整个精神文明

① 黄向阳.教育专业伦理规范导论[D].上海：华东师范大学，1997.

建设，关系到社会主义现代化建设事业的成败。二是教师专业道德对社会道德的促进作用还体现在直接作用上。随着教师地位的提高，教师常常要走出校门，参加各种文化科学活动和社会实践活动。教师在公众场所讲文明、讲礼貌、讲卫生，自觉遵守公共秩序，爱护公共财物等行为习惯，和邻里和睦相处、互谅互让、助人为乐等思想境界，必然会产生感化作用，树立起道德威信，感染群众，从而优化人际关系，净化社会风气。

三、教师专业道德的结构

世界上任何事物都有自身独特的结构，即构成该事物的各个要素及其相互之间的密切关系。教师专业道德也是如此。探明教师专业道德的内在结构，不仅有助于从深层次把握教师专业道德的本质与功能，而且十分有助于教师专业道德的涵养和生成。如果从教师特有的专业性质上来分析，教师专业道德结构的核心要素主要包括以下六个方面。

（一）教师的爱心

记得有位教师这样说过："写在纸上的爱，一会儿就可以读完；表达在嘴上的爱，一转身就可能忘记；而教师的爱却写在了大地和天空之上，能使学生永藏心底。"教育是一种充满了温情和爱心的人世间最伟大的事业，爱心不仅是教师进行教育活动的基础和前提，而且它本身就是一种积极而重要的教育影响手段。正因为如此，人们往往把爱心看成是教师专业道德的核心要素，是教师所具有的"师魂"之集中体现。教师的爱心首先应当是一种广博之爱，它使每一个学生都能沐浴到教师爱心的阳光雨露；其次，教师的爱心应当是一种社会之爱，它超越了父母对孩子的亲子之情，深深地打上了社会伦理道德的烙印；最后，教师的爱心应当是一种理性之爱，它不是对学生的偏爱或溺爱，不是一味地迎合、迁就和放纵，而是要爱严结合。正如苏联教育家马卡连柯所说："如果有人问我：我怎样能够以简单的公式概括我的教育经验的本质时，我就会自豪地告诉他，要尽量多地要求一个学生，也要尽可能地尊重一个学生。"①

（二）教师的善良

"善"是相对于"恶"而言的，主要是指客观事物的存在及其运动变化对个体和社会完好圆满地生存与发展所表现出的积极意义。作为一种以促进学生生命成长和人格健全为己任的职业，教师专业道德必然会表现出强烈的"向善"品质。如果说对学生的爱心是教师须臾不可或缺的情感投入，善良则是教师爱心的基础和支撑，教师善良的萌发恰恰是其对学生爱心的开端。教育作为一种教师与学生之间情感交流、心灵沟通和智慧碰撞的人世间最伟大的创造性活动，教师的善良恰恰正是高质量教育的基本前提，是教师教育行为及伦理道德行为的出发点。我国古代思想家和教育家荀子十分推崇"积善成德"、"继善成性"，正表明了善良是教师专业道德不可或缺的重要组成部分。正因为有了教师的善良，也正因为建立在教师善良的"人性"基础之上，教育所具有的"人学价值"才获得了充分的彰显和实现。教师的善良首先是要拥有一颗仁慈之心，表现出一种悲悯情愫与博大胸怀，时刻心系学生的健康成长；其次，教师的善良表现为要开启学生的"善端"，引领学生积极向善，启迪学生体验生活的意义与价值，鼓励学生追寻幸福美好的人生。

---

① ［苏］马卡连柯．论共产主义教育［M］．刘长松，译．北京：人民教育出版社，1962：270．

（三）教师的宽容

有位禅宗大师曾经这样说过："宽容是一种胸怀，是一种睿智，是一种乐观面对人生的勇气，它能驱散生活中的痛苦和眼泪，传播心灵的快乐和微笑；宽容是一种豁达，是一种理解，是一种尊重，是一种激励，更是一种大智慧的象征，它是强者显示自信的一种突出表现。"宽容作为教师专业道德的重要内容，是指教师在人格平等基础上对学生所表现出的"差异化"的理性认可，以及在情感上的接受和认同。它不仅反映了教师对教育对象的真诚信任与美好期盼，而且反映了他们对于真理的执着追求，因而是教师所具有的博大胸怀和超然精神品格的深层体现。教师每时每刻所面对的都是具有独特年龄特征的学生，他们虽然知识经验和认识能力不足，但却有着强烈的对外部世界的好奇心和探究欲望，有着独特的思想情感和行为方式，即使他们还很肤浅、稚嫩甚至会经常出现错误，但都应当得到理解、宽容、接纳和呵护。否则，就会遮蔽学生认识客观外部世界的慧眼，阻断学生积极探究和自由表达的路途。当然，教师的宽容，并不意味着屈从学生或放弃自我，而是要表达出对学生及自身真正的尊重。

（四）教师的公正

从社会评价的意义上来说，公正应当是教师最重要的专业道德素养，而偏私与不公则是教师最不能原谅的品质缺陷。所谓公正，是指教师在教育过程中对待学生以及不同利益关系所表现出来的公平与正义，其实质和核心在于充分尊重作为教育主体的学生的"理性自由"。教育的终极关怀应当是回归学生的生命，解放学生的天性，而回归与解放的根本前提则是自由。没有公正，自由就会失去保障，也就谈不上真正意义的有效教育。公正不仅能反映教师的内在心灵，而且能衡量教师的外在行为，因而对公正的执着追求正是教育成功的不竭精神动力之源。首先，教师公正表现为要尊重热爱学生，对他们能够一视同仁，这应当是教育公正的最基本的含义。其次，教师的公正表现为对学生要客观公正，实事求是，主持正义，赏罚分明。其实，惩罚和奖励作为一种教育的方法，它本身往往都是中性的，关键在于教师如何使用它，因此惩罚与奖励要讲究客观公正，实事求是。学生有时并不一定会埋怨教师对自己使用了惩罚，而恰恰十分反感教师惩罚得不公正。如果学生认为教师的惩罚是合理的，目的完全是为了自己好，他们当然会心悦诚服地接受惩罚。最后，教师的公正表现为要了解学生，善于因材施教。教师应当明白，教育过程中的公正主要是一种"实质性"的公正，因而教师需要灵活而非机械地对公正原则加以运用。这就必然要求教师应当根据学生的年龄特征和心理特点因材而教，力争让所有学生都能站在一个平等的起跑线上，从而促使他们获得力所能及的健康发展。

（五）教师的理解

教育活动的特殊性就在于其劳动对象是人，劳动产品也是人，它所要处理的从根本上来说是一种"人与人"之间的关系。教育可以说是一种"在理解中"、"通过理解"和"为了理解"的特殊社会实践活动。因此，理解既是教师的一种教育方式，又是教师的一种专业道德伦理行为，同时理解本身也正是积极教育结果的充分展现。当"教师自觉地深入理解教育对象或自身时，这种理解本身就是责任感，是专业伦理水平高的表现"①。为此，一方面，教师必须深入理解学生，理解学生丰富多彩、生动活泼的实际生活，理解学生特有的身心发展特点，理

① 熊川武，江玲.理解教育论[M].北京：教育科学出版社，2005：28.

解学生的知识经验基础、思维水平和学习能力以及发展潜力，理解学生的学习目的是否明确、学习态度是否端正，理解学生的学习兴趣和学习动机是否得到激发，理解学生的学习方法、学习策略和学习习惯是否科学，要创造各种可能的条件和机会，引领学生体验并理解生活，激发学生对生活意义及人生价值的探究欲望，促使他们获得更快更好的发展。另一方面，教师也必须理解自身所从事的教育活动的本质规律及其价值意蕴，理解自己作为教师所必须承担的复杂而艰巨的任务职责。教育作为一种培养人的社会实践活动，道德的涵养与智慧的增长具有同等重要的地位。教师作为学生个体社会化过程中的"重要他人"，不仅要完成科学知识和道德规范的传授，而且也要进行价值的引导和道德能力的培养，而教师专业道德素养对学生而言本身就发挥着一种极为重要的示范和引领作用。

（六）教师的角色敬畏

作为一种以教书育人为己任的职业，社会往往对教师角色赋予极为深刻的道德内含，承担着崇高的道德责任。"教师的角色化存在是一个有着很深厚的道德范导意义的角色化存在。它总是凝聚着教师对自身使命的某种'敬畏'。敬畏必然表现为道义、良知和职责……体现为道德责任感和道德使命感。"①教师的专业道德也必然蕴含着这种对自己所从事的角色的敬畏，它是教师源自于人性深处的强烈诉求，是教师对学生热爱、宽容、理解和尊重的重要基础，是推动教师教育活动顺利开展的根本动力。教师只有对自己从事的职业充满敬畏，才能深刻体会职业所具有的特殊意义，才能形成正确的教育价值观和坚定的教育信念，从而产生无比巨大的职业信心。当然，这种对角色的敬畏并不是单纯的敬重或畏惧，也不是强迫教师盲目服从权威，更不是让教师承担不该承担的责任。教育是教师与学生之间的"灵肉交流"活动，教师只有敬畏角色，敬畏生命，才能在此基础上热爱和尊重生命，也才能使学生的生命自由舒展，并展现出绚丽夺目的光彩。

第三节　教师专业理念与师德的形成

不同于其他专业品质，教师的专业理念和师德具有自身的特殊性，其形成过程和形成策略表现出独有特点，了解和把握这些特点，对于教师专业理念和师德素养的提升具有重要意义。

一、教师专业理念的形成策略

教师专业理念的形成是一个长期的经验生长与知识内化互相融合的过程，是一个在不断学习先进教育理念基础上，经过理解认同、内化整合、实践运用、反思重构、完善升华的渐进式过程。教师专业理念的形成策略主要表现在以下几个方面。

（一）重视教育理论的创造性转化

学习教育理论并不是简单地接受，而是要通过理解、消化和感悟，把教育理论创造性地转化为教师自己的专业理念，这是一个教师主动地对教育理论进行认识加工，重新建构自我教育理念的过程。教师专业理念的创造性转化包括有意识学习、教育理论内化和教育理论信念化三个阶段。有意识学习阶段实质上是教师学习教育理论的动机和态度问题，教师应

① 樊浩.教育伦理[M].南京：南京大学出版社，2000：61.

有由学习教育理论转变为专业理念的自主意愿。教师专业理念的转变必须依靠自己，充分发挥自身的主动性和积极性。如果教师的内在动机被激活，产生了转变原有专业理念的内部需要，那么教师就会对教育理论学习产生强烈的兴趣，自主学习的倾向和行为将会变得自觉和积极，从而对教育理论感受深、反应快，较快地完成教育理论向专业理念的转化。

教育理论的内化是教师将所学的教育理论吸收到自己的认知结构中，并运用所学的理论内容构成自己新的专业理念。教师学习教育理论时，并不是简单地接受，而是将学习与反思结合起来，了解教育理论产生的背景，检验教育理论的合理性与适用性，既知其然，又知其所以然，通过理解、消化和感悟，深得其中的精神，将所学教育理论完全纳入自己的认知结构之中。但是，如果教师没有将自己头脑中错误的专业理念治理出来，那些与其已有观念不符的科学的专业理念就很难进入他们内在的认知结构中。因此，在学习教育理论，接受新理念的同时，教师要通过各种方式将原有的旧的专业理念加以弱化，即知道自己原有的专业理念"是什么"、"有哪些"。当原有的专业理念以显性化的形式呈现在教师面前时，教师就要用先进的专业理念对之进行反思、检验、批判与修正。新旧理念相对必然会产生矛盾，甚至发生冲突，这时，教师要将新旧理念加以整合，促使二者实现"连接"和"对话"，抛弃原有理念中与时代精神不相一致的陈腐的东西，使原有理念得到澄清、改造和提升。教育理论向专业理念转化的过程既是一个学习的过程，又是一个创造的过程。经过新旧理念的充分整合，教师不仅将所学理论吸收，而且将其置于自己认知结构之上，成为自己专业理念体系的核心，从而更新建构自己的专业理念。

教育理论信念化阶段是教师将所学教育理论完全转化为自我教育观念的重要标志。在这一阶段，教师将吸收的教育理论完全融入自己的思想体系，成为认知结构的核心，内化为教师自己的品格和精神，并成为教师生命的一部分。融入教师思想中的教育信念已转化成教师个体的内在理论，它本身就成为一种巨大的教育力量，不仅能激起教师的教育责任感和教育智慧，而且促使教师对自己的教育实践行为从不合理到合理、从习惯到反省的转化。即使在多元价值观念发生矛盾与冲突时，这种内在理论也不会动摇，并为排除教学方式变革中的阻力和困难提供强大的内部动力。经过上述三个阶段，先进的教育理论转化为教师具体的专业理念，教师拥有了属于自己的专业理念体系。此时的专业理念既不同于教师自发产生的经验式的专业理念，也不同于专家学者传授的纯理论形态的专业理念，而是两者相互沟通、相互融合的产物。它既植根于教师个体经验的土壤之中，又是对个体经验的扬弃和提升；它虽然认可、赞同"社会倡导的理论"，却又不完全受其控制，而是融入了自己的理解和创造。

（二）倡导扎根实践的教育行动研究

要真正转变专业理念，也就是转变教师实实在在运用的理论，教师必须充分发挥主动性与积极性，立足自身的教学实践，积极开展教育行动研究，探索教学方式变革的客观规律。所谓教育行动研究就是社会情景的参与者为提高对所从事的社会或教育实践的理性认识，为加深对实践活动及其依赖的背景的理解，所进行的反思性研究。教师的教育行动研究就是指教师在教育教学实践中通过教学与研究的结合，创造性地运用教育理论研究和解决不断变化的教育教学实践情境中的具体问题，不断改善其教学行为，提高教育教学质量的活动。

教师在开展行动研究时必须注意以下几点：首先，要脚踏实地，立足鲜活的教育教学实践。作为教育行动研究者，教师的研究不同于专职教育理论研究者运用规范的研究方法进行理论构建，发展理论，追求科学理想，而是要脚踏实地，立足自己的教育教学实践，创造性地运用教育理论，对教育教学实践进行探讨和反思，认真分析教育教学实践中的成功与失败，从而解决教育教学中具体的实际问题，为发展和创新教育理论提供丰富的实践资源，改进教育教学行为，提高教育教学质量。教室就是最好的实验室，自己就是教育教学情境的研究者，教师的教育教学过程就是在自己的实验室里进行观察、思考和研究的过程。因此，教师应脚踏实地，“在教育教学中研究，在研究中教育教学”，在教育教学中提高研究能力，在研究中提高教育教学质量，达到“教研相长”的目的。其次，总结教育教学经验，善于从经验中学习。理解和改进教育教学实践的过程必始于教师对自身实践经验的反思，任何教育理论只有与教师个体对其具体实践情境和经验的研究结合起来，才能有效运用。因此，教师在教育行动研究中必须学会运用各种方法去总结、研究自己的教育教学实践经验，在批判与反思中获得对实践情境新的理解和改进。第三，学以致用，在变革中更新专业理念。在教育教学实践过程中，教师必须培养运用新理念的自觉意识。教师要把学习和运用结合起来，做到学以致用，要激发出使用新专业理念的强烈的主观愿望和动机，培养用的意识，养成用的习惯，使理念对教学行为的指导变得经常化、自觉化，增强实践新专业理念的胆识。如果教师没有运用新专业理念的勇气和胆识，教育教学改革也就无法达到预期的目标。最后，提高运用新专业理念的能力。教师不仅要有运用新专业理念的意识，而且要提高运用新理念指导教育教学实践的能力，也就是一个会用新专业理念的问题。

（三）促进教师专业理念的自主建构

专业理念的转变，离不开教师对先进教育理论的理解和内化，对自己深层专业理念的反思。在这一过程中，教师的理性思维能力起着重要的作用。我们不难发现，较高的思维能力，较强的理性技巧，有助于较好较快地掌握教育理论；相反，理性思维能力低下，那么对教育理论的掌握一般来说是肤浅的而非深刻的，甚至会误解或曲解教育理论。一方面，运用新专业理念于教育教学实践，自然离不开教师对教育教学实际的具体分析与整合了解，而要科学地了解教育教学实际，找出教育教学中存在的问题，也就离不开教师的理性思维能力，其中最重要的就是反思能力。另一方面，教师思维品质的灵活性也起着重要的作用。教师专业理念具有一定的稳定性，原有理念不易改变，在新旧理念发生矛盾甚至冲突时，旧理念往往对新理念产生排斥作用，阻碍教师对先进理论的吸收和创造。这就需要教师克服思维定势，克服旧专业理念的惯性作用。因此，教师要在教育教学实践中通过各种方式不断地提高自己的理性思维能力。

（四）营造教师专业理念的舆论氛围

经济社会和教育的改革与发展，决定了教师专业理念必须与时俱进、不断发展。“科教兴国”战略的提出，素质教育的实施，新课程和教学内容改革举措的落实，新教育模式和方法的介绍与推广，以及各种新闻媒体的宣传和报道，都必然为专业理念的形成提供了积极的社会舆论氛围。然而，就不同学校而言，所形成的舆论氛围也是有所不同的。有的学校对新事物比较敏感，能够锐意进取，具有开拓创新精神，能根据教育改革与发展的趋势及时地提出明确的要求，进行反复宣传，制定相应的激励政策，形成促进教师专业理念更新的舆论氛围和压力；但有的学校却缺乏改革开拓精神，消极坐等观望，没有相应的改革举措，教师不能感受到更新专业理念的舆论氛围和压力，教师专业理念的形成也就成为空谈。学校内外部的舆论氛围和教师所感受到的工作压力，是直接促进教师专业理念形成的外部动力。所以学校要特别注意营造有利于教师专业理念形成的舆论氛围，这在教师专业理念形成中具有极为重要的作用。

二、教师专业道德的形成

教师专业道德的形成不是一朝一夕之功，它不仅需要有意识、有针对性的教师专业道德教育，而且更需要教师自身不断通过自我道德修养，在教育教学实践活动中逐渐养成。

（一）教师专业道德的形成阶段

第一，教师对专业道德的他律阶段。在这一阶段中，教师自身实际上还没有形成真正意义上的专业道德，此时的专业道德规范要求对于教师个体而言，还只是以一种外在的“异己”力量而存在。因此，可以说教师对专业道德规范的遵守并不是完全出于其自身真实意向和道德自觉，在道德行为的具体表现上或多或少地存在着一定的被动性。但是，这并不意味着教师的道德行为表现就一定会很差，主要是因为一方面来自于道德要求的他律性力量的存在和推动，另一方面则源自于教师自我意识对自我角色的认识和把握。这一阶段教师虽然尚缺乏对专业道德遵守的自觉精神和意愿，但依靠自我意识的角色提示，教师还是会经常清晰地感知到自己所背负的一种“角色义务”，正是在这种“义务感”的支撑和驱动之下，教师才能最终遵从和恪守专业道德的“应当”要求。

第二，教师对专业道德的自觉意识阶段。伴随着教师教育教学实践活动的不断深入，教师对专业道德外在要求的合理性、必要性和重要性就会逐渐认识与体验。而教师一旦开始深刻地认识并切实地体验到专业道德规范对自身从业的意义和价值，对专业道德的遵守也就转化为教师的自我需要，这时，教师遵守专业道德的自觉意识也就形成了。在这一阶段，蕴含于教师专业道德中的各种要求就不再是一种“异己”力量，而成为了教师内在道德品质的组成部分，教师专业道德行为也开始由他律阶段的被动进而发展到自律阶段的自觉。可以毫不夸张地说，从他律到自律是教师专业道德形成过程的一个质变，教师依靠自身所具有的这种道德自律精神，会逐渐地对其所从事的职业产生强烈的责任感。虽然说教师角色的义务感还或多或少地包含了一些被动性，但其职业的责任感则来自于教师自我心灵的呼唤。这种职业的责任感会全面激活教师的专业道德良心。如果人们未能按照自己的心灵法则去行事，那么道德良心便会经常使其陷入后悔、内疚、自责乃至负罪感的情感体验之中；而如果人们顺应了自己的心灵法则，那么道德良心便会使其获得快乐、愉悦、自我价值认同等积极的情感体验。这样的情感体验对教师也是极为重要的，它能使教师有效地控制和调节自身的道德行为。

第三，教师专业道德理想的确立阶段。所谓教师专业道德理想，是指教师能将教育教学实践活动与自己的生活理想和事业追求相结合，并在此基础上所形成的坚定的教育教学信念和价值追求。教师专业道德理想的确立，是教师专业道德走向完善化的重要标志之一。教师一旦形成了这种专业道德理想，他不仅能克服在专业道德遵守他律阶段的被动性，而且还能克服在专业道德遵守自律阶段的脆弱性，可见，这一阶段是对教师专业道德他律和道德自律的扬弃与升华。教师的专业道德理想一经确立，依靠蕴含于专业道德理想中的坚定的道德信念，教师的职业活动将从此进入一个全新的发展阶段。一方面，坚定的专业道德理想为教师找到了事业乃至人生的目标，另一方面，坚定的专业道德理想也为教师提供了事业乃至人生的动力。这种动力是蕴藏于教师内心的无穷的精神力量，它能驱使教师去奋斗、去实现、去超越。不仅如此，坚定的专业道德理想还能增强教师在生活中抵御风浪、战胜各种挫折和艰难险阻的能力。事业和人生只要拥有了这样的一种信念，教师就会变得强大无比，就会在执着于对理想的追求中，外在的任何干扰都不会动摇教师信心，任何打击都不会摧垮教师的意志。可以看出，教师专业道德的形成只有达到这个阶段，才能使我们真正拥有把握自身职业行为的稳定性和一贯性的良好精神品格。

第四，教师专业道德自由自主阶段。坚定的专业道德理想能使教师在教育教学实践活动中拥有恒常的、稳定的行为表现。随着教师专业实践活动的不断深入，教师便会逐渐养成一种职业习惯，这种职业习惯经过长时间的不断积淀，最后就会成为一种自然，成为教师的生活方式和生存智慧，从而使得教师的专业道德发展到至高的“自由自主”之境。用孔子的话来说，这种境界其实就是：“吾十有五而志于学，三十而立，四十而不惑，五十而知天命，六十而耳顺，七十从心所欲，不逾矩。”在这一阶段中，教师的职业行为虽然可以“从心所欲”、“随心所欲”，但却能始终做到“游刃有余”、“不逾矩”。这时教师的职业行为已经完全成为一种自然习惯，不必思量，不用权衡，无须瞻前顾后，一切都是“习惯成自然”。这是一种自然且自由自主的最高境界，也是教师需要付出长期乃至一生的努力来成就的为师之境。

（二）教师专业道德的形成路径

1. 教师专业道德形成的外部路径

一是要加强教育培养。教师专业道德的形成，首先需要具备对自身专业道德的正确认识，而这恰恰需要通过伦理道德教育来实现。理论道德教育的内容和任务不仅要向教师阐明专业道德对学生、他人、家庭、社会乃至自己从事职业所具有的重要价值与意义，而且要向他们传授专业道德知识体系及相关理论，使其明确作为一名教师必须具备哪些专业道德素养，以及提升这种素养的方法和路径，从而为专业道德的形成提供外部动力。

二是要重视情感陶冶。情感能从根本上触发或影响个体对伦理规范的态度，在伦理实践中起着“催化剂”的作用。教师在认同和接受专业道德规范的基础上，只有形成和具备与之相适应的积极肯定的情感体验，才能发动和维持自身专业道德涵养的行动，才能促使自身专业道德素养得以不断提升。否则，即使教师知晓自身专业道德规范要求及其意义，但如果缺乏与之相适应的是非善恶的情感体验，他依然难以形成良好的专业道德品性。

三是要完善制度保障。教师专业道德的形成，也要重视监督、考评和奖惩等“刚性”手段的运用。从目前我国教师专业道德的实际状况看，建立和完善教师专业道德的监督、考评和奖惩制度，已成为当务之急。可以建立教师专业道德档案，对教师的伦理表现记录在案；可以建立教师专业道德的告诫制度，在评职晋升和评先评优中突出所占比重；可以建立教师专业道德奖惩制度，奖优罚劣。

2. 教师专业道德形成的内部路径

一是要加强反思。反思也称自省、自克，它是我国古人总结提炼的行之有效的道德修养方法之一。所谓伦理反思，主要是指教师自觉主动地对自身专业道德状况进行自我认识、自我省察和自我评价的过程。它内在地表明了教师专业道德已由外在规约进入到内在自觉。教师一旦缺失了对自身专业道德的批判性反思，他就不能发现自己在专业道德方面的好坏优劣，就会难以摆脱自己在专业道德形成方面的惰性和局限，就会很快成为所谓的“经验”与“习俗”的奴隶，从而对自己的专业道德进行消极的“自我设限”。教师只有通过积极主动的伦理反思，才能清楚知晓自身专业道德所蕴含的价值意义，也才能准确把握自身专业道德所具有的主要内容，从而促使专业道德情感体验不断深刻、专业道德意志不断增强、专业道德行为不断优化。

二是要重视慎独。慎独作为古人进行道德修养的一种方法，它往往也被看作是道德修养的最高境界。所谓慎独，主要是指教师在无人监督或独处的情况下，凭着高度的内在自觉，依然能按照专业道德规范要求和行为准则约束自己的行为，而不做任何违反教师专业道德的事情。慎独之于教师专业道德形成的重要价值就在于，一方面，教师作为一种高度专业化的职业，他往往享有充分的独立处理教育事务的权利及义务，倘若缺少了慎独的崇高境界，就极有可能会导致不良专业道德行为的发生；另一方面，教师的慎独也往往为其更好地进行伦理反思创造了有利条件，因为专业道德的真实样态只有在独处或无人监督的情况下才能得以真实显现，而这恰恰为教师反思自身专业道德行为提供了最佳契机。也就是说，教师清楚地把握自身专业道德问题之时，正是有针对性地加以改进和完善之机。

三是要注重实践。从伦理的本质上来说，专业道德品性其实就是一种实践理性，如果离开了实践或践行，就不会有真正意义上的专业道德品性。教师所从事的教育活动就是人类一种特殊形式的社会实践活动，只有在教育实践活动中并通过教育实践活动，其专业道德品性才能得以不断形成、发展和完善。可以毫不夸张地说，实践正是教师提高自身专业道德判断、专业道德思维和专业道德认知能力，建构生成自身良好专业道德品性的重要路径。专业道德品性作为教师在教育实践活动中所表现出来的一种专业品质和实践精神，它能够引领教师在相关价值情境中展开积极主动的价值判断，并在此基础上进一步做出正确的专业道德行为选择。而新的专业道德实践契机往往又会对教师提出一种更新、更高的要求，从而促进其专业道德品性在教育实践活动中逐步提升和日趋完善。

四是要提倡交往。作为一种以育人为己任的职业，教师离不开人与人之间的交往，它是教师接受新信息、进行价值比较和形成专业道德素养及约束力的有效路径。一方面，教师专业道德品性的形成要善于与教师集体中其他教师展开合作、交往与交流，这往往能够在问题切磋与观点碰撞中发现问题，启迪智慧，获取更多和更有益的信息与经验，为自身专业道德品性的形成与完善提供良好的帮助。另一方面，教师专业道德品性的形成也要善于与学生进行合作、交往和交流，因为专业道德品性本身就是一种独特的教育手段，它往往能够产生比单纯的道德说教、道德知识乃至道德惩戒更为巨大的影响作用。教师正是通过与学生之间积极的交往和交流，对不同专业道德需求产生的不同教育效果有了切身体验，不仅促进了积极专业道德情感体验的获得和良好专业道德意志品质的养成，而且实现了“反思”和“慎独”等专业道德修养方法的完善与升华。

第四章　教师的专业知识

20世纪80年代以来，伴随着世界范围内教育改革浪潮的风起云涌，教师的专业知识逐渐成为世界教师教育研究的热点话题。尤其是20世纪90年代以后，研究者把教师专业知识置于教师专业发展的大背景下展开探讨，教师专业知识发展已经成为教师专业发展的一个重要内容，教师专业知识对教师专业发展的重要性也日益得到彰显。教师专业知识在我国受到重视和研究始于20世纪90年代，但相关研究只是散见于一些教育学、心理学的著作之中。进入21世纪以后，教师专业知识的研究在我国得以迅速而深入地开展，有关教师专业知识的构成、教师的学科教学知识、教师的实践性知识、教师专业知识与教师专业发展之间的相关性等问题取得了丰硕的研究成果。

第一节　教师专业知识概述

什么是知识，其核心内涵是什么？如果从不同的视角加以研究，就会得出各种不同的回答。若从哲学视角来看，知识主要有“理性主义知识观”、“经验主义知识观”和“实用主义知识观”之分。所谓“理性主义知识观”，是指把知识看成是人类理性认识的结果，是人们对于事物本质的反映和表述；所谓“经验主义知识观”，是指人类所有的知识都来源于感觉经验，都是对外部世界各种联系的反映；所谓“实用主义知识观”，则是把知识看成一种行动的工具。若从心理学视角来看，知识就是认知或学习的结果。若从教育学视角来看，知识往往更多地反映着与文化之间的关系以及它所具有的较强的选择性。由此可见，知识是一个极具复杂性、历史性和动态性的概念。教师专业知识的内涵及其界定，也因研究方法的不同而有不同的解读。

一、关于知识的不同理解

对知识问题的诠释，一直是哲学与心理学的热点论题。从柏拉图到笛卡尔，从笛卡尔到实证论，从实证论到解释学及后现代哲学，我们能够领略到知识论的建立，知识系统的更新与扩张。

关于什么是知识，柏拉图在《泰阿泰德篇》中指出：知识是能够运用理据来加以论证真的信念。他认为知识是由信念、真实性和证据三个条件构成的。概而言之，经过证实了的真的信念才是知识。在柏拉图的知识概念中，信念是其第一个要素，比如说，有关报道称喀纳斯湖中有水怪，但我不相信这是真的，那么，喀纳斯湖中有水怪对我来说就不是知识。要使某一事实成为我知识的一部分，我首先要相信它是真的，并能证明它是真的。真实性是知识的第二个要素，知识的真实性需要被“证实”，用什么来“证实”，又需要新的“信念”，这样就陷入了信念证实的循环往复之中。为消除这一理论证实的困境，一些知识论者采用了基础主义的消解方式，也就是基本信念是不需要其他信念来证实的，如通过感觉而获得的经验就无需其他“信念”加以证实。

笛卡尔试图用“普遍怀疑”的方法诠释知识的准确性、明白性与清楚性。笛卡尔说：“如果我想要在科学上建立起某种坚定、可靠、经久不变的东西的话，我就非在我有生之日认真地把历来信以为真的一切传统清除出去，再从根本上重新开始不可。”[①]也就是说，笛卡尔要用“怀疑一切”的方式寻求不可怀疑的真理。笛卡尔认为知识是由不可怀疑的基本原理推演出来的科学体系，这种知识不可能来自于经验，经验的东西是不可靠的，人的知识只能来自“我思”，只有“我思”才是最可靠的。

知识社会学的创始人之一马克斯·舍勒在他的著作《知识的诸形式与社会》中认为“实证知识”仅仅只是他所考察的“知识诸种形式”中的一种。他所考察的知识类型有：“第一，作为宗教知识，形而上学知识，自然知识还有历史知识的未曾分化的初步形式的神话和传奇；第二，隐含在与习得的、富有诗意的或者技术性的语言形成对照的日常语言之中的知识；第三，以其各种各样的固定层次——从虔诚的、充满感情的、含糊不清的直观，一直到神职人员的教会之诸固定不变的教义——表现出来的宗教知识；第四，神秘知识的各种基本形式；第五，哲学——形而上学的知识；第六，数学和自然科学的实证知识以及人文学科；第七，技术方面的知识。”[②]在舍勒看来，每种知识类型都具有特定的社会心理和精神的根源，同时每种类型的知识又包含各不相同的领导者的理想类型，并且，在人们获得和保持各不相同的知识过程中会演化出各不相同的社会基本形式，对社会不同的阶级、职业产生不同的功能。

德国当代最伟大的哲学家伽达默尔以亚里士多德实践哲学为模型，论证了实践知识的合理性。亚里士多德认为在人的行动中是存在着与理论知识不同的实践知识的。亚里士多德指出：人们之所以能够全身心于理论研究，是因为是以实践知识为前提的，即把理性引入人的行动和举止中的知识为前提的。[③] 伽达默尔并不赞成亚里士多德将实践理性视为指导预先设定目标的观点，他说：“任何实用的思想都不见得总能够找到达到目标的正确手段和道路，毋宁是一种‘理智性’，是人的一种准则，人们采用这种准则以便把建立在共同标准中的道德和人类秩序不断地重新创造并保护下来……正由于‘实践理性’同时是使生活充满意义的构成幸运的具体化，所以‘实践科学’的统一才能经过一切社会关系的变化而保存下来。”[④]也就是说，作为实践科学的合法性是有充分依据的，也是古希腊科学概念所蕴含的。到了近代，实践科学的合理性深受打击与排斥，究其原因在于对“科学”概念的理解分歧。在古希腊，“科学”使用的是“episteme”一词，指的是理性知识，不包括经验。而近代的科学主要指的是“技术”(techne)含义，从根本上是“技术科学”，并非理论科学，古希腊“理论科学”中的实践科学就失去了其合法性与合理性。

伽达默尔的哲学工作就是恢复实践哲学的传统，强调实践知识的意义。这关系到对人的存在问题的根本思考，关系人的生存与发展。亚里士多德将知识分为了理论知识、实践知识和技术知识。理论知识是脱离具体经验的一种关于事物的永恒不变的东西的知识，是建立在证明基础之上，能够教也能够学的知识。技术知识是一种技术能力，是直接针对某种活

① [法]笛卡尔.第一哲学沉思录[M].徐陶，译.北京：商务印书馆，1986：122.
② [德]马克斯·舍勒.价值的颠覆[M].罗悌伦，等，译.上海：三联书店，1997：121.
③ [德]伽达默尔.赞美理论：伽达默尔选集[M].夏镇平，译.上海：三联书店，1988：31.
④ [德]伽达默尔.赞美理论：伽达默尔选集[M].夏镇平，译.上海：三联书店，1988：51.

动经验而言的，具有特殊性、具体性，“所有技艺知识只是某种个别的东西并且服务于个别目的”①，是可教可学的知识。实践性知识是一种关于人之为人以及对善的选择的与人生和社会发展至关重要的知识。

后现代主义发现实践知识拒斥宏大理念，不相信普遍规则的特质以及在处理问题方面所具有的包容性、差异性、开放性等特点与其后现代精神的相通之处，于是建议以实践知识取代理论作为知识模型。利奥塔将“知识”视为由讲述者、接受者和指涉物三者构成的话语模式。在传统的“知识”活动中讲述者以其权威性的陈述使后者承认他的话语是唯一能揭示真理的“元叙事”。后现代主义认为，不依赖于任何理论标准的实践智慧是一种纯粹习惯性的、当下的、地方性的判断，是人们能够获得随机应变的策略。后现代主义用实践智慧解构“宏大叙事”的时候，由于忽视了实践智慧的伦理性，从而导致了实践知识极端个人主义的倾向。

哲学主要是从认识论的角度对知识的问题进行探讨，即知识的本质、知识的范式、知识的来源等宏观的问题。20 世纪后半叶在教育学和心理学领域，研究者主要从个体认知的角度，关注知识是怎样影响个体的行为与学习以及个体又是怎样获取知识与发展知识的。对于一些教育心理学研究来说，知识是一个涵盖十分广泛的概念。奥苏伯尔在其学习论中仔细区分了不同类型的知识的学习过程和条件，从而加深了人们对知识的性质及其习得过程的认识，为知识的理解与保持提供了重要的心理学依据。但从广义的知识论来看，他的理论几乎没有涉及知识与技能的关系，而 R. M. 加涅的理论则恰好弥补了奥苏伯尔理论的不足。

加涅原是一位受过严格的行为主义心理学训练的心理学家，在 1965 年出版的《学习的条件》一书中把学习分成了五类。它们分别是：言语信息，陈述观念的能力；智慧技能，使用符号办事能力；认知策略，通过概括化过程而发展起来的更为特殊的习得的智慧技能，即学习者控制与调节自身的学习、记忆与思维等认识过程的能力；动作技能，平衡而流畅、精确而适时的操作能力；态度，影响个人对人、对事、对物的选择的倾向。对于智慧技能，加涅认为其由低级到高级依次是：辨别→概念→规则→高级规则。较高一级的智慧技能必须以较低一级的智慧技能的习得为条件。由此可见，加涅的五类学习结果除态度之外，其余四类所指的皆是不同性质的能力，从广义的知识角度来看，这四种能力又可分为三种认知能力：陈述信息的能力，运用符号办事能力，控制自己的认知行为的能力。加涅的学习结果分类的前三种相当于奥苏伯尔的意义习得理论，后两种是对奥苏伯尔理论的发展。这一学习结果分类奠定了当代认知心理学家对知识进行分类的基础。

对知识分类作出很大贡献的心理学家还有 B. S. 布卢姆、J. R. 安德森和 R. E. 梅耶。由于教育目标实质上就是预期通过教学后学生学习的结果，所以布卢姆对教育目标进行了分类。他认为教育目标应分为认知、情感（与加涅的态度相同）和心因动作技能（与加涅的动作技能相同）；学习结果又可概括为两大范畴：知识和智慧技能。从测量的操作上看，布卢姆的知识相当于加涅的言语信息，智慧技能则包含了加涅的认知策略。而安德森则认为，知识应该分两类：陈述性知识和程序性知识。

① ［德］伽达默尔. 真理与方法［M］. 洪汉鼎，译. 上海：上海译文出版社，1999：412.

二、教师专业知识的意涵

教师的专业知识是指在具体的教学情境中，为达到有效教学与学生的发展所具有的相应概念、原则与策略以及在教学经验中对教学的个人看法。教师知识的内涵是随着人们对“教学”理解的发展而发展的。在19世纪之前，教师知识基本上就是教师所教的学科知识，在当时看来，教学如同看管小孩不需要特殊的能力。文艺复兴之后，在西方教育学的推动之下，人们认识到教学是一门艺术性职业。

自康德、赫尔巴特到19世纪中叶以前，较为重视教师“哲学—思辨”的知识。1806年赫尔巴特《普通教育学》一书的出版彰显了教学的科学性。赫尔巴特将哲学与心理学引入教育学的研究，试图建立科学的教育学。在“实践哲学”(伦理学)方面，赫尔巴特指出，每个人都应有“五种道德观念”：内在的自由观念、完美的观念、善意的观念、法律的观念和正义的观念。赫尔巴特把这五种道德观念的培养看成是教育的最高目的。

赫尔巴特高扬心理学作为教育学的理论基础的地位，他说：“教育者的首要科学，不是全部科学，是心理学，人类活动的全部可能性的概要，均在心理学中从因到果的陈述。”①赫尔巴特受莱布尼茨“单子论”的影响，强调感觉和经验以及观念的统觉。赫尔巴特认为，人的灵魂是一种不变的实在，灵魂通过肉体接收许多感觉，并和周围的事物发生关系，从而创造出自我保存的观念。观念是通过主体的内省来认识的，只能在经验中体验而不能实验。许多和谐的观念能联合成一个强有力地吸收和谐材料并能使自身不断丰富的“统觉团”。在这种心理学的基础上，赫尔巴特认为，扩大人的观念途径主要是经验的积累和知识的传授。在《普通心理学中》中，赫尔巴特分析了“多方面兴趣”、“性格的道德力量”、“管理”、“训练”、“教学”等基本概念，提出了由“明了”、“联想”、“系统”、“方法”构成的“形式教学阶段”的学说。

从19世纪下半叶自然科学对教育的影响开始到20世纪初，为“科学—实证”的知识受到重视的阶段。20世纪30年代初，维果茨基在国内外心理学界对教学与发展问题的研究基础上，首先将“最近发展区”这一概念引入了心理学的研究，提出“良好的教学应走在发展前面”的著名论断。最近发展区又译为“潜在发展区”，是指学生独立解决问题的实际发展水平与在老师指导下或在有能力的同伴合作中解决问题的潜在发展水平之间的差距。

维果茨基是将学习定位于沟通过程展开他的理论的，他的“最近发展区”的概念也就是“沟通学习”的概念。维果茨基认为，学生的发展存在着两种水平：已经达到的水平和可能达到的水平，这两种水平之间的距离就是“最近发展区”。学生只有在教师或同伴的帮助下，在“最近发展区”内，学习才能真正发生。也就是说，教学必须立足于学生发展的现有水平，通过师生、生生互助共同体，才能将学生引向发展的可能水平。根据维果茨基“最近发展区”的理论，教师不仅应掌握“教什么”的科学，还应该掌握“如何教”的科学。

教学是人类社会一种最为复杂的社会现象，对它的全方位的理解和把握也就不是一种研究范式可以做得到的，必须倡导一种多元的教育研究范式的相互补充和融合。20世纪开始，多种价值取向开始互补、渗透、融合为教师知识的“规范—综合”阶段。

21世纪是一个倡导多元、尊重个性的时代，这为多种教育研究范式的共存提供了大的社会背景，同时也必然要求教育研究范式取向多元化发展。历史上存在的各种研究范式之

---

① 张焕庭.西方资产阶级教育论著选[M].北京：人民教育出版社，1986：266.

间的关系并非矛盾对立、水火不容的，它们之间是可以互为补充、互相支持的，任何一种范式都无法单独回答解释的教育问题，可以运用不同的研究方法从不同的侧面对其进行研究。也唯有如此，才有可能实现对教育完整世界的真实理解与把握，达到对教育本然的事实世界与价值世界的真实“还原”。因此，由一元向多元的研究范式的转换，实现多种知识范式的融合，是新世纪教师知识研究的必然趋势。

现代反省实践认识论者对传统技术理性的观点予以了否定，他们强调教师在专业知识生产过程中的“主体性”，以及个人反省意识与能力对教师建构知识的重要性。教师在教学过程中既接受特定知识结构的影响，又透过个人对事件的知觉与思考，主动地诠释情景，并采取适当的行为。因此，教师专业知识并非全然由学者、专家或研究者可以完全控制，而是正式与非正式的知识形式不断互动淬炼出来的知识精华。教师在专业知识形成过程中有其主动性与被动性，只是因人、因事、因物而异。对此，美国学者舍恩提出了“教师专业实践理论”的概念，认为这种实践知识与理论是教师透过实际教学活动建构出来的，本身具有相当程度的开放性，随着外界各种情景、人际互动关系及教师本身经验的累积与改变，而不断地有所解体、重组与修正。此种知识与理论还是教师在教学过程中用以指导教学活动、进行课程设计和作出教学决定的行动法则。① 显然，反省实践认识论者的观点更接近于教师知识存在的真实面貌。

基于上述分析，我们认为，教师专业知识可以理解为教师在教育教学活动中能动地表现出来的、为达到有效教学所必须具备的一系列信念、知识、技术与特点等的总和。实际上，教师专业知识指的是教师所拥有的一切知识，是专门针对教师这一群体而言的。因而，教师知识是根源于教师实践理性的知识，是教师在复杂且不确定的教学情境中奠基于个人过去多年累积的专业生涯，不断地进行省思性活动而来的实践知识。这种知识常常因人或特殊情境而有所差异，故具有某种程度的情境性和独特性。

三、教师专业知识的特征

（一）综合性与融合性

所谓综合性，主要是指教师专业知识结构的广泛性、多样性和丰富性。一方面，课程的综合化以及教育内容的扩大化已经成为教育发展的一个重要特征，它客观上必然要求教师专业知识的综合性。课程综合化的出现打破了传统的学科界线，导致学科知识学习走向综合化。教师在传授各门学科知识的同时，不能把它们看成孤立的体系，而是对所教知识要有一个综合认识，能够从科学系统的高度驾驭教学内容，有效地促进学生认识水平的提高。这就要求教师的知识不能局限于某一门固定的学科，而必须从学科交叉、学科渗透入手整合形成一种新的知识体系。另一方面，从现代教育的发展趋势来看，教师必须成为教育教学方面的专家，而作为教育教学专家的教师也必须具有综合性的专业知识结构。传统教育教学重视的是单一学科知识的传授，主要采用的是“传授—接受”模式，教学内容完全被框定在教科书之中。而未来教育的发展趋向是着眼于学生个性的全面发展，教育教学的内容、方式、和组织形式将更加灵活多样，教师必须具有广泛深刻的人文素养。很难想象一个缺少人文素养的教师却能很好地教书育人，能够培养学生全面发展的个性。不仅如此，教师还必须具有

① Schon D A. The reflective practitioner：how professionals think in action[M]. New York：Basic Books，1983：36.

全面扎实的教育科学知识，他不但要追求成为学科专家，还应该追求成为教育教学专家。教师的教育科学知识并不仅仅局限于教育学、心理学和学科教育学方面的知识，而且还应包括现代教育教学思想、教育教学理论、教育教学方法与技术等诸多方面。作为教育教学专家的教师，应重视研究学生的心理，做学生心理健康的积极维护者。

所谓融合性，主要是指教师综合性专业知识之间的相互联系、相互影响、相互渗透与彼此贯通。教师专业知识不仅在于数量的多少，更重要的是质量的良好组织状态。教师应注意专业知识体系以下方面之间的融合：其一是文理知识之间的渗透。知识发展的一体化趋向，即自然科学、社会科学和人文科学在高度分化基础上走向高度统一，必然要求自然科学教师通晓人文社会科学的知识，促进认知、情感、意志的发展；而人文社会科学教师须懂得相关的自然科学基础知识，并能不断学习最新的成果与技术，以不断完善其专业知识结构。对教师而言，科学、技术、艺术、哲学等都应在他的专业知识视野之内，都能相互联系，彼此贯通。其二是理论知识与方法论知识之间的融合。在教师综合性专业知识中还应增加一般方法论的知识，不能割裂学科理论知识与一般方法论之间的有机联系。教师不仅要掌握各门学科知识的基本结构，还要熟悉了解该门学科是如何建立和发展起来的，熟悉该门学科的基本研究方法。其三是教育理论知识与专业知识之间的协调发展。教师不仅应当从宏观上把握教育科学的新理论、新观点和新方法，而且还应深入到所教学科之中，善于根据不同学科的特点研究学习心理规律，提高教育教学的科学性和实效性。

（二）实践性和个人性

教师专业知识实质上更多地表现为一种实践性知识、经验性知识和情境性知识。日本课程与教学论学者佐藤学认为：同理论性知识相比，实践性知识缺乏严密性和普适性，是一种多义的、活生生的、充满柔性的知识，是凭经验主动地解释、矫正、深化现成的知识而形成的综合性知识。正是这种实践性知识使得教师知识与大众知识或理论性知识得以区别开来，从而体现出教师专业活动的独特规定性。不仅如此，教师的实践知识很大程度上是个人化的，因为它就出自教师个人的经验，是教师自己的体验与体悟，是教师个人实践的总结、积累与升华，它来自于实践又服务于教师个人化的教学实践行为。教师个人实践知识越丰富，其在专业方面就越成熟，也就越意味着他可以开始建构具有个人特点的专业知识结构。

强调教师知识的实践性与个人性，主要是由于教师凭借广博深厚的知识底蕴以及深刻的思维模式，能更有意识和能力把理论性知识或公共性知识，加以个人化或个性化的解读与把握，这种意识和能力应该高于其他层次的教师群体。不仅如此，理论性知识的学习从其最终目的上来说都要指向实践领域。那么，如何能使理论更好地应用于实践，使得束之高阁的理论焕发出强大的应用价值，也要依赖教师建立良好的实践意识，以及不断提升实际运用能力。可以这样认为，教师专业知识结构高度体现了教师个人特征和教学智慧，具有十分突出的实践性、内隐性、情境性和个性化的特征。

（三）指向性与开放性

所谓指向性，主要是指构成教师专业知识体系的各要素都有一个统一的目的，要围绕一定的中心组织知识结构。面对现代社会巨大的信息量，任何人都不可能全部接受，加之教师工作任务繁重，时间和精力非常有限，因而要从工作实际出发，学习和吸收新知识。不同学科教师的专业知识结构要有各自不同的侧重点，有不同于他人的风格。一方面，教师任教学科不同，专业知识结构的侧重点应有所不同，掌握扎实、系统和精深的专业知识是教师教学成功的一个重要前提。另一方面,根据教学对象的不同层次,确定专业知识结构的侧重点,即使教同一门学科,由于学生的心理特点、学习需要和学习目标不同,教育教学的方式和方法也会有所不同,对教师专业知识结构的要求也就存在较大差异。同时,还要根据教师自身不同的特点来确定专业知识结构的侧重点。教师掌握知识的程度、能力、兴趣和个性不同,也会使教师的专业知识结构出现差异,表现出不一样的特点。

随着生产力的发展和科技的突飞猛进,在今天这个知识经济社会和信息化时代,知识不断膨胀增长,知识更新的速度越来越快,知识传播的途径越来越多,传播速度也越来越快。在这种情况下,教师要教给学生"一杯水",仅仅拥有"一桶水"已经远远不够了,而必须变"一桶水"为"整个知识的海洋"。作为教师,必须与时俱进,要树立终身学习的动态发展观,不断丰富、更新、优化自身的专业知识结构。同时,当代社会也是个开放性的社会,特别是当前大众传媒的发展,使得信息获取得以对称,学生几乎与教师同步接受大量新信息和新知识,学校已不再是学生获得知识的唯一渠道,教师也已不再是知识的绝对权威,教师在知识占有上的优势正在逐步减弱。在这种情况下,教师知识更不能保持一种静止的封闭状态,如果知识单一、视野狭窄、观念陈旧,就势必会使自身陷入十分尴尬的境地。可以毫不夸张地说,教师专业知识的开放性和动态性,正是飞速变革的时代所提出的必然要求。

(四)建构性和发展性

就教师专业知识的来源和获得方式来说,它在很大程度上是自主建构的结果,具有自主建构性。教师的知识来源和知识获取虽然有多种途径与方式,但其中理论性的学习、经验性的积累和实践性的反思是教师知识来源的最基本途径,接受性学习和发现性学习则是其知识获得的最基本方式。教师专业知识的获得并不是一个简单的认知和记忆过程,而是一个积极内化与主动生成过程。内化就是把知识融入自己的知识结构体系中;主动生成就是个体在已有经验基础上建构新经验的过程。学习者只有对外在世界进行主动加工,在这个过程中形成自己对世界的看法与观点,才能获得真正属于自己的知识。作为教师,不仅要具有明确和积极的知识建构意识,而且要不断加强对知识的认知、思考和建构能力。唯其如此,才能使教师成为独具魅力的"教学大师",而不是平庸的"教书匠"。

所谓发展性,主要是指教师专业知识的建构不仅要有利于提高教育教学的效果,而且也要有利于教师自身的专业成长,有利于教师自身专业素质的提升。在教育教学实践活动中,人们一般都把学校当作促进学生发展的场所,教师的职能定位往往都是促进学生的发展,这样就势必会把教师简单地当成促进学生发展的工具,失去了自主专业发展的意识和愿望,只能在外力的驱使下亦步亦趋,随波逐流。作为教师,其专业知识结构的建构要着眼于自身的发展,着眼于自身智力、情感、意志品质等方面的提高,只有教师的全面发展才能真正有学生的全面健康成长。同时,也只有当教师的专业知识表现出发展性的突出特征时,其知识在能力发展中的基础作用才会得到充分的发挥,专业知识与专业能力的协调统一发展才能真正得以实现。

第二节　教师专业知识的分类

完善合理的专业知识结构,是教师得以发挥最佳教育教学效果的重要条件,其在教师整体的素养结构中占据核心地位。教师专业知识越丰富,就越具有权威性,也就越能发挥教育的巨大力量。学生可以谅解教师对自己的不理解，甚至一些过激的言行，但却不能容忍教师的孤陋寡闻甚至无知。正如苏联教育家马卡连柯所言："假如你的工作、学问和成绩都非常出色，那你尽管放心，他们全会站在你这一边，决不会背弃你。……相反地，不论你多么亲切，你的话说得多么动听，态度多么和蔼，不论你在日常生活中和休息的时候是多么可爱，但是假如你的工作总是一事无成，总是失败，假如处处都可以看出你不通业务，假如你做出来的成绩都是废品和'一场空'，——那么除了蔑视之外，你永远不配得到什么。"[①]在科学技术快速发展的今天，教师更要把握知识更新的脉搏，不断调整、扩展自身的专业知识结构，实现由"教书匠型"教师向"专家型"、"创新型"教师的时代转变。

一、教师专业知识的研究视角

（一）教师专业知识的质量研究

从理论上来说，教师专业知识的量应该越多越好，但由于教师用于专业知识掌握的时间是有限的，教师职前、职后学习的时间又是有限的，而知识则是无限的，因而有必要确定一个教师专业活动所必需的最低限度知识要求，以及对这些知识的理解和掌握水平要求，也就是专业知识的质。显然，这是一个非常有意义而又极富挑战性的课题，可能正是因为它的难度，因而很少被提及和研究。而要想科学回答这个问题，首先要考虑教师的核心知识体系，然后再考虑宽泛的知识领域，但这样的外延界定也是极为困难的。

研究教师需要多少专业知识的量以及相应多少质才算够用，不论对职前教师培养还是对职后培训都具有重要的现实价值。教师拥有专业知识的质与量方面的研究，一方面可以通过实证调查，包括利用经院式的考试加以鉴别；另一方面也可通过课堂观察和案例分析，通过收集不同层次教师的具体课例和案例，并结合访谈来进行分析，从而详细了解教师教学知识的现状及需求状况，弄清教师在适应教育教学改革实际或未来一个时期教育教学要求方面到底欠缺哪些方面的知识，知晓学科教师专业知识在哪些方面存在不足，唯其如此，才能更好地、有目标地去补充或引导教师去自主完善，也才能有的放矢地进行专业知识的教育和培训。可见，进行教师专业成长情况及教师专业知识状况的调查分析，是制定教师专业知识发展策略的一个非常重要的环节，对丰富教师的专业知识具有较高的实际效能。但就目前我国在这些方面的现状来看，我们尚缺少实证的分析和较有深度的调查，除了少数个案外，对教师专业知识水平的探讨往往只是被侧面提及，而没有做专门的深入研究，因而今后需要我们这方面加强实证性研究。

（二）教师专业知识的内容研究

对教师专业知识及其性质和特点的认知，是决定教师专业知识发展路径的前提与基础。教师专业知识的"内容"研究，主要是依据教师专业知识分类理论而进行的教师专业知识具体化研究。对教师专业知识内容的研究，只有落实到对提高教师业务素质和教师教学能力形成上才具有现实研究价值，因而这种研究不是简单地把知识加以分类，而应是细化到各学科内容知识点的详细分析上。首先，应从宏观上弄清楚一般教师专业知识结构的内容体系是由哪些知识类型构成的。如美国学者舒尔曼把教师专业知识分为学科内容知识、一般性教学知识、课程知识、教学的内容知识、学习者及其特点的知识、教育环境的知识和关于教育

① ［苏］马卡连柯．马卡连柯全集(第1卷)［M］．北京：人民教育出版社，1957：231.

目标、目的与价值以及它们的哲学和历史基础的知识等方面。① 我国一些研究者则认为教师专业知识是依据特定的学生状况和教育情境，由教育教学观、学科教学知识、课堂管理知识等整合而成的一系列实践性知识。可以通过这方面研究的精细化，构建一个更合理的结构框架。其次，应结合学科特点具体提出学科教师专业知识结构。如布罗姆提出了一个有关数学学科教师专业知识的更为具体详细的分类，包括数学作为一门科学的知识、学校数学的知识、学校数学的哲学、一般性教学和心理学知识、特定学科内容的教学知识等。② 第三，应结合学科特殊性弄清学科教师专业知识的具体内容。

（三）教师专业知识的特质研究

这种研究视角主要是通过优秀教师或特级教师的个案研究来进行的。我国优秀教师或特级教师是经过层层筛选最后选拔出来的，这些教师除了具有较高的专业道德素养外，在专业知识方面表现出与众不同的特质。从专业知识发展的视角，对各门学科优秀教师的特质进行分析与研究，是一个极有意义的课题。研究优秀教师的成长经历以及专业知识的构成，对于构建教师专业成长的"路线图"和专业知识发展的路径，对教师积极主动地自我专业成长、改变教学方式、提高教学有效性、应对课程改革的挑战，具有重要的指导意义。对优秀教师专业成长历程进行全方位考察，获得教师专业成长的成功经验和针对性强的专业成长路径，能为教师向优秀教师成长提供极有价值的参照。加强优秀教师专业知识成长历程的个案研究，不仅有利于引导一般教师的专业成长，而且有利于探索基于优秀教师个案分析研究的教师学科专业知识发展的有效途径。从个案角度去研究各科典型优秀教师的成长经历，揭示各科优秀教师的专业知识特征，总结优秀教师的成长规律，要求我们要建立典型优秀教师专业知识发展个案集锦或案例库，展现其专业成长历程，使他们能够从中获得极有价值的借鉴和启迪。

二、教师专业知识的传统教育学分类

教师是人类科学文化知识的传递者，是学生掌握真理、认识世界和发展智能的引路人，其科学文化素养的优劣，直接关系到学校教学质量和教育目标的达成。因为教学是一个传授知识、发展智力、培养能力，进行思想品德教育，使学生得到全面发展的过程，要搞好教学工作，现代社会要求教师既要学有专长，又要广泛涉猎；既要专精，又要博览。也就是说，教师不仅要掌握较多的知识，还必须具有符合教育工作要求的合理知识结构，具有较高的文化素养。主要表现为：

（一）扎实的专业基础知识

专业基础知识是教师从教的基本素质。专业知识主要是解决教师教给学生什么的问题，它要求教师对所教学科要掌握其基本理论和方法，了解其历史、现状、发展趋势和社会作用；要掌握重点、难点，不仅要知其然，而且要知其所以然，抓住要领，举一反三，触类旁通，运用自如，激发学生兴趣。也就是说，教师必须掌握扎实的专业基础知识才能高屋建瓴，把课讲好、讲活。对于专业基础知识，教师不仅自己要懂得，要准确、深刻地掌握，还必须能够给学生讲解清楚，熟练灵活地应用，能够引导学生认识、理解和领悟。

---

① 范良火.教师教学知识发展研究[M].上海：华东师范大学出版社，2003：17-18.

② 张学民，申继亮.国外教师职业发展及其促进的理论与实践[J].比较教育研究，2003(4).

（二）广博的科学文化知识

面对瞬息万变的信息时代，面对层出不穷的新观念、新知识、新学科、新技术，面对新课程全新的设计思路、全新的目标、全新的内容、全新的实施策略，面对急剧发展变化的教育对象，教师必须知识才学精深广博。广博的知识不仅是专业的必要延伸，也是对教师工作的有力支撑。一方面，虽然按教学大纲的要求直接传授给学生的知识是有限的，但教师要把握好所教知识在知识体系中的地位，处理好所教知识与其他相关知识的关系，必须具有广博的知识。另一方面，在现代教育条件下，电视、广播、报纸、书刊等媒介为学生吸收知识提供了多方面的信息源，这不仅扩展了学生的知识视野，也启迪了学生的智慧，他们随时都有可能向教师提出这样那样的问题。教师不一定能够完满回答学生所提出的所有问题，但在回答中给学生以有益的启发、用广博的知识引导学生学会思考、培养他们对未知世界的兴趣却是不可或缺的。另外，与掌握广博的科学文化知识相联系的还有教师良好的文化素养，包括尊重科学文化的态度、读书与探索的兴趣和习惯、参加文化活动的主动精神以及艺术修养等，都是教师应该具备的。

（三）扎实的教育科学知识

教育科学知识是教师实施教育任务的一项重要保证。教育是一种创造性活动，是科学性与艺术性的高度结合。仅仅具有广博的科学文化素养和精深的专业知识的人，不一定能成为一名好教师。教师必须要有强烈的教育意识，必须恰当地运用教育教学规律，掌握较娴熟、较科学合理的教学技巧，懂得教育规律，掌握教育理论，用教育学、心理学、教育史、教学法等理论来武装自己。教师只有按照科学育人的规律办事，讲究科学性和艺术性，才能使自身在摸索过程中避免可能犯的错误，使教学少走弯路，达到事半功倍的效果。

三、舒尔曼的教师专业知识分类

1987 年，舒尔曼在对教师教学行为的研究进行了认识论和方法论的批判的同时，进行了专家教师和新教师的对比研究，在此基础上提出了教师从事教学所必需的知识。

（一）学科内容知识

学科内容知识不仅包括具体的概念、原则和原理，还包括它们之间的联系；不仅要包括“是什么”的知识，还包括“为什么是这样”的知识。这是教师最基本的知识内容。教师对学科内容灵活、深刻的领会对于有效教学是至关重要的。每位教师首先要精通所教学科的内容知识。

（二）一般教学法知识

一般教学法知识主要是指超越了具体的学科内容，适用于课堂管理和组织的一般性原则和策略。一般教学法知识主要包括教学技术、教学测量与评价、班级组织与管理、心理辅导技术、教育研究方法等。

（三）课程知识

课程知识是指对教学材料和工具的熟练掌握，是一种“教学交流的工具”。既包括各种课程材料的内容、规定的课程资源，也包括教师自己设计的教学资源、课程发展的知识。

（四）特定学科教学法知识

特定学科教学法知识是指特定学科领域的教学内容与教学法的结合，是教学领域的专门知识，也是将学科教师与学者区分开来的知识体系。主要包括如何呈现教学内容、如何为不同年龄阶段的学生安排授课难度、如何为不同内容选择合适的教学方法等。特定学科教学法知识是教学内容与教学法的结合,是教学领域的专门知识,是教师这一职业特有的知识。

（五）教育情境的知识

教育情境的知识,包括小组或班级活动的知识、学区管理与资助、社区及其文化的特点。教育情景对教学会产生重大的影响,有许多情景因素影响着教师的发展和课堂活动。如所在地区的社会经济水平、学校的类型和规模、班级的大小、教师对其教学的反馈和校长的期望与态度等。所以,尽管教育情景知识是内隐的,但它对教师的影响是不能低估的。

（六）教育目的与价值的知识

教学是一个有目的的活动,教师不但有一节课或单元的短期目标,还要有长期的教育目的。为有效地开展教学工作,教师要掌握教育目的、价值等方面的知识。

舒尔曼认为,学科内容知识是教师知识的核心,同时他还认为“教学法—内容”知识是教学领域中特有的知识。它与学科内容知识的不同在于,它是将教材内容与一般教学法融为一体的知识,是对具体的教学目标与教学任务进行组织、表征,以适应学生的兴趣与能力的知识。例子、类比、解释属于“教学法—内容”知识;对学生知识状况的了解也属于“教学法—内容”知识。总之,“教学法—内容”知识是根据学生的个体差异和特定的教学,关于某学科知识、主题的呈现方式的知识。

四、波兰尼的教师专业知识分类

20世纪50年代末,英国物理化学家和思想家波兰尼关于显性知识与隐性知识的分类在教育领域一直受到广泛的关注。

（一）显性知识

所谓显性知识,是关于自然和社会的运动规律、原理方面的理论体系的知识,是易于文字记载的认识类知识,可通过各种传媒获得。凡是能以文字与数字来表达,而且以资料、科学法则、特定规格及手册等形式展现者皆属显性知识。这种知识随时都可在个人之间正式而有系统的相互传送。葛斯曼在《教学与教师教育百科全书》中认为,教师知识结构体系可以包括这些方面的内容:学科专业知识、有关学习者与学习的知识、普通教育学知识、课程理论知识、关于自身的知识。林崇德教授把教师的知识分为三个方面,即教师的本体性知识、实践性知识和条件性知识。教师的本体性知识是指教师所具有的特定的学科知识,如语文知识、数学知识、化学知识等。教师的实践知识是指教师在面临实现有目的的行为中所具有的课堂情境知识以及与之相关的知识,或者说,这种知识是教师教学经验的积累。教师的条件性知识是指教师具有的教育学与心理学知识。

从以上可以看出,在教师的专业成长过程中,拥有诸如学科专业知识、人文社会科学知识、教育理论知识等“显性知识”是十分必要的。学科专业知识与教育理论知识构成了教师理论知识的基础,人文社会科学知识是学科专业知识的补充。美国学者施瓦布认为,教师的学科知识意指关于一门学科领域内在的概念、规则以及它们之间的联系与组织方式,主要包括三个维度:内容知识、实体知识和句法知识。学科知识是教师有效教学的条件,教师本身的学科知识影响着教师对教学内容的选择,进而影响着学生的学习,因为没有人能够教自己不知道的知识。

（二）隐性知识

所谓隐性知识，是指没有记载的经验类知识，它需要通过实践来获得。隐性知识是相当个人化而富弹性的东西，因人而异，很难用刻板的公式来加以说明，因而也就难以流传或与别人分享。个人主观的洞察力、直觉与预感等皆属隐性知识。隐性知识深植于个人的行动与经验之中，同时也贮藏在一个人所抱持的理想与价值或所珍惜的情怀之中。

隐性知识相对于显性知识具有理论上的优先性，任何明确表达的显性知识在个人那里都包含着隐性知识的维度，即个人的理解。显性知识是通过隐性知识获得意义的，一种完全明确的知识是不可思议的。教师的专业发展不仅要求教师拥有宽厚的“显性知识”，而且要求教师不断丰富自身的“隐性知识”。从波兰尼等人提出隐性知识的理论来看，教师的教学不纯粹是一种客观和理性的过程，其中包含大量的个人经验的参与。对于教师而言，不断丰富自身的“隐性知识”是远远不够的，一个十分重要的环节是如何将教育教学生活中的隐性知识显性化。教学的互动性质决定了教师不仅仅需要对自己所教的学科有深入的理解与掌握，而且还要将这种隐形的学科知识转化为学生可以理解的知识。教师要将学科知识与特定的教学法知识整合起来，将学科知识“心理学化”，按照学生易于理解的方式表达出来。针对学科知识与教育学知识一直保持着分离的状况，美国学界提出了“学科教学知识”的概念，即将特定的学科内容与教育学知识融合为这样的一种理解：如何将特定的主题或问题进行组织与重新表征，以适应学习者的能力与不同兴趣的需要。学科教学知识包括两个方面的基本成分：如何用最有效表征方式组织学科教学内容，如何针对发展水平不同的学生设计教学策略。学科教学知识反映了特定内容的学科知识与一般教学法知识的一种整合，是教师对教学专业理解的一种独特方式的知识，是体现教师教学专长的一个重要方面。

第三节　教师的专业实践知识

教育是一种有意识的社会实践活动，这一实践活动需要教师专业实践知识的支撑。教师的专业实践知识是教师知道如何做的知识，是一种领会与把握经验、重组经验的能力。教师的专业实践知识既包括行业知识、情境知识、案例知识、学习者的知识等，也包括教师对理论知识的理解、诠释与运用原则。教师专业实践知识的形成与发展不仅需要外部的支持条件与环境，更需要源于教师内部的行动反思。

一、教师专业实践知识的意涵

何谓教师专业实践知识，学术界对此观点不一。加拿大学者康内利等认为，个人实践知识不是某种客观的和独立于教师以外而被习得或传递的东西，而是出自教师个人经验的、从个人行动中表现出来的有意识或无意识的信念体。[①] 康内利等认为，教师的实践知识不能通过传统的学习而获得，而是来自于教师的教育教学实践经验。对于这种认识，我们认为，教师实践知识虽然不像其他知识一样，可以通过讲授、阅读而传递、获得，但并不能否认这种知识的可获得性，它可以通过教育教学观察而获得，只是这种观察的对象必须是实实在在的

① [加]康内利，[加]柯兰迪宁，[中]何敏芳．专业知识场景中的教师个人实践知识[J]．华东师范大学学报（教育科学版），1996(2)．

实践活动。美国心理学家斯滕伯格和卡鲁索认为,实践知识只是一种程序的资讯。这一观点为实践知识作了定性,它属于一种程序性知识。我国学者陈向明认为:“教师的实践知识是教师真正信奉的,并在其教育教学实践中实际使用和表现出来的对教育教学的认识。”① 这一观点强调了教师真正信奉的才是真正的实践知识,那些在外界压力下而表现出来的指导其行为的知识并非教师真正的实践知识。申继亮认为,教师将知识与教学情境结合在一起,为了解决千变万化的课堂遇到的问题,在复杂不确定的情境中采取适合的决策便是实践知识。这一观点有一点值得肯定,那就是教师实践知识具有情境性。事实也正是如此,如果脱离了实践情境,实践知识不能获得,也不能表现出来。辛涛等人则认为,教师实践知识是指教师在面临实现有目的的行为中所具有的课堂情境知识以及与之相关的知识,这种知识是教师教学经验的积累。② 这一观点强调了教师实践知识是来自于教学经验。我们认为,这里所说的教学经验应该是广义上的概念,也就是除了包括传统所说的课堂教学经验外,还应包括其他一切教育活动实践的经验,如对教学内容的处理可能来自于课堂教学,也可能来自于教师集体备课或教学经验交流活动;不仅如此,这里的经验可以是直接经验,也可以是通过观察而得到的他人的实践经验。

综合以上关于教师实践知识的概念界定,我们尝试对教师专业实践知识的内涵做如下解读:所谓教师专业实践知识,是指直接指导教师教育教学行为的知识,体现为教师认为“我会做什么”或“我应该怎么做”;从知识的类别上来说,教师专业实践知识更重要地表现为一种程序性知识;无论是教师专业实践知识的获得还是其具体表现和作用的发挥,都离不开具体的教育教学情境。概而言之,教师专业实践知识就是教师通过观察或参与教育教学实践而获得的,在一定教育教学情境中指导自身教育教学行为的程序性知识。

二、教师专业实践知识的特点

(一)内隐性

英国科学家波兰尼曾把知识划分为“显性知识”和“隐性知识”两类:显性知识又称明确知识、明言知识或言明知识,是用书面文字、图标和数学公式表示的知识;隐性知识又称缄默知识、默会知识或默然知识,是尚未被语言或其他形式表述的知识。教师的实践知识大多属于缄默性知识,它是教师在教育教学活动中的直觉、灵感、洞察力、信念、价值观和心智模式,是融汇于教育教学活动中的非正式的、难以明确表达的技能、技巧、经验和诀窍等。它源于教师的经验和反思,深置于教师个体的行动之中,与教师的性格、经历和修养密切相关,具有高度的内隐性和个体化,只可意会而不易言传和模仿。

(二)情境性

时间、空间、人物、事情、媒介等都是影响教育的重要因素。多因素作用蕴含着复杂性,而任何一个因素的变化都可能引起教育情境的变化。教育最大的特点就是其具有高度的情境性,即此时此地此人此事。教育过程中所发生的一切,都离不开特定的情境。教育过程是不能复制的,情境性要求教师必须以实践知识来应对教育过程,教师的实践知识也是无法照搬的。同时,情境性也强调教师的实践知识是一种即时性的智慧。如在教学过程中,教师的

① 陈向明.实践性知识:教师专业发展的知识基础[J].北京大学教育评论,2003(1).

② 辛涛,林崇德,申继亮.从教师的知识结构看师范教育的改革[J].高等师范教育研究,1999(6).

每一分钟都在采取行动，这种行动要随着教育教学情境的变化而变化。教师不可能从此时的教育教学过程中退出来细细地思索然后执行，而只能在行动中反思。可见，教师的实践知识是未加思索的，是即时的，是在瞬间反思的行动中表现出来的。

（三）工具性

情境认知强调将智慧看作工具。在现实生活中，人不仅仅是获取工具，更重要的是积极使用工具，在使用工具的同时，人还要不断建构对世界和工具自身内涵的理解，并且这种理解随着人与工具的相互作用而持续变化。教师的实践知识是直接服务于教育实践的，是工具性的。如果说一般的教育理论主要在回答和解决“是什么”和“为什么”的问题，那么，教师的实践知识则重在回答和解决“怎样做”和“如何改进”的问题，即教师如何通过实践知识的运用有效地组织和管理教育情境。工具性意味着教师的实践知识主要不是用于解释，而是被使用；意味着不是封闭的，而是在使用过程中不断发展和完善的，即教师在运用实践知识的同时，又理解和发展着自己的实践知识。

（四）超越性

教师的实践知识既是对教育教学实践的超越，也是对教育教学理论的超越。它虽然渗透在教育教学实践中，却包含着教育教学理论和内隐知识的无意识应用，是对教育教学实践和教育教学理论的反思与提升。因为实践知识摆脱了纯理论的制约，教师不必为书本知识所役使，而是在教育教学活动和师生互动中体验实践，迁移知识，从而使得教育教学理论得以情境化、具体化和可操作化。

三、教师专业实践知识的价值

（一）促进教师的专业自主发展

在知识论的语境中，知识的优先性被表述为从理论到实践、从外部到内部的认知和行为模式。基于这种理念，教师往往被视为知识生产线的接收终端而被置于执行者的最底层，教师个体在教育教学的理论与实践领域中失去了话语权和主动权。如果我们重视教师实践知识在教师专业发展中的核心地位，那么教师与知识之间的关系就会发生根本性的变化。教师的教育教学实践不仅是理论的证明和应用，是技术性和操作性的程序化劳动，而且也应当是充满深刻批判性和高度创造性的劳动；教师不仅是知识的创生者，而且也是教育教学智慧的发展者。教师专业发展从本质上来说，其实就是教师个体自我发展和主动创造辩证统一的过程。

（二）提供教师专业发展的新支点

教师专业发展不是一个抽象的概念，它是教师个体富有个性的生命运动过程，这个运动过程应当深深扎根于教师最基本的、具体的教育教学实践之中。而一旦当教师教育热衷于建构理想的蓝图和抽象的概念体系时，其实教师专业发展也就必然失去了坚实的基础和可靠的支撑。我国就有学者曾经精辟地论述了教育教学的本质是自足的实践，正是对实践的遗忘，导致了自德国教育家康德以来近代教育学的分裂与沉沦。① 教师专业发展的根本和目的都在教育教学实践，教师专业发展的成功并不仅仅体现在造就一个满腹经纶的理论家，而是要培养能够对当下教育教学情境施加有效影响的行动者。从“知识论”向“实践论”的转

① 李长伟.从实践哲学的角度透析近代教育学的分裂[J].华东师范大学学报(教育科学版)，2006(9).

变，既实现了教师专业发展价值取向的变革，而且也必然会为教师专业发展提供一个新的支点，这就是教育教学实践。

（三）增强教师专业发展的生命体验

在以往长期的教育教学实践活动中，我们往往更注意对学生生命体验的激发，而没有意识到或完全忽略了教师自身的独特的生命体验。而“对教师生命体验的漠视，也就会常常成为制约教师专业发展的‘命门’”①。教师的教育教学实践和生命实践是两个不可分割的辩证统一的过程，对于教师来说，真正的智慧在于认识教育教学不仅仅是一种工作，更是一种生命历程，是一种丰富和完善自身生命体验、提升精神品质和人生境界的过程。回归教师的生命体验，一方面要尊重教师在专业发展中整全的生命个性和真实的生命体验，使教师专业发展与其生命感悟互相依靠，融为一体；另一方面要理解教师专业发展在帮助教师提升其教学胜任能力的同时，也能帮助教师提高自己的职业幸福感，从而使教师实现对自己生命价值的超越。

四、教师专业实践知识生成的内在机制

受“科技理性”的影响，传统的教师教育往往采用企业对工人生产行为的训练和管理方式，对教师的教学行为进行分解，使之标准化，让职前教师逐一掌握。以这种外在的强化模式培养出的教师在教学实践中往往也采用分析的方法，对知识先进行分解、再进行灌输，这样的教学很难培养出创新型人才，也不利于教师的专业发展。行动反思就是针对“科技理性”对社会科学的霸权而出现的一种专业实践知识生成理论。

（一）行动反思是教师专业实践知识生成的事中与事后之思

“行动反思”是当代美国教育家、思想家舍恩通过对科技理性实证主义认识论的批判而提出的教师教育思想。舍恩指出社会生活与专业工作领域已经全方位被追求统一化、标准化、确定性的科技理性实证主义认识论所支配。然而专业实践工作充满着情境性、多变性、复杂性、价值性与独特性等特点，因此，当用科技理性的实证主义认识论诠释复杂多变的教师专业实践工作时，就显得苍白无力。教师在专业实践中遇到具体的教育教学问题时，是很难找到普适的、确定的解决策略的。教师要运用教育智慧，根据具体的教育教学情境选择好的教学策略。舍恩认为，当人们面临目标不明确，充满价值冲突的问题时，就可以通过“行动反思”，厘清目标并寻求实现目标的途径。② 对于教师教育而言，通过“行动反思”培养教师（师范生）解决复杂教育教学问题的能力尤为重要。

培养教师的“行动反思能力”应引导他们学会在教育行动中的反思和对教育行动自身的反思。教育行动中的反思要求教师要接触学生的真实言行，及时捕捉学生的困惑与惊奇之事，并通过现场试验来回应学生的言行、困惑与惊讶之事。教师在教育行动中的反思不仅要时刻关注学生在学习实践中遭遇的惊讶之事，而且要满怀兴趣地探究学生遇到的问题，帮助他们将对问题的自发性理解与学校的权威性理论联系起来，在理论的指导下解决他们的困惑。对教育行动自身的反思是借助语言和符号进行的行动后的反思，是理智之思。教师专

① 李政涛. 心在哪，智慧就在哪[J]. 人民教育，2008(23).

② Schon D A. The reflective practitioner: how professionals think in action[M]. New York: Basic Books, 1983: 39-40.

业实践实践知识的生成是教师在教育行动中和对教育行动的不断反思的过程，是一个评价、行动和再评价的螺旋式反思学习的过程。

（二）行动反思是教师专业实践知识生成的身心合一

基于事中之思与事后之思的“行动反思”教师教育思想是“知道什么”和“知道如何”的身心合一的认知过程。维特根斯坦曾用实践知识的思想对近代认识论将知识还原为理论性知识的做法进行过批判，他认为理解与知道如何是一种实践能力。① 受维特根斯坦的启发，英国分析哲学家赖尔在《心的概念》一书中使用“知道什么”和“知道如何”的思想对笛卡尔开创的近代认识论与形而上学传统进行了批判。他认为当人们谈论心灵的官能时，并非指非物质的和隐秘的心灵事件，而是公开的言行本身。② 也就是说，“知道什么”的知识包含于“知道如何”的知识之中。其实，“知道什么”的知识与“知道如何”的知识是相互联系、不可分割的两种知识形态。

舍恩将赖尔“知道什么”和“知道如何”的概念转化成指导理论和应用理论的表达方式，建立了其“行动反思”的身心合一的教师教育思想。舍恩认为指导理论是人们信奉并对外宣称的理论，应用理论则是指导人们行动的理论，这两种理论不一定一致，而且这两种理论的不一致很难被人们意识到。③ 指导教师日常教育教学工作的往往是应用理论，而不是指导理论。其实，舍恩的所谓应用理论就是身心合一的实践知识。教师的实践知识是教师通过专业实践行动的认识过程实现的，行动就是身心合一的过程。行动是身与心的互动，它不同于仅存于思想领域的意念活动，也不同于单一的身体变化。行动反思是教师有意识的行为，这种行为表现为行动者不断对自己的行动进行监控与调整的过程，是身与心的统一。英国知名社会学者吉登斯用“行动的反思性检测”隐喻行动所具有的“身心合一”的属性，他认为“行动的反思性检测”是指人类总是与其所做的事情保持着联系，人类总是连续不断地、坚持不懈地对行为与情境进行检测。④

总之，维特根斯坦与赖尔认为“行动反思”是“知道什么”和“知道如何”的统一；舍恩认为“行动反思”是“指导理论”与“应用理论”的统一；吉登斯认为“行动反思”是“反思”与“监测”的统一。概而言之，“行动反思”是人类“身心合一”的认知过程。教师教育不能忽视“知道什么”的理论知识的学习，更不能轻视“知道如何”的实践知识的建构，应该做到“行动”与“反思”的“身心合一”。

（三）行动反思是教师专业实践知识生成的视域融合

行动反思是教师在专业实践行动中与客观世界的“视域融合”。“视域融合”是当代德国著名哲学家伽达默尔在诠释学中使用的概念。视域就是指主体人立足于某一点所能看到的一切。从静态的视角，视域是有限的，即使没有其他障碍物的遮挡，也只能看到天地相交的地平线而已；从动态的视角，随着主体人的位置移动，其视域则可以无限拓展，但不管主体如何移动位置，都无法到达地平线。因此，“视域”乃是有限与无限的统一。在伽达默尔看来，“真正的历史对象根本就不是对象，而是自己和他者的统一体，或一种关系，在这种关系中同

① ［英］维特根斯坦.哲学研究［M］.陈嘉应，译.上海：华东师范大学出版社，2005：293.

② ［英］赖尔.心的概念［M］.徐大建，译.北京：商务印书馆，2005：21.

③ ［美］克里斯·阿吉里斯，唐纳德·舍恩.实践理论：提高专业效能［M］.邢清清，赵宁宁，译.北京：教育科学出版社，2008：6.

④ ［英］安东尼·吉登斯.现代性的后果［M］.田禾，译.南京：译林出版社，2011：32-33.

时存在着历史的实在以及历史理解的实在"①。伽达默尔认为,"视域融合"没有主客体之分,读者与文本是融为一体的,任何事情都是"超越我们的愿望和行动与我们一起发生的"②。因此,视域融合一定要与文本融为一体,沉浸其中,进入忘我之境界。伽达默尔指出,人很难摆脱时代或历史造成的"前见"和"前理解",阐释文本的含义。在诠释过程中,你将自觉或不自觉地带着"前见"和"前理解"进入文本,所以沉浸于文本中的过程也就是文本与人的"前见"或"前理解"的视域融合。相反,如果带着个人固有的观点试图改造经典,那就预设了主客二分,就没有与文本产生视域融合。

根据伽达默尔视域融合的理念,教师行动反思的实践应该是一种视域融合。不管是在教育行动中的反思,还是对教育行动的反思,都包含着教师之间、师生之间、师生与文本之间、师生与教育情景之间等多层面的"视域融合"。舍恩用"相似看事"、"相似做事"、"情境中的反思性对话"等概念隐喻教师行动反思的视域融合实践。舍恩认为教师的专业实践总会面对不确定、不稳定与独特的情景,这就需要教师求诉于"情景中的反思性对话"③解决问题。实现这种对话应处理好三层关系:学生与学习内容的关系、教师与学生的关系以及教师教育者与教师的关系。教师教育者沉浸到教师的"行动中的反思"中去,帮助教师通过现场观察与体验,理解教育的本质是什么,并帮助、鼓励和启发教师去对自己的教育实践进行反思,学会运用所学的教育理论解释教育现象,并对自己的解释进行检验。基于"行动反思"的教师教育应完成三个方面的任务:关注教育实践中的特定问题,并对这些问题进行诠释与反应;能够进入教师的思考方式,并对教师学习者以特定的方式进行讲解和演示;与学习者建立良好的关系,尽量降低学习的阻力。

在教育教学活动中,教师往往带着自己原有的经验或个人教育理念,或者说是"前见"、"前理解"与周围世界进行行动反思或者视域融合。这种基于"前见"、"前理解"的"情境中的反思性对话"是一个永无止境的实践知识生成的过程。当遇到类似的教育情境时,这种实践知识又会成为教师进行行动反思的"前见"。这又涉及情境的相似性的问题,比如,当学生学习英语的"过去完成时"这一句型结构时,就会自然而然地联想到"现在完成时"的用法或句法结构等,在问题解决过程中,他们可能将新问题与旧问题进行比较,在旧问题解决路径的基础上寻求新的解决办法。这种相似情境的问题解决方法被舍恩称之为"相似看事"与"相似做事"。"相似看事"与"相似做事"往往是在不知不觉中进行的。教师的专业实践就是基于"相似看事"与"相似做事",通过"情境中的反思性对话"所进行的视域融合。

五、促进教师专业实践知识生成的教学策略

美国教师教育协会于1987年在华盛顿召开了"21世纪的教学管理和教师教育:培养教师成为反思实践者"的研讨会,舍恩在会上做了题为"培养反思实践者"的演讲。至此,通过"行动反思",促进教师实践知识生成的教师教育思想在世界范围产生了重大影响。我国近年出台的一系列加强教师队伍建设的重要文件已经将培养具有"行动反思"能力的教师作为

---

① [德]伽达默尔.真理与方法[M].洪汉鼎,译.上海:上海译文出版社,1999:384.

② [德]伽达默尔.真理与方法[M].洪汉鼎,译.上海:上海译文出版社,1999:2-3.

③ Schon D A. The reflective practitioner: how professionals think in action[M]. New York: Basic Books, 1983: 267-268.

教师教育课程改革的目标之一。培养具有“行动反思”能力的教师,促进教师专业实践知识的生成,可以通过拓宽实践教学的渠道、引导教师撰写教育日志、构建教师实践共同体等路径实现。

(一) 拓宽实践教学的渠道

如前文所述,促进教师专业实践知识生成,应该培养教师的行动反思能力。培养教师的行动反思能力,应拓宽实践教学的渠道,使教师沉浸在教育实践情境之中。在真实的教育实践情境中,教师能够与学生的真实言行相接触,能够对现场产生困惑与惊奇,并通过现场试验来回应困惑,回应学生的言行。对于教师教育而言,拓宽实践教学的渠道,首先应注重教育见习、实习、现场教学等实践环节的教学,通过教育见习、实习、现场教学等实践环节,教师(或师范生)才能时刻关注学生在学习时所遭遇的惊讶之事,并对学生的言行感兴趣;通过教育见习、实习、现场教学等实践环节,教师(或师范生)才能亲身体悟教育问题的复杂性与多变性,不断增强自身体察教育问题与解决教育问题的能力;通过教育见习、实习、现场教学等实践环节,教师(或师范生)才能帮助学生将对问题的自发性理解与学校的权威性之事联系起来,更加科学地解决问题。

拓宽实践教学的渠道,更应重视课堂实践的价值。在教育理论课等课程的教学中,应该突破传统的教师讲学生听的灌输式教学模式,运用案例式教学、互动式教学等,引导教师(师范生)探讨社会热点问题、剖析教育教学实践中的真实问题、交流与分享各自的经验,并通过对真实案例、亲身经历与文本知识的比较、反思与批判,不断建构其专业实践知识。

(二) 引导教师撰写教育日志

行动反思不仅包括行动中的反思,还包括对行动的理智之思。养成撰写教育日志的习惯,对于教师行动反思能力的生成是很有价值的。通过教育日志,能够对自己的思想、感觉、自己或他人教育教学行为、教育现象、教育问题等进行及时反思与批判,这是对自我“前见”的反思与批判途径,是教师理解走向生活的过程。

教育日志是为自己而写,不是为了迎合功利性的学术需求。教育日志的写作是教师与自己的思想、信念、感觉进行交流的安全途径。通过教育日志的写作,教师能够检视自身“前见”与“前理解”的合法性,促进其专业实践知识的有效生成。实践知识的建构涉及整个脑部的运作,既包括右半球视觉、直觉与抽象能力,也包括左半球的语言能力与分析能力。通过教育日志这种自我反思的表达方式,对于脑功能的充分发挥具有重要价值。

(三) 建构教师实践共同体

培养教师的行动反思能力,不仅应引导教师通过教育日志等形式达到对其内心世界的检视、反思与批判,而且应引导教师与同行组成实践共同体。教师实践共同体是在教师自愿基础上成立的,为提升教师的专业知识和专业能力,分享每位教师的资源,实现相互促进的学习型组织。共同体就是一个共享的知识库,蕴藏着集体的经验与智慧。通过共同体成员的互动与交往,就能够推动集体经验与智慧的流动,每位老师则可以不断地将集体的知识整合进自己的知识体系之中,从而实现教师与其他共同体成员的视域融合。

文化人类学家温格用共同事业、相互介入和共享的技艺库隐喻实践共同体的三个要素。[①] 共同事业是指全体共同体成员愿意为之奋斗的共同愿景;相互介入是指共同体成员通过在实践共同体中以多种方式参与到对方的实践之中,形成交互性人际关系;共享的技艺库是指共同体成员在实践中共同创造的活动规则、行为方式和话语体系等。在教师教育中,就要引导教师通过这三种方式建构其在共同体中的身份,并将个人的思考、行为方式等融入和沉浸到共同体之中。

总之,教师的专业实践知识是支持教师专业发展的重要知识基础,教师在教育教学实践中的行动反思又是教师专业实践知识生成的有效途径。教育部在 2012 年 2 月颁布的中小学、幼儿园教师专业标准明确指出:应该"坚持实践、反思、再实践、再反思"的教师教育理念,不断提高教师的专业能力。作为教师教育工作者,应该转变教育观念,采取有效的教育教学方法,为培养具有行动反思能力的教师作出应有贡献。

第四节　教师专业知识的管理

为造就高素质教师队伍,《国务院关于加强教师队伍建设的意见》(国发〔2012〕41 号)指出:"到 2020 年,形成一支师德高尚、业务精湛、结构合理、充满活力的高素质专业化教师队伍。"随着知识经济和学习型社会的来临,知识已经逐渐取代了劳动力及有形资本,成为生产和价值创造的核心要素。新经济已经建立在知识和信息的生产、分配和使用之上。基于对知识所具有的重要价值的认识,为了更好地发挥知识的生产和创造功能,知识管理逐渐成为一个使用频率很高的概念。

一、教师专业知识管理的意涵

"知识管理"作为一个学术概念和研究领域,最早出现在 1997 年美国波士顿大学教授达文波特出版的《营运知识》一书中,此后便在学术界不断引起强烈反响。按照达文波特的理解,知识管理是指企业或组织对自身知识资源的管理,包括知识的获取、存储、分享、应用与创新等过程。知识管理是一个非常复杂的活动,其最终旨归不是为了知识而进行管理,而是重在提高组织成员的生产力,提升组织的应变能力和反应速度,进而不断增强组织的效益和竞争能力。

把知识管理的概念应用于教育领域,就有了教师的专业知识管理。关于教师专业知识管理的内涵解读,存在着两种不同的认识视角:其一是基于内容的教师专业知识管理。有学者认为,教师专业知识管理是指运用知识管理的理论与技术,并辅以学习型组织理论与信息技术,管理有关教师的显性与隐性知识,从而促进教师教学效能的提升和教师专业与素质的发展,进而提升整个学校组织的竞争力。[②] 有学者则指出,教师专业知识管理就是通过系统的方法管理个人的知识与学习,积极主动探究处于隐性状态的教师知识与经验。[③] 其二是基于过程的教师专业知识管理。有学者认为,教师专业知识管理是指教师个人或学校产生、

① Wenger E. Communities of practice: learning, meaning, and identity [M]. Cambridge: Cambridge University Press, 1998: 1-2.

② 刘省权.教育领域的知识管理:教师的知识管理研究[D].南昌:江西师范大学,2004:24.

③ 李勤.信息时代的教师知识管理与专业发展[J].浙江教育科学,2005(5).

获取、收集、组织、传播、共享、利用和创造新知识，运用集体智慧促进教师个人专业成长和提升学校整体应变及创新能力的系统过程。① 有学者则指出，教师专业知识管理是指教师能够结合信息技术的力量，有效地对专业知识进行取得、组织、储存、转换、分享、应用与创造的连续过程，其目的是促进隐性知识显性化，增加专业知识的实践价值，借以提升教学效能，增加学术的学习成就。② 由此可见，基于内容的教师专业知识管理，更强调教师专业知识管理的内容，教师隐性知识的显性化；基于过程的教师专业知识管理，更强调教师专业知识管理是一个持续的过程。由此可以看出，教师专业知识管理的内涵包括以下几个方面：① 教师专业知识管理是一个持续的过程，包括知识的获取、组织、储存、共享、应用与创新等；② 教师专业知识管理的内容包括显性知识和隐性知识，侧重隐性知识的显性化，实现自身知识的增值；③ 教师专业知识管理的目的是促进教师个人专业成长，提高教学效能，提升教师与整个学校的竞争力；④ 教师专业知识管理需要信息技术、学校机制、知识管理制度、教师组织文化等要素的保障，以及有效的知识管理系统的支持。

教师专业知识管理一般涉及四个基本要素：① 专业知识。专业知识是教师专业知识管理的本源性要素，它包括显性知识和隐性知识两个方面。显性知识可以用文字、符号等表达出来；隐性知识则隐含于教师的教育教学过程中，难以用语言表述。教师专业知识管理的对象是教师的专业知识，也就是把专业知识作为最重要的资源，通过对专业知识的学习和运用、共享和传播、交换和创新来提高教育教学水平，促进教师专业能力的持续发展。② 知识人员。所谓知识人员，是指携带可用知识的教师本人，它是教师专业知识管理中具有能动作用的主体性要素。由于教师是专业知识的载体，是专业知识获取、应用和创新的主体，因而教师专业知识管理实际上涉及对拥有专业知识的人的管理，即教师专业知识管理具有了对人的管理特征，体现了“以人为本”的管理思想。③ 知识设施。所谓知识设施，是指教师专业知识管理实施中所需要的各种技术及设备，它是教师专业知识管理的条件性要素。对专业知识进行管理，离不开各种技术手段的运用和设备的支撑。传统的教师专业知识管理主要是采用人工方式和纸质形式来实施，而在信息时代背景下，计算机技术及各种应用软件已成为教师专业知识管理的最有效方式。④ 知识活动。所谓知识活动，是指教师专业知识获取、组织、交流和创新的实践性活动，它是教师专业知识管理的实践性要素。管理本身就是一种主体的活动过程，是主体对对象进行组织和协调，使其趋向规范有序、良好发展的过程。教师专业知识管理是学校管理者对所有教师的专业知识或教师本人对自身所具备的专业知识进行管理的过程，它涉及知识的获取、存储、分享和应用等各个既相互区别，又相互促进的环节。

二、教师专业知识管理的策略

知识管理就是将知识进行重新整合与再生产、再创造的整个过程。知识管理一方面是对知识及与知识有关资源的管理，另一方面指信息管理策略，同时还包括对信息与人的双重管理，它体现了知识内化与外化、显性与隐性的交互转化过程。对教师知识进行科学而规范的管理不仅可以共享优秀的教育教学新资源、新理念、新思维，还可以推动教师队伍的专业

① 梁占华，等. 中小学校教师知识管理系统设计构想[J]. 教育技术导刊，2006(1).

② 孙志麟. 教师专业发展的另类途径：知识管理的观点[J]. 台北师范学院学报，2003(1).

化成长与进步，更有利于优化教育资源、完善教育体制与机制，进而形成包容和谐的教学文化环境。

（一）促进知识的共享，提升教师的教学能力

教学是教师的核心工作，提升教师特别是青年教师的教学能力，就要促进知识的流通与共享，特别是在兴趣与目标相同的实践共同体之中，知识的流通更能显示出其高效性，进而能为共同体创造出更大的价值。野中郁次郎等人认为实践共同体是知识学习的场所，原因在于实践共同体的存在使共同体成员之间建立了相互联系的机会，为共同体成员的交往提供了便利的空间和时间，形成了共有的目标，为促进知识分享提供了必要的条件。① 在知识管理中，通过建构这样的实践共同体，知识分享就会不只是为了个体的兴趣，而是为了共同体的目标而愿意奉献每个人的知识。在共同体的运行中，当共同体成员开展开放式讨论与通力合作时，知识的分享就会变得十分有效。当新手进入共同体的情景性的知识学习时，能有效缩短新手的学习曲线。②

应该按照教师专业发展的要求，将教师的教案、教学指导、教师评学、学生评教、教学大纲、教育叙事等文本资料，课件、视频、教学录像等电子资源以及其相应的虚拟多媒体、实验演示等知识资源进行有效整合，组建教学资源库，推进教师工作的标准化建设，实现显性知识资源的流动、储存与共享。应该加强教学内容资源库的建设，将国际、国内名校的公开课、示范课等相关资源进行有效整合，以便于师生观看、学习，充分实现教学资源的共享。为进一步提高青年教师的教学能力，提升青年教师的整体素质，应该定期举办青年教师培训班，邀请了国家教学名师、省教学名师进校开设专题讲座，促进青年教师教育教学水平的提升。

实行听评课制。进一步加强对青年教师的听评课工作。教务处要安排校领导及学校教学督导专家进行随机听课，各年级组或教研组组织骨干教师对青年教师开展听评课，及时了解和掌握青年教师教学情况，促进青年教师精心备课、认真讲课、总结经验、改进教学。实行教学观摩制。教务处和教研组或年级组组织青年教师观摩优秀骨干教师授课，学习教学内容组织、教学语言表达、课堂组织管理、师生沟通等技能。

（二）促进知识的创造，提升教师的科研能力

教学能力与科研能力是高校教师的两翼，两者又是相互联系、相辅相成的。提升高校教师的科研能力必须促进知识的创造。野中郁次郎提出了知识创造的理论，认为知识的创造是动态的过程，知识的创造要经过内化、外化、社会化与整合化过程，实现个人知识与组织知识的相互转化。泰勒等人认为，知识特别是隐性知识的学习与创造是依赖于一定的实践情境的。当人们在不同的实践情境中，对知识的理解大为不同，便会产生知识创造的不同模式。知识管理就是要为知识的创造提供恰当的实践情境（时间、空间和相关的人员），以促进新的意义的生成，即知识的创造。一个“语汇”往往表征着十分复杂的共同经验与意义，当“高阶语汇”被一个组织所拥有时，组织的集体记忆也就会愈来愈丰富，个体思维与集体思维、显性知识与隐性知识的转换也就会愈来愈流畅，这将有益于对意义的感知、理解、诠释与重构的创新过程。也就是说，知识创造有赖于共同体成员采取诠释性的行为，组织通过实践

① Nonaka. The concept of “Ba”: building a foundation for knowledge creation[J]. California Management Review, 1998, 40(3).

② Lesser E, Storck J. Communities of practice and organizational performance[J]. IBM System Journal, 2001(4).

共同体的发现与孕育，个人的知识创造力得以提升；通过人际间意义感知与诠释，集体的知识创造力得以开发。为促进知识的创造，应搭建提高教师科研能力的平台。

（三）构建引导机制，为教师的发展提供保障

师资队伍是学校生存与发展的核心要素，师资的数量、质量、结构等决定着学校的发展水平。教师的师德水平、教育教学能力与科研创新能力的提升是一个有计划的培养过程。学校应充分利用校内外知识资源，不断促进知识的共享、创造和增值。师资队伍是知识资源建构的主体，教师的知识潜能需要不断地进行激励，使显性知识与隐性知识得到有效整合。

对教师进行有效的知识管理，还必须注意构建相应的知识管理的引导机制。只有通过相应的引导机制，才能更好地鼓励教师之间知识的交流、合作与共享，才能不断生成和谐高效的有利于知识应用和知识创新的环境。在构建教师知识管理的引导机制方面，应该做到：一是建立教师知识成果的确认制度，也就是明确每位教师已经取得和具有的知识成果的制度。只有如此，才能清楚地知晓教师知识成果的现实水平，从而对有突出知识成果的教师进行褒奖。二是建立教师知识成果的公认制度，也就是教师的知识成果与知识工作能获得公众普遍认可的制度，这不仅表明了教师组织对于知识共享的庄严承诺，而且也鲜明地体现出学校组织对教师奖励的重视。三是建立教师知识老化的优胜劣汰制度。通过淘汰不能达到知识管理要求的有关教师，可以使教师产生责任感、紧迫感和危机感，有助于推动教师知识管理目标的达成。

同时，还要加强对教师进行职业道德方面的教育。教师不仅应是知识的传递者和创造者，同时还应是学生道德的引导者，学生思想的启迪者，学生心灵世界的开拓者，学生情感、意志、信念的塑造者。因此，学校要坚持以师德建设为抓手，不断加强教师职业道德教育，始终把师德建设工作作为落实科教兴国战略和人才强国战略的重要责任。学校应该加强知识管理，使广大教师树立起良好的职业道德，努力培养和造就一支具有先进教育理念、良好职业道德和坚实业务基础的教师队伍。

第五章　教师的专业能力

教师专业能力是伴随着世界范围的教师专业化运动、对教育活动复杂性认识的不断深入以及对教育价值功能的重估而出现的一个专门性概念。从目前国内外研究成果来看，学术界更倾向于把教师专业能力看作一种特殊能力，是能力这种个性心理品质在教师专业活动中的特有表现与运用。具体而言，所谓教师专业能力，是指作为专业技术人员的教师，在其从事的教育教学活动中能有效利用教育理性和教育经验，灵活地应对教育情境，作出敏捷的教育行为反应，促使学生得以全面、主动、健康发展所必需的个性心理特征。教师专业能力的提升，不仅有助于教师自身的专业发展，而且更为主要的是它能影响教育教学活动的效率以及活动任务的顺利实现，从根本上决定着教师教书育人工作的优劣成败。

第一节　教师专业能力概述

任何学科的研究都必须从明确基本概念的含义入手，因为明晰概念的含义是讨论问题的前提。“能力”、“专业能力”、“教师能力”概念是教师专业能力研究中最基本的概念。研究教师专业能力的首要问题是科学分析并合理定位“能力”、“专业能力”、“教师能力”等相关概念，并在此基础上进一步明确教师专业能力的内涵。

一、能力的本质意涵

（一）能力的概念

在人类社会的发展历史上，人的能力问题一直是思想家们关注的热点。在国外，从古代到近代再到当代，对能力问题有过一定的研究。在古代，苏格拉底曾说过“知识就是美德”。在近代，培根有“知识就是力量”的名言，康德提出了“知、情、意”的能力结构思想，黑格尔认为“理性就是一种能力”。到了当代，能力的问题更引起了学者们的关注，取得了一批有较大影响的成果，相继出现了罗马俱乐部的“人的革命”、尼采的“权力意志”、弗罗姆的“生存观”、舒尔茨的“人力资本投资”和以人为中心的可持续发展观等相关思想。

马克思和恩格斯提出过每个人的能力自由、平等和全面发展的思想，并据此主张社会革命，建立一个以每个人的能力自由而全面发展为基本原则的新社会。马克思和恩格斯关于人的全面发展学说的含义，在《英国工人阶级状况》、《德意志意识形态》、《共产主义原理》、《资本论》、《反杜林论》等著作中，作过多种表述。马克思所说的人的全面发展，是指由资本主义生产提供物质基础，人有目的地联合起来控制和发展这一物质基础，并消除历史造成的自发性和盲目性，消除和克服人的发展中的矛盾，从而达到人的智力和体力的统一，精神劳动、物质劳动和享受的统一，生存和发展的统一；并使人的潜能和天资、兴趣和才能得到前所未有的充分发展，使人的身心、精神（道德）、才能、个性全面而丰富地发展。

从哲学的视角，所谓能力，指的是以一定的生理和心理素质为基础，在具体的社会实践活动中形成和发展起来的,并在主体和客体的对象关系中表现出来的完成某种活动的实际本领和能动力量。能力是人的综合素质的体现,就个体而言,人的能力是指个体驾驭一定活动以及为社会所做贡献的力量;就群体而言,人的能力是指群体改造自然以及推动社会全面进步的力量。在马克思看来,人的能力就是“人的本质力量”。他指出,人具有自然力、生命力,是能力的自然存在。

在西方心理学中,能力一词有两种含义:实际能力和潜在能力。实际能力是个人现在实际所能做的能力,如能游泳、会打篮球等。潜在能力是通过未来的发展能够获得的能力。实际能力可以通过成就测验来了解,而潜在能力则可以通过倾向测验来了解。

在我国心理学教科书中,能力一般被定义为“人顺利完成某种活动所必须具备的心理特征”①。能力总是和人的某种活动相联系并表现在活动中的。只有从一个人所从事的某种活动中,才能看出他具有某种能力。在绘画活动中,一个学生在彩色鉴别、空间比例关系的估计等方面都很强,画得特别逼真,于是,我们说他具有绘画能力。在音乐活动中,一个学生的曲调感、节奏感和听觉表象等都很强,歌声优雅动听,于是,我们说她具有音乐能力。能力的大小也只有在活动中才能比较。在其他条件(知识、技能、花费的时间)相同的情况下,数学运算时,甲生比乙生更快地了解题意、采用简捷的方法、准确地进行计算,于是,我们说甲生的数学能力强于乙生。倘若一个人不参加某种活动,就难以确定他具有什么能力。

但是,在活动中表现出来的心理特征并不都是能力。在活动中人们可以表现出脾气急躁、性格开朗,也可以表现出情绪稳定、沉默寡言。这些心理特征都有可能影响人顺利地完成某种活动,但一般地说却不一定是最必需的。而曲调感、节奏感、听觉表象对于顺利地进行音乐活动,彩色鉴别、空间比例关系的估计、形象记忆对于顺利地进行绘画活动,却是最必需的心理特征。没有这些心理特征,有关的活动便不能顺利地完成。因此,习惯上,我们把顺利地完成某种活动最必需的那些心理特征,称为能力。

有时,人们也把某一种心理特征称为能力,如彩色鉴别能力、注意分配能力等。其实,任何单独的一种心理特征都不可能完成比较复杂的活动。要完成某种复杂的活动,往往需要有几种心理特征的有机组合。例如,画家的工作,需要有彩色鉴别能力、形象记忆能力、视觉想象能力、形象思维能力等多种心理特征的有机组合;优秀教师的工作,需要有逻辑思维能力、言语表达能力、注意分配能力、观察力等心理特征的有机组合。为了顺利地完成某种活动,多种能力的有机组合,也称为才能。

(二)能力的特征

第一,外显性。能力是人的内在素质在社会实践中的外化表现。能力与人的素质有关,人的素质是能力的内在基础,而人的能力则是人的内在素质的外在表现,是人的本质力量的公开的展示。“能力”与“素质”是相互关联的:一方面,素质是能力产生和发展的前提和基础。一个人如果没有素质,就不能形成相应的能力;即使素质条件具备,还必须经过实践,才能转化为能力。没有实践作中介,再好的素质也不能转化为能力。另一方面,素质对能力的形成和发展有导向和制约作用。不同类别的素质固然导引着能力发展的不同方向,但同一类别素质的质量或水平不同,也会影响和制约能力的形成和发展。但是,能力与素质也存在着明显的区别:素质的特点是“内隐”,是人在活动过程中非对象化的结晶,而能力是“外显”,

① 黄希庭.心理学导论[M].北京:人民教育出版社,2005:599.

是人在活动过程中对象化的呈现。能力和素质相比，素质更根本。素质通常处于静态，是人的内在的品质或质量，它不能直接作用于客观事物，而是转化和形成能力的必要条件；能力则是一种可以直接作用于客观事物的能够外显的力量。素质和能力不能画等号。

第二，可测性。能力的可测性，指的是能力的量的规定性，是从能力的水平上看的。从量上看，作为人完成某种活动的实际本领的大小，能力是有大小的，其大小又是可以测量的。那么，能力如何测量呢？一方面，能力的实现总离不开一定的载体，人认识世界和改造世界的范围和领域就由能力水平的高低、大小所决定，因此我们可以通过观察人在认识世界和改造世界过程中所取得的绩效大小来衡量能力的大小，正是由于人的能力大小、强弱决定了工作绩效的大小。这里就涉及能力与绩效的关系，绩效是人的能力充分正确发挥的必然结果，是对人的能力的一种确认。另一方面，能力大小的测量可以通过对人所掌握的知识多少、技能水平高低以及人的智力高低来判断。就能力与知识的关系而言，尽管知识不等于能力，知识多不一定能力强，有"文凭"不一定有"水平"，但是，毕竟知识对能力有着重大的影响。能力离不开知识，不掌握反映客观规律并与其特定活动对象具有内在联系的知识，就无法形成符合规律的思维方式，因而无法转化为能力。"无知便无能"就是这个道理。与此类推，尽管智力不等于能力，但智力是能力中的核心因素。在能力的系统结构中，智力处于核心地位，起着关键作用；任何能力都首先是智力的外在表现，即能力的显示离不开智力的支配，低智力难有高能力。此外，技能是在一定生理条件的基础上，在心理活动支配下，按某种要求，经过反复练习形成，并通过人的外在的比较固定的活动方式表现出来的一种专业本领。因而，人的技能，特别是熟练的技能，可以推动能力的进一步发展。

第三，可开发性和可再生性。能力的开发性，是基于能力具有生物和社会双重属性，是生物性和社会性的统一这一基本事实。一方面，能力具有生物性。它存在于人体之中，是一种活的资源，与人的自然生理特征相适应。另一方面，能力还具有社会性。它是人类社会特有的产物，它的产生发展与社会密不可分。因此，从本质上讲，社会性是能力的本质属性，能力是一种社会资源。"人的能力有其先天基础或天赋的成分，但主要是在后天的实践活动过程中形成的。这种实践活动，主要是职业实践活动和岗位实践活动，因为人的一生的大部分实践活动主要是在职业岗位中进行的。"概而言之，作为一种社会性资源的能力，它必然具有可开发性和可再生性。这种开发和再生，是一种自我强化的过程。一方面是基于人口的再生产和劳动力的再生产，通过人口总体内各个个体的不断替换更新和劳动力"消耗—生产—再消耗—再生产"的过程实现的。另一方面，还受人类自身意识、意志的支配，受教育、文化等人类文明发展的活动的影响，受新科技革命的制约。这种开发和再生，又是一种外力推动的过程。社会制度的性质和生产力水平决定着能力的性质和发展水平，决定着能力开发利用的程度。可见，能力的再生与开发是需要一定的主客观条件的。也正是由于能力的这一特征，使得人力资源能力建设得以成为可能。

（三）能力的分类

第一，一般能力和特殊能力。一般能力是在许多基本活动中都表现出来，且各种活动都必须具备的能力。例如，观察力、记忆力、思维力、想象力都属于一般能力。学习、工作、创造、发明，任何活动的顺利完成，都离不开这四种能力。这四种认识能力的综合也称为智力。通常人们把智力与聪明、机灵作为同义语来使用。在心理学界，智力的概念，却没有一致公认的定义。最早给智力下定义的是德国心理学家施登。他说："智力是指个体有意识地以思维活动来适应新情境的一种潜力。”比纳认为智力是判断力、常识、创造力和个体生存能力的总和。推孟把智力说成是运用抽象概念进行思维的能力。皮亚杰则把智力说成是一种生物适应，儿童认知的发展就是有机体对环境适应的逐步完善和日益“智慧化”。

特殊能力是在某种专业活动中表现出来的能力。例如，数学能力、音乐能力、绘画能力、机械操作能力等，这些能力对于完成相应的活动是必须具备的。每一种特殊能力都是由有关的活动性质所制约的几种基本的心理品质而构成。例如，数学能力的基本成分是对数学材料迅速概括的能力，运算过程中思维活动迅速对数学材料的迅速概括能力、“简化”能力。音乐能力的基本成分：一是曲调感，即区分旋律的曲调特点的能力，它表现在对旋律的准确感知，对旋律的情绪反应以及音调的准确感受上；二是听觉表象，即能随意地使用反映音高关系的听觉能力；三是音乐的节奏感，即感受音乐的节奏并能准确地再现它的能力。绘画能力也是由多种能力构成。绘画活动不仅需要有对对象的结构、色调、相对比例关系、空间位置的敏锐和完善的知觉及表象能力，还要求掌握与绘画技术有关的手的精确动作能力，以及估计大小比例、明暗关系的精确性等能力。飞行能力是与飞行有关的各种心理特征的有机组合。注意分配、手足动作协调、动作量的控制以及选择反应、空间定向、知觉广度、图形辨认等都与飞行能力有关。

第二，优势能力和非优势能力。一个人往往有多种能力，形成一个能力系统。通常有一种能力占优势，其他的能力从属于它。例如，我国古代杰出的数学家祖冲之具有卓越的数学才能，同时他又具有物理学和史学等方面的才能。赵丹具有卓越的演剧和演电影的才能，同时他又具有绘画和作诗的才能。优势能力在一个人的生活实践中占主导地位，其他能力起增强优势能力的作用。

不少人都能顺利地完成同样的活动，但是完成这种活动的能力组成因素所处的地位可能并不相同。有的因素在一些人身上是优势能力，但在另一些人身上是非优势能力。例如，音乐能力的基本成分是曲调感、听觉表象和音乐节奏感。但是对于每个具有音乐才能的人来说，这三种因素所起的作用可能是不同的。研究表明，音乐成绩良好的学前儿童中，一些儿童具有强烈的曲调感和听觉表象能力，但节奏感不足；另一些儿童具有很好的听觉表象和节奏感，但曲调感较弱；还有一种儿童有强烈的曲调感和节奏感，但听觉表象能力较弱。又如，数学能力的基本组成部分是运算能力、逻辑推理能力、空间想象能力。有的学生空间想象能力占优势，而逻辑推理能力可能差一些；另一些学生则可能逻辑推理能力占优势，而空间想象能力稍差一些，但他们都能达到正确、迅速地运算。再如，在运动竞技中，两个优秀乒乓球运动员，一个主要依靠动作的稳健和准确，另一个主要依靠动作的强度和灵活，他们同样可以表现出乒乓球运动的卓越才干。在这种情况下，优势能力在完成某种活动时可以补偿非优势能力的不足。区分优势能力和非优势能力，发挥优势能力的作用，对于因材施教具有重要意义。

（四）能力的结构

人的活动是多种多样的，人的能力结构也是多种多样的。按活动的主体划分，能力可分为个体能力、群体能力和类能力；按生理基础划分，能力可分为体力和脑力；按活动的性质划分，能力可分为认识能力和实践能力；按活动的范围划分，能力可分为一般能力和特殊能力；等等。人类大大小小、不同类型的能力可以说有无数种，然而，不同的能力从一般内容结构看，它始终是一个由知识、潜能、体能、智能、技能、情感（力）和道德（力）等要素所组成的系统。

第一,知识。所谓知识,是指客观事物的固有属性或内在联系在人们头脑中的一种主观反映。从内容上说,知识包括科学知识和人文知识两个方面;从类型上说,知识包括事实性知识和程序性知识。事实性知识主要用来描述“是什么”或说明“为什么”,程序性知识则主要用来回答“怎么办”或“如何做”,后者即我们通常所理解的“方法”。知识是一种经验,是人类认识世界、改造世界的经验总结。懂得公式、定理、概念这属于掌握“知识”;正确运用公式、定理、概念则属于具备“能力”。所以知识是形成人的能力的阶梯或载体,没有知识,人的能力就没有必要的基础。知识不等于能力,知识多不一定能力强。一方面,能力离不开知识,知识是能力形成和提高的基础。不掌握反映客观规律并与其特定活动对象具有内在联系的知识,就无法形成符合规律的思维方式,因而无法转化为能力。“无知便无能”“知识就是力量”就是这个道理。另一方面,一旦有了相应的能力,如学习能力,又能促进知识的掌握和运用。能力是获取知识、运用知识的必要条件,能力低下难以知识渊博。

第二,潜能。所谓潜能,就是实际存在但还没有现实地表现出来的能力,是主体通过自然遗传、文化继承、社会实践获得的处于可能状态的力量或能量。它是能力的一种特殊表现形态。潜能的含义是“能力”与“可能”这两个含义的综合。黑格尔把康德的“自在之物”理解为“潜在之物,即尚未发展之物”。黑格尔讲的自在存在,也就是潜在存在。现代西方学者也把潜能不仅仅看作是“将要是”或“可能是”,而且它们现在就存在着,只是没有被发现、被发挥出来。就人类潜能开发而言,即使是成就卓著的伟人,也只不过开发了极小的、微不足道的部分。

第三,体能。所谓体能,是指人在生理上的健全程度,是一种满足生活需要和有足够的能量完成各种任务活动的能力。德国学者拉逊认为,体能应由下列因素组成:对疾病的抵抗能力,肌力及肌耐力,心脏循环性耐力,动力和速度,柔软性和敏捷性,协调性、平衡性和正确性。影响一个人体能的因素很多,如不健康的生活方式、居住环境和社会生活形态的变化、社会价值观的影响等。虽说一个人即使不锻炼,体能也有一个“自然增长”的过程,但这种增长是很有限的,要提高人体机能就必须进行体育锻炼。因此,体能锻炼的意义就在于增强体质,提高健康水平。换言之,康健的体魄是一个人的能力形成的生理基础,体力的缺乏对一个人能力的提高有着重大的影响。

第四,智能。所谓智能,是指人的知识水平和智慧程度。美国心理学家加德纳认为:“智能是解决问题或制造产品的能力。”他在《心智的结构》中提出了著名的多元智能理论,他认为人具有八种基本的智能:语言智能、逻辑—数理智能、空间智能、肢体运作智能、音乐智能、人际智能、内省智能、自然观察智能。智力是人脑的机能,是人脑反映客观事物的现象及其规律的能力,表现在大脑工作的范围内。智力偏于认识方面,着重解决知与不知的问题。能力就是依靠大脑的机能(智力)掌握知识、解决实际问题(认识与实践、知与行)的本领,它离不开智力活动而又不受大脑工作范围的局限。智力是能力中的核心因素。在能力的系统结构中,智力处于核心地位,起着关键作用;任何能力都首先是智力的外在表现,即能力的显示离不开智力的支配,低智力难有高能力。能力的显示又不完全取决于智力状况。智力好,不努力,不实践,也无法形成相应的能力。能力的大小,除了智力的原因,还有兴趣、情感、意志等这些非智力心理因素的作用。

第五,技能。所谓技能,是指人们按某种规则或程式掌握专门技术的运作方式。它是在一定生理条件的基础上，在心理活动支配下，按某种要求，经过反复练习形成的比较固定的行为方式。技能，特别是熟练的技能，可以推动能力的进一步发展。如果把技能上升到一般意义上，那就是一种实践能力，它表明人的基本技术与掌握生产流程的熟练程度。

第六，情感力。所谓情感力，是指人们在认识世界、改造世界的社会实践活动过程中，运用情感资源（如性格、习惯、爱好、情趣、表情、动作等）在分析问题、解决问题过程中贡献的那部分力量或能量。简言之，情感力就是人的情感力量。人们做任何事都离不开情感因素的参与，不存在能脱离人们情感因素的参与和贡献就能完成得了的事。因此，建立在情感资源基础上的情感力是人们各种能力必不可少的构成要素。

第七，道德力。能力必须是有道德的能力，"德才兼备"就该是"德能兼备"。道德力是主体活动的一种能力，它包括道德修养力、道德实践力和道德影响力。人在认识世界、改造世界的活动中，不仅要支出自身的体力和智力，而且还必须运用自身的道德力处理好人与自然之间、人与人之间、个人与集体之间的关系。因此，道德力理应成为能力的一个重要构成要素。道德力作为能力的一个构成要素，它表明能力的发挥、行使必须以一定道德为规范，缺少道德导引的能力就可能会导致极端个人主义。事实上，一个有道德修养的人，自然会有正确的理念，有明确的目标，再通过不懈的努力与奋斗，终将会有强大的能力。

二、教师专业能力的本质意涵

（一）教师能力的概念

"教师能力"是"能力"的下位概念，既具有能力概念的一般性质与特征，更有自身独特的内涵。由于研究的视角不同，知识背景的不同，划分依据的不同，人们对教师能力的看法不尽相同。有的强调教师能力形成的条件，认为教师能力就是教师知识、技能和态度等要素的整合。有的强调教师能力的构成要素，认为教师能力是各种元素复合而成的。如"教师能力主要指胜任教师工作的表达能力、组织能力、创新能力和科学的教育方法"[①]。有的强调教师能力的全面性和综合性，将教师能力称为教师的"综合能力"。如"教师能力是教师拥有并带到教育教学情境或活动中去，直接影响教育教学活动的成效和质量，决定教育教学活动的实施和完成的多种素质综合而构成的能力"[②]。还有的则从教师能力的形成过程入手，认为教师能力是一种与一般能力相对应的、职业化的特殊能力，由一般能力经过发展和整合而成。如"教师能力是一般能力的合理整合和特殊发展，是在实践中发展起来的、反映教师职业活动要求的能力体系"[③]。更为普遍的定义，是把教师能力定义为教师履行教育教学的本领或能力。[④] 这种定义试图避开教师能力的复杂形式，但较为抽象而难于操作。

上述界定都有一定的合理性，在一定程度丰富了教师能力的内涵，同时也展示了教师能力概念的复杂性。教师能力的内涵是一个多因素的复杂体，它总是与教师的教育教学活动相联系。从教育心理学的视角，我们认为，教师能力是教师完成一定的教育教学活动所必须具备的个性心理特征，也是教师在能力上的复杂整合，它体现着教师个体教育教学能力与效

---

① 王德荣.教师人格论[M].北京：科学出版社，2001：1.

② 郑其添，李冠乾.教师的能力结构[M].广州：广东教育出版社，1996：20.

③ 王爱玲，靳莹.新世纪教师能力体系探析[J].教育理论与实践，2000(4).

④ 赵立伯.教师论[M].北京：教育科学出版社，1992：136.

率的潜在可能性与现实性。教师能力涉及认知领域、情感领域和操作领域，它是教师的知识、情感和行为相互作用的产物。作为教师从事教育教学活动所需要的能动力量和实际本领，教师能力是一般能力和特殊能力的合理整合和特殊发展，是在教育实践中形成和发展起来的、反映教师职业活动要求的能力体系。

（二）教师专业能力的概念

具有系统完善的理论知识和成熟的专业技能是专业的一大特征。专业能力是指专业人员在从事生产、经营、管理和服务等具体职业活动中，必须具备的从事专业活动所需要的个性心理特征，具体体现为专业人员所具有的专门技能、专业知识及相关的职业意识和职业态度要求等。随着教师专业化运动的不断发展，研究者开始关注教师的专业素质，开始关注教师的专业知识和专业能力，对教师能力的研究也逐渐由一般的职业能力逐渐转为从事专业活动必须具备的专业化能力。因此，教师专业能力是伴随着教师职业专业化的潮流出现的，是对教育活动复杂性的深刻认识及对教育价值功能的重估而出现的一个专门性术语。

关于什么是教师专业能力，不同的人有不同的理解。一些学者认为，教师专业能力是教师必须具备的，在教育教学活动中所形成的能力。如范诗武认为："所谓教师专业能力是指从事教书育人活动的人所必须具备的带有教师职业特点的能力。"①郝林晓等认为："教师专业能力主要指作为专业技术人员的教师在从事教育教学活动中能利用教育理性和教育经验，灵活地应对教育情景，作出敏捷的教育行为反应，以促使学生能全面、主动、活泼发展所必需的教育技能。"②全国十二所重点师范大学联合编写的《教育学基础》，把教师专业能力定义为"教师在教育教学活动中所形成的顺利完成某项任务的能力和本领"。也有学者从知识的角度对教师专业能力进行了定义："专业人员具备从事专业活动所需要的专门技能及专业知识及所形成的合理的知能结构。"③以上学者对教师专业能力的内涵进行界定，虽然分析角度不同，但是都具有以下共同点：一是强调教师的专业能力是在教育教学活动中体现的；二是强调教师的专业能力表现为教师必备的能力、技能、本领、个性心理特征等。

事实上，无论是"教师能力"还是"教师专业能力"，其内涵都是指从事教师这一职业，完成教育教学工作必须具备的能力。区别在于，教师专业能力更强调教师职业的专业性，更加强调作为专业技术人员的教师在能力上的专业性与不可替代性。教育活动是一个极其复杂的社会活动系统，与之相对应，教师能力也是一个极其复杂的系统。从认知心理学的角度看，教师的能力是一般能力和特殊能力的结合。一般能力包括观察能力、思维能力、想象能力、记忆能力、审美能力、口语表达能力等，它没有明显的教育指向性，但又是教师职业能力产生的基础和前提。而只适合于某种专业活动所要求的各种能力，如教师的学科知识处理能力、教育内容传授能力、教学过程监控能力、教育科学研究能力等，则属于具有明显的教育指向性的特殊能力，即教师专业能力。教师专业能力来源于其一般能力，但又高于其一般能力，一般是经过长期的专业培训所获得。

综合上述观点，我们可以将教师专业能力理解为教师以一定的专业知识和基本的专业

---

① 范诗武.新世纪教师专业能力与教育行动研究[J].外国教育研究，2003(5).

② 郝林晓，折延东.教师专业能力结构及其成长模式探析[J].教育理论与实践，2004(14).

③ 大连教育学院职业学校教师教育中心.职业学校校本研训规范与教师专业能力标准[J].职业技术教育，2006(3).

技能为基础，在教育教学实践中形成并表现出来的、直接影响教育教学活动成效和质量，决定教育教学活动实施与完成所必须具备的个性心理特征的总和。

（三）教师专业能力的特征

第一，个体性。教师专业能力是教师作为个体在日常教学中通过体验、感悟、思考和实践等方式逐步形成的。但这种形成不是教师把普遍的、规范的某种教育知识或教育理论学会之后应用于教育实践的简单过程，而是受教师个体的思维特性、个性、知识储备、自我形象、职业动机以及所处的教育环境等的影响，蕴含了教师将一般理论个性化和个人情感、知识、观念、价值、应用情景相融合的过程。因此，教师专业能力与其他专业能力相比，有很强的个性化色彩。每个教师的专业能力都能显现出其特有的个性特征以及文化背景、学习经历和工作经历。而且，在同一培养阶段、同一培养过程中，不同的个体其发展层次、水平是极不平衡的。这一特性要求教师能力培养要帮助和鼓励教师发现自我和展示自我，重视个体良好个性的发展和知识的积淀。从这一意义讲，教师专业能力的养成也是教师个体实现自主发展的过程。

第二，情境性。教师的专业能力反映了学校情境中教师的行为模式，带有明显的情境性特点。教师所处的情境是动态和复杂的，充满了不确定性、非常规性乃至矛盾和冲突，如课堂教学过程中的突发事件、学生中的突发问题、不同教育目的的价值冲突、目的与结果的相左等。同一教育内容、同一施教对象，面对不同的受教者，会形成不同的教育情境。教师的专业能力就体现在能将一般的教育教学理论与具体情境相结合，能根据不同的教学条件、教育对象和复杂多变的问题、现象做出相应的判断和裁决，从而采取不同的适合特定情境的行为和方式。因此，教师专业能力的习得需要大量不同教学情境的浸染，通过教学主客体之间的相互作用而实现。没有教学情景的体验，教师专业能力是不可能真正实现的。教育情境的体验是实现教师能力培养的基本保证。教师专业能力的这一形成特性决定教师培养要重视个体实践活动的参与，重视教师主体在实践活动中与教学客体的相互作用，重视理论与情境一体化的建立。

第三，创新性。这是由教育对象的特殊性和教育教学的复杂性、多变性决定的。教师的工作与医护工作之规范、司法工作之独立不同，更多地需要创造性劳动。从教育的活动要素看，教育的客体——学生是教师塑造、发展的对象。但作为主体性的人，不同的学生个体有不同的能力、气质、情感、思想，他们的成长、发展有其自身的特性和规律。一种教学策略在甲场合有效，在乙场合未必有效，因为此教学对象非彼教学对象，此教学情景非彼教学情景。这就促使教师要从学生的智慧、情感、意志等多方面考虑教育活动的实效性。千变万化的教育活动使得教师专业能力永远处于生成过程中，这也使教师能力的培养难度更大。这一形成特点决定了教师要根据教育对象、教学情景的不同，不断地对自身教育观和教学行为进行调整，创造性地选择不同的教学策略及方法，以适应不同个体的需要。

第四，发展性。由于教师的教育教学活动是在极为复杂的关系中进行的，因而教师的专业能力具有高度的包容性和整合性。从个体看，教师专业能力随着教育对象、教育情景的变化显现出动态的、发展的、可变的特点，教师的成长是可持续发展的，其专业能力的发展也伴随着教师个体的成长而不断提升和发展，不能一蹴而就；从整体看，教师专业能力与教育事业的发展是相互联系、相辅相成的，教育是在不断的超越、更新和发展，教师专业能力也是处于不断发展、完善之中的。随着社会和教育制度的变化，教师专业能力的内涵和外延都在不断拓展，比如从关注教学、教育学生的能力到参与广泛性社会变革的能力，反思能力与当前教育的使命则更为契合。因此，教师专业能力的发展是没有“顶点”的，但有一定的方向性，即由低到高，由浅到深。教师要适应教育改革的需要，及时调整自己的专业能力结构。

第二节　教师专业能力的结构

自从有教师职业以来，就有对教师教育教学本领的研究。20 世纪下半叶，西方能力本位的师范教育的兴起，使得教师专业能力的研究得到了很大的发展。关于教师能力构成要素的研究，是对教师能力研究最早、关注最多的方面。近年来，关于教师专业能力结构的研究也成为我国教师教育领域的热门话题。

一、教师专业能力结构研究的不同观点

（一）国外的代表性研究

教师的能力是教师素质的核心，教师合理的能力结构是教师素质的重要标志。教师应具有什么样的能力，理想的教师能力结构是怎样的？国外对教师能力的研究从 20 世纪 70 年代逐渐增多，并逐步成为一些国家政府的政策性要求。

美国佛罗里达州的研究者们早在 20 世纪 70 年代就进行了一项教师能力的研究。该研究运用科学测验的方法对教师应具备的能力素质进行了比较全面的归纳，提出了教师的 1276 项能力表现，主要有：量度及评价学生行为的能力；进行教学设计的能力；教学演作的能力；负担行政职责的能力；沟通的能力；个人发展技巧；使学生学会自我发展的能力；等等。美国托莱多大学吉比尼、威尔玛教授亦曾用个人能力测验图评定实习教师的能力，评定项目 49 条分列在 5 个主题之下，分别是计划教学材料、设备和评估；教学策略、技巧和方法；与学习者的交流；使学习者专注于学习，对学习者进行强化；职业准则。美国教育部于 1987 年增设的“全国专业教学标准署”运用逻辑运演的方法制定了教师能力标准：全身心致力于学生以及学习的能力；将学科知识熟练地传授给学生的能力；管理与评价学生学习的能力。之后的美国地方教育委员会(SREB)又提出了教师教育技术能力的标准：掌握计算机基本操作技能和理解技术概念与术语；运用技术从事个人研究与交流；能够以多样的方式，用计算机把技术整合到课堂中支持学生学习。

日本学者西昭夫通过研究，在 1981 年总结出教师应具备 8 种基本能力：客观地把握学生个性，并能对其进行个别指导的能力；深入探讨所教科目和教材，研究、充实教学指导的能力；熟悉教育方法、技术和学习内容，应付各种教学情况的能力；教育评价的能力；正确处理学校管理、班级管理的能力；建立良好的人际关系的能力；帮助和督促学生自主解决生活问题的能力；协助和指导学生升学就业的能力。日本文部省的咨询机构教育职员养成审议委员会 1987 年作了《关于提高教员师资能力的措施》等的咨询报告，提出现代教师的能力标准：具备富有成效的教学和学习指导能力；具备对学生强有力的生活指导能力；具有理解和把握学生心理的能力；具有教育管理的能力；具有独立的自修能力等。日本教育工学会也曾于 2000 年 2 月召开主题为“面向 21 世纪教师教育的展望与改革——新的教师教育课程与继续教育系统的形态”的研讨会，确定了 21 世纪教师应具备的三种能力：以全球化的视野为基础而行动的能力(即全球化的观念和网络生存的能力)；在急剧变化的时代中生活的人所

应该具备的素质和能力(即适应性和创新性);教师工作所必然要求的素质和能力。这种能力把教师的职业能力与教师作为具有时代特征的全球人的素质和能力整合在一起,充分体现了教育全球化的趋势和大教育的理念。

经济合作与发展组织(OECD)下属的教育研究与革新中心(CERI)在1993年对旨在改进教师质量的政策进行了比较研究,有10个国家参加研究并提交了案例研究报告。该研究在教师的教学能力方面得出了两点结论:一是教师必须有使用学科教学法的能力,即教师在课堂中"知道其原料"并知道如何去教,能够将特定的概念、技能和信息传授给学生;二是教师有使用多种教与学的模式的能力,即教师能够在适当的时间对特定的学生和为提高教学效果选择最适当的教学模式。

(二)国内的典型性研究

20世纪80年代以来,我国关于教师能力结构的研究也日趋丰富。在研究领域和研究方式上主要着眼于宏观与微观两个层面,在研究方法上采用实证和解释性研究,或定量与定性相结合的方法,也产生了一批较有影响的成果。

1. 教师专业能力结构的宏观研究

教师专业能力结构宏观层面的研究主要侧重从整体上讨论教师的专业能力构成。教育部师范教育司组织编写的《教师专业化的理论与实践》将教师的能力分为教学设计能力、教学实施能力和学业检查与评价能力三部分。①

孟育群等认为,教师应具备认识能力(主要表现为敏锐的观察力、丰富的想象力、良好的记忆力,尤其是逻辑思维能力和创造性能力)、设计能力(主要表现为教学设计能力)、传播能力(含语言表达、非语言表达、运用现代教育技术的能力)、组织能力和交往能力。②

康锦唐将教师能力分为教学表达能力、教学组织能力、教学操作能力和教学研究能力。③ 郑其恭等将教师能力分为教学组织、设计能力,教学实施、控制能力,教学检查、测定能力。④

心理学者李孝忠提出了一个多维度、多层次、多水平和开放性的能力结构模型。根据模型,教师的能力由一般能力和从事教育工作所需要的特殊能力(即教育能力)所组成。教育能力又包括思想品德教育能力、教学能力和组织管理能力。一般能力包括观察力、记忆力、思维能力等,它们是各种教育能力中的共同成分,实质是智力的基本要素在教育活动中的特殊表现。

叶澜提出新型教师应具备的专业能力,包括理解他人和与他人交往的能力、组织管理能力、教育研究的能力、信息的组织与转换能力、信息的传递能力、运用多种教学手段的能力、接收信息的能力等。靳莹等认为,教育教学能力是教师能力体系中的核心成分,基本认识能力和系统学习能力是教师个人发展水平的决定因素,调控和交往能力是教师协调各方教育力量的有力保证,拓展能力是教师进行教育创新活动的必要前提。傅道春等将教师能力分成处理教学内容的能力、运用各种教学方法和手段的能力、教学组织与管理的能力、语言表

① 教育部师范教育司.教师专业化的理论与实践[M].北京:人民教育出版社,2003:62-63.
② 孟育群.现代教师的教学能力结构[J].现代中小学教育,1990(3).
③ 康锦唐.教学能力结构及测评[M].厦门:厦门大学出版社,1991.
④ 郑其恭,李冠乾.教师的能力结构[M].广州:广东教育出版社,1993:42.

达能力、教学科研能力、教育机智和学生交往能力。①

总的看来，在宏观层面，教师的专业能力应至少包括基本能力（含认识能力与基本的职业技能）、教育能力、教学能力、自我发展的能力等。其中，教育能力和教学能力是几乎所有的研究者都提到的，这两种能力无疑是教师专业能力的核心成分。随着社会的发展，教学观在变化，教学内容也在变化，因此教师的能力结构也不可能保持一成不变，面对新的形势，就需要新的研究。

2. 教师专业能力结构的微观研究

对教师专业能力的微观成分的研究主要关注教师某一方面的能力，如教学能力、教学监控能力、科研能力、学科教学能力。在各项专业能力中，教师教学能力受到的关注最多。表5-1所列即是国内不同学者对教师教学能力构成的观点。

表5-1　关于教师教学能力结构的代表性观点

研究者	教学能力的结构
陈安福	1. 搜集教学资料的能力；2. 组织教材的能力；3. 言语表达的能力；4. 组织课堂教学的能力；5. 因材施教的能力；6. 教学反馈的能力；7. 教学诊断的能力
陈顺理	1. 对学生的调节、控制和改造的能力（了解学生、启发引导、指导学生学习、组织课堂教学、因材施教）；2. 对教学影响的调节、控制和改造的能力（处理教材、选择教学方法手段、合理利用教学组织形式、言语表达、检查教学效果的能力）；3. 自我调节控制能力（自学能力、自我修养能力、接收反馈信息的能力）
康锦堂	1. 教学表达能力；2. 教学组织能力；3. 教学操作能力；4. 教学研究能力
郑其恭等	1. 教学组织、设计能力；2. 教学实施、控制能力；3. 教学检查、测定能力
罗树华 李洪珍	1. 教学能力（Ⅰ）：掌握和运用教学大纲的能力，掌握和运用教材的能力，选择、运用教学参考书的能力，编写教案的能力，说课的能力；2. 教学能力（Ⅱ）：因材施教的能力，实现教学目标的能力，选择运用教学方法的能力，激发学生学习兴趣的能力，指导学生学习方法的能力，指导学生进行迁移性学习的能力；3. 教学能力（Ⅲ）：课堂教学的开讲能力，创设最佳教学情境的能力，教学设疑能力，教学举例能力，设计板书的能力，教学反馈能力，教学应变能力，课堂教学的总结能力，进行复式教学的能力，设置学科作业的能力；4. 教学能力（Ⅳ）：教学检测能力，制作教具的能力，操作与示范能力，使用现代教育技术的能力
陈永明等	1. 教学设计能力；2. 教学语言表达能力；3. 课堂组织与管理能力；4. 运用现代教育技术的能力；5. 教学测量与评价能力
潘慧玲等	1. 教材呈现能力；2. 教学方法能力；3. 学习评量能力
唐玉光	1. 教学基础能力（包括观察力、想象力、记忆力、思维力和注意力）；2. 教学一般能力（包括表达能力、组织能力、教学机制等）；3. 教学具体能力（包括教学设计能力、教学实施能力和教学评价能力等）
教育部 师范教育司	1. 教学设计能力；2. 教学实施能力；3. 学业检查评价的能力
周建达 林崇德	1. 教学认识能力；2. 教学操作能力；3. 教学监控能力

从表5-1中学者们的观点可以看出，教师教学能力的成分虽较为复杂，但仍可以归纳出一些共同的方面，如教学设计能力、教学实施能力、教学评价能力、教学反思能力、课堂教学

① 傅道春. 教师的成长与发展[M]. 北京：教育科学出版社，2003：38-39.

管理能力和信息技术与课程整合能力等。微观方面主要侧重于课堂和学科教师能力的研究，主要是为了满足实践发展的需要，便于各学科教师对自身的课堂教学能力进行对照。微观层面的研究大大地拓展了教师专业能力的研究范围，更加深化了人们对教师能力的认识，更重要的是为教学实践提供了强有力的理论支撑。

二、教师专业能力的结构

根据教师能力的教育指向性和专业化程度，教师能力可以分为基本(一般)能力和专业(特殊)能力。其中，基础能力是教师应该具备的起码而又带有根本性质的能力，专业能力是教师从事职业活动必须具备的专业化能力，是衡量教师专业化程度的标准，具有明显的教育指向性。本部分重点论述教师的专业能力，对教师的一般能力暂不作讨论。教师的专业能力是教师在教育教学活动中运用一定的专业知识和经验顺利完成某项任务的能力和本领。根据教师职业的专业化要求，结合国内外研究，从宏观上看，教师的专业能力结构主要包括如下几个方面。

(一) 教育能力

教师的教育能力，是指教师按照社会和个体发展的需要，采用恰当的方式方法，促使学习者综合素质得到发展的能力。教师的教育能力主要包括：全面了解学生的能力，正确评价学生的能力，对学生进行思想道德教育的能力，对学生进行心理素质教育的能力，转化问题学生的能力，对学生进行生存教育的能力，指导学生交往的能力，教师的身教能力、组织管理能力等。

教育是师生精神交往的过程，是教师与学生互动的过程。学生是教育的对象，了解和研究学生德、智、体、美诸方面发展的情况以及个性和家庭教育等，能够帮助教师选择切实可行的教育教学方式，并预见教育行为的结果。一名教师，无论掌握多么广博深厚的知识，如果不注重对学生的研究，不能正确地评价学生，就无法准确地选择教育教学的方法，也很难达到良好的教学效果。因此，教师必须善于观察学生，对学生的思想行为、智力活动、情感表现有敏锐的观察力，通过学生的眼神、动作、表情等，发现学生的情绪体验、认知水平和努力程度，及时调整教育教学的措施和方法。杜威在20世纪50年代就曾指出：我们现在要谈到教育职能的种种作用中的一种，这就是指导、控制或辅导的作用。重建并提升教师的教育能力，使教师能够运用良好的工作方法开展教育教学工作，全面实现教育方针规定的人才培养目标，才是教育的最终目的。

(二) 教学能力

教师的教学能力，是指教师在教学实践中形成的，基于一定的教学知识和教学技能，顺利完成教学任务和促进学生认知发展过程中表现出来的个性心理特征，是科学性和艺术性的统一。在教学过程中，教师通过引导学生对教材的理解和学习，达到掌握知识、开发智力、发展能力、认识世界、探索创造和培养思想品质的目的。教师的教学能力是影响教学质量和效果的关键性因素，也是体现教师专业地位和作用的核心因素。

根据任务活动完成的一般程序，教学活动可分为教学准备活动、教学实施活动(包括教学活动的组织、监控等活动)、教学评价活动和教学总结活动。因而，教学能力就应当包括教学设计能力、教学组织能力、教学监控能力、教学评价能力、教学反思能力。由于教学活动本身就是一种创新性极强的活动，并且这一特性贯穿于教学活动的始终，因此，教学能力还应当包括教学创新能力,教学创新能力是教学能力的最高境界。以上这些能力就是所有从事教学活动的人员都应当具备的基本教学能力。对于教学能力来讲,这些能力的表述可以有所不同,但这些能力所要求的内容缺一不可。

（三）教育科研能力

教师的教育科研能力,是指教师对教育问题进行多方面的探索和创新的能力,是教师运用多方面的知识和经验,综合地创造性地形成解决问题方案的能力。教师的科研能力使教师的工作更富有创造性,是教师在专业工作中自主能力的最高表现形式。专家型教师一个很重要的特质是具备教育科研能力。只有具备科研能力的教师,才能在实践中具有对教育教学理论进行质疑和检查的意向;才能不断地对自己教学实践进行反思、质疑和探讨,并将其作为专业进一步发展的基础;才能不断地研究自己教育实践的信念与技能,愿意与其他教师或研究人员一道讨论其教学实践活动。因此。教育科研能力是教师专业发展的内在驱动力,是教师专业发展的基础,是教师专业发展的生长点。

教师的研究是教师以参与者而非旁观者的身份进行的,要把自己"摆进去",聚焦自己特定教育教学情境的经历、体验与感悟,描述自己教育教学生活中实际的遭遇、困惑与迷茫,以及尝试理解、诊释与解决教育教学问题,是对自己生存、发展意义的不断的探寻和叩问。[①]与专家、学者的研究相比较而言,教师的研究主要是指教师通过对自身教育教学行为的自我观察、内省、反思与探究,以改进和完善自己的教育教学实践为目的的研究,它是置身于教育教学之中的研究、改进教育教学的研究。教师只有具备较强的科研能力,才有可能面对新情况、新要求,才有可能迎接挑战,实现超越,使教师的专业发展具有可持续性。

（四）创新能力

教师的创新能力,是指教师在教学科研实践中创造出符合客观规律的新理念、新理论、新方法、新模式及对受教育对象产生积极影响并取得良好效果的能力。它内隐于教师这一特定角色之中并支撑教师的职业活动。教育对象的多变性与差异性,决定教师工作本身就应是一种创造性劳动。知识经济时代,需要从以传授继承已有知识为中心的封闭型的传统教育向着重培养学生创造思维、创造精神、创造能力的开放型的现代教育转变;由单一的知识教育向全面的综合素质教育转变;由一次性的学历教育向终身教育转变。我国现阶段教育的根本任务是培养具有创新精神和实践能力的一代新人,而学生的创造品格、创新才能需要教师的创新教育来培养。因此,创新能力就成了教师诸能力中最具根本意义的能力。

现代教师要具有创新能力,就要具有创造精神。教师在教育教学中的创新表现在:对传统教学模式的突破,对现代育人途径的探索,对学生创新意识的培养,以及对自己独特教学风格的追求。教师创新能力的养成,要以深厚的学养为根基,以长期的实践为依据,以不懈的热情为源泉。教师要善于接纳新的教育理念,吸收最新教学成果,敢于标新立异、打破常规,创新教学模式,采用新的教学方法并将其运用到教学实践中去,才能培养完整意义上的创新人才。

以上我们从教育能力、教学能力、教育科研能力和创新能力四个方面对教师专业能力的结构进行了探讨。这些能力显然不能涵盖教师专业能力的全部,但它反映了教师专业能力的最基本和最主要的方面。从能力层次和能力范围来看,教育能力可以说是教师从事一切

① 李润洲.论"教师即研究者"[J].教育研究,2004(12).

教学活动的基础，因为“在我们的学校工作中，不论过去还是现在，教育总是占主导地位；教学首先也是一种教育，是从道德上培养人的个性。没有，也不可能有与教育毫无关系的教学”①。教学活动只是一种教育活动的形式，教学能力寓于教育能力之中，教育科研能力又寓于教育教学能力之中，创新能力又寓于教育科研能力之中，代表了最高能力水平。从教师专业活动的内在逻辑看，这几部分的划分不是绝对的，各部分之间存在着复杂的渗透和交织关系，实际上它们是一个立体化的有机统一整体。只有各种能力协调发展，才能发挥其整体效应。

第三节 教师专业能力的提升

教师专业能力的培养与提高，就其方式和途径而言，一般包括两个大的方面：一是外在的影响，主要指政策、制度、组织保障，对教师进行有计划、有组织的培训和提高；二是教师内在因素的影响，主要是指教师的自我完善，它源于教师自我角色愿望、需要以及实践和追求。

一、提升教师专业能力的外在因素

（一）建立教师专业能力标准

教师资格是国家对专门从事教育教学工作人员的基本要求。实施教师资格制度是国家依法治教、依法管理教师队伍的重大举措，是教师任用走上科学化、规范化和法制化轨道的重要保证。教师资格制度的全面实施，有利于把住教师队伍的入口关，吸引优秀人才从教，有利于提高教师专业化水平，有利于优化教师队伍，提高教师队伍的整体素质。自1993年以来，我国相继颁布了《中华人民共和国教师法》、《教师资格条例》和《〈教师资格条例〉实施办法》。2012年2月10日，教育部颁布实施《幼儿园教师专业标准（试行）》、《小学教师专业标准（试行）》和《中学教师专业标准（试行）》。这些文件对教师专业能力的标准进行了界定。

教师专业能力标准，是指作为一名合格教师，在教育教学活动和自身发展方面应该达到的专业能力要求和水准。要了解教师专业化的发展进程、评价教师专业能力水平，必须建立一个能衡量教师能力水平的标准或尺度。同时，中小学教师作为一种专门的职业，要在社会上得到认可，就要像医生、律师等行业一样制定专业标准，用教师专业能力标准来保持教师自觉的职业规范和成熟的专业技能技巧，这也会进一步促进教师专业化的发展。中小学教师不仅要有扎实的专业知识、课程开发能力、教育教学能力、科学研究能力，更要具备处理教育实践问题的教育智慧。“没有标准就没有高质量”，“没有标准就没有专业化”。教师专业化的发展是一个持续不断的过程，是一个发展的概念。教师专业化的实现不仅需要教师自身主动的学习和努力，以促进和提高自己的专业能力，而且需要包括能促进教师专业成长的各种经验与机会。因此，教师专业化要使专业能力的诸多方面及情感、态度和价值观在职业生涯中都得到全面提升。同时，建立相应的专业能力标准，使教学从“职业”阶段上升到“专业”阶段。教师专业能力标准的建立将为教师的专业化发展奠定良好的基础，也可为中小学教师的招聘选拔、考核激励、培训发展提供科学的依据。

---

① [苏]苏霍姆林斯基. 关于教育伦理学的一封信[J]. 教育研究，1983(8).

（二）构建职前与职后一体化教育体系

教师的专业发展是一个长期的、终身学习的过程。从教师职业的专业化与教师专业发展视角看，教师的专业能力必须经过系统而长期的专业训练才能养成。中小学教师教育教学能力的培养应该是涵盖职前、入职、职后教育在内的一体化教育，需要有计划、有组织地对教师培养和培训。

教师的专业成长是一个连续和动态发展的过程，在不同的阶段应该有与之匹配的训练内容。职前培训作为实现入职目标的手段，不可能包含整个教师生涯的培训内容。提升教师的专业能力，不仅要重视职前培养和入职教育，还需加强职后培训。随着社会的快速发展与知识更新速度的加快，教师专业化发展趋势和学习型社会使教师职后培训显得更为重要。教师在职研修应从学历补偿教育和学术水平提高向着眼于更新学科专业知识、加强实践、注重能力培养、全面提高教师专业素养的继续教育转变。中小学教师培训的重点是提高教师的教学能力和教学水平。传统的整齐划一式的培训已无法适应教师专业发展的需要。教育决策部门应根据不同性质、不同类型教师发展的实际需要，制定相应的政策文件，构建富有特色的职后培训体系，同时给予中小学教师更多的培训和发展机会。

二、提升教师专业能力的内部因素

在教师专业能力的各影响因素中，教师自身的因素是最直接的内部动因，学校及外界因素最终都需要教师自身因素的改变来起作用。

（一）完善知识结构，为能力提高奠定坚实基础

知识不是能力，但知识是能力的基础。能力是在掌握了一定知识的基础上经过培养训练和实践锻炼形成的，丰富的知识可以促进能力的增强，较强的能力可以促进知识的获取。教师不仅要具有宽广厚实的学科专业知识，而且应具备系统的教育科学知识和丰富的实践性知识。拥有宽厚的专业知识和完善的知识结构，不仅是教师教育能力、科研能力、实践能力和创新能力发展和提高的基础，也是实现人才培养目标的基本保障。部分青年教师教育教学知识和实践性知识普遍缺乏，理论知识明显高于应用知识。在教师岗位的培训和进修中也往往以提高理论知识为主，忽视了教师应用型知识和实际应用能力的提高。由于知识的掌握始终是高效教学的最重要、最基本的条件，专业知识的有限和知识结构的不完善直接制约着教师的专业发展。

教师的专业发展，不仅需要"知道什么"的知识，更需要"知道如何"的知识。维特根斯坦曾用实践性知识的思想对近代认识论将知识还原为理论性知识的做法进行过批判，他认为理解与知道如何是一种实践能力。[①] 受维特根斯坦的启发，英国分析哲学家赖尔在《心的概念》一书中使用"知道什么"和"知道如何"的思想对笛卡尔开创的近代认识论与形而上学传统进行了批判。他认为当人们谈论心灵的官能时，并非指非物质的和隐秘的心灵事件，而是公开的言行本身。[②] 也就是说"知道什么"的知识包含于"知道如何"的知识之中。也就是说，"知道什么"的知识与"知道如何"的知识是相互联系、不可分割的两种知识形态。

---

① [英]维特根斯坦.哲学研究[M].陈嘉应，译.上海：上海人民出版社，2005：293.

② [英]赖尔.心的概念[M].徐大建，译.北京：商务印书馆，2005：21.

（二）发展教学学术，以学术研究提高教学水平

教师不仅是一个知识传授者，更是一个知识传播的艺术家；不仅是一个知识发现和方法整合的研究者，更是一个教学实践改进和教育理论生成的研究者，即教学学术者。为提高中小学的教学质量，中小学教师必须掌握教学学术，科学而有效地教学。然而，由于主客观方面的原因，人们对学术的内涵一般作狭义理解，即认为只有发表论文、出版著作、进行科学研究才是学术工作，其他则不属于学术工作，因而没有形成教学也是学术工作的认识，忽视教学学术的学习、研究和运用，致使教学没有吸引力，教学质量受到影响。美国卡内基基金会主席博耶认为，“学术”不应仅仅指专业的科学研究，而应该包括相互联系的四个方面，即探究的学术、整合的学术、应用的学术和教学的学术。其中，教学的学术是一种通过咨询或教学来传授知识的学术，即传播知识的学术。诚如博耶所言，“学术不仅意味着探究知识、整合知识和应用知识，而且意味着传播知识，通过知识的传播，才能确保学术之火不断燃烧，因此把传播知识的学术称之为教学的学术”，“教学支撑着学术，没有教学的支撑，学术的发展将难以为继”。①

“会教书的教师是好教师，会进行研究的教师是好教师，既会教书又会进行研究的教师是更好的教师。”②培养素质高、能力强、全面发展的符合时代发展需要的合格人才，是学校的中心工作和根本任务，也是提升自身核心竞争力的关键所在。教学是与科研同等重要的学术活动，教学中包含着研究的成分。中小学教师应牢固确立“教学学术”的观念，以学术视角看待教学活动，充分认识教学是其学术生命的重要组成部分，研究和发展教学学术是其履行首要学术职责的必然要求。教师要认真处理好“教学学术”与专业科研的关系，加强对教学知识、教学技能等的学习与研究，潜心教学，自觉反思，躬行实践，不断提升自身教学能力，进而提教育教学质量。

① ［美］欧内斯特·博耶.关于美国教育改革的演讲［M］.涂艳国，方彤，译.北京：教育科学出版社，2002：78.

② 张楚廷.大学教学学［M］.长沙：湖南师范大学出版社，2002：28.

第六章　教师专业发展的过程与规律

教师专业发展不是一个结果，而是一个过程，是一个长期的、持续的、由量变到质变的不断走向成熟的发展过程。对教师来说，明确自身专业发展的过程及其所经历的阶段，清晰自身专业发展的影响因素及其支持系统，不仅有助于探明自身专业发展的内在规律性，而且有助于科学制定自身专业发展的目标、路径和策略。而这恰恰是教师专业发展过程研究的价值之所在，也是教师专业发展过程研究日益受到学术界关注的根本原因。

第一节　教师专业发展的阶段

教师专业发展的长期性和持续性，决定了其发展的阶段性。国内外学者对教师专业发展的阶段划分进行了深入细致的研究，形成了不同的理论学说。了解和把握这些理论学说，并把它创造地性转化于教师专业发展实践过程之中，才能更好地促进教师的专业发展。

一、国外教师专业发展阶段研究

国外关于教师专业发展阶段的研究始于 20 世纪 60 年代，比较具有代表性是福勒的教师教学关注阶段理论、休伯曼的教师生命周期理论、伯顿的教师教学生涯发展理论、伯林纳的教师专业发展阶段理论、司德菲的教师生涯发展模式理论和费斯勒的教师生涯循环论等。

（一）福勒的教师教学关注阶段理论

美国德克萨斯大学的教授福勒最早对教师专业发展进行了系统研究，她编制了严谨精细的“教师关注问卷”，运用问卷调查法对教师专业发展展开实证研究。富勒认为，在成为专业教师的过程中，教师所关注的事物是依据一定的次序更迭的，一般要经过以下四个阶段：[①]第一，任职前关注阶段。职前阶段的师范生只是想象中的教师，还沉浸在学生的角色中，他们没有教学经验，只关注自己，对他们所观察到的班级，经常持批判的甚至是敌视的态度。第二，早期求生阶段。这一阶段教师主要关注的是自我胜任能力以及作为一名教师如何“生存”下来，他们关注班级的教学与管理，关注对教学内容的掌握、学校领导的评价、学生与同事的肯定和接纳等。第三，关注教学情境阶段。这一阶段的教师不仅关注自己的生存，而且关注在当前教学情境对教学方法和材料等的限制下，如何顺利地完成教学任务，以及如何正确地掌握相应的教学技能，而不是学生的学习。第四，关注学生阶段。虽然许多教师早在接受职业教育阶段就表达了对学生的学习、品德乃至情绪需求的关注，但却一直不能真正地适应或满足学生的这些实际需要，往往要等到自己能适应教学的角色和负荷之后，才能真正地关怀学生。福勒的研究表明，教师的专业发展往往是经由关注自身、关注教学任务，最后才关注到学生的学习以及自身对学生的影响，在不同的发展阶段，其关注点是有所迁移和

① 教育部师范教育司. 教师专业化的理论与实践[M]. 北京：人民教育出版社，2001：48-49.

变化。富勒开创了教师专业发展阶段研究这一新的领域，为后继的研究奠定了良好的基础。

（二）休伯曼的教师生命周期理论

美国教育家休伯曼依据教师的生命周期对教师专业发展进行了阶段划分，他认为每一个阶段都有特定的发展主题，但他并没有把发展主题强加于每一位教师，而是依照教师对发展主题不同的认识和理解，区分出以下五个不同的时期：①第一，入职期（从教最初的 1～3 年）。这一时期的教师表现出对自己所从事的新职业的复杂感情，一方面是初为人师的积极热情，另一方面是面对新工作的无所适从，却又很想尽快步入正轨而急切地希望获得教学的知识和技能。因此这一时期也可称之为“求生和发现期”。第二，稳定期（从教 4～6 年）。这一时期教师逐渐适应了自己的工作，并且能够比较自如地驾驭课堂教学，初步形成了自己的教学风格，入职时的压力和不适已经消失，教师此时已经能够比较轻松、自信地面对自己的工作，同时要求自己在教学技能等方面进行不断地改进与提高。第三，实验和歧变期（从教 7～25 年）。这一时期是教师职业生涯道路上的转变期。教师的转变有两个方向：一是随着知识和阅历的增加，教师开始对自己及学校的各项工作大胆地进行求新和力求改革，关注学校发展，对学校组织和管理中的漏洞进行批评和指正，不断地对职业和自我进行挑战；二是单调乏味的教学轮回使教师对自己的职业产生了倦怠感，对是否要继续执教产生动摇，因此开始对目前从事的工作进行新的评估。第四，平静和保守期（从教 26～33 年）。许多教师在经历了怀疑和危机之后逐渐开始平静下来，能够较为轻松地完成课堂教学，也更有自信心。随着职业预期目标的逐渐实现，教师的志向水平也开始下降，对专业投入也逐渐减少。该阶段的另一个主题是与学生的关系更加疏远，教师对学生行为和作业更加严格。同时，处于该阶段的教师在经历了平静期后变得较为保守，这可能是自我怀疑的进一步发展，也可能是改革失败的结果。多数教师会抱怨学生变得纪律性更差，缺少学习动机，抱怨公众对教育的消极态度，抱怨年轻教师不够认真和投入。第五，退出教职期（从教 34～40 年）。在这一时期，其他专业人员可能会逐渐退缩，为退休做准备；而教师迫于社会压力，其专业行为没有太大改变，只是更加关注自己喜欢的班级、做喜欢做的工作。

（三）伯顿的教师教学生涯发展理论

该理论是由美国俄亥俄州立大学的教授伯顿在 20 世纪 70 年代提出的，他认为教师的教学生涯发展需要经历三个不同阶段：②第一，求生阶段。该阶段的教师刚进入一个新的环境，再加上缺乏实际的教学经验，他们对教学活动及环境只有非常有限的知识，对所面对的各种事物往往都还处于熟悉和适应之中。这一阶段教师的特点决定了他们所关心的是如何做好教学工作，他们已经开始注意了解学生，但并不愿意尝试新的方法以增强效果。第二，调整阶段。在教师生涯的第 2～4 年这一时间段，教师的知识已经比较丰富，心情也已较为轻松。教师开始有精力了解学生的复杂性和独特性，能够更多地关心和帮助他们，也会积极寻求新的教学技巧与解决问题的新方法，以满足不同层次的学生需求。第三，成熟阶段。教师在进入第 5 年以上的教学期后，其经验更加丰富，对教学活动驾轻就熟，并且对教学环境已有充分的了解与熟悉。因而这一时期的教师可以放心地、专心地处理教学中所发生的事情，能够不断地追求并尝试新的教学方法，并且能够更加关心学生和满足他们的需要。处于

---

① 王建军.课程变革与教师专业发展[M].成都：四川教育出版社，2004：34-37.

② 张维仪.教师教育——改革与发展热点问题透视[M].南京：南京师范大学出版社，2000：315-316.

这一阶段的教师发现自己已经逐渐获得更为正确而深刻的专业见解，并能有效地应对和处理大多数可能发生的新情况。伯顿的教师教学生涯发展理论是建立在对数据的分析、处理和综合的基础上的，因而其具有较强的科学性，但其存在的主要缺陷在于缺少对成熟型教师未来发展的分析、研究和借鉴。

（四）伯林纳的教师专业发展阶段理论

该理论是由美国亚利桑那州立大学的教授伯林纳等人提出的，他根据教师教学专业知识技能的学习与掌握情况，主张把教师专业发展划分为以下五个阶段：①第一，新手阶段。新手水平的教师是指师范生或刚进入教学领域的教师，这一阶段教师的任务是学习一些陈述性知识，如一般的教学原理、教材内容和教学方法等，并熟悉课堂教学的步骤和各类教学情境，以获得初步的教学经验。第二，高级新手阶段。这一阶段是指从教 2～3 年的教师，他们已经从教学活动中积累了一些经验，意识到了教学情境的相似性，能把过去所学的知识与现在所遇到的情境与问题相联系，也会运用一些教学策略来调节和控制自己的行为。第三，胜任阶段。在拥有了更多的教学经验并且尝到了成功的喜悦后，大多数高级新手有望进入胜任阶段。处于这一阶段的教师，能按个人想法自由处理事件，依据自己的计划对所选择的信息作出反应，并能够对所做的事情承担更多的职责。第四，熟练阶段。从教 5 年以上的教师基本上进入到熟练水平的发展阶段，成为熟练教师。这时的教师对教学情境产生了敏锐的直觉感受，他们能从积累的大量丰富经验中综合识别出情境的相似性，能从截然不同的事件中考虑到事物的相互联系。第五，专家阶段。专家阶段的教师对教学情境不但有直觉的把握，而且能以非分析性、非随意性的方式，理智地做出合适的反应，其行为表现流畅、灵活，不需要刻意的加工。处于这一阶段的教师知道在什么时间和什么地方该做什么，他们采用的教学方法也更加多种多样。

（五）司德菲的教师生涯发展模式理论

美国学者司德菲通过研究提出了教师生涯发展模式理论，这一理论比较完整、真实地描述了教师专业发展的历程，弥补了伯顿等人所认为的成熟期后的教师会一往直前继续成长而不会停滞理论的缺憾。具体而言，司德菲把教师生涯发展概括为以下五个阶段：②第一，预备生涯阶段。处于这一阶段的教师是新上岗的教师，他们通常需要 3 年时间才能度过这一阶段。理想主义、有活力、富于创意、善于接纳新观念、积极进取、努力向上是这一阶段教师的特征。第二，专家生涯阶段。这一阶段的教师已具有较高水平的教学能力与技巧，他们能获得多方面的信息，对学生抱有较高的期望，同时能够掌握学生的一举一动，在工作中能够有意识地激发自己的潜能，有效地控制课堂教学的进程。第三，退缩生涯阶段。处于这一阶段的教师往往表现出倦怠感，很少致力于教学革新，防范心理严重，需要得到帮助。这一阶段按退缩的程度又可分为初期退缩、持续退缩和深度退缩三个层次：初期退缩是指教师很少致力于教学革新，绩效平平，固执而消极；持续退缩是指教师表现出倦怠感，经常批评学校、家长、学生，甚至是教育行政部门，有时对一些表现好的教师也妄加指责；深度退缩是指教师在教学上表现出无力感，甚至有时还会伤害到学生，但这些教师并不认为自己有这些缺点，并且具有很强烈的防范心理。第四，更新生涯阶段。部分教师之所以能进入更新生涯阶

① 申继亮，王凯荣，李琼. 教师职业及其发展[J]. 中小学教师培训，2003(3).

② 李斌国内外教师专业发展过程研究述评[J]. 江苏教育学院学报(社会科学版)，2003(4).

段，关键在于他们在出现退缩生涯阶段的征兆时，采取了较为积极的应对措施，如参加研讨会、进修课程等，因而这一阶段的教师又会呈现出像预备生涯阶段那样的朝气蓬勃的状态，但不同的是他们更多的是致力于追求专业的继续成长，继续吸收新知识。第五，退出生涯阶段。到了退休年龄，或由于其他原因而离开教育岗位，一些教师开始安度晚年，而一些教师则可能继续追求生涯的第二春天。

（六）费斯勒的教师生涯循环论

美国约翰霍普金斯大学教授费斯勒在观察、访谈和典型调查的基础上，结合对成人发展和人类生命发展阶段等研究的文献分析，提出了整体、动态的教师生涯循环的八阶段理论。[①] 第一，职前教育阶段。该阶段的教育是为了特定的教师角色而做准备的，通常是在大学或师范学院进行的师资培育阶段，当然也包括在职教师从事新角色或新工作的再培训。第二，引导阶段。这是教师走向社会、进入学校系统和学习每日例行工作的时期，该阶段教师通常都会努力寻找学生、同事和督导人员的接纳，并设法在处理事务时获得被肯定的信心。第三，能力建立阶段。教师努力增进和充实与教育相关的知识，提高教学技巧和能力，设法获得新的信息材料、方法和策略。此时的教师都想建立一套属于自己的教学体系，经常接受与吸收新的观念，参加研讨会和各种相关的会议以及继续进修与深造。第四，热心和成长阶段。教师已具有较高水平的教学能力，但热心教育和继续追求成长的教师会更积极地追求其专业形象的建立，发挥热爱教育的工作热忱，不断地寻找新的方法来丰富自己的教学活动。第五，生涯挫折阶段。教师可能会受到某种因素的影响，或是产生教学上的挫折感，或是工作满足程度逐渐下降，开始怀疑自己选择教师这份工作是否正确，职业倦怠大多数都会出现在该阶段中。第六，稳定和停滞阶段。教师存在着“做一天和尚，撞一天钟”的心态，这些教师只做分内的工作，不会主动追求教学专业上的卓越与成长，只求无过，不求有功，可以说是缺乏进取心、敷衍塞责的阶段。第七，生涯低落阶段。这是准备离开教育岗位、打算“交棒”的低潮时期。该阶段有些教师感到愉悦自由，回想以前的桃李春风，而今终能功成身退；也有一些教师，则会以一种苦涩的心情离开教育岗位，或是因被迫终止工作而感不平，或是因对教育工作的热爱而觉眷恋。第八，生涯退出阶段。这是离开教职以后生涯寂寥的时期。有些人会寻找短期的临时工作，有些人也可能会颐养天年，总之是到了生命周期的最后落幕阶段。

二、我国教师专业发展阶段研究

近年来，伴随着国外教师专业发展阶段理论的引介，我国学术界也开始了该领域的具有中国特色的探讨，形成了以下一些颇具影响的理论观点。

（一）邵宝祥等人的教师教学能力发展四阶段理论

邵宝祥等根据教师教学能力的发展，把教师专业发展过程概括为以下四个阶段：[②]第一，适应阶段（从教 1～2 年）。处于该阶段的教师初为人师，课堂实际与师范教育所学理论反差较大，对他们来说最重要的就是如何通过教学实践，尽快完成理论与实际的初步结合，尽快形成自己的教学实践技能和技巧，使自己适应课堂教学活动的基本需要。第二，成长阶

① 张维仪. 教师教育——改革与发展热点问题透视[M]. 南京：南京师范大学出版社，2000：321-323.

② 邵宝祥，王金保. 中小学教师继续教育基本模式的理论与实践[M]. 北京：北京教育出版社，1999：68-30.

段(从教 3～8 年)。这是教师教学能力发展最为迅速的阶段。教师对教学工作已有较多的成功与失败的体验,已获得初步的教学经验,掌握了各种教学技能,与学生建立起了感情的纽带,逐步达到了称职教师的标准。第三,称职阶段(一般是 35 岁以后)。该阶段教师已基本上适应教学需要,能驾驭班级、课堂,业务水平、自信心、外部的评价都达到较高水平。但相当多教师的教学能力发展开始缓慢下来,一部分教师甚至出现了停滞,他们由于个人抱负、意志品质、教育观念、知识结构以及种种的外部条件的制约未能冲出"高原"阶段;而另一部分教师通过个体持续不断的努力以及外部积极因素的作用,其教学能力会获得新的发展。第四,成熟阶段。突破了高原阶段的教师将进入教师成长的新阶段,教师的知识、能力结构将经历重大改造,认知、情感、人格等全面升华,形成了自身独特的教学风格和特色,成为骨干教师、学科带头人,甚至对教学理论某些方面有所发现、有所创造,成长为专家型、学者型教师。

(二)傅道春的教师关注四阶段理论

傅道春根据教师在不同时期不同的关注情况,把教师专业发展概括为以下四个不同阶段:[①]第一,非关注阶段。这一阶段是指进入正式教师教育之前的阶段。尽管后来做教师的人在这一阶段很难说有从教意向,更没有专业成长的意识,但对后来从教的影响却不容忽视。这一阶段生活经历所养成的良好品格是教师专业发展中重要的生活基础。该阶段所形成的前学科性的教育教学知识会一直迁延到教师的正式执教阶段。对于教师来说,做学生的过程对教师专业发展有重要的价值,学生头脑中存储了无数课堂情境的活生生的画面。学生逐渐把教师的教学模式内化到自己身上,而当他们自己执教时这些模式又被得以重新激活,许多做教师的人都感到是自己在学着教师的样子在做教师,只是当时没有把教师的特定行为纳入到教育教学理论的框架中去理解。在教师专业发展的非关注时期,除了教师职业的相关品质和前学科知识的影响外,还有与教师专业能力相关的一般性能力,尤其是语言表达能力、交往能力和组织管理能力等,也为教师正式执教打下了坚实基础。第二,虚拟关注阶段。这一阶段主要是指师范学习阶段,师范生关心的是学到学科知识,学到课堂管理方面的知识,对教育理论的学习比较空泛,并且很少与未来专业发展成长产生联系。由于师范生的主要身份还是学生,因而他们较少参与教育教学专业活动,他们的专业活动还只是某些特殊技能技巧层面的活动,他们也比较忽视教育教学观点方面的改革与培养。第三,生存关注阶段。这一阶段是指初任教师阶段。该阶段教师有着强烈的专业成长的忧患意识,他们特别关注专业成长结构中的最低要求——专业活动的生存技能。在这个阶段,从教师专业发展的角度看,初任教师的情况将影响他们将来成为什么样的教师。有研究表明,一个教师第一年教育教学情况对他所能达到教育教学效能水平具有重要影响,甚至会影响到整个教师职业生涯中对教师行为起调节作用的教师态度。这个时期的教师面临着现实的冲击,他们在师范教育阶段所形成的教育教学理想在日常课堂生活现实中很难实现,对学校现实环境难以适应。这时他们所关注的是如何生存下来,教师专业发展主要集中在专业态度与动机方面,尚难以过多地顾及专业知识和能力的发展。第四,任务关注阶段。这一阶段是教师专业结构诸方面稳定、持续发展的时期,由关注自我的生存转到更多地关注教育教学上来,以便更好地完成教育教学任务,获得职业阶梯的升迁和更高的外在评价。该阶段教师专业

① 傅道春.教师的成长与发展[M].北京:教育科学出版社,2001:114-117.

态度较为积极、稳定，至少从心理上接纳了教育教学任务。教师专业发展意识向积极方向发展，眼界开阔，积极吸收外界的一切好的研究结果为自己的专业成长服务。教师以教师职业阶梯作为自己成长的路线，自觉地寻找各种教师专业活动，对于阅读教育报刊以及与其他教师的交流有着很高的热情。

（三）钟祖荣等人的教师专业发展四阶段理论

钟祖荣等人研究指出，最能反映教师发展变化的是教师的素质和工作成绩这两个指标，据此他提出了教师专业发展必须经过以下四个基本阶段：①第一，准备期。主要是指教师从事教育教学工作以前的阶段，也就是接受教育和学习的阶段。第二，适应期。主要是指教师走上了教育教学工作岗位，由缺乏实践体验走向初步适应教育教学工作，具备了最基本的教育教学能力和其他素质。第三，发展期。主要是指教师在初步适应教育教学工作后，继续在教育教学实践中锻炼自己的教育教学能力和素质，使之达到熟练程度的时期。该阶段教师的素质特点表现为教学工作日趋熟练、素质发展日趋全面、教育工作重心由“自己做好”转向“关心学生”。第四，创造期。主要是指教师开始由固定的常规的自动化的工作，进入到开始探索和创新的时期，这是教师形成自己的独到见解和教学风格的时期。该阶段教师的素质必须做出相应的调整，形成具有强烈的创新意识、科研能力明显提高、理论水平大幅度增长的素质特点。对特级教师的调查表明，从走上工作岗位，到对教育教学问题具有比较系统的见解，取得较多的研究成果和实践成果，这个阶段大约需要 16～25 年的时间。

（四）彭红琴的教师专业成长三阶段理论

彭红琴基于教师对教学活动中教师、学生与教材之间张力关系与互动关系的认识和理解，提出教师专业发展之路可划分为以下三个主要阶段：②第一，教师专业发展的初始阶段：以教材为本。教师在进入职业生涯的初期，由于指导思想、方法措施抑或自身素质的原因，大多数教师都会首先经历“教书”即教教材的阶段。从照本宣科、复述教材到充分理解教材内容、在把握教材有关知识点的基础上条理清晰地诠释教材，教师关注的主要对象是教材，教学也就是简单地等同于教教材。教师专业发展的这个阶段在教育教学实践中也叫“课程的忠实取向”，也就是认为教材是“权威”，是唯一的教育教学资源，是教师教育教学的依据和学生掌握的对象。尽管在教育教学实践中对“课程的忠实取向”的理解大都贬多于褒，但对于教师专业发展而言，却是必需、必要和必然的经历过程。教材是教育教学的基本依据，它规范了教育教学内容和方法，保证了教育教学水平的最低标准。在更多的时候，我们确实需要扎扎实实地教好教材，站稳讲台。只有走进教材，吃透教材，才能把课上得厚重而实在，教师心中才会踏实而沉稳。只有具备了这样的“底气”，才能不断实现对教材的创新与超越，才能更好地促进自己的专业成长。第二，教师专业发展的发展阶段：以教师为本。随着教师对教材的熟悉和对教材背景认识的拓宽与加深，随着教师在教育教学活动中形成的个性素质，如教育价值观、教育思想观念、知识体系、思维方式等的丰富，教师就会在把握课程标准和课程目标的基础上，根据自己对教材内容的理解，突破教材的框架约束，自主组织和编排教学内容，创造性地选择教学手段和方法。在教师专业发展的这个阶段，教师关注的往往是如何“讲”课即讲教材，很多优秀教师通过生动形象、通俗易懂、绘形绘色的讲，使干瘪的教材逐渐

① 钟祖荣，张莉娜．教师专业发展阶段的调查研究及其对职后教师教育的启示[J]．教师教育研究，2012(6)．

② 彭红琴．从“课本”到“生本”——教师的教学专业成长[J]．中国教师，2012(5)．

得以丰满，抽象的教材逐渐变得生动，平淡的教材逐渐走向精彩。正如有些优秀教师所说的那样："教学要追求诗歌般激情、相声般幽默、小说般结构、戏剧般冲突。那时，最得意的事是上课，尤其是公开课……学生们发自肺腑地评价：听您的课，简直就是一种艺术享受；一节课，不知不觉就结束了。很长一段时间，陶醉于这种评价。当然，摆摆花架子是无法赢得这种真诚赞誉的，我力求把知识讲明、讲透、讲活。"①第三，教师专业发展的成熟阶段：以学生为本。如何以学生为本，以学生的什么为本，教师的主导作用应该如何发挥，对这些问题的深入思考和领悟，一般要经历三个阶段：第一阶段是以学生的知识学习为本，教师的引导在于答疑解惑；第二阶段是以学生的能力为本，教师的引导在于帮助学生总结学习的方式方法、关注认知策略；第三阶段是以学生的人格培养为本，教师的引导在于帮助学生树立积极上进、自我发展的价值观、人生观并养成相应的行为习惯。当具有了以学生为本的意识，大多数教师会首先想到要启发诱导学生如何掌握知识，如对教材中包括的事实、概念、法则、原理等，或不告诉学生问题的答案，就像古希腊教育家苏格拉底那样，善于设障立疑，步步紧紧追问，让学生在积极思维中自己找出答案；或设计一系列由易到难、循序渐进的目标，诱导学生到达最后目标，但这只是授人以鱼，知识上的引导，迁移性是有限的。所以大多数教师往往会自然想到"鱼"后面的"渔"，因而教师引导的第二个层次就在于帮助学生掌握科学、高效的学习方法和认知策略。很多教师对引导的认识仅仅停留于这个层次，是存在一定缺陷的，教师要着重培养学生独立自主、积极上进的人格品质。

第二节　教师专业发展的过程

教师专业发展的过程不仅是一种专业理念、专业知识、专业能力、专业道德、专业情意等内在品质的涵养和形成过程，而且也是一种外在的专业实践过程。教育教学实践应该成为教师专业发展研究的基本逻辑起点。从教育教学实践的视角来看，教师专业发展过程应当是一种多维互动过程，它既表现为一种对话过程，也表现为一种规约过程和权力过程。

一、教师专业发展是一种对话过程

教师专业发展离不开与专家之间、与同伴之间、与学生之间特别是与课程之间的对话和交流，否则教师专业发展也就根本无从谈起。教师与课程之间的对话主要可以从以下四个方面加以解读。

（一）教师专业发展是教师解决课程问题的过程

教师开展课程对话的根本原因在于课程问题的存在。课程问题吸引教师开展课程对话，使教师卷入到课程对话中。为了回答课程问题，教师开始对课程问题提出问题，如引发课程对话的课程问题是什么、该课程问题有没有价值、解决该课程问题的方法是什么，等等。在课程对话中，教师每提出一个课程问题一般都预设了对课程问题的回答。教师提出的课程问题以及对问题答案的设想都与教师的课程视界相关联，都反映了教师的利益关切。正是课程问题使教师参与的课程对话得以进行下去，在课程对话过程中又产生了新的课程问题，继而引发了进一步的课程对话。课程问题的不断生成使得教师参与课程对话成了教师

① 唐江澎.我的专业发展历程[J].人民教育，2002(6).

生活的常态。

（二）教师专业发展是教师对课程意义的理解过程

教师对课程意义的理解主要是通过与课程的对话来实现的。一方面，教师通过与课程文本的创作者对话增进了课程理解。通过对话，教师更加了解课程文本创作者的真正意图，甚至能够比作者本人更好地理解课程文本。另一方面，课程对话促进了课程文本的整体与部分之间的深度契合，进而促进了教师的课程理解。教师对课程文本的理解从文本的整体到部分和从部分到整体不断循环往复，而且这种循环经常是不断地扩大，直到文本的模糊之处完全被照亮。不仅如此，课程对话也提升了教师的课程视界，进而增进了教师对课程意义的理解。课程对话始终都是伴随着课程视界的融合，使教师自身的课程视界与课程文本的视界产生了部分重叠，通过这种重叠，教师能够理所当然地理解课程文本的意义。

（三）教师专业发展是教师通过课程语言建构生活世界的过程

教师是通过课程语言来建构生活世界的，课程语言与生活世界的关系绝不是单纯符号和其所指称或代表的事物的关系，而是摹本与原型的关系。"摹本绝非原型的单纯符号，它并不是从使用符号的主体那里获得其指示功能，而是从它自身的含义中获得这种功能，正是在摹本中，被描摹的原型才得到表达并获得继续存在的表现。"[①]生活世界是课程意义的本源，是课程文本中所说的"事情本身"。教师对课程意义的理解总是通过课程语言来进行的。事情本身可以是相对变化的，它总是被我们的立场和我们的问题所制约，在不同的时间与不同的地点，历史地表现自身的不同方面。教师对课程意义的理解应该以增进对"事情本身"的理解进而增进教师的实践智慧为依归。

（四）教师专业发展是教师的课程视界的提升过程

一方面，课程对话促进了课程视界的"量"的增长。教师利用已有课程视界吸纳外来课程信息的过程实际上是一种同化过程。当同化作用发生时，教师的课程视界就获得了量的增长。另一方面，在已有的课程视界不能直接同化外来的课程信息时，教师的心理状态开始由平衡状态转向不平衡状态。不平衡的心理状态驱使教师改变或调适自己已有的课程视界，以便更好地吸纳新的课程信息，从而开始了一种顺应过程，使教师的课程视界获得了质的变化。这种质变表现为课程视界中不合理的前见被排除，增加一些合理的新见解。

二、教师专业发展是一种规约过程

作为一种规约过程，教师专业发展过程必须确定教师行为"应该如何"的问题。这一过程是主动和被动的统一，它不仅是教师主动建构自身行为"应该如何"的过程，而且是教师行为规范的内化过程。

（一）教师专业发展过程是教师主动建构自身行为"应该如何"的过程

从认知层面看，教师专业行为的建构始于教师自我身份的定位，也就是教师对自己职业方面的现实与理想的再认识过程。这种再认识主要通过自我的反思、他人的评价、教育组织的定位来实现。从情感层面看，教师身份定位是教师的理想自我与现实自我之间的矛盾斗争过程。"理想自我"是教师的职业理想，它是社会对教师的期望和教师本人期望的合金，是一个有待实现的梦想；而"现实自我"则是教师的职业现实。理想自我与现实自我总是处于

---

① ［德］伽达默尔．真理与方法［M］．洪汉鼎，译．北京：商务印书馆，2007：11.

矛盾之中，别人或自己对自己的教学行为的要求与自己现在的教学行为总是存在一定的差距，而缩小这种差距恰恰成了教师奋斗的根本动力。从行为层面看，课程身份定位是个体内在因素与外在环境因素的交互作用过程。课程行为“应该如何”不仅受教师自身的教学经历、教学信念等内在因素的影响，而且受他人的期待和榜样人物以及教育组织的目标等外在因素的影响。这些因素存在某种程度的交互作用，教师的专业行为就是内外各种因素交互作用的结果。

（二）教师专业发展过程是教师行为规范的内化过程

教师行为规范内化的关键问题是教师行为规范被接受的条件是什么。教师接受教师行为规范的最基本条件是教师行为规范的有效性，它包括“外在的效力来源”和“内在的效力来源”。前者主要包括“教师行为规范的强制性，即它可以有效地惩罚违反教师行为规范的任何教师；教师行为规范的正当性，即教师行为规范由正当的程序制定且保证所有的教师都享受平等的教学权利”①。教师行为规范的内化是通过课程权力的位置化、课程位置的角色化和课程角色的规范化三个渠道来实现的。无论教师扮演何种课程角色，其活动程序已经规则化、活动方法已经效率化。活动程序的规则化使教师的课程行为变得有章可循、有规可守。活动方法的效率化有利于教师选择达到课程目的的最佳途径。

三、教师专业发展是一种权力过程

作为一种权力过程，教师专业发展过程一方面表现为教师的被支配过程，另一方面也表现为教师权力的增长过程，这两个方面构成了教师专业发展中的“权力辩证法”。

（一）教师专业发展过程是教师的被支配过程

一方面，教师专业发展过程是对教师生活时空的组织过程。通过对教师时间的组织，可以使权力时刻都能对教师进行控制和干预，并根据他们的专业发展水平来使用他们；对教师活动空间的组织过程，就是对课程场域中课程位置的组织。教师专业发展的根本目的在于使占据不同课程位置的教师都扮演好自己的角色，从而保证了每位教师都有自己特定的活动空间来完成自己的工作。另一方面，教师专业发展过程是对教师身体的组织过程。权力不仅可以通过对受训教师规模的控制来影响教师的专业发展，而且权力对教师身体的组织本身就是一种规训，其目的是使教师的身体变得更加顺从和有用。通过其所选择的教师专业发展道路，按照预定的速度和效果，教师不仅在做什么方面，而且在怎么做方面都符合权力的旨意。因此，权力对教师身体的组织激发了教师的教学活动，而不是禁锢了教学活动；诱导了教师的教学思想，而不是压抑了教师的教学思想；引发了教师的教学话语，而不是打断了教师的教学话语。

（二）教师专业发展过程是教师权力的增长过程

从广义的角度看，教师的权力是教师调动课程资源以改进或改变教育实践进程的能力。教师专业发展表现为教师教育实践能力的提升。这种能力的提升一方面表现为教师从事教育实践的知识的增加，另一方面表现为教师调动课程资源的能力的增加。从狭义的角度看，教师的权力是对学生的支配能力，它代表了教师对学生活动的支配程度。教师专业发展表现为教师对学生支配能力的提升，这种能力提升一方面表现为对学生学习时空的组织能力

---

① 杨善华，谢立中.西方社会学理论(上卷)[M].北京：北京大学出版社，2006：79.

的增强。教师专业发展使得教师更有能力对学生在校时间和空间进行精心组织，将散布的时间和空间片断糅合成一个有机整体，使各种前后相继的学习活动序列化和最优化。另一方面表现为对学生身体的组织能力的增强。教师的专业发展使得教师有能力对学生的身体进行更加周密的组织，从而使学生的身体变得更加顺从和更加有用。

第三节　教师专业发展的影响因素

教师专业发展不是一个自发的、自然成熟的过程，而是要经过长期的有意识的教育培养和实践锻炼，因而它必然要受到多种因素的影响与制约。对影响教师专业发展的因素进行综合分析，可以概括为客观因素和主观因素两个方面。

一、影响教师专业发展的客观因素

"教师专业发展离不开一定的客观外部环境，它为教师的专业成长提供了重要依托和条件，教师专业发展只有在一定客观外部环境中才能得以有效进行。"①具体而言，影响教师专业发展的客观因素主要表现为以下几个方面。

（一）经济发展水平及教育政策法规

经济发展水平影响着教师的受教育层次和物质待遇，这种影响是通过政府所制定的经济制度来实现的。影响职业社会声望的主要因素就是其所具有的经济地位，经济地位的主要标志也就是物质待遇和收入高低。近年来我国采取了一系列措施提高教师待遇，但教师的经济地位相对而言还不是很高。这种状况一方面致使我国师资队伍的数量及质量存在先天不足，另一方面也影响了教师专业发展的积极性和主动性。同时，教师专业发展不仅是一种观念，而且还是一种制度，推进教师专业发展必须建立健全包括教师教育在内的各种政策法规制度。为此，社会和政府部门就要注意构建完善的预备教师专业实习制度，建立教师教育认可和审查制度，确定教师教育课程的认定制度，完善教师资格证书制度，健全教师进修制度等。作为学校要合理制定、实施和调整学校发展规划，为教师专业发展提供制度保障，如不一定强求教师按照固有模式讲课，只要开展的教育教学活动符合教育教学规律，能有利于学生新旧知识的建构，有利于学生学业水平的提高就行。学校还要在满足教师共同需求的基础上，重视教师个性的张扬，促进教师自身教学风格和教学艺术的形成。

（二）校长的领导艺术

教师的专业发展与校长的引导和帮助密不可分，为此校长要加强领导艺术，更好地促进教师的专业发展。一方面，校长要充分信任教师。信任是教师专业发展的助推器，是教师取得成功的坚实基础。如果校长不能充分信任教师，特别是新来的教师，过分担心其不能胜任教育教学工作，而不能为教师提供专业成长的平台，那么教师的专业成长就是不可能的。为此，校长要敢于把教育教学及管理的重任交给教师，给他们以充分的实践锻炼的机会，搭建起宽广的专业成长平台，使教师在完成过程中接受考验和锻炼。教师只有经历了这种锻炼和磨砺，才能不断努力，充实提高自己，完善重塑自我，提升教育教学和管理诸方面的能力，

① 赵苗苗.教师专业成长影响因素分析[J].晋中学院学报，2008(2).

使自身专业水平得到不断发展。另一方面，校长要善于表扬教师。教师需要表扬，渴望获得他人特别是校长的褒奖。有时学校例会上校长的一句表扬，校务会上的提名表彰，工作中随时随地的夸赞，都会让教师铭记在心，备受鼓舞。教师群体是一个有思想、有个性的群体，他们的荣誉感和自尊心都很强，其职业特点决定了绝大多数教师追求精神的褒扬，对物质生活并没有过高要求，对物质奖励看得较为淡漠。校长要在工作生活中有意识地发现每一位教师的优点和长处，适时给予真诚的表扬和鼓励，让教师在自信、认可和尊重的氛围下主动张扬个性，发扬优点克服缺点，实现自身的专业成长。除此之外，校长还要注意宽容教师。作为校长，对教师高标准和严要求是极为必需的，但更应该正确对待教师的缺点与不足，要允许他们失败，包容他们的过失，而不是吹毛求疵；要最大限度地给教师理解和宽容，给他们充分的自我反思机会，给他们留下足够的改正缺点、错误的时间和空间，给他们以人文和精神关怀，让他们始终能感受到被理解的慰藉和宽容背后的深深期待，进而以更为积极的姿态走向自身的专业成长。

（三）教师之间的合作

教师之间的合作主要是强调教师专业发展的同伴互动和合作文化的建设，它直接影响着教师的专业成长。当前我国中小学校都成立了学科教研组，在同年级建立了年级备课组，由每门学科不同年级的备课组共同组成该学科的教学教研组，形成了学科教研组和年级备课组相结合的统一的教学研究管理系统。但由于受客观因素的影响，这种合作的宗旨存在着行政化倾向，过分强调统一规格，并不利于教师的专业发展。因此，必须把这种过于行政式的、重在教学规范的组织，转化为以教师专业发展为核心的、能激发教师教学创新潜能与动力的组织。这也就是说，教师之间要形成具有内在凝聚力和向心力的团队，而并不是单纯依靠外在约束集合在一起的组织，教师在这样的团队中要组织讨论、进行示范教学、自行决定研究内容、相互质疑和评价等。这种团队合作不仅可以推动学校整体教育教学质量的提高，而且更为重要的是能最大限度地满足学校环境中教师专业发展的需要，促进教师专业素养的提高。

（四）学校组织文化的影响

学校组织文化反映了学校组织的整体状况，包含物质文化、精神文化、制度文化、观念文化和行为文化等方面。物质文化为教师提供了专业活动的基本条件，直接影响教师的生存方式和活动方式，特别是像学校的图书资料、实验实习设备、校园和教室的物理存在状况等，不仅影响着教师对新知识的获取和能力的发展，而且影响着师生之间、教师之间相互的交往和活动，并最终会影响到教师的专业成长。精神文化具体表现为人的伦理道德、对美的事物的感受、对于艺术的品位和自身精神世界的追求。精神文化是教师的精神食粮，孕育教师的精神家园，决定教师的精神状态、精神生活和精神本质，是教师本质属性的体现。制度文化包括各种规章制度、行为规范、习惯风俗、优良传统等，它们也都影响着教师行为方式、精神面貌、职业情感和生活态度，这些都是教师专业发展的重要因素。观念文化主要包括思想意识、价值观念，特别是教育价值观念，共同构成了校风、教风、学风等，影响着教师各种思想观念的形成，并成为影响教师专业发展的重要因素。行为文化是指教师在教育教学活动中所形成的有价值的、能促进精神文明及人类社会发展的经验与创造性活动。行为文化本身其实就是教师专业发展的行为表现，它对教师的专业成长具有更为直接的影响作用。

二、影响教师专业发展的主观因素

教师专业发展不仅受外部环境的影响，而且还在很大程度上受主观因素的影响，教师对自身专业发展的主观诉求往往是促进其专业发展的最关键因素。具体而言，影响教师专业发展的主观因素主要包括下列方面。

（一）教师的知识观

教师的专业发展具有丰富的内涵，其中教学观念和教学行为则是最为核心的内容，教学观念现代化和教学行为科学化决定了教师专业发展的基本方向。而教师不同的知识观会导致不同的教学观念与行为：一方面，教师与学生都是带着各自关于知识的看法、假设和信念走进课堂的，教师的知识观对教学观念有着重要的影响，也就是教师的教学观隐含着一定的知识假设，知识观比教学观往往更为基础和根本，它是教学实践活动得以进行的重要前提。另一方面，教师在教学活动中的各种决策总是以其个人对知识的理解为基础的，有什么样的知识观也就会有什么样的教学行为与教学方式，并最终影响课堂教学的效率和质量。由此可见，教师知识观与教学观乃至教学行为方式有着极为密切的内在联系，对知识观的检讨与审视既有助于澄清教师潜意识中的知识观念，为课程与教学改革提供科学的知识基础，也能为教师教学智慧的形成与教学品质的提升提供观念的深层支撑，有助于教师的专业发展。

（二）教师的专业认同

所谓专业认同，是指教师对于所从事职业的目标、社会价值及其他因素的看法。它与社会对该职业的评价及期望相一致，它在很大程度上决定着教师的教育教学方式、成长方式以及对待教育教学的态度，并进而影响到教师的专业成长。教师是人类文化知识的传承者、传播者、促进者以及新文化的创造者，他不仅通过自身的言传身教影响着学生，推动着社会的精神文明建设，而且也通过教学科研和教书育人工作，影响着学生的成长和发展。不仅如此，教师通过科技开发、人才培养、社会服务还不断促进社会物质生产的发展。教师如果能对自己所从事的职业产生强烈的认同感，并能深刻理解其所从事工作的意义，就能产生责任感和荣誉感，同时也会促使他们思考自己将以什么样的素质来完成好工作、怎样完善自身的专业素质、怎样加快自身的专业成长等问题。

（三）教师的专业理想

所谓专业理想，是指教师在教育教学实践中对社会向教师提出的道德义务的高度自觉意识和情感体验，自觉履行各种教育教学职责的使命感、责任感，以及对自身教育教学行为进行道德调控和评价的能力等。专业理想是教师专业发展的精神支柱。在教育教学活动中，只有具有人生志向和人格理想并对这一目标负责的教师，他才会把这些体验和义务因素加以内化，怀着崇高的服务社会的理想走进教师职业之中，他坚信学生的成长进步和社会发展在自己的专业活动中是融为一体的。这时的教师不再把自己仅仅当作知识的传声筒，而是把自己当作有思想、有见解、有独立判断和决策能力的人，把自己看成教育教学活动的反思者和研究者，能认真地思考自己在教育进行中的经验与教训。因此，反思与研究就成为教师的一种生活方式和生存智慧，成为教师专业发展的内在需求，这时他的专业成长就会呈现出强烈的自主性和自觉性。

（四）教师的知识管理

知识管理对教师来说主要是个体知识管理，它是知识管理的最小单元，是知识管理的最低层次。它是以知识转化为核心，以方便教师个人知识利用和知识创新为目的，以个人外显性知识与内隐性知识为处理对象的一种知识管理活动。具体而言，教师的知识管理可分为知识的获取、储存、分享、应用与创新等几个基本环节。如果教师个人能够在这几个方面做到有效管理，其知识管理就能帮助他有计划地建立个人专业知识系统，有针对性地吸收和补充所需的专业知识资源，促使教师个人持续性地学习与更新，提高教师个体专业知识和工作能力以提升其价值和竞争力，从而进一步促进教师向更高更好的专业方向和层次成长。

（五）教师的成就动机

成就动机理论是美国哈佛大学心理学教授麦克利兰提出的一种激励理论。该理论认为，成就动机就是人们追求卓越、力求成功的一种内驱力，并以此来解释人们在教育教学工作中的动机。该理论指出，成就动机具有极大的挑战性，可以引发教师的成就感，增强奋斗和进取精神，对教师教育教学行为具有重要影响。在教育教学实践活动中，教师持续工作的倾向程度，主要取决于其追求成功动机的强度、工作成功的可能性以及工作所具有诱因的价值。高成就动机的教师一般具有以下基本特征：能为解决各种问题而担当起个人的责任；善于在工作进程中调整自己的目标，使自己能够在切实可以达到目标的工作中不断获取成就动机的满足；希望及时了解自己的工作情况和成绩，并得到上级领导的肯定性评价。该理论认为，成就动机强烈的人往往具有高度的内在工作动机，同样教师如果有很强的成就动机，那么他们就会主动寻求自身专业成长。

第四节　教师专业发展的支持系统

教师专业发展是一个复杂的系统工程，它的顺利推进和实现离不开相应的支持系统。有学者对教师专业发展的支持系统进行了深入研究，提出教师专业发展的五大支持系统。①

一、教师专业发展的导航系统

教师要在事业上有所成就，就必须首先肯定自己的工作，喜欢自己所从事的职业。如果想要在教师专业上有所发展，还要科学规划好自己的教育人生。正如戴尔·卡耐基所认为的那样：积极心态只是成功战略的第一步，一旦打下了基础，你就可以在上面建筑了，而目标则是构筑成功的砖石。目标的作用不仅是界定追求的最终结果，它在整个人生旅途中都起作用，目标是成功路上的里程碑。有目标的生活叫航行，没目标的生活则叫流浪。如果没有制定明确的目标，人就把握不好前进的方向，容易裹步不前或盲目行动，这样都不会有好的未来和发展。教师专业发展更是如此。一个教师如果没有科学有效地规划自己的教育人生，其专业成长就会处于盲目的状态，极易产生职业倦怠，迷失人生航向。因此引领教师过有目标、有规划的高效率的人生，才能有助于促进教师的专业成长。当前很多地区都在开展骨干教师评选活动，而且各级评选办法都对相应评选条件做出了非常具体的要求。如论文数量、课题层次、上课数量、培训学习、示范作用发挥等方面的要求具体细致，可操作性也很强，其中多数条件是完全可以通过教师个人的努力去实现的。如果教师能够参照相关标准，

① 霍庆.教师专业成长的支持系统[J].教材教法研究，2012(9).

为自己规划一条明晰的专业成长道路，通过制定详细的近景目标、中景计划和远景规划，引领自身的专业成长，相信一定能够到达理想的彼岸。

二、教师专业发展的支柱系统

教师专业发展的目的是为了教师能够更好地适应教育教学工作，出色地完成教书育人的重任，进而体验教师职业特殊性带给教师的特殊幸福，让自己拥有更充实、更有意义、更幸福的生活。因此，教师的专业成长首先是一种心灵的成长和精神的成长，是教师在职业生涯中追求自己作为教师的人生价值、享受幸福与成功的一种成长，这种成长同教师的生活质量、生命意义有密切联系。当教师能够让自己的心灵诗意地栖居在教育教学这片沃土之上时，这种生命价值的实现过程便会成为教师专业发展永远的精神支柱。心灵的成长需要用心投入，精神的成长更需要精力的付出。积极投入、带着热情对待教育教学工作是一个享受的过程。教师专业发展需要从思想意识上改变教师旧有的生活态度，引导广大教师以一种积极主动的态度来对待教师这个职业。如果教师只是单纯地认为自己的工作是一种谋生的手段，那他一生都将会沦为工作的奴隶。只有当教师站在事业的高度对待自己的工作，认识到自己是为了谋求人生的幸福而工作时，这种坚定的理想信念才能更好地助推教师的精神成长。心灵富足、精神富有的教师往往是一个满怀教育理想的教育者。他们对教育发展和当前的教育现状有着比别人更加清醒的认识，但他们绝不抱怨和踌躇不前。他们正视客观现实的存在，始终向着自己头脑中所描绘的理想教育目标执着前行。他们没有职业倦态，有的只是无穷的创造力和进取心，进而以自己的力量带动有着同样人生追求的教师群体，向着理想中的目标不断前行。

三、教师专业发展的运行系统

学习是每个人一生的必修课，是缩小自己与别人差距的最快最好的办法，也是实现理想的最为行之有效的方法。不断学习，可以选择进入学校继续深造和提高，也可参加一些学习班或者选修一些业余课程。然而，对教师而言，最便捷、最高效的专业成长运行系统主要包括以下几个方面:第一，最是书香能致远。一个人的精神发育史，其实也就是他的阅读史。作为新时代的教师更要通过不断的阅读来提升自己的学习力和求知力，在书籍的阅读中获取更多的知识和经验，用文化的厚度拓宽生命的维度和宽度。第二，未经省察的人生不值得过。面对一个问题，当你想用最高效、最快捷的方法解决它时，唯有思考能帮助你做到。只有努力思考才能找到解决问题的最佳答案。勤于思考、善于反思是一种敢于质疑工作并努力改进工作的负责任的态度，更是一种反求诸己、追求完美的工作习惯。第三，教而不研则浅，研而不教则空。教育科研是教师专业发展的源头活水，是专家型的优秀教师成长的必经路径。作为有专业追求的教师，一定要增强自己的研究意识，提升自己的研究能力。第四，要收获学生，还要收获作品。一名优秀的教师，不但要有想法，还要有做法，更要有说法，即教师要学会表达自己。而写作是教师表达自己的最佳方式，也应该成为教师的一种生活方式。知识促进思考，思考成就写作，写作更需要阅读、思考和研究作支撑，这四大运行系统之间是相辅相成、相互支持的。教师只有让反思、读书、研究与写作成为自己的生活方式和生存方式，才能有效地促进自身的专业发展。

四、教师专业发展的操作系统

教师专业道德规范是教师专业发展的操作系统，是教师专业发展的内核与基石。教师专业发展的运行速度完全取决于操作系统的稳定程度。任何人从事任何一项工作，如果达不到规范行事的最低要求，将永远不会成为这个领域内的专业技术人员。做一名专业教师，首先要做一名规范化的教师，这是教师从事教育教学工作的最基本要求，也是体会教师职业幸福的必然要求。教师只有主动学习规范，自觉遵守规范要求，注重提升教育教学能力，关注尊重学生，从学生生命成长的角度实施教育教学行为，才能在社会、家长和学生心目中树立良好形象，让职业形象的自豪感来提升日常工作的幸福感。优秀教师应该是师德的表率、育人的模范、教学的行家。但在日常教师培训中，很多教师对《中小学教师职业道德规范》的内容都不能完整回答，更让人痛心的是有些老师忘记了关爱学生和教书育人这样一些基本规范。这表明以学生为本的现代教育理念并未真正深入教师心中，多数教师甘愿做功利化的教书匠，而不愿承担促进学生生命成长的教育家。只有当教师能够跳出课堂，以一个教育者的身份来重新审视自己所从事的教育教学工作时，才有可能更好地促进自身的专业发展。

五、教师专业发展的环境系统

教师专业发展需要良好的人际关系，也就是环境系统的支撑。每个人都有其优点与长处，虚心学习他人的长处能够更好地完善自己，让自己变得更优秀。如果教师希望自己有所成就，就要时刻抱着一种学习的态度与人交往。同伴是教师专业发展中最基本的支持力量。教师要想在自己的专业上有所发展，不妨在不同的成长阶段从身边选择一个或几个成功的前辈，虚心向他们学习，学习他们的思维、策略与信念，借以结伴同行并力求有所超越。教师专业发展源自教师个人自主成长的积极愿望和有效行动，但有效的专业成长常常来自教师开放、博取和悦纳的宽广胸怀，更离不开一种积极向上的心理磁场。实践已经证明，大多教师的专业成长是能够遇到自己生命成长引路人的。而这所谓的引路人，可能是一个人、一句话、一件事、一本书，也可能是一个优秀的团队。一个人加入了什么样的团队，决定了其未来的发展方向与人生高度，甚至能改变人一生成长的轨迹，决定其一生的成败。因此每个人都要在自己的工作、学习、生活的圈子里面，尽快找到属于自己的团队。当教师能够把自己融入到一个有共同理想追求的团队时，就意味着教师已经拥有了自己的精神偶像，从而自觉而主动地建设了一个支持自身专业发展的环境。

第七章　教师专业发展的动力与模式

教师专业发展是当今世界教育改革、教育可持续发展的前沿课题。作为教育改革与发展的核心要素，教师被认为是学校与教学改革的心脏，是最大限度地重建和振兴一个国家的教育希望。那么，教师专业发展的根本动力是什么？教师专业发展存在哪些基本模式？弄清楚这两个问题，对更好地促进教师的专业发展无疑是至关重要的。

第一节　教师专业发展的动力

一、教师专业发展动力的本质意涵

“动力”一词是由“动”和“力”构成的。在《辞海》中，“动”的意思是改变原来的位置或状态；“力”的意思是力气。作为物理学名词，“力”是指物质之间的相互作用，凡能改变物体静止或匀速直线运动状态或使物体发生形变的作用，都称为力。“动力”的基本含义是指可使机械运转做功的力量或者比喻推动事物运动和发展的力量。为此，可以将“动力”引申为推动工作、事物前进和发展的力量。

所谓教师专业发展动力，是指教师在教育教学生活中实现持续化生存和发展的根本依托，是教师的潜在能量、学习能力、人格魅力、知识优势、创造品性以及智慧机智等在教育教学活动中的集中呈现。作为影响和改变教师专业存在状态的重要因素，教师专业发展动力也就是促成教师专业发展的所有力量的组合。教师专业发展潜隐于教师的身心发展过程之中，显现于教师的具体教育教学实践活动之中，成功于教师对教育教学环境的积极适应与灵活驾驭。教师专业发展的方向和目标就是不断走向专业成熟。教师专业发展动力就是一种实现教师专业成熟的重要推动力量，是成长活力、成长能力、成长实力以及成长潜力的最完美结合。这种力量不仅包括触发教师专业发展的原动力与策动力，而且也包括能够提高教师应对一般教育教学问题的准备性力量，还包括教师面对具体教育教学问题整合专业发展操作力和聚合力。由此可见，教师专业发展动力的形成从本质上来说，其实也就是由教师专业发展的生发层逐步迈向操作层，再由操作层不断走向实践层的运动变化过程，这一变化过程其实也就是教师由不成熟走向成熟的过程，是教师专业发展境界不断提升的过程。教师专业发展动力主要表现出以下几个突出特征。①

（一）持续性与阶段性

教师专业发展动力的形成具有可持续性，如果得到了教师自我的精心经营和外围环境的良好呵护，这种动力就会一直保持持续增长的势头，教师发展的潜力就会被不断激发。在教师专业发展中，直接的教师技能教学、现场教学指导、教育实践实习的目的指向是铸就教

① 龙宝新．论教师专业成长力[J]．教育发展研究，2011(8)．

师的现实教育教学能力，实现教师专业“显能”的发展。相对而言，关注教师应对未来教育问题解决能力的教师发展实践指向的是教师专业发展动力的积蓄与增长。教师专业发展动力是隐藏在教师专业发展现象背后的一股持续前行的潜流，它是导致教师专业发展的根源，是教师专业生命的活力之源。可以说，只要教师自我发展的欲望不减，教师专业发展的原始驱策力犹在，教师专业发展动力就能持续存在并日益壮大。无论这种动力能否最终促进教师专业能力的现实增长，它都涌动在教师个体的身上。正因为如此，教师专业发展动力具有可持续培育性，可以通过强化新教师的专业发展动机，教会新教师学会学习及其未来发展所需要的有效知识，引导教师形塑自己的教育习惯等的方式来提升他们的专业发展动力。从某种意义上说，教师职前教育的主要目的是为教师专业发展储备力量，因为在没有真正进入教育实践之前，真正意义上的教师专业发展过程并未完全启动，只是虚拟的教师专业发展过程被启动。教师专业发展动力是贯穿教师整个职业生涯的一条“主线”，在进入真实教育情境后，教育实践成为“教师专业发展的核心课程”，在立体的教育实践中新教师专业发展动力的来源是多元化的：尽管来自教师教育者的教育指导力在淡化，但来自教育情境的发展感召力、来自教育实践的“实践感”、应对实践难题的创造力、教师专业社群的竞争力等都在催生着教师专业发展动力的增长。

教师专业发展动力的形成也是阶段性的，其中增长方式的转变是教师专业发展动力阶段性出现的根源。在职前期，教师专业发展动力的增长主要是通过教育精神塑造与教育理论学习来实现的；在入职期，教师专业发展动力的增长主要是通过教育情境的感召和教育习惯的形成来推动的，面对教育情境的不适应所带来的焦虑与有效教育惯例与实践图式的缺失，是催生教师专业发展动力增长的主因；在发展期，教师专业发展动力的增长主要是通过实践学习与教育习惯形塑来实现的，在学习优质课例与案例的基础上改变自己的教育习惯是教师专业发展动力的主要生长点；在成熟期，教师专业发展动力的增长主要是通过实践创新与探索来实现的，其显著特点是没有现成案例供参照，没有对口教育理论可供借鉴，教师在该阶段的发展不能机械地复制他人成长的经验，而是创造性地生成与发展，教师专业发展的主推手是面对具体问题的实践创造力增长。从这个意义上而言，正是专业发展动力的阶段性变化，促进了教师专业结构的质变，引发了教师专业发展动力增长方式的转型。

（二）累积性与延展性

从“力”的存在形式来看，教师专业发展动力不是一股一触即发的猛力，而是一种在教育教学实践中被缓慢积累、积淀起来的实力。发展是一个实力持续积累的过程，它需要一段时期甚至更长时间的等待。与之相适应，教师专业成长力的形成不可能是一蹴而就的过程，它需要教师具有水滴石穿的精神，即一点一滴地汲取教育教学生活中的那些有利于其发展的因素与力量的精神。在积累中教师的专业实力持续走强，教师的专业品质经历着量变，其经验、智慧、认识、体验得以不断增长。教师专业发展动力的增长实质上就是这些点滴经验、智慧、认识、体验的增长，正是它们在提升着教师应对教育教学生活中的新问题、新事件的实力与潜力。在教育教学实践中，“悟”是教师专业发展动力的突破点，教师对教育教学情境、教育教学现象、教育教学事件的体悟、顿悟、领悟等，恰恰是其专业自我得以整体性重构的萌发点。在“悟”中，一切外来的教育教学表象、教育教学意识、教育教学经验融入到教师的专业自我之中，使其应对教育教学实践的图式与眼光发生了结构性的转变，学会了“像教师一样”

去思考和行动，它就是教师专业发展动力的直接发生点。在教师专业发展中，积累是其专业发展动力增长的常态，教育教学活动中的一点小创意都可能是教师专业发展的起点，教师专业发展的潜能往往会因此而被放大和拓展。

教师专业发展动力还表现出延展性的特点，也就是说其效能并不是固定不变的，而是随外界条件变化而变化的，它存在一个弹性的效能伸缩空间。如果教师生活在和谐、团结、进取的团体与自然合作的文化氛围中，其专业发展动力的效能会被放大，教师专业发展的内驱力与操作力就会得以强化，进而对教师的专业发展产生显著而持久的效应，促使教师在短期内成长为一名成熟和优秀的教师。与此相反，如果遇到不良成长环境和个人主义文化、派别文化，教师专业发展动力的效能就有可能受到抑制而大打折扣，其专业发展的力度与强度就会被弱化或消减，就会延缓和阻碍教师专业成熟的历程。作为一种发展驱动力，教师专业发展动力的延展性集中体现在它对教师专业发展进程与速度的间接影响上，它需要借助改善与优化教师的专业发展环境来放大其所具有的效能。

（三）潜隐性与综合性

教师专业发展动力往往隐藏于教师身体与教育教学活动之中，是支撑教师专业发展的幕后力量，是教师专业发展中呈现出来的一种倾向与势头，是人的感官难以直接察觉、感知到的。教师的一切发展与变化都会在其参与教育教学生活的方式、图式中表现出来，在教师的那些相对稳定的行为图式中潜藏着教师专业发展的契机与态势，它们是触及、探察和监测教师专业发展动力的切入点。教师对待教育教学工作的态度、意识、信念和精神，教师人格与教育教学工作需要之间的内在契合性，教师从事教育工作的习惯、风格和偏好，教师对教育情境的敏感力、适应力、控制力以及应变力，教师对待专业自我发展的预期、愿望和策略等，往往都能从侧面折射出教师专业发展动力的强度与态势。专业发展动力中隐含着教师未来专业发展方向、成就水平以及成熟预期，而这种预期正是通过教师在日常教育教学生活中展露出来的一些不易为人所察觉的生活细节与教师人格品性体现出来的。从某种意义上而言，教师专业发展动力就是那些决定教师一生专业发展高度的教育性格与细节性品质的集合。将这些品质发掘出来并加以培养，是教师教育切入教师专业发展内核、干预其发展方向与速度的有力手段。

在教师专业发展动力系统中，教师专业发展的主观意志力、情境敏感力、人格魅力、学习能力、实践能力、创造能力等都在驱动着教师的专业发展。如果教师缺乏基于专业自我与教育教学实践情境的有机统合，它们可能就会分散开去，甚至成为教师专业发展的阻力。在教师专业发展动力中，教师专业自我是整个发展动力系统的内在统合中心，教育教学实践难题则是整个发展动力系统的外部统合中心，二者共同确保教师专业发展动力的走向与强弱。其中，前者负责统合教师专业发展的内部力量，如人格精神力、专业学习力、工作意志力等；后者负责统合教师专业发展的外部力量，如教育教学实践中的决策力、创造力以及针对教育教学情境的适应力、应变力等。在教师个体专业发展过程中，教师专业发展的内部统合力服务于其外部统合力的调配与发挥，共同确保教师应对具体的外部教育教学难题的解决效力。教育教学情境是无形的、模糊的甚至是不可把捉的，但教师的专业自我却是清晰、明确和可调控的。在这种情况下，教师对内部专业发展力量的统合与调控只有自觉顺应其外部实践能力提升的需要，才可能对教师专业发展真正产生积极的推动。

二、教师专业发展动力的构成因素

(一) 教师专业发展动力的"二因素说"

"二因素说"认为教师专业发展的动力主要包括内部动力与外部动力。所谓教师专业发展的内部动力,是指促使教师自我更新的动因与内力,它是导致教师专业持续变化的自我更新机制。从根源上讲,教师专业发展的内在动力源自教师专业自我超越的本能需要,源自教师希望自己能够胜任教育工作的发展性需要。做教师就要做一名好教师,这是每一个身为师者的自身诉求。教师专业发展的内力具体表现为教师的专业成就感与专业效能感,根源于每一个教师作为"人"的成就动机与自我实现动机。教师专业发展动力的大小来自其专业追求的高度,来自社会对其专业发展成就的不断反馈。当一名教师具有强烈的自我成就感与自我效能感时,他的专业发展目标就会逐渐被推高,使教师专业发展的内力日益强大。因此,可以说,教师专业发展内力的动力源就是其对自身专业发展水准的不满足感与超越自己的专业发展目标。

所谓教师专业发展的外部动力,是指促使教师专业发展的一些外部因素。在教师专业发展中,其外因的表现是多样化的,如教师生活在其中的教育环境、国家教育政策的要求、学生学习活动专业化的要求、社会文化对教师的期待等,这些构成了教师专业发展的外因。这些外因的共同特点是:都作为教师专业发展的"环境"而存在;都作为教师专业发展的"外力"而起作用;都必须借助教师专业自我的内部组织或专业成长内力起作用。也就是说,一切教师专业发展外力必须经过"力量中转"这一环节才能形成,都必须转变成为教师专业发展的外力才能生效。

(二) 教师专业发展动力的"三因素说"

"三因素说"认为教师专业发展的动力主要由教师专业发展主动力、教师专业发展次动力和教师专业发展助动力等三个方面构成。所谓教师专业发展主动力,是指在教师专业发展过程中起决定性作用的力量,它主要包括教师的自主实现、自我提升、职业认同、对教育的热爱以及对学生的热诚之心等;所谓教师专业发展的次动力,是指在教师专业发展过程中起着关键性作用的力量,它主要包括学校文化氛围、教师专业发展共同体、教学竞赛、教研活动等;所谓教师专业发展助动力,是指在教师专业发展过程中起着一定影响性作用的力量,它主要包括社会环境、政治、经济、文化、科技等影响力。这三种力之间相互作用,彼此密切联系。

教师专业发展主动力、次动力和助动力处于一个圈层结构中,教师专业发展的主动力处于内层,教师专业发展的次动力处于中间层,教师专业发展的助动力处于外层,它们之间既相互独立又相互影响。首先,它们所处的层面和作用不同。教师专业发展助动力是从宏观层面的角度而言的,它对教师专业发展起一定的影响作用;教师专业发展次动力是从中观角度而言的,它对教师专业发展起着关键性作用;教师专业发展主动力是从微观角度而言的,它对教师专业发展起着决定性作用。其次,它们存在着内在的联系。教师专业发展的助动力对教师的专业发展具有广泛性和外延性的影响,它在通常情况下影响着教师专业发展的价值取向和发展动机,例如,在国家新一轮基础教育课程改革背景下,教师专业发展受到了社会广泛关注和高度重视,同时社会也为教师专业发展提供了良好的环境和空间,在这样的背景下,教师专业发展的助动力推动着教师的专业发展。教师专业发展次动力是教师专业发展助动力转化为教师专业发展主动力的桥梁。学校具有良好的文化氛围，教师之间形成良性的专业发展共同体以及一些促进教师专业发展的活动有助于形成教师专业发展的次动力并推动教师专业发展。教师专业发展的主动力是指教师专业发展的内在动力，是内因，是对教师专业发展主体意识的激发与调动；教师专业发展的助动力和次动力是外因，需要通过教师专业发展的内因（即主动力）发生作用才能成为教师专业发展的动力，才能真正推动教师的专业发展。

（三）教师专业发展动力的"三层次说"

教师专业发展动力是一切促进教师专业顺利发展的各种力量的合成，是教师专业发展的积极势头及其应对教育教学实践活动的专业智慧和潜能。有学者研究指出，教师专业发展动力主要是由生发层、操作层和实践层三个不同层面构成，而成长驱动力、成长操作力和成长聚合力是教师专业发展动力的具体表现。①

第一，生发层：教师专业发展驱动力。客观世界动植物的成长依赖于成长动力的产生和持续供给，与之相适应，教师的专业成长也离不开成长驱动力的激发与支持。具体而言，教师专业发展的驱动力主要包括以下三个方面：首先，教师专业发展的本能性驱动力。这种驱动力是教师一旦投身教育教学工作就会自然产生出来的，它源自于教师在教育教学实践活动中实现自身职业生存的本能要求，它一般不需任何外部力量的介入就可以自发而成。作为动植物的一种本能，成长是其适应客观外部环境的深层需求和生命需要，是各种动植物发展的基础与开端。教师专业生长的最根本目的就是确保自己在教育教学专业领域中的生存，因而成长本能驱动力是贯穿于教师专业发展历程的一种最原始的推动力量。其次，教师专业发展的情境性驱动力。在具体的教育教学实践活动中，教师的专业成长不是毫无根基的"空中楼阁"，它深深根植于鲜活多样的教育教学情境之中，那些教师不能顺利应对的教育教学情境就会成为一种实践难题和认识困境，教师必须千方百计、想方设法寻求出路，加以解决。因此，我们可以清楚地看到，"正是这种实践性的问题情境引导着教师走向专业化发展之路"②。"教师不仅生活在教育教学情境之中，而且还生活在与学生共建的课堂教学情境之中，学生也在期待教师的成长。"③学生强烈的求知渴望与动机以及对自身成长的深深期待，每时每刻都会触动教师专业发展的敏感神经，这必然也会促发教师专业发展的动机和需要。最后，教师专业发展的发展性驱动力。所谓发展性驱动力，是指教师在自身专业范围内的各种活动与竞争中所产生的一种通过自觉、主动和进取的实践行动，以及由此产生的超越他人并在专业范围内达到胜利、获得职业声望的成长需要。发展性驱动力的形成一般都源自于教师个体的专业愿景、专业情感、专业精神和专业理想，这些都是教师专业发展的创造性张力和深层内驱力。正如我国学者李吉林所说的那样：促使她自身专业成长的内力不是其他，而是她"对教育事业的忠诚之情，对儿童和学生的挚爱之情"，是她"锲而不舍，金石可镂，不断进取、永攀高峰的精神境界"。④ 与生长性驱动力不同，教师专业发展的发展性驱动力引领着教师专业发展的正确方向，激发着教师专业发展的理想信念，支撑着教师对自身

① 龙宝新.论教师专业成长力[J].教育发展研究，2011(8).

② 朱元春.对教师教育中教育实践的重新审视[J].教师教育研究，2007(5).

③ 秦力.教师专业成长的原点思考与徒步前行[J].人民教育，2010(17).

④ 梅云霞，李吉林.对教师专业发展的启示[J].中国教育学刊，2010(9).

专业境界的提升和专业自我的实现。它是教师专业发展的核心动力源泉，属于教师自身可控可为的专业成长动力类型。

第二，操作层：教师专业发展操作力。在教育教学实践活动中，有时教师虽然具备了专业成长驱动力，但它并不一定能直接促发教师的专业成长，因为这种动力还只是一种可能服务于教师专业发展的潜在力量，只有当它真正转化成为可以直接参与教师教育教学生活建构和改进的操作力、实践力和执行力时，它才能真正成为促使教师专业发展的现实力量。由此可见，教师专业发展驱动力必须依赖于把这一力量导向教育教学实践的媒介与桥梁，否则它可能会流失、耗散乃至荒废。在教师专业发展中，一切有助于改变教育教学实践效能的教师专业发展因素都可能与专业驱动力结合在一起，形成教师专业发展的操作力。教师的认识与实践、精神与信仰、人格与习惯等都有可能成为这种力量结合的对象。在与教育认识的结合中，教师的专业成长操作力体现为知识学习能力；在与教育精神的结合中，教师的专业成长操作力体现为精神追求力；在与教师人格的结合中，教师的专业成长操作力体现为人格魅力；在与教育习惯的结合中，教师的专业成长操作力体现为习惯自塑能力；在与教育实践的结合中，教师的专业成长操作力体现为实践创造能力等。显然，教育精神净化、教育人格修炼、教育知识拓展、教育实践创造、教育习惯塑造等都是将教师专业发展策动力转化成为“一般专业成长力”的操作性渠道。之所以把它称之为“一般专业成长力”，是因为这种教师专业发展力类型更主要地服务于教师的一般性专业实践，而非特殊和具体的教育教学实践，它们是从教育教学活动的一般结构中延伸出来的，是绝大多数教育教学实践活动都会涉及的成长力量。这也就是说，一旦教师拥有了这些专业成长力，他们对一切外来教育教学实践类型的整体水平就会得以大幅提升。教师“一般专业成长力”也可称之为“通用性成长力”，它是教师职前专业教育活动的主要对象与任务。它一旦与具体的教育教学实践相结合，教师就可能在较短的周期内达到较高的专业成长水平。教师专业发展力虽然在专业教育教学实践中的存在与运用具有不可拆解性，其专业成长水平取决于多种成长力的“合力”，但这类专业成长力从理论上看是完全可以由具体教育教学实践中“抽取”出来，并对之进行单项发展与专门训练的。对于教师来说，由于其专业学习、人格养成以及习惯塑造等专业成长活动，大都可以在真实教育教学实践活动之外进行，因而参加职前专业教育就能不断提升教师的这种一般专业成长力。对于特定教育主体、教育情境或教育活动来说，教师往往特别需要一种个性化的专业成长力组合方式，以此形成对该教育主体、教育活动或教育情境卓有成效的专业成长力结构。

第三，实践层：教师专业发展聚合力。所谓教师专业发展聚合力，是指教师在解决特定教育教学问题时所展现出来的对一般专业成长力的驾驭、匹配与综合运用能力。如果说一般专业成长力只为教师解决具体教育教学问题提供了各种蓄势待发的力量储备，特殊专业成长力则可以使教师围绕教育教学问题的解决，把上述成长力激活、配置、组装与合成，使之协调一致，共同促成对各种教育教学实际问题的有效解决。对此，美国教育家舍恩就曾指出：“实践情境具有由独特事件构成的特性”，这种“独特事件呼唤实践的艺术”。① 由此可见，教师在面对教育教学实践情境时，需要具备对多种多样专业成长操作力的选配、组装与匹配能力，这就是教师专业发展聚合力。教育教学问题只存在于教育教学情境之中，教育教

① [美]舍恩.培养反思的实践者[M].郝彩虹，等，译.北京：教育科学出版社，2008：12.

学问题是教育教学情境的焦点与核心，是教育教学情境与教师发生紧密联系的纽带与桥梁。教师专业发展的最终目的是形成对教育教学情境的适应力、应变力与干预力，增进教师的专业问题分析与解决的能力，这也可以说是所有教师专业发展力的根本目标与最终旨归。从某种意义上来说，教师专业发展聚合力是其面向教育进行问题解决、教育教学情境处理而聚合自身专业智慧、汇集各方力量的一种专业成长动力。在对一般性专业成长力的聚合中，各种专业成长操作力在教师身上实现了优化配置，由此教师也就具备了适应和应对各种教育教学问题与教育教学情境的能力，并由此形成了各具特色的优势专业能力，教师的个性风格也会随之得以形成和不断彰显。

三、教师专业发展的动力机制

不管是教师专业发展动力的"三因素说"，还是教师专业发展动力的"二因素说"，助推教师专业发展的主要动力机制包括原创力生成机制、动力转化机制与动力复合机制等三个方面。

（一）教师专业原创力生成机制

原创力是事物发展的根本动力，是事物永葆青春活力，呈现出与他物之间的差异性，确保自身的新颖性与独特性不断涌现的一种力量。从新事物的生成方式来看，大致有两种：一种是原创，另一种是拼接，即对原始创造进行重新组织与加工。相对而言，前一种生成方式具有突发性、涌现性、不确定性，后一种生成方式则具有一定的确定性与技术性。可见，后一种生成方式相对原创方式而言，具有衍生性与附属性。教师专业发展也是如此，教师如果没有足够的原创动机，不掌握一些原创的思考与实践方式，不能给教育实践提供一些原创的图式，教师的专业发展就可能始终处在模仿、跟随阶段，其专业发展的高峰期就很难出现。教师的专业原创力来自教师以一种独特的角度看待教育问题，用一种个性化的方式应对教育实践问题，用一种"常人不敢想、不敢做"但又合乎教育规律的方式参与教育活动。正是在这一系列"独一无二"的想法与做法中，教师的原始成长力得以产生与形成，这种力量构成了教师一切发展力量的总根源。

（二）教师专业发展动力转化机制

教师生活在教育环境中，受到教育环境的影响与促动，这种影响关系构成了教师自身与教育环境间的动力关系。这种动力关系的实质即"转化关系"，即外力向内力的转化。无疑，任何专业发展外力都作为教师的"专业成长环境"而存在，都无法转变成直接增强教师专业发展强度、改变教师专业发展方式方向的物质力量。究其原因，主要有两个：其一，教师任何一个专业行为的改变都源自个人的自愿、情愿、自动、自主，没有任何力量能够直接改变教师的自我选择与自我行动；其二，教师专业发展的外力与内力是两种不同性质的力量，其中，"发展外力"是一种迫使教师专业自我改变的强迫性力量，而"发展内力"是一种主动自愿地改变专业自我的力量。故此，两种力量只有通过转换这一环节才能实现对教师专业自我的实质性转变。

教师专业发展外力向发展内力转化的途径是多样的，如教师对外界教育环境要求的体验、认同、接受、理解，对各种外力的积极评估等，都可能促使这一转化过程的发生。当然，影响这一转化机制正常进行的因素是多样的，如教师自身的专业知识储备与理解能力，教师的价值立场与专业水平，教师的专业实践经验，教师对社会、学生的换位理解能力等，都构成了制约教师顺利将外力同化、内化为内力的因素。无疑，一旦这种转化过程完成，教师专业发展的内力就可能大大增强，其专业发展的实力与潜能就会被大大激发，教师专业发展的前景就会变得日益敞亮与辉煌。对教师而言，一切专业发展外力、环境只是“耳边风”，被他们所“熟视无睹”，始终处在教师专业发展眼光的阈限之下。

（三）教师专业发展动力复合机制

教师专业发展动力既需要转化又需要复合，前者改变发展动力的性质，后者则将各种发展力量聚合成为强大的现实性专业发展力量。在教育实践中，教师每一个教育行为的产生都是多种专业发展动力驱动的结果，如教师想提高教学质量，不仅是个人专业自我超越的内在需要，也是社会、学校、家长外来压力在教师身上转化而成的外来动力，更需要教师具有一定的原创力来应对，并确保形成有效的教育教学方式与策略。因此，教师专业发展动力在具体教学实践中的复合是一种常见现象。在教师专业发展动力的复合中，最重要的一个问题是以什么为基轴复合。教育行动是教师教育实践的原始构成单元，每一个教育行动都是一个矢量，由两个部分构成：其一是教育策略，其二是教育方向。前者构成了教育行动的内容，后者构成了教育行动的向度。在教师专业发展动力复合中，针对具体教育目的而展开的教育行动是实现各种教师专业发展动力复合的一个纽带，是加速教师专业成长力聚合、聚焦，形成最大化专业发展合力的关节点。在工作中，围绕特定教育问题的解决，教师首先需要一种原创性的思维力与创造力，得出对于该问题解决有特殊效力与针对性的行动图式与行动策略；其次，教师需要将来自工作任务的压力与挑战专业自我的能力融入自身的专业行动中，实现对整个工作过程的有力配合与参与，达到对具体教育工作的胜任与成功。

因此，教师专业发展动力复合的主要目的有两个：一是“三力同向”，即确保教师的三种专业发展动力与具体工作目的协调一致；二是“合力增大”，即减少三股力量间的内耗，努力实现有效专业发展动力的最大化。

在教育实践中，教师的上述三种专业发展机制之间是密切配合、相互协调的关系，它们共同作用于教师专业发展过程，服务于教师专业实践素养的不断优化。

四、教师专业发展动力的生成路径

知识经济的背景下，各国纷纷将教育列为优先发展的战略。教育的发展客观地要求教师专业化，教师专业化是通过教师的不断学习得以实现的，教师的学习是与教学工作融于一体的，是群体性的合作学习。

（一）教师的不断学习是教师专业发展的内部动力

20 世纪 60 年代，美国学者傅乐就对教师专业发展过程进行了研究，他认为：“一个专业教师的成长，是经由关注自身、关注教学任务，最后才关注学生的学习以及自身对学生的影响这样的发展阶段而逐渐递进的。”①根据傅乐的这一论断并综合中外学者有关教师专业化成长过程的研究结果，我们认为教师专业发展必须经历准教师、新手教师、能干型教师、研究型教师、反思型教师等几个不同的阶段。

准教师就是教师的准备阶段，相当于师范教育阶段，准备做教师者要学习并掌握较精深的专业知识和较广博的科学文化知识以及教育科学知识；新手教师是指任职不久的新教师，

① 陈琴，庞丽娟，许晓晖.论教师专业化[J].教育理论与实践，2002(1).

凭自己在大学里学到的专业知识和教育科学知识忙于应付教学任务，他们对于在大学里学到的东西往往感到难以应用于实践；能干型教师一般具有较丰富的教学实践经验，能较熟练地运用教学法，具有驾驭教材文本和教学管理的能力，能顺利完成教学任务；研究型教师是指教师能积极主动地参与和进行教学研究，能将教育科学理论应用于教育实践，并能将教育实践上升到理论高度；反思型教师是指教师能以自己的教育活动为思考对象，积极主动地从自己的教学实践中发现问题，提出假设并验证假设。教师由准教师到研究型和反思型教师是一个渐进的成长过程，专业化教师首先应是能干型教师，能干型教师不断提升自身的教育研究能力，并对自己的教育实践活动进行反思，在反思的基础上提出假设并验证假设，才能逐渐使自己成长为研究型和反思型教师。因此，教师专业化是一个渐进的、不断深化的过程。我国基础教育由于受应试教育的影响，一些学校的领导仅满足于能干型教师的培养，对于研究型和反思型教师的培养缺乏激情也无良策，教师对自身的专业发展亦感到比较迷茫。

教师由准教师成长为研究型和反思型教师是一个自我完善的过程，这个过程是通过教师的不断学习得以实现的。教师的学习不是储存性学习，而是应用型学习，具体表现出如下特点：

第一，教师的学习是与教学工作融合一体的。教师在教学实践中会遇到各种各样的问题，这些问题需要在学习中得到解决。因此，教师的学习是为了改进自己教学的学习，是针对自己的教学问题而进行的学习，是贯穿于整个教学过程中的学习。苏霍姆林斯基曾经指出："教育科学只有当它去研究和解决那些最细微、最复杂的教育现象相互依赖和相互制约的关系的时候，才会成为一门确定性的科学和真正的科学。"①所以，教师的学习是与教育工作融为一体的学习。教师学习与工作的融于一体常常表现为教师的学习是以案例为载体的情境学习。情境学习理论的研究表明，学习就是情境性的认知。知识的学习离不开知识运用的情境，教师的学习就是表现为以案例为载体的，将自己的知识学习与个人经验联系于一体的从知识剖析到知识内化再到知识创新的过程。

第二，教师的学习是群体性的合作学习。社会建构主义认为：学习就是知识的社会协商。学习的过程就是一种合作和交往的过程。学习就是让人的思想与自我见解之间的对话。学习型组织理论是 20 世纪 90 年代以来的新型组织管理理论。彼得·圣吉这样描述学习型组织："在其中，大家得以不断突破自己的能力上限，创造真心向往的结果，培养全新、前瞻而开阔的思维方式，全力实现共同的抱负，及不断一起学习如何共同学习。"②团队学习可以说是现代社会发展的要求，作为一个职能共同体，不同教师之间在知识结构、智慧水平、思维方式、认知风格等方面均存在差异。每位教师的差异就是教学资源，差异就是合作学习的动力和源泉。在教师的合作共同体中，教师之间取长补短，互相帮助，从而实现了情感的交融、心与心的对话、思想与思想的碰撞，教师的专业素质必将获得共同的提高。

第三，教师的学习是反思性学习。长期以来，教育理论与教育实践相脱节的现象比较突出，往往是完美的教育理念在复杂多变的教育实践面前表现得无能为力。这是因为教师只是"教书匠"，"教书匠"没有与"教育专家"对话的"资本"，所以"专家"的完美的教育理念只能

① 胡庆芳. 教师专业发展背景下的学习与学习文化的重建[J]. 上海教育科研，2005(3).

② 李灵莉，李天鹰. 构建学习型教师组织[J]. 教学与管理，2002(2).

是空中楼阁,“教书匠”们仍沿用从他们的“师傅”(他们的中小学教师)那里内化到的“教学技能”。

(二)信息时代的要求是教师专业发展的外部动力

随着新技术革命的发展和知识经济社会的来临,教育从来没有像今天这样受到空前的关注。因为在知识经济的时代,一个国家民族素质的高低、拥有人才的数量,特别是知识创新、技术创新及制度创新能力,将成为一个国家、一个民族在国际竞争和世界格局中地位的关键因素。而民族素质的提高、创新人才的培养、创新能力的开发,主要依赖于教育。因此,我国顺应国际社会发展的形势,将教育列为优先发展的战略地位。

教育的优先发展要求造就一批高素质的教师队伍。而教师社会地位低下,已成为影响教师质量的一个重要因素。“在美国,教师工资的低微和地位的低下,使得教师职业逐渐失去了吸引力。在英国,在不到30年的时间里,英国教师的工资水平已从超过白领工人的平均水平的30%下降到现在的不超过5%,英国教师已经失去了诱惑力。”①在我国,教育的根本问题是农村教育的问题,农村教育问题的关键是教师问题,是对教师的“有效需求”不足。我国目前一方面很大一部分农村地区合格教师缺乏,另一方面有足够的高校毕业生特别是师范毕业生不愿意到农村任教。在这种背景下,自20世纪80年代以来,教师专业化已经成为国际教育改革的重要趋势,也是我国教育改革的追求目标。

教育是培养人的活动,教育活动的这一本质特点,决定了教师劳动与其他劳动相比,具有更大的灵活性、复杂性和创造性。教育过程主要面临着三个世界:成年人世界、文本世界和学生心灵世界,教育过程就是教师运用自己的专业知识和教育智慧促使三者相互对话的过程。这三个世界的对话是相互交融的,教师在其中起着关键性的作用。文本世界主要是以教材为表现形式的人类一代代共同创造的精神文化世界。要实现成年人世界与文本世界的对话,对教师的最基本要求是:教师应具备精深的专业知识以及内化文本、创生文本和反思文本的能力。要实现成年人世界与学生心灵世界的对话,对教师的最基本要求是:教师不仅要有精深的专业知识、广博的科学文化知识,而且应具备较深厚的教育学、心理学方面的知识,应具有了解学生的能力以及高尚的道德修养和敬业精神等。学生是通过自身的经验世界与教材文本世界的对话而获得发展的,这种发展表现在两个方面:一方面是对外的发展,即处理客观物质世界的能力方面的发展;另一方面是对内的发展,即建构自己的意义世界的能力方面的发展。学生的经验世界与教材文本世界的对话往往不是直接的,因而需要教师的桥梁作用,需要教师创设情境,将以物的形态存在的文本世界激活,让学生参与到真实的情境中去,从而实现学生世界与文本世界的对话,这样一个过程对教师来说就是知识创新的过程。

第二节 教师专业发展的模式

21世纪是信息化社会,信息技术正在逐渐成为改变人们生活和工作的重要因素,它改变了人们学习、生活和工作的途径与方法,也同时改变着教育环境、教育方式、师生在教育环境中的角色等。信息化要求教师必须重新建构自己的知识体系,培养自己的创新能力,它对

① 顾明远,孟繁华.国际教育新理念[M].海口:海南出版社,2001:149.

教师提出了专业发展的要求。从教师专业发展的历史分析，国外教师专业发展的模式大致可分为理性主义教师教育视角下的教师专业发展模式、实证主义教师教育视角下的教师专业发展模式、结构功能主义视角下的教师专业发展模式、实践反思取向的教师专业发展模式和学习共同体主义视角下的教师专业发展模式等。

一、理性主义教师教育视角下的教师专业发展模式

20世纪初期，理性主义教育科学视角下，专业取向教师教育思想的倡导者认为从其他学术性学科中提取的对教育有价值的洞见，其意义不在于将它们立即转化为某种教学方法或规则，而在于提升教师的理性，加深对教育问题的理解。这一时期大学里的教育学教授努力以智性方式对待教育问题，并试图从基础学科中演绎出教育原理和教育科学，以此作为教育的主要内容。1907年，由美国教育学教授、师范学校校长和学校管理者组成的全国教育协会(NEC)的17人委员会建议师范生应学习一门或多门社会学课程，以正确认识教育在社会中的性质；学习一门心理学以理解学生的个性发展。该委员会还建议对教育史、教育原理、特殊的教育方法、学校的组织与管理以及学校卫生等课程予以重视。1920年，卡内基研究小组开展对教育基础课程的研究，认为教师教育项目应该开设历史学、社会学、心理学、经济学、生物学等课程。1937年，全国学员教育学会年鉴的撰写者阿诺伍德指出：教师教育应该拓宽学生的知识基础，将社会学、自然科学以及人文科学领域的知识作为解释教育问题的资源。在对待教育实习的态度上，理性主义专业取向教师教育的倡导者们反对师范学校注重培养师范生掌握教育技术的即时性的做法，倡导以实验性的探究方法取代传统学徒式的技术培训。美国进步主义教育家杜威指出："与传统教育的学徒制不同，我们可以将实践教学作为进行真实而重要的理论教学的工具，作为学科知识和教育原理知识。这是一种实验室的态度。"杜威这种以实验室的方式对待实习的态度，希望通过理性的方式使师范生加深对教学的理解，最终为实施教学提供理智的判断和明智的方法。杜威不赞成过早地将实习生放到真实的教学实践情境之中，认为这样容易使师范生将目光转移到外部因素之上。他建议，首先要为实习生提供直接经验，加深学生对教育学原理和专业知识的理解；其次要给实习生讲课的机会，锻炼其掌控课堂的能力；最后是在完成实验室项目规定的内容后，可以采取师徒式的联系来熟练运用教学技术。

美国学者阿姆斯特朗在1939年召开的实习指导者第19届全会上指出，应该改变教学实践在专业项目中的核心地位，将其视为与专业教育中其他内容相同的地位。和其他专业教育内容一样，教学实习的目的并不在于实践本身而应该寻求对"教师教育目的"的实现。他认为，教师教育的目的就是要培养师范生的专业理解、专业判断和专业技能，而不是仅仅停留于技术培训层面。另一位与会者帕特森认为实习指导老师的责任在于：一是帮助师范生理解教育哲学、教育心理学和教育社会学中存在相互矛盾的观点；二是引导师范生思考社会文化背景中存在的政治、经济和精神等方面的关系；三是引导学生发现、开发和利用社区资源；四是寻求教育理论课程、学科专业课程和教育实践课程有效整合的途径。

二、实证主义教师教育视角下的教师专业发展模式

实证主义倾向的教育学者期望运用科学的力量将教学专业化，为教学赢得更大的专业自主权。贾德说："科学的方法应该向整个世界显示学校是一个复杂的社会系统，……学校

的运作要求不断地研究和专家的监督。”①屈佰利曾说:“将学校的行政管理从依赖于政治或个人的喜好转变为具有自主权的科学服务是有可能的。”②他相信科学的教育研究成果是可以作为教学的专业基础的,科学研究的可控性和可预测性能够保证教学的有效性和教师教育的合理性。但人们对科学的过分信任,导致了专业取向的教师教育思想出现了狭隘的唯科学主义的倾向。20世纪早期流行的“儿童研究”运动使人们普遍接受了一种观点,通过简单的条件创造或过程加工,学习者就可以学会任何一种被期待的品质。随着教育定量研究的增加,一些学者提议学校教育应采用工业管理的方法,认为教育教学是纯技术的事务。教育学者对教育科学研究的乐观态度导致了技术理性教师教育思想的萌芽。

20世纪中期,行为主义心理学和人本主义心理学的兴起对美国专业取向的教师教育思想产生了深刻影响。受行为主义心理学的影响,盖奇从20世纪50年代开始对教师效能进行了科学研究。关于教学的知识基础,盖奇认为教学的知识基础应该是科学知识。他认为:“教学研究应以建构教学的科学基础为目的,教学的科学基础的本质就是教学与学习的各种变量之间的相互关系。”③科学知识具有客观性、普遍性和可预测性的特点。盖奇的“教学的科学知识基础观”蕴含的意思是:教学具有自身的科学知识基础,教学的方法应是科学的。关于教师教育观,盖奇提出:“教师教育应该培养成功的教师行为,成功的教师行为是那些通过实验研究证实,与学生在认知、情感和精神活动等方面取得的成就相关的行为。支撑成功教师行为的科学知识必须是由关于该行为与某种期待结果的实验研究或相关性研究结论推断而来的知识。”④教师教育应该致力于生产出那些能够引起学生在知识、理解和态度等方面进步的教师行为。就是说,被实证研究证实有效的教学行为或模式应该成为教师教育的课程内容。他强调教师教育、教学行为效率的研究和学生学习之间应该建立连贯的关系。也就是说,应该从学生学业成绩的相关研究中确立什么是好的教师行为,并以此为基础设计有效的教师教育内容,从而培养拥有有效教学行为的教师。关于教师专业教育的内容,盖奇认为教学的科学研究知识作为教师教育的科学基础是十分必要的。他说:教师教育的内容和过程必须建立在科学知识的基础之上而不是权威观点之上,教学的科学知识和技术的来源必须是研究特别是教学研究。针对传统的教师培训的内容主要是从学习理论中推导出的教学实践原则,而师范生常常抱怨大学所开设的教育心理学课程没有提供如何教学的知识现状,盖奇指出,要改变这种现象最主要的是“教师应该知道如何掌握影响学生学习的自变量,尤其是他们的教学行为。对教学进行科学探究的成果,包括教学理论对他来说是十分必要的”⑤。因此,教学的科学研究成果应当成为教师教育的基本内容。

在实践教学方面,20世纪60～70年代兴起了微格教学(Microteaching)和能力本位教师教育(Competence-based Teacher Education,简称CBET)两种专业取向的教师教育的行

---

① Glifford G J. A history of the impact of research on teaching[M]//Robert M W Travers(ends). Second handbook of research on teaching. Chicago:Rand McNally& Company,1973:1-46.

② Glifford G J. A history of the impact of research on teaching[M]//Robert M W. Travers(ends). Second handbook of research on teaching. Chicago:Rand McNally& Company,1973:1-46.

③ Gage N L. The scientific basis of the art of teaching[M]. New York:Teachers College Press,1978:22.

④ Gage N L. Teacher effectiveness and teacher education:the search of a scientific basis[M]. Palo Alto,CA:Pacific Books,1972:26-39.

⑤ Gage N L. Teacher effectiveness and teacher education:the search of a scientific basis[M]. Palo Alto,CA:Pacific Books,1972:61.

为主义培训模式。微格教学就是大学以微格课程的形式将教师的教学技能进行分类，为师范生提供教学实践训练的电视录像，在学员小组和指导教师之间进行评价、反馈、改进的训练方式。能力本位的教师教育就是将师范生需要掌握的教学技能细化为复杂程度较低的行为成分，然后不断练习这些技能的实践教学形式。能力本位教师教育的实施一般要遵循几个步骤：开发一个有效的教师表现模式；剖析模式的行为目标；具体描述项目内容，形成具体的行为步骤；开发前面的训练系统，将各部分内容连接起来；建立反馈与评价系统等。微格教学和能力本位教师教育项目所具有的较强的操作性对于师范生实践能力的培养起到了积极的推动作用，但其唯技术的倾向限制了人们对教学本质的理解，瓦解了教学职业的专业性。

人本主义心理学是由感知心理学、个体心理学和个性心理学构成的。人本主义心理学强调人的心理的主观性，重视学生的个性、情感、情绪的重要性，认为学习是学生从自身的角度对世界的理解，是学生主动创造自我并赋予自我世界以意义的过程。人本主义者认为教学并非是一个技术的过程，而是一个具有独特性、情境性的自我性行为。人本主义者不相信教学的普遍原理和规则，教学不是简单的课程传输，而是人与人关系的“共同改变”；教学不是简单的技术操作，而是根植于审美与道德的事业。在学习观方面，人本主义者认为学习的动力源于人自身的需要，教师教育的任务是要使师范生学会理解学生，培养他们具有调动学生学习积极性的能力；在教师观方面，人本主义者强调教师的任务不再是制造、强制和塑造，教师应该是学生学习的鼓励者、促进者、帮助者、助手、同事和朋友，[①]教师教育应发展师范生与人交往的能力、理解自我的能力、乐于助人的情感等；在教师教育观方面，人本主义者强调应培养“作为教师”的自我观念。教学过程是异质的，是依赖于教师与具有个性差异的学生交往时所表现的独特的个人特征。教学的效果取决于参与者的双边关系的优劣，教师教育的重点应放在培养师范生理解自我的能力和学会理解他人的能力。人本主义心理学家寇姆斯和他的同事认为，教师教育应帮助师范生实现以下方面的内容：一个令人满意的自我；感知他人以及理解他人目的的有效方法；学习知识的能力。好的教师教育应该建立良好的教师教育者与师范生的关系，应该创建有益于师范生自我实现的环境。总之，人本主义取向的教师教育支持者认为，需要创造一个支持性环境，让师范生具有安全感，并有承担责任的胆识，发展个性化的教学理解。在实践教学方面，人本主义取向的教师教育支持者强调师范生与教师教育者通过互动，使师范生能够发现自己需要知道什么，并且学会对问题的探究、对自身与他人的探究。

三、结构功能主义视角下的教师专业发展模式

（一）结构功能主义的“专业建构”思想

结构功能主义是一种深受实证主义影响的社会学理论，这种理论认为社会是由各种互相联系的结构形成的功能体系，结构是发挥某种功能的相对稳定的系统。关于大学的功能，美国当代杰出的结构主义社会学家塔尔科特·帕森斯提供了对其进行主导性理解的合法化解释，他把大学界定为一个把知识、理性、学习、能力以及智力联系起来的认知复合体，认为

① Combs Arthur W. The professional education of teachers：a perceptual view of teacher education[M]. Boston：Allyn and Bcon，1965：16.

大学这一认知复合体立足的基础是认知理性。大学教师教育的整个方向就是要改变以往建立在教育实践基础之上学术水平与技术含量较低的教育知识的状况，设置学术水平与技术含较高的教育课程，使师范生通过理论学习与学术训练而达到专业人员的标准。

从结构功能主义的视角，帕森斯区分了专业人员与非专业人员的五对变量：普遍性与特殊性、情感中立与情感性、专门性与遍布性、自我定向与集体定向、成就与归属。他认为前者是专业人员应该具备的，而后者则是非专业人员所具备的特征。美国全国教师教育协会(NEA)对专业人员的素养提出了八个方面的标准要求：属于高级的智力活动；具备特殊领域的知识；经过专业的职业训练；不断地接受在职培训；将职业视为终身从事的事业；受行业内普遍认同的规范标准的制约；为社会服务的职业目的；归属健全的专业组织。之后，李佰曼 (1956)、班克斯 (1968)、霍勒(1969)、奥恩斯坦(1984)、舒尔曼(1998)等先后对专业的标准与特征进行了界定。

以上关于专业标准的界定，表述方式虽有不少差异，但其核心内容是一致的。一个职业要成为专业，必须具备指导实践的一套逻辑严谨的知识体系；必须掌握需要专门培训才能获得的技术和技能；必须具备为客户服务的专业态度；必须具备高度自治权和自律性的专业行为；必须具有能够制裁其成员的专业标准及组织；必须建立组织化与程序化的专业准入制度。在教师专业发展方面，结构功能主义专业观的基本观点是："大学这一认知复合体代表了当代社会发展结构中最具批判价值的独有表征，这些结构中的中心内容是如何对学术职业进行保存与发展。"①也就是说，大学是最具资格培养专业教师的社会机构，大学教师教育应将中立、普适、客观的理论认定为教师教育的知识基础。

（二）结构功能主义的"专业建构"实践

受结构功能主义的影响，20 世纪 80～90 年代美国出台了一系列教师教育改革报告。1985 年，美国优异教师教育委员会发表了《教师教育之呼吁》，也被称之为《美国教师教育学院协会报告书》；1986 年，卡内基教育与经济论坛发表了题为《国家为培养 21 世纪的教师做准备》的报告；1986 年、1990 年和 1995 年霍姆斯小组先后发表了《明日之教师》、《明日之学校》、《明日之教育学院》等三份报告；1989 年和 1991 年全国专业教学标准委员会先后发表了《教师应知道什么，应该会做什么》和《走向高水平、严格的教学专业标准》的声明；1996 年，全美教学与美国未来委员会发表了《什么最重要：为美国未来而教》的报告。这些报告以结构功能主义专业观为指导，就大学教师教育的课程设置、教学专业的等级制度、教师质量的保证制度等提出了建设性建议。

在课程建设方面，这些报告认为教师必须具备学科专业知识、儿童成长发展的知识、认知心理学知识、教学技能以及将这些知识和技能应用于学生的能力。全美教学与美国未来委员会的报告指出："研究表明最优秀的教师是掌握所教学科的知识，对学生的学习能够理解并掌握一系列教学法的人。接受良好训练的教师比其他人能更有效地发展学生的思维能力。"②《美国教师教育学院协会报告书》强调大学的教师教育类课程应包括文理教育课程、

① [加]雷蒙德·艾伦·保罗，[美]卡洛斯·阿尔佰特. 社会理论与教育[M]. 宇文利，译. 上海：上海人民出版社，2012：46.

② National Commission on Teaching & America's Future(NCTAF). What matters most: teaching for America's future[R]. New York: National Commission on Teaching & America's Future, 1996: 51-52.

学科专业教育课程、专业教育课程和实习课程等四个部分。报告认为，一个合格教师除具备学科专业知识外，专业教育知识更为重要。霍姆斯小组建议设置硕士学位课程，并强调三分之一的课程必须是从教科目的内容，并要求教育实习应不少于1年。

在教学专业的等级制度方面，霍姆斯小组的报告建议将教师执照分为初任教师、专业教师和终身教师等三个不同的等级。初任教师证书颁发给获得本科学历的教师，专业教师证书颁发给获得硕士学位的教师，终身教师证书颁发给获得博士学位以及出类拔萃的专业教师。卡内基教育与经济论坛报告建议设置教师资格证书和高级教师资格证书，前者为教师的入门标准，后者为教师的高级标准。

在教师教育的质量保证方面，霍姆斯小组认为，作为一种专业教育应有自己的知识基础，这种知识基础应该包括学科专业知识、教学系统的知识、反思性的教学实践知识等。为保证教师教育的质量，《美国教师教育学院协会报告书》建议建立由文理教育课程、学科专业课程、专业教育课程以及实习课程构成的“四元结构”的教师教育课程体系。卡内基教育与经济论坛则建议设置教学硕士学位(Master in Teaching Degree)，强调要高度重视教学研究和现场实践。除此之外，这些报告还强烈呼吁提高教师的收入水平，建议依据教师的工作职责、工作能力、资历以及工作绩效来制定教师的工资标准；还建议学校应创造良好的环境，让教师在专业实践中获得自治的权力。

四、学习共同体主义视角下的教师专业发展模式

20世纪90年代以来，随着人们对“学习”问题研究的深入，关于“学习共同体”的研究受到了教育学界的高度重视。在学习共同体的意向与原型方面，美国文化人类学家莱夫与温格(1991)通过对传统学徒制的研究，提出学习推进的过程是新参与者从参与文化共同体的周边开始，然后作为老手逐步移向中心的过程。受传统学徒制的启示，认知科学家开创了认知学徒制的理论。在认知学徒制中，学生在与专家进行共同的问题探究过程中，可以“看到”或“照着”专家的方式做事，逐渐把专家的认知特点内化到自己的认知结构中。加拿大学者斯卡德玛利亚和白瑞特(1994)建立了一个课堂学习共同体的研究模型。在这个共同体中，知识的建构成为了集体的目标，利用教育信息技术来重构课堂对话模式，使得这种对话即时地、自然地延伸到校园围墙之外的科学家的知识建构共同体之中。关于学习共同体的建构，美国学者巴拉布和达菲(2002)认为，学习共同体的建构需要一个文化上的连续性，这种连续性表现为三个层面：共同体自身的历史连续性(目标、信念、实践和经验的集合)；共同体与环境之间的连续性，也就是共同体必须嵌入到更大的集合体之中；参与者成长轨迹的连续性，个体有机会沿着“旁观者—同伴—成熟实践的示范者”这个轨迹前进。在教师教育领域，建立大学与中小学协作共同体已经成为各国培养优质教师的重要路径。

在英国，师范教育一直是以高等院校培养为主的，也就是以大学院系为基地的培养模式。这一模式虽然也强调师范生到中小学进行教学实践，但由于时间短、不切实际等原因，效果并不理想，很难奠定师范生职业生涯基础。针对这一现实，英国的师范教育从20世纪80年代以来实施了由高校、地方教育当局和中小学三方配合的“共同体”培养模式。1988年，教育科学部颁布了合格教师专业地位的蓝皮书，强调职前教师必须经过在中小学的实践培训才能取得合格教师的资格。1991年，教育大臣卡拉克认为：“教师培训的整个过程必须基于教师培训单位与中小学校组成的学习共同体……不管是教师培训课程的最初设计还是

师范生的成绩评定,中小学校及其教师均起着主要作用。"[①]英国师范教育的这种"共同体"培养模式有两种形式:教育联盟(Education Consortium or Consortium)和教师培训合作伙伴(Teacher Training Partnership or Training Partnership)。

教育联盟是由本地区的中小学组成的学校联合共同体,共同体提供一系列的师范教育培训课程。课程包括讲课、研讨和实习,一般要用 38 周的时间。每位师范生被分配到一所基地学校(Base School),并安排一位指导教师(或班主任)对其教学与班主任工作进行指导。学生顺利完成这些培训课程,即可从开放大学(Open University)获得合格教师资格或研究生教育证书。受训期间,学生通过实际的课堂体验将教育理论与教育实践结合起来。教师培训合作伙伴是以学校为中心的职前教师培训。它是经教师培训与发展署的提议和地方教育行政当局批准,由大学与中小学组成的一种合作共同体形式。整个培训课程大约 1 年的时间,参加课程培训的学生每周 3 天在大学学习,2 天到一所学校学习教育教学技能并安排相应的大学教师和中小学教师进行指导。培训课程结束后,可获得大学颁发的研究生教育合格证书和教师资格证书。优秀学员可直接留中小学任教。

英国的这种大学与中小学组成共同体培养模式的核心是发展师范生的反思实践能力,用他们在中小学所学到的实践知识来对大学所学到的知识进行批判,从而建构自己的知识。在这种大学与中小学构成的学习共同体中,大学教师和中小学教师的地位是平等的。在这种学习共同体中,大学与中小学形成了互补关系,师范生在大学和中小学获得了不同的知识形式,形成了一种融合性课程;中小学教师在对师范生进行专业指导的过程中也实现了自身的专业成长。

20 世纪 80 年代以来,美国教师教育改革的一项重要举措是建立教师专业发展学校(PDS),试图通过这一共同体的构建,解决师范生实践能力不强的问题。这种教育模式力图在大学的教育学院与中小学之间建立共同体关系,以此实现教师职前培养与在职教师专业发展的一体化。1986 年,美国卡内基教育和经济论坛在题为《国家为培养 21 世纪的教师做准备》的报告中提出:为教师职业做准备的最好环境是一所联系大学和中小学的教育实践学校。同年,霍姆斯小组发表了题为《明日之教师》的报告,第一次提出了"教师专业发展学校"的概念。报告指出:在专业发展学校中,实习教师、大学教研人员和中小学教师应当建立伙伴关系,共同致力于提高教与学的质量和水平。在霍姆斯小组看来,专业发展学校是为初学者的专业训练、有经验者的继续发展以及教学研究和发展所能考虑的最佳的学校形式。

教师专业发展学校最大的特点在于合作互助与教学诊断上,中小学教师和大学教师组成合作小组,共同负责师范生实践能力的培养。参与合作的大学教师一半时间在大学从事教学与科研工作,一半时间在中小学指导实习生,参与中小学的各种活动,有时也走上中小学课堂,给中小学送去新的教育理念,将中小学教育教学中的真实问题反馈到大学教学之中。中小学教师负责对师范生教育教学工作的指导,师范生并不是单纯地在实习指导教师的指导下上几节课,而是像正式教师一样参与到学校的一切活动之中,包括家访、教研和教学实验等。

---

① Department for Education and Skills. Clarke announces radical overhaul of teacher training[N]. DES News, 1992-01-04.

五、国外教师专业发展模式的启示与借鉴

20 世纪 90 年代后，我国学界全面引入美国教师专业发展的理论。为了提升教师的自身素质和教师的外在社会地位，我国政府已经接受了教师专业发展的理论并在实践上努力推进教师专业发展。《国家中长期教育改革和发展规划纲要（2010～2020 年）》提出，要“造就一支高素质专业化教师队伍”。这就为教师教育指明了方向，即以培养高素质的专业化教师为己任。

打造高素质专业化教师队伍，我们应该借鉴美国结构功能主义重视教师教育类课程建设的专业建构思想，建立我们自己的教师教育学科制度。随着教师教育的大学化，沿用依赖于具体的学科如数学教育专业、中文教育专业等的教师教育学科制度，很难建立教师教育独立的专业地位，对于专业教师的培养是极其不利的。我们可以在教育学学科目录下建立学前教育专业、初等教育专业等，每一个专业中设置不同的专业方向。根据不同的专业方向，建立不同的培养目标、知识与能力标准和课程体系。2012 年 2 月，教育部发布《幼儿园教师专业标准（试行）》、《小学教师专业标准（试行）》和《中学教师专业标准（试行）》，从专业理念与师德、专业知识与专业能力等维度对我国幼儿园、中小学教师的专业标准进行了界定。根据“专业标准”，高素质专业化教师不仅应具备技术层面知识与能力，而且应具备形而上层面的理性知识、德性修养以及与之相适应的专业情感、专业理想与专业气质。因此，为达到高素质专业教师培养的目标，教师教育开设教育哲学、心理学、教学法、学科课程论以及能够将教育理论与学科知识进行有效整合的实践性课程是十分必要的。受美国“专业解制”教师教育思想的影响，鄙视教育理论课程的思想与做法，对于优秀教师的培养是极其不利的。

打造高素质专业化教师队伍，我们还应该借鉴“实践反思取向”专业建构的思想，高度重视对于教师实践反思能力的培养。美国教师教育认证协会（NCATE）在 2010 年发布的《通过教育实践改造教师教育：准备有效教师的国家战略》中曾经指出：学科知识与孤立的教育理论知识在教学过程中的分离，教师教育与教学实践分离，使大学教师教育面临严峻挑战。因而，大学教师教育应高度重视实践教学的价值，通过实践教学，实现师范生对教育理论知识、学科知识以及社会文化知识的有效整合。培养师范生的实践反思能力，应该构建科学可行的实践教学体系，做到课内实践与课外实践、校内实践与校外实践的有效整合。大学教师教育应大胆进行课堂实践教学改革，采用案例教学、讨论教学、现场教学等形式，搭建教育理论与实践、文本世界与学生的生活世界相联系的桥梁；构建大学与中小学协作共同体，打通大学的理论教学与中小学教学实践相联系的通道；完善校内外导师制，使学生尽早走进教师的研究领域，发展他们的教学与科研能力。

当前，我国教师培养也已经步入了大学化的道路，但与美国的大学教师教育有很大的不同。美国大学的教育学院只是一个院系，教师教育根本不是其主要任务，培养的教师很难满足社会的需要。根据莱文报告，一所研究型大学每年只能培养 300 名教师，一所专门培养教育硕士的大学每年只能培养 200 名教师。美国运用“选择性项目”培养教师的做法是无奈之举，培养的教师在专业道德、专业情感、专业理念以及教育教学反思能力等方面均存在许多问题。由于历史的原因，我国目前高等院校培养教师的路径比较复杂。从学历层次上，有初中起点五年制大专、高中起点三年制大专、四年制本科以及学科专业硕士；从组织机构上，有在专业学院内建立教育系的从属路径，有以“3＋1”模型为标志的分离路径，也有直接在大学

设立教师教育学院的专业路径。我国也有类似于美国“选择性项目”的教师准入制度，非师范专业学生通过一定形式的教育理论考试和教育实践评测也能获得教师资格证书，但数量很少。从目前的现状来看，我国大学师范类专业培养的师资数量不是不能满足社会的需要，而是出现大量过剩。获得教师资格证书的人数远远大于能获得教师编制的人数，也就是说绝大多数获得教师资格证书的人员没有机会从事教育工作，这无疑会影响到优秀中学生报考师范专业，从而影响了教师培养的质量。从师范类专科层次、本科层次和专业硕士层次培养中小学教师的状况来看，专科层次的培养已经不能适应社会发展的需要，专业硕士培养的数量有限，因此，我国中小学教师应以大学师范类本科层次培养为主。教师培养不能实行市场化，国家应加强宏观调控，建立师资培养的资质与考评制度，在教师培养的数量、学段、课程设置和学历等方面都应进行总量平衡和引领，尽量保证获得教师资格证书的人数与获得教师编制的人数保持总量平衡。

第八章　教育研究与教师专业发展

在当代，面对教育理论与教育实际严重分离以及教师的被动无为，人们开始反思专门教育研究者的研究和教师的消极无为不协调的现象，指出理论观念的倡导者应当和教师建立共生共荣的关系，教师也应当成为教育科学团体中的一员，教师有责任审慎地对待自身的教育实践，有责任对自身的行为进行反思，唯其如此才能积极应对教育新思想、新课程和新方法。这也就是说，教师的教育教学活动不仅要被研究，而且要由教师自己进行研究；教师不仅是被研究者，而且自己也是研究者；教师不再被视为外在的研究对象，遇到问题不是交给外在研究者，而是自己展开研究，寻求答案，要敏锐地观察和判断自己的教育教学活动，积极参与教育教学的研究与变革，在此基础上才能更好地促进自身的专业发展。

第一节　叙事研究与教师专业发展

20 世纪 70 年代以来，西方教育科学领域发生了重要的范式转换，开始由探究普适性的教育规律转向寻求情境化的教育意义，研究方法也开始由传统实证主义和规定性模式向现象学与“描述—解释”模式转移。叙事研究以其独特的研究视角，体现出对人性的关怀与理解，它强调教育局限性情境的整体体验和意义建构，真正把教育教学问题的学术研究回归到丰富多彩的现实之中，使教育教学研究融入实践的滋养。叙事研究以一种新视野下的全新教育教学研究模式，给广大处于教育教学实践一线的教师提供了契机，教师完全可以寓研究于叙事中，通过教育叙事不断改进教育教学水平，促进自身的专业发展。

一、叙事研究的意涵

要想明确叙事研究的本质意涵，首先需要了解何谓“叙事”。目前学术界主张从四个层面对“叙事”加以解读：第一，所谓叙事就是叙述事情，或者简单来说就是讲故事。如有学者就认为：“叙事就是陈述人、动物、宇宙空间各种生命事物身上已发生或正在发生的事情。”①“叙事就是为了告诉他人发生了什么事情的一系列口头的、符号的或行为的序列。”②从这个意义上来理解，叙事既可以是一种行为，也可以是一种过程，它包含两个基本要素：讲述与故事。叙事既离不开讲述，也离不开故事；叙事是对故事的讲述，故事则是叙事的根本。第二，叙事即故事，就是在一段时间之中发生的故事。故事包括开端、中间和结尾，每个故事均有一定的结构特征，包括叙事者、情节、场景、人物、危机与结局。作为故事的叙事，至少要包括四个方面的要素：一是某个或某些特定的人物角色；二是这些人物在特定的时间和空间进行的行为或发生的事件；三是这些行为或事件所体现人物的观点和信仰；四是这些行为和事件

① 邱瑜.教育科研方法的新取向——教育叙事研究[J].中小学管理，2003(9).

② 施铁如.后现代思潮与叙事心理学[J].南京师大学报(社会科学版)，2003(2).

在逻辑上、时空上的序列关系。故事是人类经验的凝聚和积淀，人类经验基本上是故事经验；人类不仅依赖故事而生，而且也是故事的组织者。叙事将人类的各种经验组织成有现实意义的事件，这种方式向人类提供了认识世界和如何认识世界的基本途径。第三，叙事是一种文体，在小说中有悠久的历史。叙事是文学的要素之一，它与抒情、说理一样，是文学创作的主要手段，是人类表达自己情感的重要方式。叙事是与人类历史共同产生的，任何地方都不存在、也从来不曾存在过没有叙事的民族，因而叙事作品往往能超越国度、历史与文化，犹如生命一样永恒。第四，叙事也是一种思维方式，是人存在的基本方式，因此叙事无处不在，就如同普通语言、因果关系或一种思维和存在的方式一样不可避免。

关于叙事研究的本质意涵，我国学术界也存在着不同的理解。有学者认为："叙事研究是研究者以叙事、讲故事的方式表达对教育的理解和解释。它不直接定义教育是什么，也不直接规定教育应该做什么，它只以教育故事的形式，让读者从故事中体验教育是什么或教育应该做什么。"①有学者认为：叙事研究"是质的研究的思维方式和写作方式"，它"面向实事本身"或从实事本身中寻找内在的"结构"，从形式上说，可以是虚构的叙事，但更加主要的是真实的叙事。叙事研究既可以叙述故事，不对故事做评论或解释，也可以对故事进行再评论和解释。它属于实证研究中的一种类型。② 也有学者指出："所谓叙事研究，是指以叙事的方式开展的教育研究。它是研究者（主要是教师）对教育教学实践经验的描述与分析，从而发掘或揭示内隐于经验和行为背后的教育思想、教育理论和教育信念，从而发现教育的本质、规律和价值意义。"③还有学者认为："叙事研究是指在教育背景中包含任何类型叙事素材的分析研究。它借由影片、传记、图片、对话等刺激，触发当事人进行故事叙说，并以当事人的叙说内容为文本数据进行分析，以期反映出故事叙说者本身的重要生活经历及生命主题。……通过搜集故事来建构田野文本数据，报告个人生活经历，并探讨这些经历之于此一特定个人的意义。研究参与者的故事的重新叙说，是一种为叙事研究所特有的质的分析程序。"④上述这些定义，既包含了研究者对叙事研究的理性思考，也蕴含了研究者不同的价值取向。其共同之处就是它们对教育叙事和叙事研究的理解大致相同，都十分强调在故事中体验教育真谛、学习行动的策略。但也存在着一定的缺陷，就是如果缺乏足够的理论修养和发现的眼光，抑或研究个案缺少必要的暗示或阐释，叙事研究将无法顺利完成。我们认为，叙事研究与文学和心理学等学科中的叙事研究不同。文学中叙事研究是对故事文本的叙事结构的分析，心理学也多半是对被试叙说言语结构同一性的研究，简单地说，它们是叙事文本和话语的形式化的研究。而教育学中的叙事研究则更关注叙事的内容，通过细致描写的教育叙事文本，使人们深入地、丰富地理解教育生活。

叙事研究属于一种质的研究方法，它从根本上不同于自然科学的定量研究法。自然科学客观化的研究方法是通过假设、实验控制和数据统计分析等程序获得精确严密的结果；而叙事研究则是通过对现场的叙事材料进行分析，在分析过程中阐述叙事所表达的意义。由此可见，叙事研究是一种意义阐释的过程，它不以获得绝对正确可靠的结果为目的，它具有

① 邱瑜.教育科研方法的新取向——教育叙事研究[J].中小学管理，2003(9).
② 刘良华.教育叙事研究：是什么与怎么做[J].教育研究，2007(7).
③ 潘新民.走入网络日志——教育叙事研究的新取向[J].当代教育科学，2006(10).
④ 张希希.教育叙事研究是什么[J].教育研究，2006(6).

有别于其他研究方法的以下几个突出特征。

（一）反思批判性

叙事研究重视反思批判，叙事研究的过程就是研究者和研究对象不断反思批判的过程。首先，研究对象在叙事过程中，对自己的教育日常实践进行反思，通过回顾经历、总结经验和质疑问题，达到对问题的醒悟、理解和深化。反思奠基于经验，但又超越经验，叙述者通过个性化的叙述，从经验的反思中提炼出个人的实践性知识，凝结成个人的实践智慧。个人实践性知识和教育智慧体现在日常教育教学实践中，就是教育者教育教学行为的改进。其次，研究者可以以研究对象的叙事为载体，从多个视角反思批判教育教学理论与实践，深刻诠释教育教学经验及其意义价值。

（二）平等交往性

传统的教育研究方法要求研究者要客观实际，并与研究对象保持适当距离，以保证研究结果不带主观臆断。叙事研究则在不同程度上接近研究对象，并有意融洽研究者和研究对象的现场经验，研究现场不再是"隔岸观火"或"隔靴搔痒"，现场与研究者密切相关，是研究者的考察对象。传统教育研究方法追求客观中立、价值无涉，因而研究中要避免主观因素的干扰。而叙事研究是对个体生活意义的阐释和理解，而不是对某种事实进行说明。人与人之间的理解是在平等交往的基础上，在对话中展开的。这样，个体可以以自身的体验去理解他人的体验，最终达到视界的相互融合。在叙事研究中，研究者与研究对象是一种平等交往关系，也只有在这种关系的基础上，研究者与叙事者才能达到相互的理解，也才能对研究对象的叙事做出客观、深入和合理的阐释。

（三）意义诠释性

叙事研究的目的是研究者通过对研究对象个人经验的深入描绘，挖掘蕴藏于教育事件背后的意义世界。首先，叙事本身就携带着意义，叙事的过程就是意义诠释的过程。研究对象在叙事过程中，自身的想象力决定着叙事的内容、情节以及对个体生活的意义，叙事过程也就是对自身的身份与教育生活意义的诠释过程。其次，研究者要对研究对象的个人经验和意义建构进行再诠释。研究者置身于教育的自然情境中，尽量搁置自己的主观偏见，在倾听研究对象的故事的同时，要不断思考对方是如何看待自身的经历的，并且要将研究对象的故事放在特定的背景下理解。与此同时，研究者要以自身的体验理解研究对象的经验，在双方的交流、互动中达到视界的相互融合。

（四）动态开放性

传统研究方法在于寻求普适性的教育规律，目的在于为教育教学活动提供一套固定的和现成的答案。然而，由于其量化研究追求的是精确化和抽象性，从而远离了教育日常生活，不可避免地会产生理论与实践的对立或脱节。叙事研究的目的不在于寻求普适化的教育规律，而注重具体教育教学实际问题的解决，在于教育教学经验的意义重构和教育主体的健康发展，并由此期望激发双方共鸣，使倾听者与阅读者获得基于自身的启示。由此可见，叙事研究具有动态开放性的鲜明特征，这也就决定了叙事研究的结果是一种个体性、情境性、带有价值取向和主观色彩的知识，而不是普适性或客观化的死板教条。

（五）自然探究性

叙事研究要求研究者回归教育生活世界，在教育自然情境中把握复杂多变、丰富多彩的教育现象，通过对教育现象的描述和阐释，揭示教育的本质和意义，所以研究是在教育教学的自然情境中进行的。首先，研究者要置身于教育教学的自然情境之中，深入实地进行研究。研究者通过与研究对象直接接触和面对面的交往，观察体验他们的生活，从而获得丰富翔实的资料，并由此增进对他们的理解。其次，自然主义的探究风格还表现在研究者要注重教育现象的整体性与相关性，对教育事件要进行整体性考察。不仅要把教育事件放在特定的社会文化背景中，考察事件发生发展的原因，还要了解该事件与其他事件之间的关系。通过对教育现象的整体理解，从而更加深入地了解和把握所要研究的教育事件。

二、叙事研究的意义

（一）促进教师的反思性实践

反思是教师专业发展所追求的一种实践品格，它主要是以教师自己的教育教学实践活动为思考对象，对自己在教育教学实践中的行为及由此产生的结果进行深入审视和分析的过程。有学者认为："教师对职业活动的反思、在职业活动中的反思和为了更好地从事职业活动而进行的反思，使他在自我觉察的反思中寻到自己发展的有效途径。"①教师个人教育教学经验叙事恰恰是反思性实践的最好路径，它以多元而生动的叙事样式呈现和描述教师的经验、行为以及作为群体和个体的生活方式。教师通过自我叙述来反思自己的教育教学生活，并在反思中改进自己的教育教学实践，重建自己的教育教学生活。在叙事研究中，教师的反思性实践主要包括以下几个方面：一是对教育教学行为的反思。教师首先要对自己的日常教育教学行为进行不断的反思，向自己提出一个又一个的问题，在反思中深化对教育教学行为的认识，超越原有的经验，并透过经验洞察教育行为的本真价值，在对教育教学深入理解的基础上，不断改善自己的教育教学行为。二是对教育进行信念的反思。教师教育教学行为的背后都蕴含着一定的教育教学信念，它内隐于教师的个人实践性知识体系之中，作为隐性知识发挥着重要作用。教师在叙事研究中，内隐的教育信念不断显性化，教师能够明确意识到是什么样的教育教学信念在支配着自己的教育教学行为，哪些教育教学信念是正确合理的，哪些有待进一步修正完善。在反思的基础上，教师不断吸收新的教育教学理念，重构自己的教育教学信念。正如有学者指出的那样，由经验式、无意识的朦胧教育信念向以知识、系统为基础的教育信念不断演进，以至有意识地构建清晰的、理想的教育理念，并随着时代的发展随时予以更新，是教师逐渐走向专业成熟的一个重要维度。② 三是对教育教学理论的反思。叙事研究重视教师"实践话语体系"的生成，但这并不意味着可以否定教育教学理论的价值。叙事研究的真正意义就在于教师与教育教学实践相碰撞而产生的理论能落实到实践之中。教师在叙事研究中，会基于实践背景重新解读理论概念与原理，教育教学实践有了较强的理论吸纳能力，教育教学理论与教师个体的具体实践情境和经验有效融合，并不断形成教师专业领域中最有价值的实践智慧。

（二）增进教师间的合作与交流

教师合作共同建设学校合作文化是教师专业发展的重要保障和主要标志。对此，有学者就指出："专业文化的生成基础是课堂教学实践中的反思性思考，其文化表现是以儿童的成长与自身实践的案例为故事来报告的'叙事'样式。建设这种'叙事'的语言与修辞所结合

① 叶澜，白益民，王枬，等.教师角色与教师发展新探[M].北京：教育科学出版社，2001:90.
② 叶澜，白益民，王枬，等.教师角色与教师发展新探[M].北京：教育科学出版社，2001:231.

的专业共同体，就是我们所期望的。"[①]叙事作为一条纽带，把教师连接为一个成长共同体。教师通过合作叙事，营造一个把他们彼此连接起来的语境，教师用生活世界的朴素的言说方式，叙述自己的故事，交流各自的经验，教师的实践智慧得以共享、积累和传承。教师合作开展的叙事研究主要有教师集体合作叙事和教师与教育研究者合作叙事两种形式。所谓教师集体合作叙事，是指教师以小组为单位进行的集体叙事和反思活动，教研组是比较适合集体叙事的组织形式。其具体操作步骤是：第一，由教研组长负责组织叙事研究，确定叙事研究的时间，征集叙事研究的主题。第二，每次叙事研究确定一个主题，主题要有典型性、代表性。大家围绕主题，各自叙述与主题相关的一个或几个事件。大家就这些事件展开讨论，自由抒发自己的意见，每位教师的意见都将得到尊重。第三，大家集体讨论后，确定一个或几个典型事件作为叙事研究的素材，每位教师写出自己的叙事研究报告，作为共同的资源由教师分享。教师集体合作叙事有利于打破教师之间的隔离状态，有利于教师之间的沟通和经验的分享，有利于教师相互合作和学习。所谓教师与教育研究者合作叙事，是指学校聘请大学教育专门研究人员，为教师的叙事研究提供咨询指导。在这种合作的叙事研究中，教育研究者与教师的关系必须重新界定。叙事研究是一种实践性研究，教师是研究的主体。研究的目的在于改进教育实践，其内容在于实践性问题的解决。教育研究者为叙事研究提供理论支持，并且就理论研究与教师的实践研究展开交流，使教育理论在实践中得到检验和修正。教育研究者与教师的关系不再是权威与服从、主体与客体的关系，而是一种建立在合作基础上的平等交往关系。教师与教育研究者合作构建叙事共同体，就教育实践和教育理论研究展开合作与交流，既解决了教育的具体问题，又丰富了理论研究的成果，在合作中实现理论与实践的良性互动。

（三）提升教师的教育研究能力

虽然教师拥有丰富的教育教学实践经验，但往往由于不能用专家认可的"理论话语"加以表述而难登大雅之堂，这样就不可避免地使教师教育研究的积极性被严重压抑。在叙事研究中，教师是研究的主体，研究的目的是解决教育的实际问题，教师的经验以叙事的方式形成"实践话语"。经验具有了理论的形式和特质。教育叙事为教师提供了一条"使用生活世界的朴素的说话方式"表述教育实践经验的途径，提高了教师参与教育科研的积极性。教师的叙事研究是对已经发生的教育事件的描述和分析，确定问题、解决问题以及对教育意义的揭示是叙事研究的重点。教师首先要有问题意识，面对教育实践中纷繁复杂的问题，要敏锐地意识到哪些问题具有研究价值，问题背后蕴藏着什么教育意义，从而将这些问题确定为叙事研究的课题。问题意识的形成要靠教师平时的观察和思考。教师还要对解决问题的过程进行描述和分析，并从多个角度探索解决问题的更好的办法，这就倡导教师与专家和同事的合作交流。揭示教育事件背后的本质是叙事研究的重点和难点。教师要掌握一定的教育理论，教育理论能够引导教师不断地用新的认识框架重新审视教育事件并赋予其新的教育意义。在叙事研究的过程中，教师的科研意识、科研能力以及合作研究能力不断提高。叙事研究为教师参与科研提供了一条道路，教师参与科研可以使教师从日常繁杂的教育教学工作中脱身出来，获得理性的升华和情感的愉悦，提升自己的思想境界和精神品格。在叙事过程中，教师体会自身存在的意义和价值，逐步提升职业自信心和认同感。教师做叙事研究的

① ［日］佐藤学．课程与教师[M]．钟启泉，译．北京：教育科学出版社，2003：271.

过程,其实也是一个自我肯定和自我实现的过程,是一个专业能力不断提高的过程,是一个获得职业自信心和认同感的过程。

三、叙事研究的种类

(一) 教学叙事

教师最主要的职业生活是课堂教学生活,教师所寻求的对教育实践的改进主要是对教学生活的改进。由此可见,教师的叙事内容主要是由教师亲自叙述课堂教学生活中发生的"教学事件"。这种对教学事件的叙述即为"教学叙事"。教学叙事绝不是简单地"镜像式"记录教学生活,而是需要有鲜明的主题或引人入胜的问题;要有解决问题的情境性、冲突性和过程性等的描述;有解决问题的技巧和方法的分析与升华;有解决问题过程中及过程后的批判性反思;有获得的经验或教训的总结和评价。因此,教学叙事通常采用"夹叙夹议"的方法,将自己对"教学"的理解以及对某一节课的反思插入到相关的教学环节中,用"当时我想……"、"现在想起来……"、"如果再有机会上这一节课,我会……"等方式,来表达自己对教学改进的深入思考。由于课堂教学是教师最日常的教育生活,因而教学叙事的实质是反思教学实践过程中有价值和有意义的资源,它对教学能起到剖析、反思、借鉴和启迪的作用,是叙事研究的一种最主要类型。

(二) 生活叙事

叙事理论认为,生活中充满了故事,人的每一经历其实也就是一个故事,人生就是故事的持续不断的发展过程,同时每个人都是他自己的故事的叙说者。教师"叙述"自己的教育故事,实质上就是在"反思"自己的教育实践。教师参与教育研究并不单纯是为了发表论文,炫耀某种研究成果,而更重要的是"听教师讲述自己的故事"。除了参与"课堂教学"之外,教师还大量地居留于其他活动之中。由此可见,教师的教育叙事除了"教学叙事"外,还包括教师本人对课堂教学之外所发生的"生活事件"的叙述,它涉及教师的教育管理工作,如"德育叙事"、"管理叙事"等,它们一起构成了教师的"生活叙事"。正如一位老师曾经说过的那样:"这类生活叙事比教学叙事更具有可读性,因为这些生活叙事与教学相关,又没有生活界限,适合于所有学科的老师阅读。"

(三) 自传叙事

所谓自传叙事,是指教师通过对个人成长或成长的某一方面的梳理,然后去发现这一阶段对教师教育生活的重要性,或梳理某一时间段教师对个人教育的观念性转折,并经由自我反思、自我评价而获得某种自我意识。在这种叙事中,是"我"在讲述自己教育教学中的亲身经历,"我"是故事的组织者与建构者。当教师讲述他们自己的教育故事时,这种谈论教育的方式有些像叙述自己的"自传",因而一般又把它称为"教育自传"。自传叙事从其本质上来看,是一个从"个人生活史"、从"个人生命经历"中透视整个世界的过程,它充满着生命的体验和生命的感动,容易打动人心、产生共鸣。在对自我教育生活的发现和认同的同时,也是对教师人生的丰富性、价值性的发现和认同,更是对作为教师存在的个体内在心灵世界的丰富与充实的发现,教育叙事也因此成为教师改变单调而平庸的教育教学生活的最重要方式。

四、叙事研究的过程

关于叙事研究的过程及其基本环节,学术界存在着不同的认识和理解。加拿大学者康纳利和克莱丁宁倾向于把叙事研究分为现场工作、生成现场文本和由现场文本转换成研究文本三个阶段。我国学者王楠认为，叙事研究应包含以下流程：确定研究问题、选择研究对象、进入研究现场、进行观察访谈、整理分析资料、撰写研究报告。侯怀银等人则认为教师教育叙事的过程包括：观察思考、形成问题、设计结构、深描归纳、意义阐释。上述这些研究虽然提出了叙事研究的一般框架和具体的操作方法，但研究尚缺乏系统性，对叙事研究过程中有重要影响的因素并未能做深入探讨。基于此，我们认为，教师叙事研究的过程可分为以下五个基本环节。

（一）确定研究问题，选择研究对象

确定研究问题不仅是叙事研究而且也是所有研究的基本逻辑起点。正如有学者指出的那样："在一切研究的阶段，一个重要的方面就是必须时刻留心人们的有创见的问题并密切关注生活体验。这些生活体验使我们有可能首先提出'它是什么样子'这样的问题。"[①]生活体验指向生活中的现象，因此必须善于从教育现象中发现真正有价值的问题。

首先，研究者要确定自己所要研究的现象。研究的现象也就是研究将要涉及的领域范围。研究者对某种现象的指向总是暗示着生活中特定的爱好、定位或观察视角。研究者必须深入思考自己的兴趣、爱好到底是什么，真正关心的问题是什么。只有弄清了这些问题，才能投入所要研究的现象中去。对研究现象的指向不但与研究者本人的兴趣、爱好有关，也和研究者的经历和资源有关。其次，研究者要明确研究问题。研究者应该选取有意义、有价值的问题进行研究。有意义、有价值的问题一般包含两方面的含义："一是研究者对该问题确实不了解，希望通过此项研究对其进行认真的探讨；二是该问题所涉及的地点、时间、人物和事件在现实生活中确实存在，对被研究者来说具有实际意义，是他们真正关心的问题。"[②]为了发现有意义、有价值的问题，研究者必须要有问题意识。哲学家伽达默尔认为，问题的实质是敞开可能性并保持这种可能性的敞开。但只有当我们能够以一定的方式保持自身的开放，我们才可能做到这一点，这种方式就是：在对问题的长久关注中我们发现自己感兴趣的是首先使问题成为可能。真正地质疑某一事物也就是从我们生存和存在的中心出发去探讨这一事物。[③] 研究者确定所要研究的现象以后，就要从一个比较宽泛的视野逐步缩小关注的范围，不断聚焦，最后集中到一个或几个问题上。随着研究的不断深入，需要研究者随机应变，及时调整研究问题。

（二）进入研究现场，建立合作关系

叙事研究是研究者与被研究者相互合作、相互对话的过程。对于专业研究者而言，可以通过以下两种方式进入研究现场：第一，通过正式的学校体制进入现场。这种进入现场的方式其优点在于能够得到学校管理者的认可和支持，容易获得学校管理者的相关资料，但其缺陷在于研究行动的开展或研究资料的收集难度相对较大，往往因为研究对象的疑虑或不配合而遭到拒绝。第二，通过非正式的渠道进入现场。研究者可以通过老师、朋友、同学、亲戚等个人关系进入调查现场，凭借与某个研究对象之间良好的个人关系，研究者可以很快融入社区及学校生活，便于深入细致地进行研究。研究者采用这种方式容易得到研究对象的合

① [加]范梅南.生活体验研究——人文科学视野中的教育学[M].宋光文，译.北京：教育科学出版社，2003：54.

② 陈向明.质的研究方法与社会科学研究[M].北京：教育科学出版社，2000：78.

③ [加]范梅南.生活体验研究——人文科学视野中的教育学[M].宋光文，译.北京：教育科学出版社，2003：55.

作与信任，有利于研究活动的开展和研究的深入。不仅如此，有些研究者也开始涉猎自己所熟悉的家乡，这样研究对象似乎并不是那样陌生和遥远，如司洪昌所撰写硕士学位毕业论文《嵌入村庄的学校——仁村教育的历史人类学探究》(2006 年)，就记述了作者的亲身经验、作者的家乡以及家乡的学校。

(三) 收集叙事材料，形成叙事文本

研究者进入研究现场，要善于通过多种方式收集叙事材料。在这一阶段，研究者与研究对象之间的合作与互动显得尤为重要。研究者要与研究对象建立良好的合作关系，就必须走进研究对象的生活世界，用研究对象的眼睛亲自观察丰富多彩和变动不居的世界，用心灵去感受研究对象的内心体验，分享研究对象的经历。唯其如此，研究者才能获取丰富的、真实的叙事材料。研究者收集叙事材料的途径和方法主要有：一是近距离观察法。这是叙事研究者最常用的收集研究对象经历素材的方法。近距离观察法要求研究者融入研究对象的生活世界，与研究对象一同做他喜欢做的事，一起听音乐，一起交流对一本好书的看法等。近距离观察法力图打破通常意义的观察方法所造成的距离限制，从多个方向观察研究对象。研究者要保持对所观察情景的敏感性，以便能不断对其意义进行反思。近距离观察法所收集的素材是轶闻趣事，在收集轶闻趣事的过程中研究者认识到日常生活的"文本"哪些对研究有意义。二是个别访谈法。研究者根据自己想知道什么设计一系列适当的问题，然后以这些问题为基础展开个别谈话，以获取自己想要的信息。个别访谈必须是开放性的，双方以开放的态度，创造性地交流各自的经验，获得更为深刻的自我了解。研究者首先是一个优秀的倾听者，他善于倾听访谈对象的谈话，乐于分享他们的经验，从而能将传统的单向回应访谈转换成访谈者与被访谈者之间的双向交流；他会适时地引导话题，把握谈话的走向。三是自传、传记和个人生活史。这是对个人生活经历的记录和描写，叙事研究者能从中找到与教育意义相关的部分，从而深入理解研究对象的生活经历及其所蕴含的教育价值和意义。四是日记和笔记。这种研究方法对于叙事研究有着重要价值。日记和笔记不仅能记录对个体产生重大影响的事件，而且也包含了个体对这些事件的反思，它是对个体生活故事的再阐释。

叙事研究者在掌握了大量的叙事材料之后，要对叙事材料进行整理加工，创作成叙事文本，把研究成果以叙事文本的形式呈现给读者。叙事文本的写作是一种创造性活动，没有一套固定的步骤可以遵循，其基本框架主要包括：

第一，确定主题。主题是叙事材料转换为叙事文本的关键。主题是经验的焦点、意义和要点，主题是对意义的需求或渴望；主题是对事物保持一种开放性，主题是创造、发现和揭示意义的过程。叙事文本的主题总是和某种观念化的思想相联系，主题赋予作品以深度感。叙事性写作的主题提炼是"自下而上"的，是叙事研究者从具体的教育事件和活生生的教育经验中提炼出的"扎根理论"。

第二，确定叙事结构。文学的叙事结构可以为教育叙事文本的创作所借鉴。叙事情境和叙事方式是叙事结构的主体，文学中最基本的叙事情境有三种：一是第一人称叙事情境。叙述者存在于虚构的小说世界，第一人称叙述者就像其他人物一样，也是这个虚构的小说世界中的一个人物，人物的世界与叙述者的世界完全是统一的。二是作者叙事情境。叙述者外在于人物的世界，叙述者的世界存在于一个与小说人物世界不同的层面。叙述者采取的是外在聚焦。三是人物叙事情境。在这种叙事情境中，叙述者被一个反映者所取代，这个反映者是小说中的一个人物，读者通过这个反映者的眼光看待小说中的其他人物和事件。在这些不同的叙事情境中，有一个极为重要的要素——叙事方式的差别。这种差异表现为：在叙事中“究竟由谁在叙述”？叙述者外在于故事，叙述者就是讲故事的人，他作为传达信息的中介存在于文本中，这是讲述的叙事方式。与讲述相对应的是展示的叙事方式。在展示的叙事方式中，一般找不到叙述者的影子，而只能发现有一个充当着“反映者”的角色人物，所有的故事情节都是在这个反映者的视野中逐步展开的。①

第三，确定叙事风格。传统研究是客观的和非个人化的，而叙事研究则由于“研究者的在场”而带有了很大的主观性。鉴于此，叙事文本的写作要体现个人风格，可以用散文、诗歌等不同的风格撰写，具体的写作方式可以是独白、对话、事实描述和解释性的叙事等。美国学者邓金提出了解释文本写作的三种不同风格：主流的现实主义、解释性的现实主义和描述性的现实主义。② 所谓主流的现实主义风格，是指作者对某个人或某一群体的现实生活做客观的描述，从而揭示文化及社会结构的客观构成要素；所谓解释性的现实主义风格，是指作者认为他们能够理解别人的现实生活状况；所谓描述性的现实主义风格，是指作者试图按照世界的本来面目解释世界。因此叙事者经常会以多重的声音出现在自己的叙事文本之中。

第四，进行深度描述。叙事文本的写作强调对教育事件的场景、情节和过程进行整体性、情境化和动态的“深度描述”。“深度描述”绝不仅仅只是记录人物的所作所为，而是去详细描述情境、情感以及人际交往的社会关系网络，它必须能将其所描述的东西活生生地呈现出来，从而唤醒人们的情感与内心感受。它能将历史插入经历，以求把交往情境中个体的经历意义及其发展顺序揭示出来。在深度描述中，交往个体的声音、情感行动与意义不仅能被人听到，而且能被人看见。叙事研究者要敏锐地捕捉教育教学情境中有意义的细节，通过深度描述，刻画出栩栩如生的活动场景，并呈现出研究对象是如何理解其周围所发生的事件的，从而使读者身临其境地体会其所描述的经历与事件。

第五，解释叙事文本。叙事研究的目的是通过故事的讲述揭示行为背后的意义。意义需要理解和解释，因此解释在叙事文本的创作中占有重要地位。任何解释都是在一定的解释框架内进行的，正如美国学者邓金所指出的：“解释必须澄清一系列经历所产生的意义，它是在一定的解释框架之内进行的，而这个解释框架对于研究对象来说，同样也是意义丰富的，也就是说，它所使用的概念以及所做出的解释都非常贴近研究对象的经验。”③叙事研究的解释框架不仅包括教育学的理论和概念，而且包括研究者从研究对象的经验中提炼出的“扎根理论”和“本土概念”。它们以经验事例为依据，与特定的使用情境相联系。在叙事研究者看来，只有情境化的理论才能有助于揭示教育教学问题的复杂性。

（四）分析研究资料，重新讲述故事

资料搜集和现场文本的任务结束后，研究者接下来需要开展的一项工作就是系统分析和讨论包含着研究对象经历故事的现场文本，并重新讲述故事。这一过程主要包括以下几

① 王彦，王楠．从理性思辨走向经验表达的教师叙事研究[J]．全球教育展望，2005(7)．

② [美]邓金．解释性交往行动主义——个人经历的叙事、倾听与理解[M]．周勇，译．重庆：重庆大学出版社，2004：13．

③ [美]邓金．解释性交往行动主义——个人经历的叙事、倾听与理解[M]．周勇，译．重庆：重庆大学出版社，2004：131．

个基本步骤。

第一,阅读现场文本。离开现场后的资料分析首先要求研究者熟悉现场文本的内容,认真阅读资料,仔细琢磨其中的意义和联系。在分析资料前,研究者要做到通读资料,对资料做到了如指掌。在阅读现场文本的过程中,研究者必须将自己对该现象事先具备的知识背景放入括号存而不论,让资料原原本本地进入到自己的思考之中,不让自己原有的假设妨碍自己原原本本地接受资料。研究者须对所收集的资料采取开放和尊重的态度,尽量避免个人的解释或评论,让资料中存在的意义自然显现。其次,研究者还应重视在阅读中产生的反应和体验。在阅读现场文本的过程中,文本不断地向研究者提出一个又一个的问题,为了要理解、回答这些问题,就必须理解特定的阅读情境,也必须对自己的生活经验进行反思和整理。每次阅读总会给研究者带来不同的感受和体验,每个新的感受和体验都有可能成为理解的重要线索,都可能创生一个新的意义世界。这个新的意义世界既不是现场文本所呈现世界的翻版,也不是研究者原本的主观世界,而是两者在互动之中创造出的一个新的意义世界。阅读资料的过程就是在资料中寻找意义的过程。寻找意义主要是发现文本中所呈现出来的重要讯息,包括寻找重要的词、短语和句子表达的概念,资料中的各个段落以及主要的句子之间的联系,某些语言、词汇出现的情境和用途,整个资料中出现的各种事件和它们之间的联系,整个资料包含的故事线索,参与者非口语的、言外之意的沟通层次等。

第二,编码转录故事。编码转录是分析研究资料中一项最基本的工作,也是规范合理的叙事研究中必不可少的环节。在阅读原始材料、寻找原始材料中意义所在的基础上,研究者把搜集到的现场文本按照故事所包含的基本元素进行编码、转录。编码是对资料进行解读的一种方式,是研究者对资料进行分析的基本概念框架。有研究者根据自己的研究经验,提出了多种编码系统的内容和结构。① 分析资料是一个不断演化的过程,在分析过程中,一些新的码号可能出现,某些旧的码号可能需要修改或抛弃,一些下位类属和上位类属也可能会从原来的码号中分化出来,因而需要研究者对现有的编码系统进行相应的调整。在调整编码系统时,我们不仅要检验该系统是否反映了原始资料的真实面貌,而且还要考虑这个系统是否能够在撰写研究报告时有效地为自己服务。研究者可以参考相关的编码系统分析现场文本,在资料中提炼出那些频繁出现的或是带有感情色彩的有意义的内容,为这些意义单位设置数字或赋予字母码号,把相应码号标注在资料中有关内容旁边。在编码的基础上,研究者还需要按照一定的标准对现场文本进行转录。所谓转录是指将基本主题或故事线索从现场文本中抽取出来重新加以组织的过程,即按照码号所代表的概念、意义重新组合现场文本,将具有相同属性的文本归类并转录在一起,将不同属性的文本按照叙事线索建立联系并加以排列,从而形成一个体现原初生活世界、保存故事原貌的精简的叙事结构。

第三,新讲述故事。研究者按照研究的主题和思路,进一步完善、深化和重构原初的叙事结构,通过反思自己真实的在场体验,力图从被研究者的视角出发,重新讲述故事。只有按照一定的逻辑顺序组织后,研究对象所讲述的故事才能够被更好地理解。重新讲述故事对于叙事研究者来说是具有挑战性的工作。由于叙事涉及两个必要的因素,即故事与叙述者,因此两者之间必然存在着不同的关系,这便构成了不同的叙事情境。一般而言,研究者可以采用两种不同的叙事方式:其一是讲述的叙述方式,即叙述者外在于故事,叙述者就是

① [加]范梅南.教学机智——教育智慧的意蕴[M].李树英,译.北京:教育科学出版社,2001:42-43.

讲故事的人，他与故事中的人物距离较远，作为传达信息的中介存在于文本当中，他记录、讲述、评论和解释着故事，与读者交谈。在这种叙事方式中，由于有了叙述者的暗示和引导，读者很容易形成自己的明确结论。其二是展示的叙述方式，即所有的故事情节在反映者的视野中展开，没有一个讲述者向读者传递信息，读者则亲历事件发生发展的过程。随着故事的不断发展，读者直接进入这位人物的内心世界，感受着他的感受，思考着他的思考，领悟着他的领悟。在这种叙事方式中，读者只是随着故事人物的意识四处游走，故事中存在着大量的不确定的意义空间，文本具有更多的开放性和自由性。

（五）撰写研究文本，形成本土化理论

完成叙事研究报告的过程，也就是把现场文本转换成研究文本的过程。加拿大学者康纳利和克莱丁宁认为："从现场文本到研究文本的主要转变是：研究文本为其他研究者和参与者而写，并超越现场文本中捕获的经验的特殊性。"①这便要求叙事研究不应仅仅停留于描述故事和再现生活，还应通过归纳分析现场文本，尝试自下而上地建构理论。如马佳关于一所农村学校教师合作的个案研究，就是以浙北一所普通农村学校为研究对象，通过实物呈现、研究者亲历及教师言说等多个方面收集资料，呈现出教师合作的详细图景，整理出教师合作的组织、制度、内容等，在分析的基础上提炼出教师合作的本土理论，并揭示出教师合作中存在的问题。透过这所农村学校教师合作的多个图景，揭示出课程改革的理想与农村学校教育现状的矛盾、教师教研组内教师求同与独立之间的冲突、农村学校中不同学科教师及同一学科教师合作的缺失。② 由此可见，研究者对叙述事件之间的相互影响和相互作用关系进行了梳理，通过分析和比较收集来的各种叙事素材，成功地将这些零散的叙事素材转换成完整的学校场景，生动地再现了这所学校中教师合作的现状，并在此基础上提升出农村学校教师合作的本土化理论。

第二节　行动研究与教师专业发展

行动研究既是一种教育研究的类型、方法或策略，又是教师进行教育教学的方法，具有重要的方法论意义。作为沟通教育理论与教育实践的桥梁和中介，行动研究十分适用于教育研究和教育实践领域。由于教育活动的复杂性，教育理论在其发展过程中不仅流派众多，而且观点往往存在较大差异，这些都会使教师无所适从，致使教育理论远离了鲜活而丰富多彩的实践。行动研究的兴起，是教育工作者试图从理论与实践关系的新视角，建立一种不同于传统的研究与教育的新观念、新理论所作努力的结果。在教育领域，行动研究正越来越受到人们的普遍关注。

一、行动研究的意涵

"行动"和"研究"，在西方社会科学工作者那里，是两个用以说明不同的人从事的不同性质的活动的概念。"行动"主要是指实践者、实际工作者的实践活动和实际工作；"研究"则主要是指受过专门训练的专业工作者、学者专家对人的社会活动和社会科学的探索。学术界

① ［加］康纳利，克莱丁宁.叙事探究［J］.丁钢，译.全球教育展望，2003(4).

② 马佳.新课程实施背景下一所农村学校教师合作的个案研究［D］.北京：首都师范大学，2008.

一般认为,行动研究有两个来源:一是1933～1945年美国学者柯利尔曾与同事研究如何改善印第安人与非印第安人之间的关系问题。他认为研究的结果必须能为实践者付诸实用,并利用之间的经验进行检验,因而他鼓励实践者参与研究。他把这种实践者在行动中为解决自身问题而参与进行的研究,称之为行动研究。二是20世纪40年代美国社会心理学家勒温与他的学生一起,试图深入地研究人际关系,以提高人际交往的质量。勒温的工作关注社会冲突的实践背景,并且是与犹太人或黑人合作进行的。这些实践者以研究者的姿态,在研究中积极地反思和改变自己的境遇。后来勒温把这种结合实际工作者智慧和能力的研究称之为行动研究,并指出了行动研究的几个特征:参与、民主、对社会知识及社会变化发挥一定作用等。

目前,学术界对行动研究的认识和理解颇不一致。当今行动研究的主要倡导者、英国学者埃利奥特认为:行动研究旨在提供社会具体情景中的行动质量,是对该社会情景的研究。英国课程论学者麦克考南认为:行动研究乃是一个反思性过程。在一个给定的问题领域,人们希望借此过程而改进实践或加深对问题的个人理解。行动研究是由实践者着眼于改进实践而作出的系统的自我反思性的科学探究。美国学者麦克纳认为:行动研究是一种运用科学方法解决课程问题的系统的自我反省探究,参与者是这种判断性反省探究过程和反省探究结果的主人。《国际教育百科全书》则把行动研究定义为:由社会情景(教育情景)参与者,为提高对所从事的社会或教育实践的理性认识,为加深对实践活动及其背景的理解,所进行的反思研究。对行动研究的这些不同的认识,归纳起来大致有以下三种:

一是行动研究即行动者用科学的方法对自己的行动所进行的研究。持这种观点的人,强调用测量、统计等科学的方法来验证假设。如在柯利尔看来,行动研究者就是实际工作者用科学的方法来解决实践中的问题。有不少人认为,行动研究是一种小规模的实验研究,它用统计的方法来验证假设,用科学的方法来解决教室里的实际问题。

二是行动研究即行动者为解决自己实践中的问题而进行的研究。持这类观点的代表人物是英国课程与教学论专家斯腾豪斯等人。他们关心的不仅仅是统计数据,而且还重视教师和学生的日记、磁带、照片等所有对以后的回忆和评价有帮助的材料。在他们看来,课程的编制和研究在本质上只是教育实践问题,而不是理论问题;理论的正确性并不依赖于“科学”的测试,而在于是否从实践中产生。他们对行动研究的典型看法是:行动研究就是由教师或其他实际工作者针对实际问题进行研究的一种方法。

三是行动研究即行动者对自己的实践进行批判性思考,以“理论的批判”、“意识的启蒙”来引起和改进行动。持这类观点的代表人物是美国学者凯米斯等人。他们认为行动研究是追求自由、自主和解放的,从而把行动研究看作是教师和其他实际工作者所进行的一种自我反思的研究,倡导教师对自己的实践进行批判性思考。①

上述三种不同的定义反映了人们对行动研究含义的不同认识。第一种定义强调行动研究的“科学性”;第二种定义更关注行动研究对教育教学实践的“改进”功能;第三种定义突出了行动研究的“批判性”。据此,再结合我国教育研究实践,可以把行动研究的本质内涵表述为:所谓行动研究,是指教育工作者,或与研究者结合,在具体教育教学情境中,以解决教育

① 李臣之.行动研究若干问题探讨[J].教育科学论坛,1995(5).

教学实际问题为目的的一种教育科学研究类型。① 行动研究反映了教师在行动研究中的主体地位和教育教学实践理性化的发展趋势，它强烈主张在行动研究中教师与教育理论工作之间的相互结合、共同参与教育研究的全过程。行动研究一般具有以下几个突出特征：

（一）研究主体是教育一线教师

在传统教育研究中，理论工作者与教师之间存在明显的职业活动差别，似乎教育研究活动只是专家或教育研究者的事，有些教师也认为这是一种与教育教学实践活动毫不相干的学术游戏。这种情况导致了教师主动认识问题、解决问题的意识和对自己的教育行为反思意识的逐渐减弱、淡化，使得教师的工作成为一种单纯的执行教育教学步骤的行动。但是，教育研究的实践表明，教师在开展教育研究方面有着得天独厚的优势。在教育教学实践活动中，教师对教育工作面临的问题有着深切的感受和认识，教师置身于现实的、开放的、动态的教育教学情景中，能够时刻体验到教育教学活动的背景、过程及有关现象的种种变化，能够在教与学的互动过程中，不断地及时地解决新问题，能够根据自身的经验对假设或方案的可行性、有效性作出准确判断，也就是说教师不仅处于最佳研究位置，而且还拥有最佳的研究机会。正如斯腾豪斯所认为的那样：如果没有教师的探究、反省，没有他们主动的认识、理解，没有他们根据实际情况把“官方课程”转变为“操作课程”，任何教育改革最终都是难以取得成功的。② 教师成为研究者，意味着教师不再只是教育专家进行教育研究的一个棋子，也不再把视野仅仅局限在教育教学内容及其传授方法上，而是更加关注教育教学内容的价值和意义，了解教育教学实践活动对学生身心发展产生的实际效果，能够不断地对自己的教育行为进行反思，进而有意识地改造自己的教育教学行为，创设最佳的教育教学活动情境，从而达到预期的目标。

（二）研究目的是为了行动

行动研究打破了传统教育研究的理性认识和反思意识，更加注意改进教育教学行为，从而提高了教育教学实践活动的质量。由此可见，行动研究既要使教师获得“是什么”的知识，还要使教师懂得“如何做”和“为什么做”的知识。美国学者波普尔认为：科学研究是通过一系列细致、严谨的手段和方法，对不尽精确的表象进行“证伪”，从而逐步接近客观真实的过程，我们无法通过经验的归纳来证明某种理论和理性的批判，猜想反驳才是获取知识、接近真理的唯一途径。③ 从这个意义上来说，教育研究并不是要为课堂教学提供规则和指令，而是旨在提供对改进教育教学实践活动有用的探究性知识与方法。基于此，英国学者克拉克指出，行动研究是研究与理论相关的实践问题，研究人员、理论工作者和实际工作者都关注研究成果，这种研究既有助于促进对实际问题的解决，改进教育教学工作，又有助于完善与实际问题相关的理论，推动理论的发展。这样就避免了理论工作者和研究者的纯学术、纯理论研究而脱离实际，又能促使教育工作者认识到研究教育教学问题一定要寻求理论的指导，行动研究是完善理论和解决实际问题相结合的方法，因此行动研究又具有方法论的意义和价值。

（三）研究对象是教育实践中的问题

教育研究问题必须来自教师自己的教育教学实践，它不同与其他的理论研究，是教师自

① 陶文中.行动研究的基本理念[J].教育科学研究，1997(5).

② 张天宝，王攀峰.论教育的行动研究[J].中国教育书刊，2001(12).

③ 姚利民.论教师开展行动研究[J].湖南大学学报(哲学社会科学版)，2001(6).

己的直接经历和感受，因此教师首先必须广泛收集信息，发现问题，研究问题，在此基础上提高教育教学的质量和效益，改进教育教学工作。与旨在揭示教育教学规律的理论研究和了解现状、提出参考建议的调查研究不同，行动研究讲求解决教育教学中的实际问题，这既是一线教师开展教育研究的根本动力，也是教育研究的根本目的和旨归。当然，行动研究把解决实践问题放在第一位，并不等于它仅满足于问题的解决，而不对已取得的成功进行理论探讨。行动研究既然是一种研究，必然要对行动的过程和效果进行理论思考。行动研究在实践的基础上，在一定的范围做出自己的理论贡献。从哲学的意义上来说，行动研究体现了认识世界和改造世界的统一。由于教育教学过程是一个复杂多变的动态过程，因此教师要经常反思行动研究过程中的问题，专业研究者也必须深入教育教学实际，与教师一起共同研究出现的新问题，教师应根据行动的实际情况，随时调整计划、完善行动，在良性的变革之中达到问题的解决，使教育教学的工作进程成为一个研究过程，使研究过程成为一个理智的工作过程，达到研究和行动的完美结合。

（四）研究手段是对自身实践的持续反思

如果从行动研究的视角来看，教师作为研究者参与研究是完全可能的，因为教师在教育教学实践活动中有着明确的实践目的和责任，能够体察教育教学实践活动的背景以及有关现象的种种变化，能够通过实践检验理论方案计划的有效性和现实性。他们对实际教育教学问题具有专业研究人员所难以替代的认识作用，并且教育教学活动目的的达成程度、实际工作的效率虽然不完全取决于教师对教育教学计划、环境和行动的理解，但是总也离不开他们对教育教学实践及其所蕴含问题的理解。教师参与研究、从事研究，以教育教学实践活动中的问题作为研究的出发点，实践者同时也是研究者，研究结论同时也是下一步所要采取的实践措施。在行动研究过程中，由于研究主体与实践主体紧密联系乃至统一在一起，研究活动与教育教学实践也就达到了高度的有机统一。行动研究使教师的研究比日常教育教学行为具有更严格的程序，它能使教师的行动建立在一个合理的基础之上，从而确保教育教学实践得到有效提高。

二、行动研究的意义

任何一种教育理论或教育思想如果不能与教学实践相结合，不能内化为教师在实践中解决问题所必需的经验材料，它的生命力及其意义价值将是十分有限的。要改变理论与实践相分离的状况，期望通过理论学习来提高教育教学水平，就必须对自身的实践活动产生新的认识，必须在理论与实践的互动中走专业发展的道路。行动研究恰恰能为教师提供一条促进自身专业发展的良好契机和重要路径。

（一）推动教师反思研究

传统教育研究脱离了教育日常关心的问题，研究者的主要任务是发展理论，研究者和实践者往往处于相互分离的状态。这种为了研究而进行的研究对教育实践毫无价值。教师迫切需要有实践取向的教育研究，要求研究者面向学校教育教学的实践，深入教育教学的第一线，与教师结合共同探讨和解决教育教学中存在的实际问题，并指导教师积极开展研究工作，促进教师对教育教学的正确理解和改革完善。一线教师直接参与行动研究，成为研究者与实践者的综合体。有了行动研究这一主线做引导，教师就可以更及时、敏锐地感知自己周围的教育教学事件，反思自身的教育教学行为，从一个更高的层次和视角，认识自己的教育教学。行动研究给老师注入了一种思想，提供了一种方法，能促进教师更好地实现自身的专业发展。

（二）形成教师教育信念

所谓教师教育信念，是指教师自己选择、认可并确信的教育观念或教育理念。它反映的是教师对教育、学生等的基本看法。由经验式、无意识的朦胧教育信念向以知识、系统理论为基础的教育信念不断演进，以至有意识地构建清晰的、理想的教育理念，并随着时代的发展随时予以更新，是教师逐渐走向专业成熟的一个重要标志，教师教育信念系统的改变往往是一种较深层次的教师专业发展。教师通过行动研究对自己的教育教学行为进行反思，将自身所处的一定行为予以对象性看待，批判反思其在实践中对教育和学生的观念、教学法的运用等，并通过行动研究不断深入探索，达到对教育教学的正确看法。这不仅对教育教学有积极的促进作用，而且对教师自身也是一种发展和专业自主的解放。特别重要的是，教师在不断研究的过程中逐渐将自己融入其中，改变以往疲于应付的局面，焕发出一种主人翁的精神。同时，只有以这种精神融入教育教学，再加上对行为理性的思考，才能不断发挥教师的创造性。

（三）提升教师专业能力

教师的教育教学经验并不是衡量教育教学质量的唯一标准，实际上教师并不都是教龄较长或教育教学经验丰富的教师。教师在不断变化的教育教学实践中积累起来的专业能力，对教育教学的成败具有最直接的决定性影响。教师的专业能力不是仅靠学习专业学科知识和教育知识就能够转化生成的，也不是仅靠教育教学经验的积累、阅历的增多而自然而然形成的，它需要教师在教育教学实践中投入大量的精力进行教育研究，并将理论用于实践之中。也就是说，发展教师的专业能力，要求教师在实践中进行理论指导下的行动研究，唯其如此，才能不断加深对理论的理解和辨识，分清理论的优势和不足，更完善地了解和更准确地把握教育教学情景，更敏锐地洞察、更深入地分析和更恰当地解决教育教学情景中的具体问题，才能最终形成改进教育教学实践的方案和措施。

（四）促进教师自主发展

教师专业发展实际上就是教师的专业自主。对此，斯腾豪斯就曾明确提出教师专业发展的关键在于其专业自主发展的能力。教师专业自主成长一般存在三条基本路径：通过系统的学习、通过研究其他教师的经验和在教室里检验已有的理论。在这三条路径中，最后一条尤为重要，它指的其实就是现在特别强调的“教师即研究者”。首先，行动研究提供了检验和改进教育教学实践的方法，将教育教学实践置于系统的理论知识和教育教学研究的基础之上，它有助于发展教育者的批判性自我反思意识，拓展教师的专业自主。其次，在通过行动研究不断总结经验和接受专家指导的过程中，教师的教育教学能力和技能技巧得到了普遍提高，其研究能力也得以进一步加强。在行动研究中培养出来的教师研究能力并不仅仅适用于行动研究，它将有利于其他形式的研究的顺利进行。在研究中习得的许多研究方面的技能和技巧，掌握的科学研究的过程，养成的乐于研究的精神，使教师的理论水平和实践能力大大提高。这对教师素质的提高无疑是非常重要的一环，而教师的素质也是教师专业发展的重要因素。可以看出，行动研究是培养研究型教师或对教师进行在职培训的有效途径，教师通过行动研究，接受专家指导和接受实地教育，从而不断促进自身的专业发展。

(五)强化教师教育研究

具有科研意识、知识和能力是所有专业人员的共同特征。要提高教师专业发展水平,也必须强调有关教育研究能力方面的要求。教师的研究能力,首先表现为对自身教育教学实践和周围发生的教育教学现象的反思能力,善于从中发现问题和新现象的意义,对日常工作保持一份敏感和探讨习惯,不断改进自己的工作,并形成理性的认识。教师的研究大量是结合自己的实践工作与对象展开的,因此科研能力也是高质量教育教学不断发展的必要条件。应大力提倡在教育教学实践中开展行动研究,因为在进行行动研究的过程中,教师不再仅仅是知识的传授者,他一旦以研究者身份参与各种教改措施和改革方案的制定,就会以比较挑剔的眼光来审视教育教学,对教育教学的看法、态度乃至行为方式都将会发生根本性转变。在教育教学实践中,有些教师虽然工作了几十年,但只是把一年的工作重复几十次而已,在教育教学方法上并无多大改进,究其原因,就在于他只是执行教育教学活动而没有研究教育教学,没有处于研究者的状态。而行动研究作为一种群众性的研究活动,其价值就在于教师能增长应用性知识,产生更合理的教育教学观念和态度,从经验中和"做"中学习,能结合自身实际研究来处理将要面临的教育教学现象,从而更好地适应现代社会对教育教学的要求。

三、行动研究的种类

(一)按照行动研究的水平分类①

第一,技术的行动研究。人类认识的技术兴趣是试图通过工具理性的逻辑占有或支配世界。技术兴趣对手段的选择与运用远远超过对结果的价值追问,其旨趣是寻找更经济、有效的途径达到预期目的。相应地,技术性行动研究表现为行动者在掌握由教育理论工作者生产的理论和知识后,在实践中认真地加以实施。行动者扮演操作员的角色,其功能是把专家生产的知识忠实地落实到实践中去,他们希望通过理论知识的运用改善实践。技术性行动研究者相信:知识可以独立于求知者而存在,教育教学中存在普适的理论,而且教育教学实践可以通过外在的推力而强制性地加以改造。在技术的行动研究中,校内教育者需要忠实按照外来专家和理论的意图在自己的实践情境中产生预期的结果。如在大规模的由国家发起的课程改革运动中,教师往往扮演着执行者的角色,要求在有限的时间内忠实地执行课程改革的理念和方案。

在这个过程中,许多教师在强大的变革氛围和强势的理论推动下,会在课堂中实施变革理论和教学方式。但是,由于教师还没有完全、透彻地理解这些教学理念与方式,他们在这种"照猫画虎"式的教学中所进行的探索就类似于技术的行动研究。之所以把它说成是行动研究,是因为教师在不断地反思自己的教育教学情境:到底发生了什么?是如何发生的?如何才能更好地把新的理念更准确地体现出来?并且在后续的教育教学中尝试新的做法。在这样的思考与探索中,教师未尝不是在进行行动研究。但这种行动研究有很大的局限性,教师主要发挥执行者的角色,他们所关心的是找到更好的策略和方法去落实专家的理念,而不会或者很少去思考为什么要改变,改变的理由是什么,是否还有更好的变革理念。也就是说,这种行动研究是在外来理论和专家牵制下的行动研究,教师对教育教学实践并没有从理论上进行深度的理解和剖析。从这个意义上说,技术的行动研究几乎不能称作真正的行动

① 赵明仁,王嘉毅.教育行动研究的类型分析[J].高等教育研究,2009(2).

研究。因为教师并没有对实践情境背后的理念有透彻的把握，而主要在技术层面进行变革，教师最多扮演的是富有创意的技术员罢了，而理解行为背后的理论才是作为专业人员的教师之根本。行动研究若要唤醒教师，使他们觉得更有力量，而不是觉得更加无力，就应该使行动研究变成一个民主化的过程，超越技术理性对教师的规限，使他们放心地对自己的实践情境进行真诚的反思，尊重他们的忧虑、理解和期望，在教师与外来理论与专家之间进行平等、开放的对话。

第二，慎思的行动研究。理论与实践的关系是包括行动研究在内的教育研究与实践中讨论的核心话题。哲学家麦肯曾经提出理论与实践之间可能存在的四种关系：逻辑的关系，即理论与实践之间的界限是清晰的，实践是理论的运用；操作的关系，即行动决定理论，真理被以实用性的标准加以衡量，知识被仅仅看成活动和过程；问题的关系，即实践被作为一种探究，知识通过问题界定和问题解决从实践中浮现出来，知识是根据实践情境中所遭遇特殊问题而被修正、调整和选择的；辩证的关系，即理论与实践是不可分离的，理论的问题存在于实践中，反之亦然，实践的问题存在于理论中。很显然，技术的行动研究主要秉持"逻辑的"理念，慎思的行动研究则从"问题的"和"辩证的"理念出发，强调教师在行动中的理解与判断。

慎思的行动研究认为，教师的每次行动都是在具有价值承诺的诠释性框架中进行的，行动是在历史、政治和社会脉络中互为主体地进行的，教师是积极的知识创造者。教师需要对自己的实践进行深入的理解和诠释，挖掘在特定背景中的意义。行动时需要分析和澄清活动中的经验、意义、假设和虚假的判断，焦点是教育教学经验的本质和质量。在慎思的行动研究中，知识的作用在于促进教学生活的转化。教师通过对行动情境，对自己作为教师的意象和对习以为常的教学假设的重建来进行经验的重建。除此之外，在慎思的行动研究中，还需要教师在日常的专业生活中以持续成长，改进教育教学质量的进取态度，明察工作中存在的不足，然后实事求是地分析原因，提出改进的策略，进而尝试性地改进实践，并持续地反思整个过程。有研究者提出的"进取型问题解决概念"，就可以说明这种行动研究式的专业生活在教师专业发展中的作用。有经验的实践者经常在更高层次上重新表征问题，并投入由于经验而释放的智力资源来加以解决，或者质疑一些原有的常规，最终实施一种高水平的教育教学行为。

第三，解放的行动研究。解放的行动研究认为教育教学实践不仅负载着价值，而且这些价值由于社会、政治、文化和历史的原因而被扭曲，具有压迫性。主张行动研究在检视和解释所依据的价值系统和公平概念的基础上，必须批判意识形态，寻求揭示具有压迫性和支配性的事物，并且要把批判性的意识付诸行动，教育目的不能仅仅依赖于外在的权威，实践者具有自我决定性。基若士等人强调，教师是反思的实际工作者，不是在执行官僚或其他人预先决定好的计划，他应该是一个自由人，贡献于知识的价值，并能培养年轻人批判思考的能力。一个具有完全自主性的教师，在反思中能够意识到教育教学情景中政治的、历史的、社会的和意识形态的因素，从而进行自由的和有意识的行动。卡尔与凯米斯比较认同哈贝马斯的说法，认为自我反思容易被社会环境扭曲，为了达到自由与理性自主，需要对所处情境有批判意识。教师应该有专业自主权，有专业理想与伦理考虑。但教师学习和教师赋权往往以自身为目的，并没有与更广的教育目的、平等和社会公正联系起来。将知识界定为与政治性及社会性之意识形态不可分离的建构，专业必须能对外在的"限制"与"界定"进行批判并加以超越，以获致真正的专业自主能力。因而，要使教师的知识超越狭隘的个人和实用的范围，放眼到更宽广的脉络上。教师作为专业人员，负载着道德的、伦理的和政治上的价值，需要认识到教学与教育过程中存在的不公平，甚至教育教学背后所存在的不公平的社会结构，并通过批判来揭示和修正不公平的现象。

（二）按照参与者对自己的行动所作的反思分类

第一，“行动中认识”。这类行动研究强调研究过程中通过观察和反思实践者日常行为，了解实践者“内隐于身”的知识。它主要受到匈牙利物理化学家波兰尼的“个人知识”理论的影响。波兰尼认为，我们知道的永远多于我们所能言说的。相对于已经能够诉诸各种符号形式表达的“知识”，即波兰尼所谓的“明言知识”，不可“言说”的知识，即“缄默知识”要更早地潜入人心，在量上也远远地比“明言知识”更多。内隐式“行动中认识”的行动研究，就是倡导实践者在实践中已经实践，通过意识明确的准备，研究者通过观察、比较、分析和反思，了解实践者内隐于身的“知识”，促进行动的自觉性和有效性。

第二，“行动中反思”。这类行动研究不是依靠现存的理论或技巧来处理问题，而是针对一个独立的情形来思考问题。把目标和手段看作一种相互建构的关系，根据彼此之间的需要进行相互调整。思考不脱离实践的事物，所有的决定都一定会转化为行动，在行动中推进自己对事物的探究。

第三，“对行动反思”。研究中参与者明白地用口语建构或形成知识，把自己“抽离出”行动情境，对自己的行动进行反思。虽然这样的研究会减缓研究者自己实践的速度，干扰实践的流畅性，但是，这样做会使研究者对自己行动进行细致的分析，有利于研究者对自身实践的清醒认识，有利于实践者的反思。

（三）按照参与主体及主体间的关系分类

第一，独立模式的行动研究。行动研究的首要目的就在于改善实践，而不在于理论知识的生产。行动研究的进行不在于有严格的书面研究计划、细致的研究方案和按部就班的实施过程。行动研究是在行动者日常的专业生活中，在“参与”、“改进”、“系统”、“公开”为特征的过程中，所进行的富有理性的和探究品质的实践活动。而独立工作是教师专业生活的一个重要特点。基于此，对教师而言，独立的行动研究在实施上有很大的便利性，在教育教学过程中发现问题便可通过行动研究加以解决。当然，独立的行动研究对行动者能力要求比较高，需要行动者有较高的进取动机，有较强的批判反思能力，能够在自己习以为常的专业生活中发现问题，并有较强的分析问题和解决问题能力。实际上，具备这种能力的教师总是少见的。对于大多数教师的成长以及专业工作的改进来说，总需要同伴的帮助和专家的引领。这就需要支持模式和协同模式的行动研究。近些年来在美国、英国以及我国兴起的大学与中小学的伙伴协作，可大体称为支持模式和协同模式的行动研究。

第二，支持模式的行动研究。个人的经验、知识和能力对于日益变迁的教育教学环境和提高教育教学质量的诉求来说毕竟是有限的。正如研究者在科研工作中要查阅大量文献资料以获得更多的知识基础一样，当教师想超越个人的经验对自己的教育活动进行多角度、深入的探究时，就必然需要前人或他人的智慧。校外与校内的教育者联手进行行动研究有诸多功能，如创造力的激荡、社会支持、研究品质和知识效度的提升、共同为教学与研究创造有利的学校环境等。在行动研究中，当校内的教师为主要行动者，来自校外的研究者是咨询者和支持者时，我们把这种行动研究称之为支持模式的行动研究。在支持模式的行动研究中，需要校内的行动者有较高的成就动机、较强的理论思维水平，对教育实践深入的理解能力以及明确的教育理念和行动能力。行动者作为能动的教育教学理念的革新者、教育方案的策划者和活动的实施者与改进者，校外的教育者则作为新理念的分享者、问题的协助发现者和改进策略与方法的研讨者，对校内行动者提供帮助。这种行动研究的好处在于：一是在校内行动者为主体的情况下，能够有效地提高他们的能力；二是由于以校内行动者为主体，使得行动研究更适合于实践情境，具有与实践的亲和性和最大程度的执行力。

第三，协同模式的行动研究。行动研究的最终目的在于教育教学实践的改善和参与者能力的成长。要改善"外控型"行动研究中校外教育者对校内教育者专业自主性的规限，唤醒校内教育者的专业自主意识，培养专业知识和专业行动能力，就需要校外教育者以平等的心态，真诚地重视校内教育者的所思所为，倾听他们，读懂他们，理解他们，把"他们"和"我们"融为一体。虽然校内外教育者各自有擅长的专业背景，但他们彼此依然能够达到"视域融合"，有认同的愿景和行动理念。校内外教育者应该相互尊重、相互启发、批判反思、共同改进。这个过程中的"协同"是一种复杂的动力历程，而且也代表着真正的民主精神。"协同"包括民主参与、彼此了解、共同作决定以及共同行动等意义。西方20世纪80年代以来，有效的大学与中小学伙伴合作所具备的特征和要素是：伙伴合作关注双方的发展，以大家共同关心议题为合作焦点。伙伴合作赋予教师权力，让所有参与者在伙伴合作的过程中，共同发现、解决问题，建立学习社群，为教师提供多元化的专业活动。注重社群内的专业领导和社群自身的反思，并强调给予社群成员彼此认可的重要性。伙伴合作以学校的现况为起点，循序渐进、逐步渗透。容忍合作过程中的混沌，避免"速成"综合征，需要大家共同的耐性和与日俱增的投入感。

四、行动研究的步骤

关于行动研究的实施步骤，存在着各种不同的认识和理解，其表述也各不相同，在这其中，由凯米斯、埃利奥特和埃巴特三人提出的实施步骤理论影响最大。凯米斯主要采纳的是行动研究的创始人勒温的有关思想，认为行动研究是一个螺旋式上升的发展过程，每一个螺旋式发展圈又都包括四个相互联系、相互依赖的环节，即计划、行动、考察和反思。

（一）计划

计划环节包括三个方面的内容与要求：一是计划始于问题的需要和设想，设想又是行动研究者（行动者和研究者）对问题的认识，以及他们掌握的有助于解决问题的知识、理论、方法、技术和各种条件的综合。计划还应以所发现的大量事实和调查研究为前提。二是计划包括"总体计划"和每一个具体行动步骤的计划方案，尤其是第一、第二步行动方案。三是计划必须要有充分的灵活性和开放性，允许不断地修正计划，把始料不及的在行动中又显现出来的各种情况和因素纳入计划之中。

（二）行动

行动即实施计划或者按照目的和计划行动，它包括以下内容和要求：一是行动者在获得了关于背景和行为本身的信息，经过思考并有一定程度的理解后，有目的、负责任、按计划采取的步骤。二是行动是灵活的、能动的，包含行动者的认识和决策在内。实施计划的行动重视实际情况的变化，重视实施者对行动及背景的逐步认识，重视其他研究者、参与者的监督观察和评价建议，行动是不断调整的。

（三）考察

在行动研究中，考察的基本含义和要求：一是考察既可以是行动者本人借助于各种有效手段对本人行动的记录观察，也可以是其他人的观察。多视角地观察更有利于全面而深刻地认识行动的过程。二是考察主要指对行动过程、结果、背景以及行动者特点的考察。由于教育教学受到实际环境中多种因素的影响和制约，而且许多因素又不可能事先确定和预测，更不可能全部控制，因此考察在行动研究中的地位就十分重要了。为了使考察系统、全面而客观，行动研究的倡导者鼓励使用各种有效的技术。

（四）反思

反思既是一个螺旋圈的结束，又是过渡到下一个螺旋圈的中介，起着承前启后的桥梁作用。反思主要包括：一是整理和描述，即对观察到的、感受到的与制订计划、实施计划有关的各种现象加以归纳整理，描述出本循环结果。二是评价解释，即对行动的过程和结果作出判断评价，对有关现象和原因作出分析解释，找出计划与结果的不一致性，从而形成基本假设、总体计划和下一步行动计划是否需要修正、需要作出哪些修正的判断和构想。

行动研究的实施步骤可用以下例证加以说明。

第一个循环：设想——学生认为科学只是回忆事实，怎样才能使学生进行探索？是改革课程，还是改变提问策略？看来，应该首先建立新的提问策略。计划——把提问的中心转移到鼓励学生为解决自己的问题而寻找答案上来。行动——试验提一些让学生说出他们自己想法和兴趣的问题。考察——用磁带录制几堂课的提问，观察记录情况，并用日记记下有关印象。反思——为了使全班学生按教师的设想进行，起初我们认为需要对情境进行控制，但现在看来，对情境的控制却破坏了探索性提问。

第二个循环：修正后的计划——继续贯彻基本设想和计划，但要减少控制性陈述。行动——在几节课中减少控制性陈述的使用。考察——用磁带录制提问及控制性陈述，并记录下对学生行动的影响。反思——学生的探索精神虽然得到了发展，但随之而来的问题是学生较难管理，如何能使他们步入正轨，让他们相互倾听彼此的回答……①显然行动研究过程并不一定完全符合这些程式，因为现实总是一种即兴的、创造性的情境。现实中的行动研究过程往往是这些程式的种种变式，或者是它们的简单化。如美国学者怀特海把行动研究的循环转化为以下一组以教育教学活动为背景的陈述：

当我的教育价值观遭到实践否定时，我碰到了问题（如我的学生在我的课上并不如我所要求的那样积极参与）；

我设想着解决这个问题（重新组织课堂以使他们积极提问，是以小组活动还是进行结构性练习）；

我实施这个想象中的解决方案（我让他们进行小组活动，并引入了有结构的练习，使他们在没有我经常监督的情况下，提出和回答问题）；

我评价我行动的结果（我的学生参与性加强多了，但他们太吵闹，并且在有结构性练习的情况下，仍依赖于我）；

我根据自己的评价系统地阐明问题（我必须找到一种方法，使他们既积极参与又不太吵闹；我必须找到一种方法，使他们在自身的发展中更具多样性）。

---

① 张民选.对“行动研究”的研究[J].华东师范大学学报（教育科学版），1992(1).

有时行动研究的实施步骤与其他研究方法并没有什么根本不同，但这其中有两个显著的特征是与其他研究方法所不同的：一是行动研究的问题是产生于实际工作情境之中的，并且其计划的内容并非在决定以后就一成不变地直到研究完成，而是从实际情境出发，根据实际情境的需要，随时检讨，不断修正。二是行动研究是教师对自身实践所进行的有意识的、系统的、持续不断的探究反思，它在突出教师实践的"研究"特征的同时，也突出了教师作为研究者的角色。在教师的日常教育教学实践中，有时也会有好的教学方法，但依据行动研究的标准，需要进一步探究的是：这种"好"标准是什么？他知道它为什么好吗？他能不能使它变得更好而持久？不仅如此，教师有时在日常教育教学工作中也会写一些计划，作出总结，但这样的计划往往只是对某阶段工作的笼统设想，而总结也只是告诉人们他曾经做了什么，这仅仅是建立在意识到实践应有目标、实践会有结果的基础上。行动研究使教师行为具有更严格的程序，从而使教师的行动建立在一个合理的基础之上，确保实践得到提高。

五、行动研究的方法

行动研究并不存在某些固定的方法和技术，其收集资料和分析资料的方法和技术，是建立在不断自我调整的螺旋式加深的结构和过程基础上的，是为对这一结构进行及时准确判断和调整服务的，只要适合于这一结构和过程，任何一种方法，不论是定性的或质性的，还是定量的都可以使用，甚至还可以自己创造方法。正因为如此，具体运用什么方法和技术进行行动研究，研究者有着不完全一致的理解，使用的方法和技术也不尽相同。但这其中也有不少是通用或较有特色的，主要包括以下四个方面。

（一）观察法

观察法是行动研究中最常用的一种方法，它可分为参与性观察和非参与性观察两种类型。参与性观察要求研究者作为正常的一员，参与到被研究的活动中去，与被研究群体的文化融为一体，在与被研究群体的自然关系中从事观察活动，这种观察通常是在被研究群体没有意识和不设防的情况下进行的。因此，它有利于观察者观察到被研究群体的真实而自然的情况。非参与性观察则不要求研究者作为小组一员参与小组的活动或担当角色，不要求研究者扮演群体中的成员。研究者是在与研究现场或研究活动保持距离的情况下进行观察，所关心的主要是被研究者或群体的行为情况，而不是通过研究者的参与去获得对被研究者行为的了解。非参与性观察的重点在于不运用引人注目的资料收集策略，有效地记录被研究者的行为，不以外部强制的活动去影响观察对象固有的精神和文化特质，避免对被研究者及活动自然发展过程的干预。

观察法具有自身的以下一些优势：首先，观察法要求在被研究者的自然活动状态下进行观察，这是比较适合教育教学活动特点的。教育教学活动过于复杂，很难加以人为的控制，即便进行了控制，观察所得资料也失去了它在正常、自然的教育教学环境下的使用意义。在被研究者处于自然状态下所进行的观察，能够使研究者得到被研究者的真实资料。其次，与调查研究等其他方法相比，观察法所涉及的内容更为丰富，可了解被观察者的非言语行为，如面部表情、手势、动作等。当然，观察法也存在自身的一些局限性。首先，观察所得到的资料往往难以量化，它通常是定性或质性描述性质的，不利于测量和计算，很难在量上加以把握。其次，观察是观察者就自己的视野所及进行的，囿于观察法本身的局限，所能观察到的范围通常是比较小的。第三，正因为观察法的范围较小，依据这种观察所获得的研究结论是有一定局限性的,难以在更大范围内推广使用。最后,在参与性观察中,观察者置身于观察现场,可能不自觉地影响到实际情境,引起反常行为,形成非自然的结果,影响观察和研究的真实性。

(二) 研究日志法

研究日志法是研究者为给自己的反思提供素材,将自己的研究实践记录下来的一种研究方法。研究日志一般包括个人日志、备忘录和记录等三种类型。个人日记是一种个人文献,是融入了丰富的个人情感的有关对事物的简介和评论,通常是每天记或定期记;备忘录属于非个人文献,是不加入个人的情感色彩、力求客观地对事物或活动的记录,一般范围较小;记录是对所发生事情及处理情况的详细描述。

研究日志法的意义在于:它是研究者较为熟悉的一种方法,比较简单易行;它可以记录多方面的资料,包括那些可以通过参与观察、个别访谈和对话等方式收集到的资料;它可以随时记下自己的灵感和偶发事件,反省每天的研究结果,对原始资料作解释性评论;它可以对研究者自己的身份和使用的方法进行反思,增加对自我的了解;研究日志中记录的思想可以发展为理论框架,凭借这个框架可以进一步收集资料和分析资料。

(三) 三角互证法

三角互证法最初用于测量学和军事学,其基本内涵是:要测定某一个点的位置和距离,不能只从一个点去观测,而至少从两个点去观测才比较准确。它要求将来自不同角度所收集的资料置于一个更加一致的参考框架或关系中,以便能相互比较和对照。20 世纪 70 年代,美国学者埃利奥特把它引入行动研究之中,他要求行动研究者不仅应用不同的方法去研究同一问题,而且应从不同的角度,让不同的人去分析评价同一现象、问题或方案。他认为行动研究者观点之间的一致性和差异性对行动研究的结果都极为重要。处在最易获得对教育教学情境的目的和意向内省位置的实践者是教师,学生则处在最易解释教师的行动怎样影响他们对情境的反映的最佳位置,参与观察者处在收集可观察到的教师和学生之间互动特点资料的最佳位置。最后通过比较从一种立场获得的资料与另一种立场获得的资料,三角形的一端就可以据此获得更加充足的资料来进行测试和修正。

(四) 个案研究报告法

撰写个案研究报告的目的,是科学地总结已有的研究工作,用简洁的、容易理解的写作形式反映研究成果,让研究对象、参与者、合作者、研究者自己及时掌握研究信息。行动研究一般都历时较长,会花费实践者很多的时间。简短的研究报告能使实践者在繁忙中理清思路,及时报告实验的内容和对行动结果的设想。简短的个案研究报告允许采取各种不同的写作形式,鼓励所有的参与者都参与写作,使参与者和关心研究的人都能参与到对研究报告的评议中去。

行动研究的上述方法和技术是较为常用的,但并不是其所专有的。应当说,方法和技术并不是成功进行行动研究的唯一保证,由于行动研究往往涉及“局外人”参与或介入“当事人”的工作和活动现场,“当事人”的行动过程和感受常常受到“局外人”的观察、监督、记录和采集,“局外人”和“当事人”的关系问题在行动研究中显得较为突出,两者需要密切合作。因此,在每一个行动研究项目设计总体计划时,就必须协商确定行动研究的“当事人”和介入行动的“局外人”的平等协作关系,规定“局外人”参与行动、深入现场和采集资料的方式,商定保管和处理所获原始资料的办法和资料扩散的对象、范围、目的、时限和方式,建立一个由各方认可并自觉遵守的“道德框架”，并在框架规定的范围内工作，这也是开展行动研究不可忽视的重要环节。

第三节　教学研究与教师专业发展

英国课程与教学专家斯腾豪斯“教师即研究者”思想的提出，改变了教师传统的工作方式和生活方式，为教师的专业发展提供了崭新的视角和机遇。但是，从现实的教育实践来看，人们对“教师即研究者”却存在着一定的认识误区，认为教育研究就是要像专家学者那样进行未知世界的科学探究活动，而教师的本职工作是教学，教学研究却是可望而不可即的。其实，教学研究并不是什么神秘高深的领域，它具有自身独有的特点，融入于教师日常教学工作的全过程之中。对此，有学者在分析和探讨教学的“类研究”和“类融合”的基础上明确指出：“教学研究的空间首先应该向‘下’拓展，即向基层的教学实践拓展，因为教学实践是教学研究的源头活水。”[①]从另一种视角进行解读，可以对教学研究获得更有价值的认识和理解，也更有助于把教学研究由理论形态推向鲜活实践，成为教师的一种专业自觉和专业生活方式。

一、教学研究的意涵

所谓教学研究，是指教师深入课堂教学场域中研究教学内部构成要素及其相互关系，并探索和总结教学科学规律、解构和诠释教学人文现象的一种研究活动。从教师开展教学研究经历的三个阶段来看，教师的教学研究表现出以下几个突出特征。

（一）教学研究是一种基于教学活动中“小现象”的研究

从本质上来看，每一位教师在日常教学实践活动中其实都在自觉或不自觉地进行着教学研究。因为每位教师在教学实践活动中不可避免地会遇到大量随机的、偶发的、情境的、个别的问题，如如何应对混乱的课堂秩序、如何让学生积极举手发言、如何有效地使用多媒体设备、如何开展师生互动，等等。“尽管这些现象很‘小’并极容易被忽略，但却真实地发生在教师自身或身边，且在时时牵动着教师的神经，常常触动着教师的心情。”[②]在日常教学生活中，教师总是自觉或不自觉地开始对自己教学活动中经常出现的这些“小现象”进行持续的关注、反思和探究，力图使教学活动以更加有效的方式得以展开，以在有限的时间内引导学生获得更好更快的全面发展。教师“发现这些小现象的过程，其实就是发现问题的过程；提升这些小现象的过程，其实就是归纳问题的过程；解决这些小现象的过程，其实就是研究这些问题的过程”[③]。而教师一旦通过思考和实践，解决了这些自己在教学实践活动中关注的“小现象”，往往也就意味着教师专业实践能力的不断提高、教学有效策略和科学方法的不断掌握，从而大大提高了教学的效率和质量。

（二）教学研究是一种基于教师教学实践体验的研究

教师是一个实践性很强的职业，教师的职业特点决定了其知识能力的提升必须依赖于

① 袁庆晖，李如密．课堂教学研究的“类融合”及其价值探析[J]．现代大学教育，2014(1)．
② 李德林，徐继存．教师教学研究的澄清与反思[J]．当代教育论坛，2006(3)．
③ 李德林，徐继存．教师教学研究的澄清与反思[J]．当代教育论坛，2006(3)．

具体的教学情境,也就是一刻都离不开教学实践体验。“再丰富的教师专业知识也唯有在具体的教学情境中,在基于教学现场的知觉、体验和领悟中,不断被重塑,才能被激活,成为真正有用的知识。同时,教师的专业知识才能转化为一种超越技巧的实践智慧。”①这也就是说,教师的教学研究往往要经历“关注现象—发现问题—学习思考—实践探究—感悟行动”的复杂过程。关注教学中的“小现象”能够使教师“有惑”,从而产生教学研究的原动力;对这类“小现象”的持续关注和思考,能够使教师“有疑”,教师教学研究的目标性会大大增强;为了解决这一问题,教师开始寻求专业支持,包括阅读理论书籍、向专家咨询、积极吸取和借鉴他人经验等多种形式的人际互动和交流,在此基础上反思自身的教学行为,酝酿可能的解决策略,能够使教师“有思”,奠定了教学研究的行动基础。这些理论和知识、方法和策略是否有用,是否能解决实践中的问题,教师往往通过具体的教学实践来检验。这时的实践绝非是简单机械的做,而是教师在深思熟虑之后的有意识的行动。由此他们便能够不断发现有效的策略和方法,校正已有的经验和做法,使自己最终总结和提炼出此类教学现象和问题顺利解决的实践智慧。

(三)教学研究是一种指向教师专业行动力的研究

教师教学研究的出发点和基本过程充分表明,教师的教学研究不同于学者进行的学术活动,学术活动往往致力于研究专门和系统的问题,关注学科知识分类与体系建构,关注方法与技术的变革和更新,关注概念术语的衍变、学科历史的梳理以及学术流派的形成。当然,它也不同于科学家的研究发现活动,研究发现的根本目的在于发现和探明事物的本质规律,而教师教学研究的直接目标则是为了改进教学实践,这种研究指向的是教学中的实际问题,其价值最终应当体现在教师教学能力的提升和学生学业水平的增长。通过研究过程中的发现、学习和思考,它带给教师的往往是清晰行为背后的理论,能让教师在思考中明白教学现象背后蕴含的问题,明晰这些问题产生的原因,通过实践探索不仅知道解决这些问题应该“怎样做”,而且知道怎样做才是最好的,从而在以后的教学过程中卓有成效地解决这些问题。这一研究过程是教师将问题知识转化成方法策略的过程,当问题得以解决,其研究成果最终提高了自身的专业行动能力,这就达成了教师教学研究的最终目的。

二、教学研究的取向

教学活动是一种复杂的社会实践活动,是科学性与人文性相互融合的一种特殊的认识活动和发展活动。正因为如此,当代教师的教学研究一定要秉持这两种价值取向。

(一)教学研究的科学性取向

教学活动是一种客观存在,有其自身的逻辑和规律,有一定的客观依据和客观制约性,并且在教学活动的各种关系中存在必然联系,因而教学活动表现为一定的客观必然性。不仅如此,教学活动无论怎样千差万别,都会存在着诸多普遍性和共同性,表现为普遍性的特点。“正因为教学活动的客观性、必然性和普遍性,使得它表现出自身的特点、逻辑、规则和规律,它并不是杂乱无序、变化无常和无章可循的,这就使教学研究必然具有了科学性,必须依靠科学的方法论和技术手段。”②由此可见,寻求教学研究的科学化,应当是教学研究的题

① 王洁.在教育教学行动中自觉学习[N].中国教育报,2009-08-28.

② 扈中平.教育研究必须坚持科学人文主义的方法论[J].教育研究,2003(3).

中应有之义。当然，也应该认识到，对科学化的追求不应是对“科学主义”的过度迷恋，科学主义研究理念指导下的教学论研究，强调的往往只是人的理性的一面，隐含着对人的主动性、创造性和人的价值的贬损，忽视了对人的生命的尊重、价值的关怀和灵魂的关照，从而造成了人文精神的遮蔽和迷失，这将无助于教学研究的深入而有效的开展。

（二）教学研究的人文性取向

人的需要、动机、兴趣、爱好、能动性以及情绪情感、意志、性格等人格因素，一方面会强烈地制约和影响教学实践活动，另一方面其本身也正是教学实践活动的构成要素，教学活动也由此表现出较为突出的主观性。不仅如此，教学实践活动既包含着客观事实，也包含着事实的价值与意义。教学实践活动有着极为鲜明的价值倾向，参与教学实践活动的人是价值的承载体，他们交织在社会历史文化传统的价值体系之中，具有明显的历史性和社会性。由此可见，教学实践活动中的价值蕴涵是必然的，价值的涉入也就成为教师教学研究所无法回避的。那种秉持“价值中立”立场，放弃对价值的追问，杜绝价值涉入的实证主义研究方法，力图以教学现象与问题进行纯客观的、实证化的研究，往往很难真正从本质上认识和理解教学实践活动。正因为如此，从人文主义视角探讨教学实践活动的相关问题，逐渐成为当代教学研究的主流价值取向。对此，有学者指出：“在20世纪大多数时候被冷落的人文主义研究方法论，将在21世纪获得新的生命力。”①

综上所述，教师的教学研究不仅具有较强的科学性，而且也表现出较强的人文性。因此，如何保持教学研究中科学性与人文性之间的必要张力，消除两者之间的简单的“二元对立”而走向多元整合，这恰恰正是当今教学研究面临的一个重要问题。当代教师的教学研究方法必须放弃“科学主义”与“人文主义”的二元对立，在坚持科学主义研究取向的同时，适度加强人文精神研究取向，使科学人文主义成为教学研究的思想基础和行动支撑。

三、教学研究的内容

（一）备课是一种决策性、策略性研究

古人云：“凡事预则立，不预则废。”教师上课之前同样也要做好准备工作，这就是备课。全国特级教师斯霞在总结自己成功的教学经验时，曾形象地把上课比喻为“打仗”，把备课看成是战前的“运筹帷幄”，认为备好课是上好课的前提和基础。从备课的含义上来看，传统的观点比较倾向于狭义的理解，即把备课看作是教师为了具体课程的讲解而钻研教材、了解学生和选择教学方法的过程；但现在人们更加强调广义的理解，认为教师生活中的许多事情其实都是备课，也就是说一个人从注定当教师的那一天开始，他在生活中的所见所闻、所思所想、所感所悟，都在为今后的上课做准备了。从备课的形式上来看，备课不仅包括教师的个体备课，而且包括教师的集体备课。个体备课是基础，集体备课是关键，两者相互影响、相互促进、辩证统一。备课不是一种简单的、背诵式的重复性劳动，而是一种对知识进行内化与活化、对学生进行分析与了解、对教学方法进行筛选与优化的复杂的专业实践活动。从一定意义上而言，备课应当是一种决策性、策略性的教学研究。

第一，教师备课要钻研教材。教材主要包括学科课程标准、教科书和教学参考书三部分，它既是教师“教”的基本依据，也是学生“学”的核心内容。教师必须树立清晰明确的教材

① 王坤庆. 20世纪西方教育学科的发展与反思[M]. 上海：上海教育出版社，2000：308.

意识，不仅要成为教材的讲授者和执行者，而且能够承担起教材的开发者和研究者的角色。一方面，教师要通读学科课程标准，了解自己所教学科的教学目标和教学要求，把握所教学科的基本知识结构和内容框架，清楚所教学科的教学方法和教学评价等；另一方面，教师要精研教科书，了解教科书的编辑意图和组织结构，熟悉教科书的重点章节和各章节的重点、难点及关键，清楚教科书中每一个字和每一句话的意思；同时还要广泛阅读教学参考书，精选一些现实的、有意义的、富有创造性和挑战性的、能激发学生学习兴趣和动机的材料，充实和丰富教科书的内容。

第二，教师备课要研究学生。学生是教师教学的对象，教师只有知晓了学生的发展现状和发展潜能，才能使自己的教学契合学生的"最近发展区"，才能把学生变成一种有效的教学资源，从而使学生"跳一跳，摘到桃子"，实现学生积极主动的、最大限度的发展。一方面，教师要了解每一个学生的年龄特征和身心发展特点，熟悉他们的知识经验基础、思想品德状况、思维能力和接受水平，掌握他们的学习态度、学习兴趣、学习动机、学习方法、学习策略、学习习惯的状况；另一方面，教师还要了解整个授课班级的情况，如班级学生的构成、班级中的优秀生和后进生、班级的集体舆论、班级的班风、学风以及考风等。不仅如此，教师还要详细分析和充分估计学生在教学过程中可能会遇到的困难与问题，以及可能会表现出来的创造性思维与独到见解，并且能在教学活动中对这些资源加以灵活有效地利用。

第三，教师备课要优选教学方法。教学方法是为了达到教学目标，教师和学生进行有序的相互联系的活动方式。在教学实践活动中，任何一种教学方法都不是普适的和万能的，而是各有其特定的适用范围和时机。在某一具体教学情境中最优的方法，在另一教学情境中未必最优；在一种教学情况下低效的方法，在另一种教学情况下却可能很有效。因此教师要了解各种教学方法使用的范围、效果和条件，既要注意根据教学目的和教学任务选择教学方法，也要注意依据教学规律和教学原则优选教学方法；既要注意根据所教学科和具体教学内容的不同进行教学方法的选择，也要注意依据教学的主客观条件的差异进行教学方法的优选。教师只有明确了教学方法选择的标准，掌握了教学方法优化的程序，才能充分发挥教学方法自身的价值功能，也才能真正实现教学效率和教学质量的提高。

第四，教师备课要设计教学方案。就像演出要有剧本、建筑要有设计蓝图一样，教师上课也要有一个书面材料，这就是教学方案。教师教学的实际效果怎样，往往在很大程度上取决于备课时所设计的教学方案的水平和质量。一方面，教师设计的教学方案由宏观到具体依次包括学期（或学年）教学进度计划、课题（或单元）计划和课时计划（或教案）三种，特别是课时计划，由于它是教师一节课教学的主要依据，直接影响着一节课的教学质量，更要着力进行缜密而精心的设计。另一方面，鉴于教学过程所具有的极为突出的现场性、情境性、随机性和不确定性特点，教师教学方案的设计应当是动态的和开放的，要善于结合具体教学情境的变化，调整教学进程和教学结构，优选教学方法和教学手段，在此基础上修正和改变教学方案，完善和生成新的教学方案。

（二）上课是一种临床性、实验性研究

备课虽然是上好课的前提，但如果没有进行上课，那么无论课准备得再好，也必然会失去其存在的价值和意义。因此，在教学工作的诸多环节中，上课是中心和关键的环节，是教师"教"和学生"学"的最直接、最具体的体现，是完成教学任务、实现教学目的、提升教学质量的主阵地。教师的上课，不是简单的知识传授或教学任务的完成，也不是只关注自身教授而

忽视学生学习的单边活动，更不是几十年如一日的按部就班、亦步亦趋、循规蹈矩的机械重复，而是一种富有挑战性、生成性和创造性的活动。也就是说，应当把上课当成是一种临床性、实验性的教学研究。

第一，上课要目标明确。教学目标不仅是教学活动的基本逻辑起点，而且也是教学活动的最终旨归，因而教学目标明确应当是上好一堂课的首要标准。教学目标要想做到明确，需要把握以下两点：一是教学目标要提得正确，也就是每节课都要从知识与技能、过程与方法、情感态度与价值观等三维视角，确定具体明确的教学目标；二是正确的教学目标一经确立，课堂上所有的活动，包括教师的教授活动、学生的学习活动以及师生之间的互动等，都要紧紧围绕正确的教学目标来进行。

第二，上课要内容正确。教学内容是教学目标的主要载体，教学目标的达成必须保证教学内容的科学性和准确性，也就是应当向学生传授正确可靠的知识经验。教学内容要想做到正确，需要把握以下三点：一是教学内容的科学性和思想性相结合在教材的选组中要有突出体现，教学内容的科学性是思想性的前提，而教学内容的思想性则是科学性的保证，必须实现两者的有机统一；二是教学内容的系统连贯与重点突出相结合在教材的选组中要处理得恰当，既要向学生传授系统连贯的知识体系，也要向学生讲明系统知识链条上的重点、难点和关键；三是教学内容的深度与广度相结合在教材的选组中要适切恰当，不仅要注意教学内容的广度，以广度支撑其深度，而且要注意教学内容的深度，用深度扩展其广度。

第三，上课要过程严谨。上课是一个完整的过程，一定要保证教学过程的计划性、条理性和严谨性。教学过程要想做到严谨，需要把握以下三点：一是设计好课的导入。课的导入就像一篇文章的开头和一首乐曲的定调，必须进行精心的设计，如可以采用温习旧知的回忆式导入，可以采用设疑立障的提问式导入，也可以采用寓意深刻的故事式导入。二是调控好课的中间进程。先讲什么，后讲什么；什么时候板书，什么时候展示直观教具；何时讲解，何时问答，何时练习，何时操作，都要紧凑连贯而不拖泥带水。三是组织好课的结束。可以采用总结式、提问式、练习式等传统的结束方式，也可以采用活动式、悬念式、拓展延伸式等更具启发性的结束方式。

第四，上课要方法恰当。教学方法直接影响着教学效果，必须保证教学方法运用得恰当高效。教学方法要想做到恰当，需要把握以下两点：一是坚持启发式教学思想。启发式教学是指造成学生心灵的激活状态，使其产生积极的思维活动，运用已有的知识经验，能动地获得新知识，充分地发展智力的一种教学指导思想。只要坚持和遵循了启发式教学思想，不管教师采用何种具体的教学方法，都能最大限度地发挥教学方法的作用与功能。二是重视教学方法运用的综合性、灵活性和创造性。既要注意不同教学方法的优化组合，也不拘泥于教学方法运用的固定模式，还要加强教学方法的发展与创新。

第五，上课要情绪高涨。上课是教师和学生之间的情感交流、心灵沟通与智慧碰撞过程，他们的情绪是否高涨、精神是否饱满，从根本上制约着课堂教学质量。一方面，教师要有教学激情，能充分发挥自身“教”的主导作用，全身心投入到教学活动之中，用自己的积极情感点燃学生的激情；另一方面，学生也要积极参与教学活动之中，能全面调动自身“学”的主体作用，主动地、创造性地进行学习和发展。

（三）教后记是一种反思性、经验性研究

教后记也叫“教后感”、“课后分析”、“教学心得”，是指教师在上完课后，及时地对自己的

教学过程和教学效果进行回顾、反思与总结，把经验教训及心得体会用文字形式记录下来的过程。教后记既是对刚刚过去的教学过程的一份难以割舍的依恋，也是对亲身经历的教学过程的一次充满智慧的追溯与回望。对于教师而言，日复一日、来去匆匆的教学生活很容易造成职业倦怠，销蚀教师的教学激情和创造性，但教后记却能让教师停下脚步，静下心来，回顾梳理，透视反省，明了得失，权衡利弊，校正方向，从容开启下一次航程。正如美国学者舒尔曼所说："对于专业人员来说，最难的问题不是应用新的理论知识，而是从经验中学习。学术知识对于专业工作是必需的，但又是远远不够的。因此，专业人员必须培养从经验中学习和对自己的实践加以思考的能力。"[①]正是通过长期坚持写教后记，教师的教学实践智慧才能不断生成和丰富，教师的教学理解力、执行力和创造力才能逐渐厚积而薄发，教师的教学风格、教学艺术和教学境界才能真正得以形成与提升。从某种意义上来说，教后记是一种反思性、经验性的教学研究。

首先，要清楚教后记的基本内容。一是教学效果的记录与反思。一堂课上完后要对教学效果做一个即时的、简单的自我评价，是否达到了自己的预期，还存在哪些问题。二是教学成功经验的记录与反思。课后教师要及时回顾和总结教学的成功之处与意想不到的亮点，为今后课堂教学提供有益的借鉴。三是教学不足之处的记录与反思。课堂教学是一个复杂的创造性活动，疏漏、失误乃至失败之处在所难免，教师对之要深入研究，仔细推敲，剖析原因，寻找对策，及时补救。四是教学中问题的记录与反思。如教师在课前预设中未能涉及的问题、学生在教学过程中遇到的困难与障碍、师生在教学活动中随机生成的一些独到见解等，教师都要有清晰认识并及时记录与反思。五是教学灵感的记录与反思。课堂教学也是一种高度情境化的活动，突如其来的思想、不期而遇的观点、稍纵即逝的灵感，教师也要及时捕捉和记录。六是教学改进方案的记录与反思。建立在对一节课的上述记录与反思的基础上，要探索并提出教学改进的策略方案，以备今后再教这部分教学内容时的参考。

其次，要熟悉教后记的写作要求。一是选准切入点，如教学目标的内容、教学程序的结构、教学方法的技巧、语言板书的运用、情绪思维的培养、智慧潜能的开发等；二是把握感悟点，如教师感受最深的教学成功经验与失败教训、亟须破解的教学困惑、有待进一步探究的教学疑难等；三是注重精要性，如述说体会要言简意赅、阐述见解要一语破的、剖析问题要一针见血、评析教学要画龙点睛；四是坚持及时性，教师从课堂教学中获得的具体细微的感悟和启示，一般难以长时间保留在头脑中，顿悟和灵感往往稍纵即逝，因此教后记要尽可能在课后即时进行，最迟也不要超过当天。

（四）听评课是一种比较性、诊断性研究

听评课，顾名思义，就是教师的"听课"和"评课"，它们是一项工作的两个内容和步骤。"听课"旨在了解其他教师上课的具体情况，发现存在的主要问题；"评课"则重在分析和研究这些问题，提出解决的方案建议。如果只"听课"不"评课"，那就只能停滞于上课情况的了解，而不能做出深入研究和有效改进。但听评课又不是简单的、业余的"听而评之"，而是教师的一种"日常生活、专业学习与合作研究"，是"教师专业生活与专业发展的重要组成部分，是教师专业学习的重要途径"。[②] 听评课首先是教师专业的一种日常生活，它与备课、上课、

① [美]舒尔曼.理论、实践与教育的专业化[J].王幼真，刘捷，译.比较教育研究，1999(3).

② 崔允漷.听评课:一种新的范式[J].教育发展研究，2007(9).

教后记等有着同样重要的作用，也就是说既要把教师理解为“备课的人”、“上课的人”，又要理解为“听课的人”、“评课的人”；其次，听评课也是教师的一种专业学习，通过听评课可以加深教师对教学活动的专业理解，增强教师对学生学习活动的专业研究，促进教师的专业发展；同时，听评课还是教师的一种合作研究，它能形成由上课者、听课者、评课者和学生所组成的“听评课共同体”，为教师的专业反思、专业对话和专业合作提供良好的契机与平台。从专业的视角审视听评课，不应把它简单地归结为教师必须完成的学校规定的硬性任务，而应把它看作是一种旨在改进教学和提升教学质量的比较性、诊断性的教学研究。

第一，听评课要有问题意识。听评课不是为了应付任务或走过场，而是一种置身其中、感同身受的情境学习与案例探究活动，教师一定要有较强的问题意识，只有带着问题走进他人的课堂，才能真正实现听评课所蕴含的巨大价值。苏联教育家苏霍姆林斯基曾指出，听评课必须重点把握以下问题：“教师的教学目的是否明确、是否全面达成？学生知识检查的意义与方法？是否在教给学生学习？学生在学习新知识过程中脑力劳动的状况怎样？这些新知识是否得到了发展及深化？全体学生是否都牢固掌握了这些知识？教师如何进行家庭作业的布置？”①当然，教师在听评课过程中不仅要能看到、听到和问到，而且还要能想到、思到与省到，也就是能够推己及人、对号入座和换位思考，在从外部探究教学本真的基础上反观自身，检视自身教学之优劣，吸取教学智慧营养，提升自身教学境界。

第二，听评课要有全面意识。所谓全面意识，是指教师在听评课时既要关注教师教的状况，更要关注学生学的状态，也要关注教学之间互动生成的情况。从教师教的方面而言，听评课应当着重关注授课教师的教学内容、教学方法、教学策略、教学能力、教学态度及教学艺术等；从学生学的方面而言，听评课应当重点关注学生的积极性、主动性、参与度、投入度、思维状态及交往状态等；从教学之间的互动生成来说，听评课不仅要关注教学资源的生成性，即由开放性的教与学之间的互动而新产生的教学资源，而且要关注教学过程的生成性，即在对新生教学资源进行即时剖析和重构的基础上，形成有别于预设性教学内容或教学程序的新教学过程。

第三，听评课要有反思意识。就像上课要有教后反思一样，教师进行听评课也要具有清晰的反思意识。脱离了反思的听评课，虽然能够完成上级规定的任务，但却不能洞察富有研究价值的问题，获取值得借鉴吸收的有益经验，听评课教师与授课教师之间也就难以实现有意义的关联和对接，促进教师教学专业发展的宝贵资源就会丧失殆尽。对此，有学者鲜明地指出：“如果不进行批判和反思，就会总是认为事情的对与错、是与非应当按专家说的算。我们就永远只能从别人那里明白做任何事的意义，任何时候的教学都是在实现别人的思想。”②把反思意识融入听评课之中，教师的听评课“言说”就能融入自己的真情实感，与上课教师之间就能相互倾诉、彼此激励、共同分享，听评课的价值作用才能得以顺利实现。

（五）读书是一种创生性、能力性研究

作为“人类灵魂的工程师”和“太阳底下最光辉的职业”，教师不仅应当具备渊博的学识和高超的教学技艺，而且需要拥有虔诚温馨的人文情怀、崇高伟大的精神品格和追求卓越的人生信念，而这一切又必须建立在不断阅读和学习的基础之上。“腹有诗书气自华。”通过读

---

① ［苏］苏霍姆林斯基．给教师的建议［M］．杜殿坤，译．北京：教育科学出版社，1984：441-455．

② ［美］布鲁克菲德．批判性反思性教师 ABC［M］．张伟，译．北京：中国轻工业出版社，2002：87．

书获得了教育智慧的教师，就能以自己独特的专业眼光，把握教学活动引人入胜之处，用最为简洁的线条拉动丰富多彩的知识信息，用最为轻松的方式使学生获得最大的收获。如果一名教师不读书、不学习、不思考、不探究，那他不可避免地会丧失阅读和学习的能力，他也就失去了为人师的重要理由和根基。可以说，读书是教师的工作，读书是教师的责任，读书是教师的一种生活方式和工作方式，读书也是一种润泽教师整个教育人生的最积极和最有意义的专业活动。因此，应当把读书看作是一种更新观念、寻求支点的创生性、能力性的教学研究。

首先，教师读书要知道“读什么书”。一方面要读专业方面的书，因为教师都是以教某一门学科为主的，要想深入浅出、通俗易懂、活灵活现地教好这门学科，就必须具有精深的专业知识，就必须对专业方面的书籍进行深度阅读和研究。另一方面要读教育经典著作，因为它们是人类在其漫长的教育历史中形成的宝贵教育思想遗产，反映了人类对教育的永恒的、根本性的教育问题的求索以及对教育未来发展的美好期盼。例如，孔子的《论语》、陶行知的《我们的教育信条》、柏拉图的《理想国》、卢梭的《爱弥儿》、夸美纽斯的《大教学论》、赫尔巴特的《普通教育学》、杜威的《民主主义与教育》、马卡连柯的《教育诗》、苏霍姆林斯基的《帕夫雷什中学》、布鲁纳的《教育过程》、赞科夫的《教学与发展》、佐藤学的《静悄悄的革命》等。阅读这些教育经典的过程，也就是与教育家们对话交流和思想碰撞的过程，教师的教育信念、教育素养乃至教育艺术由此得以形成和提升。

其次，教师读书要明确“如何读书”。教师读书不是盲从与接受，而是一种反思和批判；教师读书不是追随与仰视，而是一种参与和发现；教师读书不是炫耀与时尚，而是一种专业智慧和专业生活。教师读书要学会记录，记录书中的名言名句，记录自己稍纵即逝的思考与心得，由此不断否定与认同自我，完善与升华自我。教师读书要遵循“坡度阅读”的原则，即选择的阅读书目对自己要具有挑战性和引领性，那些具有一定的阅读难度、内容比较新颖、视角比较独特、导致阅读困惑的书籍，恰恰都是值得教师认真研读的。教师读书有时也要注意“重读”，即一些真正意义上有价值的好书，往往是百读不厌、愈读愈明、常读常新的，教师不妨沉浸其中、一读再读、反复咀嚼、深刻体味，直到读懂读透为止。

第九章　教学反思与教师专业发展

对教师而言，最难的往往不是理论知识的应用问题，而是如何从经验中学习。理论知识对于教师是必须的，但又是远不够的，教师必须具有从经验中学习和对实践进行反思的能力。日本学者佐藤学根据不同类型教师文化坐落的区间不同，主张把教师分为“作为公仆的教师”、“作为劳动者的教师”、“作为技术熟练者的教师”和“作为反思性实践家的教师”。[①]“作为反思性实践家的教师”把自己的工作界定为高度专业化的职业，能抵抗官僚性制度化，倡导民主自律性，构筑与学生、其他教师、家长及专家之间的合作关系，创造性地直面唯技术不能解决的复杂问题。教学反思作为提高教学质量、促进教师专业发展的有效途径，越来越受到研究者的重视并被广大中小学教师所认同。教学反思能让教师突破习以为常的教学惯性，不断审视、改进和优化自己的教学行为，使教学充满智慧与创新，逐步形成自己独特的教学风格和高超的教学艺术。

第一节　教学反思的本质意涵

自 20 世纪 80 年代以来，“反思”一词在美国、英国、加拿大及澳大利亚等国家开始被学术界加以运用，并很快影响到世界其他国家。“反思”思想进入我国教育领域后，人们开始给以关注和重视，并以更为具体的形式——“教学反思”展开深入探究，由此引发实践层面的以“教学反思”为导向的教学改革在我国的蓬勃开展。

一、教学反思在当代的兴起

（一）认知主义心理学研究的深化

20 世纪 70 年代以来，认知主义心理学研究取得了丰硕的研究成果，与行为主义心理学相比，它获得了压倒性的优势。认知主义心理学寻求描述和解释复杂活动过程中人的心智过程，这一取向使人们在教师研究方面更为关注教师的内部思维而不是外显行为。人们自然要思考作为熟练者的教师和作为新手的教师各自是如何考虑教育教学的，思考教师在教育教学实践中所进行的决策包含什么因素，这些问题使人们对教育教学工作的性质以及教师思维的特点给予极大的关注。显然，认知主义心理学为研究教师如何思维、如何解决问题和如何反思等一类问题提供了重要的心理学基础。

（二）反思性文化思潮的推动

第二次世界大战以后，很多学术领域都出现了反思之风，形成了反思文化，涌现了元哲学、元科学、元教育学等崭新的研究领域。元理论和元学科研究，是对理论或学科自身进行的反思性建构，是具有反思性质的研究。不仅如此，一些具有反思性质的理论，如批判主义

---

① [日]佐藤学.课程与教师[M].钟启泉，译.北京：教育科学出版社，2003：342.

理论和后现代主义理论,也是以质疑和追问前涉理论或信念的合理性为其特征,这些都大大推动了学术研究反思风气的形成。如果说元理论或元学科主要是对理论的反思的话,那么随着一些实践特征较为突出的专业领域人们关注的焦点从理论向实践的转移,反思的焦点也从理论自身转向了实践自身,在这个意义上,元理论的兴起与反思性实践的出现具有异曲同工之妙,前者是对理论的反思,后者是对实践的反思。总的来说,它们都是反思性文化的一个重要组成部分,也是反思性文化的必然产物。

(三)教师专业化发展运动的促进

教师专业化运动为教学反思的兴起与发展提供了根本动力。在从职业向专业转变的过程中,教师行业较之于医生、律师、工程师等要晚得多,随着社会的发展与进步,人们对教师工作质量和服务要求越来越高,形成了一种普遍的信念,认为教师只有通过对自己的教育教学活动及其背景的逻辑、理性和缜密的分析,才能更好地进行教育教学活动,满足社会对教师角色的要求。为此,系统的、理性的决策被视为教师专业化的核心要素,教师被要求能够对自己的教育教学行为作出批判性的分析。这就为教学反思思想的盛行提供了重要背景。同时各种教学反思的概念体系都要求教师改变传统的有关教育教学工作的性质和教师形象的观念,要求教师掌握更为精深的专业化知识和技能,对自己的教育教学工作承担起更大的社会责任,这些都是与教师争取权利运动和教师专业化发展的方向相一致的。可以说,教师专业化发展运动为教学反思的发展拓宽了空间。

(四)教学道德基础批判意识的关注

现代社会由于女性主义者、多元文化主义者和批判理论家等研究者群体在西方教育领域的影响日益增大,批判性地审视教学的道德和政治基础成为社会的时尚。这些群体强调教师教育培训的内涵远比获得教学技能要广泛得多,教师培训必须考虑学校教育的目标和意图,考虑学校到底是为什么样的群体利益服务的,是在使什么样的知识"合法化"。在多元化的社会中,教师培训目标在他们看来不应当被视为是给定的、天然合理的,而应当接受讨论和协商;学校教育中那些复杂的、价值承载的问题的答案不是现成的、固定的,而是要接受批判性的考察。因此,在多元化社会中,教师的工作和教师培训也都需要对教学和学校教育的常规问题进行批判性反思。对教学工作道德意义的弘扬和反省精神的倡导,实际上就是对此前流行的"技术理性"倾向教学观的批判和否定。从根本上说,这是西方教育研究认识论和方法论从传统的"科学化"范式转向"人本化"范式的必然结果。

二、反思与教学反思的内涵

从词源学的角度来看,反思也就是反省。在中国,古代思想家孔子曾说:"见贤思齐焉,见不贤而内自省焉。"意思是说:"看见有德行或才干的人就要想着向他学习,看见没有德行或才干的人就要自己内心反省是否有和他一样的错误并加以改正。"曾子也曾指出:"吾日三省吾身,为人谋而不忠乎?与朋友交而不信乎?传不习乎?"意思就是说:"我每天多次反省自身,替人家谋虑是否不够尽心?和朋友交往是否不够诚信?老师传授的知识是不是自己还不精通熟练呢?"孟子也说:"君子深造之以道,欲其自得之也。自得之,则居之安;居之安,则资之深;资之深,则取之左右逢其源。"意思是说:"君子遵循一定的方法来加深造诣,是希望自己有所收获。自己有所收获,就能够掌握牢固;掌握得牢固,就能够积累深厚;积累得深厚,用起来就能够左右逢源。"

在西方，17 世纪英国哲学家和教育家洛克认为：反思就是对意识的内在活动的观察，即内省体验。19 世纪德国哲学家黑格尔则专用“反思”代表对思想本身所进行的反复的思索，也就是思想的自我运动。而 19 世纪末 20 世纪初美国实用主义教育的代表人物杜威则被认为是从事“教学反思”研究的鼻祖，是对反思问题进行比较系统论述的第一人。他认为，所谓反思，是指“思维的一种形式，是个体对于任何信念或假设性的知识，按其所依据的基础和进一步的结论而进行的主动的、持续的和周密的思考”①。

我们认为，所谓反思，是指主体对客体以及对作为客体的能动反映和产物的思想意识的回顾性认识与再认识。若从哲学视角来看，反思是一种认识过程；若从教育学视角来看，反思则是一个认识不断提高的过程，是一个质变性学习的过程，是一个阶段性总结的过程。在反思过程中，主体要对自己的实践和行动进行批判性思考，对行动的过程和结果做出价值判断，对有关现象和原因做出分析和解释，从而不断提高思考的质量和效率。人们通常使用的反思概念，是一种有着先后影响关系的纵向反思。回顾性是反思一个主要和基本的总体特征。不仅如此，反思还有不为一般人所注意的更广泛的理论概念和内涵，即横向反思。它不是从后思维，而是作为彼此无影响关系的思想的自我运动而对思想本身进行的反复思索。因此反复性是反思另一个主要和基本的总体特征。

关于教学反思的内涵，学术界存在着不同的解读。熊川武认为，所谓教学反思，是指教学主体借助行动研究不断探究与解决自身和教学目的以及教学工具等方面的问题，将“学会教学”与“学会学习”结合起来，努力提升教学实践的合理性，使自己成为学者型教师的过程。② 张立昌等人依据批判理论把教学反思界定为“一种批判思维活动，一种教师在教学实践中，批判地考察自我的主体行为表现以及学校教育、教学行为背后的更广泛的社会、历史、伦理、道德意义上的思考、审视和分析的过程”③。刘加彼等人把教学反思看作是一种技术，认为“教学反思是分析教学技能的一种技术，是对教学活动本身（尤其是教学技能、教学方法）的深入思考”④。辛涛认为“教学反思是一种教师选择的行为，是教师对于教什么和如何教的问题进行理性的和具有伦理性的选择，并对其选择负责任”⑤。徐智则认为“教学反思是教师立足于教学实践，以提高教学效果和教学质量为目的，以自己的教学活动过程为思考对象，对教学过程本身以及教学过程中的行为进行理性的审视和分析，反思教学中存在的问题与不足，进而采取相应的改进策略”⑥。从上述定义中可以看出，教学反思的内涵是极其丰富的，我们应注意从以下几个方面加以理解和把握。

（一）教学主体

这里的教学主体是直接从事教书育人的专业教师，包括教师个体和教师集体。教学反思主要是教师个体的反思，但绝不是教师个体的闭门思过，它需要教师群体的合作、观摩、研讨以及向专家请教。作为教学主体，必须充分发挥自身的主观能动性，自觉地研究教学，积极主动地反思教学过程中的利弊得失，创造性地改进和改善教学过程，从而不断提高教学

① ［美］约翰·杜威. 我们怎样思维·经验与教育［M］. 姜文闵，译. 北京：人民教育出版社，1984：6.
② 熊川武. 论反思性教学［J］. 教育研究，2002(7).
③ 张立昌. 自我实践反思是教师成长的重要途径［J］. 教育实践与研究，2001(7).
④ 刘加彼，申继亮. 国外教学反思内涵研究述评［J］. 比较教育研究，2003(10).
⑤ 辛涛. 教师反思研究述评［J］. 清华大学教育研究，1998(3).
⑥ 徐智. 中小学教师教学反思研究［D］. 桂林：广西师范大学，2005：6.

质量。

（二）行动研究

行动研究是社会实践者为了提高自己实践的合理性与正当性，增进对实践及其情境的理解而采取的自我反思的一种形式。教师的行动研究是一种具体的教学研究方式，是对教师自身的教学行为进行的思考和探究；它强调“在教学中研究，在研究中教学”，是教师在日常教学行动中，以自己组织开展的教学活动为研究对象，采取有效途径加以观察、反思和改进的方式。这种研究把教师置于自身实践的具体过程中，进行思考和再体验，对巩固教师的教学技能、处理教学事件和教学问题提供了参考，有利于教师的专业发展。

（三）两个学会

一是学会教学。教师的教学过程也是学习教学的过程，也就是在教学中学习如何教学。它要求教师向自己的经历学习，不仅要吃一堑、长一智，而且要经一事、长多智。教师要将教学相长与名师出高徒由观念变成现实，必须在教学中学习教学，先成为名师，再带出高徒。因此，在教学反思实践中，学会教学是最直接的目的。二是学会学习。学会学习主要是教会学生学会学习，但也包括教师学会学习。通过教学反思，教师不断审视自我的缺失，这既是一种学会教学的过程，也是一种教师自己学会学习并促进学生学习和学会学习的过程。教师会教学、会学习，就能教会学生学习，就能促进学生以学习主人的身份获取知识；教师还要采取措施，努力教会学生学习，切实培养学生搜集和处理信息的能力，获取新知识的能力，分析和解决问题的能力，交流与合作的能力以及实际操作能力。教会学生学习，需要教师重视教学方法、学习方法，并能教给学生智力活动的一整套方法。教会学生学习比教学生学习重要得多，真正的教学反思必须同时关注教师的教与教师的学、教师的教与学生的学的内在统一，必须做到关心学生发展和教师发展的统一。

（四）问题意识

“在英语里，问题一词源于希腊词汇，其意思是‘提出、拿出’，对某种想法或意见进行质疑和探讨，以找出解决困难或失败的办法，乃是这个词的本质含义。”①教师的问题意识其实是教师对教学过程所表现出的困惑或不合理性，能敏感捕捉及分析研究的意识。这种意识来源于对教学实践的精益求精的追求，对学生的真正关心和热爱。教学反思就是对教学实践过程中所出现问题的反思，思起于疑，困惑、阻隔和不能顺利实现预期目标的情境以及没有最好只有更好的教学理想，往往正是教师反思的逻辑起点。

（五）合理性

怎样的教学实践才算是合理的？学生需要什么样的教学？作为教师应该怎样教学？自己怎样做才适合当一名好教师？诸如此类的问题都是教师从教之前以及从教之后必须思考的问题。有人提出“教师一定要思考的四个问题”：一是作为教师为什么而“教”？怎样教？二是学生为什么要“学”？怎样学？三是什么样的人有资格做教师？我们有资格做好教师吗？为什么教育的使命落到我们身上？四是“教”与“学”最终的目的是什么？我们究竟要把学生培养成为什么样的人？② 这“四个问题”颇耐人寻味，它关涉到教的本质、学的本质、教学的终极目的，这也是教学反思所关注的最根本问题。教师在教前和教后不断进行这样的

① ［英］戴维·伯姆. 论对话［M］. 王松涛，译. 北京：教育科学出版社，2004：73.

② ［英］爱恩·戴维斯. 教师一定要思考的四个问题［M］. 冯怡，译. 北京：中国青年出版社，2007：143.

反思，就能促进教学更加合理、有效和高效。

三、教学反思的特征

（一）问题性

教学反思的问题性主要表现在两个方面：其一，它源于教学实践中所存在的真实问题。教学反思的基本步骤是：反思、计划、准备、行动、收集资料、分析资料和评价资料。这是一个具有明显的探究取向的循环过程，以"问题"开始，针对问题展开探究与反思，最后解决问题，并将改进计划付诸行动。反思起源于问题情境，问题是反思的动因和原料。正如有学者指出的那样："教师在教育教学过程中遇到的困惑或问题是反思的起点，这些困惑或问题为教学反思提供了可能。因此，对问题的认识和反思是教学反思的第一步。只有首先澄清问题、界定困难，才能使教学反思具有明确的目的。"①其二，它是基于教师对教学实践合理性的永无止境的追求。善于反思的教师即反思型教师，不只是本分地"完成"教学任务，而且总是千方百计地追求"更好地完成"教学任务。仅追求"完成"教学任务的教师，只能算是经验型教师，通常只想了解自己的教学结果，喜欢问"怎么样"。反思型教师不仅想知道自己的教学结果，而且要对教学结果及有关原因进行思考，善于问"为什么"。这种对"为什么"的追问，能够帮助教师增强问题意识，永不停歇地追求教学的更高层次的合理性和有效性，使教学不断达到更高的境界。

（二）批判性

教学反思的反思意识，往往和一个教师是否具有批判意识和批判精神紧密相关。这种批判意识和批判精神是一种自我批判，属于教师的自我教育和自我提高。教师的自我教育既是一种反思精神，也是专业成长和师德水平提升的必要过程。教学反思在本质上是教师的一种批判性的学习思维方式。通过这种反思，教师自觉地对自身已有的教学活动，以及教学活动中所涉及的相关因素进行持续的、批判性的审视、思考、探究和改进，从而调节并改善自身的师德品质，更加熟悉和把握教学内容，不断提高教学能力和教学质量。因此，教学反思也是一种教师的质变学习方式："当一个人透过批判性的自我反思来修正旧有的或发展全新的假设、信念或观看世界的方式时，质变学习就发生了。质变之后，学习者不再是原来的自我，而是思想意识、角色、气质等多方面显著变化了的学习者，类似于蛹化蝴蝶或丑小鸭变白天鹅的过程。"②"比较而言，同是执教十年的教师，经验型教师大多是将一年的教学程序重复了十遍，而反思型教师总是在批判前一年的基础上进行新的探索，走完不断进步的十年。"③

（三）实践性

一方面，教学反思的实践性表现为问题的真实情境性。教学反思立足于教学实践行动中客观存在着的真实问题，得益于行动研究的实践运用。在目的上，"行动研究意在帮助实践者省察其自己的教育理论与其自己的日常教育实践之间的联系；意在将研究行为整合进教育背景，以使研究能够在改进实践中起到直接而迅捷的作用；并且力图通过帮助实践者成

---

① 杨明全.反思性教学：步骤与策略[J].当代教育科学，2003(24).

② 姚远峰.试论反思与成人学习研究[J].河北师范大学学报(教育科学版)，2009(5).

③ 熊川武.论反思性教学[J].教育研究，2002(7).

为研究者，克服研究者与实践者之间的距离。”①教学过程中的行动研究是实践和反思相结合的研究。它基于教学实践，使教学理论与教学实践联系在一起，直接指导教学实践，使得特定情境中的教学实践者能够对自己的教学情境有真正的理解，并做出明智而谨慎的决定。教学反思通过行动研究的运用，更加重视教学的实践操作性。另一方面，教学反思的实践性表现为反思后新的教学假设和新的教学改进要经过实践检验。教学反思的反思不只是内隐的思维活动，还是外显的实践行为，反思的结果或改进的措施要得到实践的检验，以确保教学反思越来越具有合理性。那种失误性的尝试和不能保证教学实践活动愈加合理的教学反思，不属于真正意义上的教学反思。

（四）探究性

教学反思的探究性主要表现在：其一，教学反思的主体教师既是专业人员、发展中的个体，又是研究者。教师是持续发展的个体，需要通过持续不断的学习、探究历程来提升其专业水准和专业表现。教师作为研究者，必须时刻关注影响教学的所有要素和行为，包括对学生学习状况的研究和关心，对教学内容与教学方法之间匹配关系的研究，对教学内容、教学方法与学生接受能力之间匹配关系的把握。其二，教师还要以一种开放的视野，关注当今教育思潮的发展动向，审视自己教学过程中所用理念的正确与否，及时调整和修正自己的教学行为，使之跟上时代的步伐和教育发展的需要。其三，从反思的实质来看，反思本身就是一种研究性活动，一种质变性的学习方式，没有教学研究就没有真正的教学反思。其四，从教师的行动研究所蕴含的“在实践中学习”和“教师成为研究者”两个基本理念，也可以看出教学反思所体现出来的鲜明的探究性特质。

（五）创造性

教育发生在极具复杂性的社会情境之中，它既有特定的社会历史背景，又指向我们理想的某种未来，它既关乎个人发展的问题，又是一种能够产生社会后果的社会性活动。基于此，有学者认为，教育的这些特性使教育实践不可能被简化成简单的技术控制过程，教师也不可能仅仅是一个技术操作工人。教学反思由于反思的问题是来源于教学实际的“真问题”，通常没有现成的答案，无章可循，因此其解决办法往往更需要创造性；善于反思的教师通常是个性鲜明的教师，他们注重“具体的”、“特定的”教学情境，能够根据学生的身心特点因材施教，能够创造性地处理偶发事件，不以“既定的方法”行动；由于教学反思旨在通过研究教学问题，探寻教学改革的思路，使教学过程向合乎教学规律、适应学生接受水平的方向发展。这种不断追求完善的教学品质反映的正是教师的创造性和精益求精的道德风貌。如果教师缺乏这种创造性，就会得过且过、敷衍塞责，就会把教学当成差事来应付，糊弄学生。这样，也就根本不会发现教学过程中存在的问题，更不会对教学的问题精心探究，查原因、找对策。

第二节　教学反思的向度与意义

教学反思不仅是一个内涵丰富、关涉面广的理论问题，更是一个错综复杂、难于把握的实践问题。对教学反思向度的澄清，不仅有助于进一步从理性上认识教学反思，而且能够在

① 饶从满，王春光．反思型教师与教师教育运动初探[J]．东北师大学报(哲学社会科学版)，2000(5)．

理论与实践之间构架一座桥梁，更好地推进教学实践的变革和发展。

一、教学反思的向度

教学反思的向度，即教学反思的指向和维度，它主要回答的是教学反思要反思什么的问题。从教学反思实践来看，其向度可以概括为以下四个方面。

（一）“内部—外部”向度

从静态来看，教学反思的对象具有明显的结构特性，我们可按照从大到小的顺序将其分为社会系统、学校系统和教学系统，学校系统是社会系统的子系统，教学系统是学校系统的子系统。这里我们将教学系统约定为“内部”系统，将学校系统、社会系统约定为“外部”系统。从系统论的视角来看，“外部”系统与“内部”系统之间存在着相互的关联、影响关系，并且子系统与母系统之间具有一定的自相似性。这决定了教学反思要具有宽广的视野，只有如此才能全面、深刻地认识事件的深层属性和原因。社会的主流价值取向往往通过教育文件、教育政策等转化为学校的教育目的、课程目标，进而决定和影响课堂教学中的教学目标和教学方式。当然，有的是通过隐性的方式、“非合法化”的途径影响教学系统的，如“学习无用论”的渗透等。由此可见，很多时候教学系统是社会系统和学校系统的映射和复制，所以很多教学系统内部事件的问题和原因往往要到更高的母系统中去寻找，至少可从价值观念、制度取向、经济利益、资源调配等多个维度进行追问。同样，教学系统内部也非常复杂，既包括教师、学生这样的“活”的要素，也包括媒体、环境这样“死”的要素；既包括思想、观念这样的精神文化，也包括仪器、校舍这样的物质文化；既包括教材、桌椅这样有形的事物，也包括氛围、情绪这样无形的存在。教学反思不但要对内部系统、外部系统有客观、清晰的认识，而且要善于“整体思维”，洞察系统之间以及系统内部要素之间的关系、影响、作用，从而在系统论视角上对教学系统有更为深刻的理解和把握。

（二）“过程—目标”向度

教学反思与一般的教学行为不同，它不仅要关注教学生活的过程还要关注教学生活的目标。教学生活过程的设计、实施、评价、调控是为了教学目标的顺利达成，教学目标的设定、贯彻、评定、调整是为了优化、提升教学生活过程的质量和价值。因此，教学反思要处理好教学生活的过程与目标之间的辩证关系，进而塑造积极、有效的教学生活。具体而言，教学生活的过程包括相互促进、联系的学生学习过程与教师专业发展两个侧面；教学生活的目标包括相互影响、制约的学生成长目标和教师发展目标两个角度。这就意味着教学反思既要关注学生、教师相互影响着的成长目标，也要关注学生成长、教师提高相互纠缠着的发展过程。在教学反思中如何处理教师发展的“过程—目标”和学生成长的“过程—目标”这两条线索，是教师面临的艰巨、复杂的课题。前者，教学反思的对象包括教师专业发展的动机、知识结构、认知水平、自我概念、协作状况、发展目标等，目的是科学、有效地促进教师完善自我提高的方案、提高自我评价的效能、丰富自我监控的手段、提高自我实现的意识等。后者，教学反思的任务包括对学生学习动机、认知水平、知识结构的认知，对课标要求、教材难点、教学进度的评估，对教学氛围、教学效果的考察，其目的是明确教学任务、优化教学过程、提高教学效果、促进学生更快更好的发展。两条线索之间既相互关联、制约，又相互影响、促进，如何在教学生活中处理好两者之间的关系需要教师的实践智慧和教育艺术。

（三）“观念—行为”向度

教师的教学观念是教师在教学实践中形成的对有关教学现象的深层理解，它对教师的教学行为、教学方式存在广泛、深刻的影响。教师的教学活动是在一定的教学观念指引下进行的，换言之，一定教学行为是特定教学观念的反映，教学观念与教学行为之间因其千丝万缕的联系，构成了“ 观念—行为”系统。教师“观念—行为”系统具有复杂的结构和丰富的内涵，教师进行反思时要对“观念—行为”予以全面、系统的关照，不能顾此失彼。首先，教师要在理论上对教学观念有一定的认识。从对人的观念来看，要简要知晓一般的对“人”的认识，如性善论、性恶论、白板说等；要了解一般的对“学生”的认识，如“被启发者”、“被改造者”、“被灌输者”等；要知道一般的对“教师”的看法，如“导演”、“园丁”、“裁判”等。从对物的观念来看，教学观念包括对学校设施的认识、校园环境的认识、教学设备的认识、课程的认识、教材的认识等。从对“活动”的观念来看，对教学活动本身的理解也是见仁见智，比如特殊认识说、交往说、实践说等。这些基本认识为教师进行教学反思提供了基本的参考框架，只有在一定的理论准备的基础上教师才能顺利地进行反思，须知教师也是建构者。其次，教师要对教学行为本身有一个明确、清晰的认识，能够站在“他者”的视角对自身的教学行为进行客观、准确的评定，如教学行为的主观目的与客观效果，教学行为的教学形式与心理依据，教学行为的伦理原则与师生关系等。最后，教师要善于挖掘教学行为与教学观念之间的内在联系，在具体的教学情境中对教学行为进行“观念归因”，反省教学行为背后的教学观念。

（四）“隐性—显性”向度

教学反思的对象有的可以明显感觉到，有的感知起来很模糊，有的甚至无法感知到，明显能够感知到的我们称为显性反思对象，无法感知的我们可称为隐性反思对象，而多数的反思对象介于显性与隐性之间，所以构成了一个“隐性—显性”维度。同时，显性与隐性又是相对的，一方面显性的反思对象有时会潜隐化，隐性的反思对象也可能会显现化；另一方面，反思对象的可感知程度也是因人而异的，这与教师的知识准备和观察的敏感性有关。据此，可将教学反思对象粗略地分为可感知、一般感知和不可感知三类。可感知的对象往往包括教学准备的好坏、课程的难易程度、教学进度的快慢等，教师通常既能感知到反思对象的存在和程度，又能进行较为准确的描述；不可感知的对象往往是那些隐藏在事件背后的、难以觉察的对象，如课程中意识形态、价值取向、性别歧视等问题，教师教学实践中很少会觉察到，教师没有觉察到当然就无法进行描述；一般感知的对象经常包括学生学习动机、课堂教学氛围、教师的自我效能等，对于这些对象教师往往只能大概、粗略地进行描述。教学实践中应不断提高教师对教学反思对象的敏感性，这需要教师不断学习教育理论知识、丰富教学实践知识，在教学实践中不断提升教学反思的意识和能力。

二、教学反思的意义

（一）促进教师专业发展

美国著名学者波斯纳曾经提出教师成长的公式为：教师成长＝经验反思。无独有偶，我国著名心理学家林崇德也提出：优秀教师＝教学过程＋反思。全国特级教师袁蓉从自己的教学实践和成功经验中也总结出：教学成功＝教学过程＋反思。更有学者指出，21 世纪教师最重要的能力之一就是自我反思能力。可见，反思性教学对教师专业发展具有极其重要的作用。人的认识就在于经过感性认识上升到理性认识，并进一步指导行动，否则就不能认识到事物的本质。教学反思中的反思，在某种意义上就是使现有教学中的感性认识上升到理性认识的重要条件。教师通过对自己的教学观念、教学方法、教学过程、教学效果等方面的反思，就能正确地认识和把握教学活动中的各种本质特征，能成为一名清醒的、理智的教学实践者。若没有这种反思，没有对自己教学经验的继承和教训的吸取，那么他对教学的认识就永远只能停留在感性认识阶段，其教学水平也就只能永远停留在较低层面，而不能成长为专家型优秀教师。

（二）拓宽教师专业知识

教学反思的兴起，既不应简单地理解为教学方法的改革，也不是对近几十年广泛兴起的各学科的反思思潮的简单对应，从根本上说，它是认识论和方法论的转变和转型。近几十年来，西方教育研究在方法论上出现了一些新的取向，教师在自己的专业教学活动中形成自己的知识体系和专业技能受到了来自认识论和方法论新进展的支持。这种体系和技能，从认识论角度看，既有别于传统的形而上理念的演绎，也有别于近代以来科学理性逻辑的推演，它来自根植于人类生活和教育实践的智慧，是一种融理性与直觉、科学与艺术、价值与事实、目的与手段等为一体的新的知识和技能体系，是专业实践者所拥有的知能体系。尽管这种知能体系与形而上学并非毫无联系，但它在性质上并不附属于或低于任何其他的知识形式。教学反思的兴起为我们寻找新的知能体系、建构教师专业化的新内涵和新标准，开辟了一个崭新的领域。

（三）形成教师教学风格

按照教师专业发展阶段理论，教师的专业成长一般分为三个阶段，即初级阶段、中级阶段和高级阶段。教师由教学新手到骨干教师，再到专家型教师，要经历一个由量变到质变的渐变过程。在这个渐变过程中，教师在教学中的反思起着重要作用。教师的自我反思意识是改变教师教学行为的基础，通过反思性实践，可以使教师教学行为更理性、更自觉，教学过程更优化。专家型教师区别于经验型教师的重要指标之一，就是对自己教学经验的反思与反思能力。教师对教学活动的反思，不仅包括在行动前和行动后的反思，同时还包括在行动中的反思，在反思过程中，教师不仅对自己的教学观念、教学兴趣、目的动机、情绪状态等心理因素进行反思，而且从教学方法、教学材料、教学媒体等教学技术上去思考、质疑或评价自己教学的有效性，并自觉运用反思的结果矫正不良教学行为，优化教学过程，形成自己的教学风格与教学特色，尽快接近或达到“专家型”教师的水平。

（四）推动教师教学研究

反思教学有利于教师深入开展教学研究，由经验型教师成长为研究型教师。当代国内外教育界都提出并高度认可“教师即研究者”的科学命题。苏联教育家苏霍姆林斯基就曾经指出：就其本来的基础来说，教师的劳动就是一种真正的创造性劳动，他是很接近科学研究的。教学反思中的反思，从本质上来说就是教师的一种经常的、贯穿始终的对教学活动中的各种现象，包括教师自身的行为，进行检查、分析、反馈、调节，以使整个教学活动、教学行为日趋优化的过程。这无疑是教师很现实的、融会于整个教学过程之中的教学研究活动。教师可以通过科学研究过程，系统地解决课堂教学中的问题，重新审视自己的教学过程，积极探索新思想和新途径，从而冲破单纯经验型教学的束缚，真正成长为一名教学研究者。

（五）开辟提升教学质量新路径

尽管经验型教学及操作性教学并非一无是处，前者侧重按教学实践中业已形成的教学惯例办事，后者注重把权威性的教学理论运用于自身的教学实践，但良好的教学过程并不一定绝对排斥排除这两类教学的运用，在一定的教学情境中，它们很可能是教学整体过程的一个必要的环节或层次。但是，如果把经验型教学和操作型教学看成是教学组织性质的全部内容，那么它们在教学过程中自身难以克服的弊端就会凸现出来：经验型教学使教师容易满足于以往的教学经验，固守某些在特定条件下形成的结论，机械地按决策行事，对课题教学中出现的新情况、新问题缺乏敏锐及时的应变能力；操作型教学注重将一般性的教育理论尤其是技术型研究成果在教学实践中加以应用，极易忽视各种教学情境的独特性，从而影响解决问题的有效性。而教学反思的特征是突出教学的情境性、过程性、评价性和反馈矫正性，这对教育教学改革来说无疑是一种新的思路。

（六）加深教师培训的学理探讨

如果说教师培训模式的改革与高等教育的规模和层次的要求具有直接的关联的话，那么教师培训在以课程、教材和教法为代表的微观层面上的改革则与我们对教学性质的认识有着密切的联系。教学反思的兴起，在本质上意味着有关教学的知识观和方法论的变化，它要求我们在教师培训的学理性探讨上要有锐意的创新和突破，在教师培训的培养目标、内容和手段各方面都进行相应的变革，从而推动教师培训在微观层面的改革。应当说，微观教师培训在宏观体制改革方面已经取得了重大的成就，但微观层面尤其是教师培训的学理探讨方面却进展甚微。教学反思兴起，不仅有利于激发和促进我们对“教学的性质”、“教师专业发展”等教师培训学理性问题的探讨，打破暮气沉沉的学术氛围，而且有助于改变教师培训在课程、教材和教法方面的滞后局面，使教师培训的改革不至于落后于轰轰烈烈的高等教育改革领域太远，进而为高等教育的改革发挥出应有的巨大的先导作用。

第三节　教学反思的分类与过程

教学反思的复杂性决定了教学反思类型的多样性，依不同的标准，教学反思可以划分为不同的类别。同时，教学反思也表现出自身特有的过程和环节。了解和明确教学反思的分类及其过程，对教师教学反思活动的顺利开展，具有重要的实践价值。

一、教学反思的分类

（一）按教学反思的性质划分

第一，技术性反思。这类反思包含以下两层意思：一是与反思的内容有关，只关注教学技术或技能这一狭小领域；二是与反思质量有关，注重有关教学成果的直接应用。技术性反思经常是受规则支配的，应用这一类型的反思，教师需要接受外在的标准，并利用这一标准对自己的教学执行情况作出判断。教师所思考的主要是具体的教学问题，如教学时间的分配、激励学生学习、评价学生学业成绩等。在技术性反思中，教师所学的有关如何教学的结论已被外在的权威事先确定好了，教师所作的反思仅是如何使自己的教学行为更好地符合外在研究的相关结论。由于这类反思一般是在较为狭隘的、事先确定好边界的问题范围内进行的，其反思质量通常是由教师对研究成果方面的知识的掌握程度以及使自己的教学实施与研究相一致的能力两方面来判断的。在这种类型的反思中，外部专家和研究者的意见往往占有主导地位。

第二,对行动的反思。这类反思主要包含以下两层意思:一是"对行动的反思";二是"在行动中反思"。前者指教师在自己的教学完成之后,对已发生过的教学行为进行回溯性的思考;后者则与在教学过程中发生的那些直觉的、即兴的决策有关。在这种类型的反思中,教师的意见而不是局外研究者的意见被视为更加专业,它突出的是实践和技能性知识的价值,一般不向教师提出明晰的遵循规则,而是要求教师记录自己的课堂经验,以帮助教师回顾课堂中曾经发生过的事件,并对这些事件进行仔细的思考。同时,也要求教师广泛阅读对其他教师相关经验的案例研究。这一类型的反思倡导者坚信,教师面临的教学情境越独特,就越需要教师作出灵活适切而不是规则化、标准化的教学决策,对学会教学来说,重要的是独特的案例,而不是普遍的规则。

第三,深思熟虑的反思。"技术性反思"中研究是最重要的知识资源,"对行动的反思"中技能性知识和个人的经验具有重要的意义,而"深思熟虑的反思"强调的则是以多样化的知识资源作为教师决策的基础,这些资源包括研究、经验、其他教师的建议、个人的信念和价值观等。在这些资源中,并没有哪一种占主导地位,各种意见和观点都可以被加以考虑,教师就是要在各种观点甚至是相互冲突的建议中尽可能地作出最佳的决策。因此。这一类型的反思,其质量高低取决于教师权衡各种观点的能力,取决于教师对所作出的决策给出充分缘由的能力。由于反思的资源在这一类型中是多样化的,教师经常要面对各种相互间具有竞争力的观点,因此对什么是最好的行动选择并不总是没有异议的。

第四,个性化的反思。这类反思在内容上指向个人的发展,与教师个人生活和职业生活有关。在这类反思中,教师要思考自己究竟要成为哪种类型的教师。他们不仅要对自己的生活进行思考,而且还要对自己的学生进行思考,但所关心的并不只是局限于学生成绩方面,而是对学生生活的方方面面都予以关注。进行这种类型反思的教师并不仅仅是知识的传授者,而且还是学生的关照者。教师的关注就是要了解学生的真实情况,以尽可能地给予他们最大关爱,其反思的质量取决于教师的"移情"能力。个性化反思取向的教师培训注重帮助教师审视那些促使他们成为教师的因素,关注自己的内在心声。在这种教师培训中,教师将学会对自己所持有的信念、态度和偏见进行质疑,对什么样的经验有助于自己成为好教师,什么样经验会妨碍专业发展有清醒的认识和判断。

第五,批判的反思。西方学者哈贝马斯认为,"批判"具有消除卑劣并能创造人类自由和幸福所需要的社会条件的潜质,因而他将"批判"作为反思的最高形式。批判性反思的目标不在于理解,而是要努力提高处境不利群体的生活质量,它不仅强调"质疑"和"批判",而且还强调"社会行动"。这种类型的教师培训强调,教育决策是不可避免地要以一定的善恶标准为基础的,其前提假设是:学校再生产了不公正的阶级、种族和性别关系。为此,反思的内容应集中在如何克服社会的非正义和不平等方面,接受过这种类型反思的教师将被鼓励成为社会的改革者和活动家,以改造那些产生量非正义和不公平的教学实践和学校结构。这类反思的效果取决于教师将一定的道德标准运用于学校教育的目标和过程的能力,学生将被鼓励去检验那些与广泛的社会目标相联系的哪怕是最简单的教学行为。

（二）按教学反思的时间划分

第一,教学过程前的反思。这种类型的反思主要是在课前准备的备课阶段,它有助于发展教师的智慧技能。教师智慧技能主要体现在两个方面:一是看能否预测学生在学习某一教学内容时可能会遇到哪些问题;二是看能否寻找到解决这些问题的策略和方法。从目前教师课前准备现状来看，主要存在着两种不良倾向：一是照搬现成的教案，以“他思”取代“我思”，不考虑自己所教班级学生的实际；二是一些所谓有经验的老教师备课时，过分依赖多年积累起来的教学经验，这种习惯化的思维使他们不注重反思自己的经验，仅凭原有的经验设计教学方案，有的甚至照抄以往的备课笔记。针对这些问题，要求教师在课前准备时，先要对过去的经验进行反思，使新的教学设计建立在对过去经验与教训反思的基础上。可以围绕以下几个方面来进行反思：自己或他人以前在教学这一教学内容时曾遇到过哪些问题？这些问题是采用什么策略和方法加以解决的？学生在学习这一教学内容时可能会遇到哪些新的问题？针对这些新问题，可采取哪些解决策略和方法？在反思过去经验与教训的基础上，再写出教学设计方案。

第二，教学过程中的反思。课前的教学设计方案是否合理，还需要经过课堂教学实践的验证。因此这类反思是指在教学实践活动中，对教学情景、教学过程、教学态度、教学内容、教学方法等进行及时反思并有效调控。教师在反思中必须具备驾驭课堂教学的调控能力，因为这一阶段的反思强调解决发生在课堂教学过程中的问题。这些问题可以从以下几方面的内容加以考虑：教学中师生之间、学生之间出现争议时，你将如何处理？当提问学习能力较弱的学生，该生不能按计划时间回答问题时，你将如何调整原先的教学设计？学生在课堂上讨论某一问题时，思维异常活跃，如果让学生继续讨论下去却不能完成预定的教学任务，针对这种情况，你将如何进行有效的调控？等等。

第三，教学过程后的反思。这类反思是指通过实践结果归因、总结评价、寻找差距、肯定成功，对教学产生新的理解力，解决教学实践中的问题，指导现在及未来的教学活动。这种反思是教师上完课后对整个教学行为过程进行思考、回顾与审视，包括对自己的教学观念和教学行为、学生的表现、教学的成功与失败进行理性的分析。例如，当学生在学习某些教学难点出现课堂气氛沉寂时，你是如何进行有效调控的？在课堂教学中哪些教学环节没有按计划施行？为什么？在教学过程中是否出现了令你惊喜的“亮点”环节？这个“亮点”环节产生的原因是什么？假如你再教这一教学内容，教学设计方案还可以做怎样的改进？学生在学习教学的重点和难点时，出现了哪些意想不到的障碍？你是如何机智地处理这些问题的？等等。

（三）按教学反思的主体分类

第一，自我反思。这类反思是指把自我作为意识的对象。教师对教与学的活动进行自我监控和调节，做出判断，自觉地观察自己的教学行为、教学观念、教学水平和教学效果，进行批判的思考，不断调整自己的教学行为。自我反思是实施教学反思的基础和原驱动力。如果没有教师自我反思意识的激活，就没有反思策略的灵活运用；没有教师的自我学习、自我体验、自我感悟及自我发展，就难以实施教学反思的策略，取得教学反思的成效。

第二，群体反思。这类反思是在同伴或群体中进行的。针对教学中的某些问题或某一个问题（包括同事、学生、学校领导、专家等），一起针对问题收集信息分析问题，找出解决问题的备选方案。同事之间通过相互批判性地观察教学行为的外在表现及所隐含的内在的教育信念，相互交流对教学的理解，相互促进，共同提高。教学实践证明，单纯的个体内省反思难免有一些片面性和局限性，难以深入开展，而当我们向其他人讲述时，我们的理念就变得真实和清晰了。因此，在这种合作的环境中进行反思，有利于更好地学习。

（四）按教学反思的层次划分

第一，基础层次的反思。这类反思主要是反思课堂情境中各种教学技能与技术的有效性。在这个层次上，主要反思教学主体目的适应性和教学策略使用的合理性。它的反思主体一般是缺少实践经验的新手教师，他们的知识主要是职前教育中所接受的学科知识与教育心理学知识，他们对这些陈述性知识的把握是表面的、抽象的、缺乏具体的实例支撑。对解决“怎么办”的程序性知识的把握，即教学技能，包括导入、语言、板书、讲解提问、课堂组织等具体技能，无论是对教学技能的系统认知，还是对教学技能的有意识调节水平都比较低。以提问技能为例，这个层次的教师设计的大量问题仅停留在记忆水平，问题与问题之间缺少系统性和层次性。随意性较强，反馈主体与方式单一，反馈的时效性与质量较差。

第二，提高层次的反思。这类反思主要是针对课堂实践基础的假说和特定的策略以及课程结果进行的反思。也就是说，在这个层次上，教师开始把教育理论标准运用于教育实践，以便做出关于教学内容方面的独立决策。这个层次上的教师，其知识结构中程序性知识已比较丰富，具体表现在他们已经掌握基本的教学技能，并能熟练地在熟悉的教学环境中运用。但这种运用多为长期练习的结果，条件反射的成分较大，缺乏在新的教学情景中综合各种条件，关注于学生的个别差异，灵活运用各种教学策略的条件性知识不足。从反思能力的教学设计环节看，该教师群体的教学设计无法超越教材，其教学经验也存在一定的闭锁性。

第三，体验层次的反思。这个层次的反思主要针对情感认知中道德的、伦理的以及其他直接或间接的与教育、教学有关的规范性标准。在这个层次上的教师，在实践中积累了丰富的教学经验，对教材的处理有独到的见解，尊重学生差异，不仅能对自身的教学经验、教学策略进行反思，而且能形成自身的教学风格。对教育教学活动的普遍规律进行理性反思，更注重教师伦理道德及人格在教育中的影响，以专家型教师作为自己的追求目标。

（五）按教学反思的方法划分

第一，实践性反思。实践性反思的主要方法是行动研究。行动研究是对课堂教学的探讨，是教师自己的教学行为。行动研究通常有以下几个常见步骤：发现和确定教学问题，初步思考其产生的原因并获得一些假设；确定行动研究的方法和策略，即确定自己应改善的方面或应对该问题的方法和手段；实施研究并清楚地记录各项结果；写出最后的研究结果，即实施一定的改进措施后有何新问题，进而制订下一轮的行动研究计划。如此不断反复，进行教学的反思与提高。

第二，叙事性反思。叙事性反思包括记教学日志和利用案例两种方法。记教学日志主要是记录课堂教学的点滴经验或困惑。教学日志主要分即时记录和事后记载两种方式。此外，还有一种“合作记载”教学日志的方法，即几个同事可以分别记，亦可共同记，然后一起讨论分析。通过记教学日志，可以记录平时教学中的一些失误及其产生原因，使教师能针对性地对其进行反思研究。利用教学案例是指利用反思教学实践中发生的较为典型的事例与同事进行交流。日常教学实践中的案例形式有原始情况记录、个人自述和案例研究、教学案例材料、汇编、问题与对策等。编写案例时应注意对案例的客观描述与理性解释。

第三，合作性反思。合作性反思主要包括教学观摩、教学辅导和合作教学等三种方法。教学观摩是指教师与教师之间为了提高业务而互相听课的行为。听课时，听课者常会反思自己的教学实践，课后再进一步交流教学细节。教学辅导一般是有经验的教师对新教师进行的辅导，有经验的教师之间也适用辅导类似师傅带徒弟式的搭档活动，辅导教师起着示范、指点和评价的作用，而新教师在此过程中不断进行反思，改进自己的教学。合作教学是指两个教师同时教一个班的学生，其组合既可以是以老带新，也可以是资历相同的教师之间的相互合作。

第四，资源性反思。资源性反思主要包括观看教学录像和利用教学档案袋等方法。观看自己的教学录像可以使教师站在客观的角度考察自己的教学实践，它不仅能反映自己教学的不足，也能把很多自己并未注意到的教学细节加以呈现。为保证效果，教师看录像时最好侧重教学过程中的细节方面，如教师的提问与学生的反应等。教学档案袋是对学生学习和教师教学过程的记录，同时还有教师对教学事件的评论和解释。它为教师的反思提供了情境支撑，可以帮助教师反思自己的教学过程，然后根据自己适合的教学策略，促进自己的专业发展。

二、教学反思的过程

（一）产生疑惑，提出问题

思维起源于疑惑，起源于问题，起源于不确定性，它是由某种事物作为诱因而发生的，这样才会引发思考和探究。进行教学反思，首先要让反思者感到教学中的困惑现象，即通过对教学的观察、回顾或通过他人对教学的评价，反思者意识到教学实际情况与自我认知情况不符，教学中存在着一些不知如何解决的困惑或还存在着一些问题需要去改进，这些将引发反思者去深入思考和探究，去寻找解释困惑的证据，寻求解决问题的方法和途径，进一步促使自己的教学行为发生改变。在专家型教师与普通教师对比的研究中发现，专家型教师具有不断探索和试验、质疑看似“没有问题”的问题和积极回应挑战的特征。专家型教师具有的将貌似正常的情境“问题化”，主动去发现问题、定义问题的能力，而不是他们解决已呈现出来问题的能力，是他们和非专家教师的关键区别。

（二）分析问题，探究解法

如果没有对问题的分析和探究，疑难终究是疑难。识别出问题或困惑之后，接下来就要考虑对问题或困惑做出近乎合理的解释，以寻求适合问题的方法。这就需要凭借以往的相关知识和类似情境的经验，它们以图式的方式存储于头脑中，需要在图式系统（认知结构）中将其提取出来。这一过程中，需要思考的是，当前的问题或困惑可以与什么相关概念、理论或相关事件联系起来，这些概念、理论或事件是否可以为此提供佐证或做出解释？这一问题产生的原因是什么？有哪些影响因素对其起作用？有什么相似情境的经验可以提供借鉴？通过这些方面的考虑，反思者多角度、多侧面地分析、评价教学活动及其背后的观念、假设，积极寻求多种可能解决问题的方法，进而做出合理的判断和选择。

（三）实践检验，重构经验

有了问题的解决方案，就要在实践中解决问题，一切假设和推理都需要在真实的情境中得到检验。检验的结果可能会产生两种情况：一是出现了所期望的结果，假设和解决问题的方法得到了验证和加强；二是产生的结果并不能与期望的结果一致，需要继续反思再付诸行动。在经过实践检验之后，反思者要在已有经验的基础上对经验进行重新组织和重新建构，目的是为了达到对各种教学活动的背景有新的理解，对自身作为教师和教学活动的文化环境有新的理解，对关于教学的一些想当然的假设有新的理解。由于教学实践的不确定性、情境性、复杂性和创造性，教师的专业发展带有明显的个人特征，它不是一个把现成的某种教育教学知识或理论应用于教育教学实践的简单过程，而是蕴含了将一般理论个性化、与具体的应用场景相适应、与个人的个性特征（情感、知识、观念、价值观等）相融合的过程。① 因此，教师必须以自己的已有经验为基础，对自身的教学实践不断重新认识和理解，不断建构和提升自身经验，才能深入理解教学实践，才能创造性地发展教学实践，才能不断提高自身的专业水平。正如杜威所说："真正的思维必然以认识到新的价值而告终。"②

第四节　教学反思的策略与方法

教学反思要想收到良好的成效，必须善于选择科学的、有效的策略与方法，这对教师的教学反思而言往往是决定性的和至关重要的。

一、教学反思的策略

（一）建立批判态度，突破行为习惯

教学反思就是要把日常的教学活动当作观察对象，探寻常规和习惯掩盖下的教育实践的真正意义。生活中人们对习惯存有极大的依赖，常常依据习惯对具体的生活情景做出反应。在实际的教学实践中，教师也大多是依据惯例的反应来应对具体的教学情境，并且常常有将自己的行为合理化的心理倾向。惯常的行动图式在给人带来行动便捷的同时也消解了人的批判意识和创新意识。教学反思的实质就是对这种惯常行为图式和思维图式的抗拒与颠覆，改变那种单纯以风俗、习惯和前见为基础进行判断的倾向。通过批判，对自己的教学行为和教学观念进行理性剖析，在这个过程中发现教学中的问题和困惑，促使自身去改善教学行为和观念，以实现教学实践的真正意义，彰显教学反思的本真价值。

（二）培养问题意识，提高教学敏感性

一切探究性思维的发生，都发自于对自己感兴趣问题的研究和分析，反思性思维也是如此。我们发现，有些教师在教学中缺乏反思意识，对自己的教学行为缺乏足够的敏感性和觉察性。面对这种情况，如果只是宣传反思的重要性和对自身专业成长的意义价值不大。更重要的是，要引导他们从自己的教育教学实践中寻找突破，发现问题。当他们自己觉察到教学行为的实际结果与预期结果不协调，或心理产生各种疑难、困惑的时候，会促使他们去对行为做出改变，去解决心中的疑难和困惑。问题和疑惑是激活反思的内在动因，通过自我分析的方式主动发现问题和疑惑比单纯地确定这些更重要。正如杜威所说："对解决困惑的需求在整个过程中是稳定的并具有导向性的要素。"③

（三）发现成功之处，形成新的再生点

对于新手教师来讲，虽然失误和问题比较容易引起他们的注意，但自己教育教学过程中的成功经历也会使他们产生满足感，对他们起到鼓励作用，促使产生改善教育教学的动力。因此，在反思过程中，也要让他们注意到自己在教学过程中表现出的优势，总结经验，思考如何对其进行发扬，使之成为新的再生点。

---

① 傅建明.教师专业发展——途径与方法[M].上海:华东师范大学出版社,2007:140.

② [美]约翰·杜威.我们怎样思维:经验与教育[M].姜文闵,译.北京:人民教育出版社,2005:86.

③ [美]约翰·杜威.我们怎样思维:经验与教育[M].姜文闵,译.北京:人民教育出版社,2005:104.

（四）加强总结提炼，丰富经验系统

很多时候，教师在实践中采取的教育教学策略是适应当时教育教学情境随机产生的，是即时迸发的，并不是当初设计好的，教师认为这样做是自然而然的，并不会刻意思考和总结。还有的教师在教学中对课堂的教学和整体把握都很好，让其交流经验和体会时却说不出所以然来。这都说明，无论是对于短期迸发型还是长期积累型的教师，都应该及时创造条件引导他们总结提炼自己的教学特点和教学经验，积极思考和探究教学过程，促进新经验与以往经验的融合，不断建构和提升自身经验。

（五）了解理论动态，寻找实践融入点

教学理论和理念在不断更新，它们直接指导着教学实践。工作在教学一线的教师要及时获悉教学改革和发展的最新动态，深入学习和理解教学的最新理论和理念。但"理论在具体实践中的应用不是套用的过程，而是能动与发展的过程，是理论和理念在实践主体内植根和成长、并在实践中不断创造可能性和发展自由空间的过程"①。因此，要深入学习和理解并在实践中深刻体会教育教学理论和理念的本质与精髓，思考教育实践中的具体的、切合实际的、适合自身的融入点，做到将理论和理念真正融入活生生的教育教学实践，使其在实践中得到充分的运用、探究、理解和发扬。

（六）鼓励协作反思，促进深度交流

反思是指向自我的，教学反思的目的和实质是进行自我分析，最终实现自我发展，但不代表反思的过程中不需要共同协作。自我反思容易使自己陷入个人的经验和自我思维定势，而群体协作有助于改善独立反思的偏差，使个体的反思走向深化。同时，协作反思能够消除教师的孤独感和无助感，为教师提供情感上的支持。此外，只有当信念对自己而言是真实的、清晰的时候，才能与别人交流，才能促进个人化信念的发展。在协作反思的过程中，要促进深度交流，首先需要勇于真心袒露自我，勇于展示内心的想法，可以通过抛出一些问题或困惑的形式邀请大家帮助解决，要适时鼓励或主动探询他人提供不同的看法，这样才能将群体反思推向深入。其次，要降低习惯性防卫心理，要善于倾听大家的想法和意见，并能针对他人的看法给予积极的回应，当表达不同的观点时，要注意表达的方式，提倡不同看法间的柔性碰撞。再次，在相互交流的过程中可以衍生出新的问题。当大家的观念或看法存有差异、解决问题的方案产生冲突的时候，就会使问题显性化，就会碰撞出新知识、新问题与新的解决方法。在民主和谐的环境氛围主导下，在一种无拘无束的探索中更容易产生新问题，但一旦民主氛围缺失，教师之间相互敌对，也就难以碰撞出智慧的火花了。

二、教学反思的方法

（一）理论思考与教学研究法

常规教学依赖于教师在教学过程中不断积累起来的感性经验，因而不能超越原有的教学传统；而教学反思注重对原有经验的批判性反思，这样才能不断体现出教学的创造性。然而，由于教学是一种复杂的社会实践活动，对教学行为和教学经验的反思需要依据一定的理论来进行。因此，教学反思需要以一定的理论为基础，对有关理论的系统学习和思考是教师进行教学反思的重要内容，也是教学反思的一个基本策略。

---

① 郭俊杰，王佳莹．教育技术：一种博弈的思维方式[J]．现代教育技术，2009(8)．

对教学理论的学习和思考有助于教师掌握相关的理论知识，奠定教学活动的理论基础。在理论的指导下，教师的教学实践水平才能不断得以提高。同时对理论的思考也有助于教师把外部教学理论转化为现实的教学实践。如根据认知主义心理学的观点，在正式讲解某一概念之前，先呈现一些学生熟悉的、与该概念相关的材料，在学生已有的知识与新知识之间搭建联系的“桥梁”，这样有利于学生以原有的知识结构“同化”新的知识，这就是“先行组织者”的理论。很显然，教师如果能够对该理论进行思考并积极运用到自己的教学实践中去，就会提高教学质量，获得更好的教学效果。

教学反思致力于消解教学理论与教学实践之间的二元分离的局面，教师既是教学实践的主体，又要对教学理论的发展作出贡献。进行教学反思是教师理解前沿的教学理论、反思自身的教学实践并提出新的教学理论和观点的重要途径。教师的教学反思依托实际的教学情境，针对原有的教学经验和遇到的问题进行反思和探究，可以说是一种以校为本的教学研究。而且，教学反思体现的是一种反思探究的循环过程，这与行动研究有着诸多的相似之处，因此开展行动研究也可以促进教师的教学反思。从人的思维的反思性本质来看，“反思性思维”从觉察问题直到解决问题，既是一个思维的过程，又是一个把思维付诸行动的过程。由此可见，这种“反思性思维”并不是一种单纯的苦思冥想，而是一种活动，一种从人们经验到的活动结果再回到原先尝试的猜测和假设的活动，是对原先假设的再组织，就如同教育家杜威称之为的“经验的改造”。行动研究正好体现了这种既思考又行动的“反思性思维”的特点。

教师进行理论思考和教学研究体现了教师新的角色，即研究者的角色。教师作为研究者意味着教师不再只是传统的“教书匠”，而是要为教育科研和理论创新作出贡献的“研究者”和“教育家”。通过理论思考和教学研究，教师得以更有效地进行教学反思，提高批判反思的能力，从依赖经验的“经验型教师”转变为更具有实践智慧、专业上更为成熟的“反思型实践家”。

（二）观摩与讨论法

观摩与讨论的目的在于通过同事之间的相互观察、切磋和批判性对话而提高教学水平。教师在反思自己的教学实践时，有时往往局限于个人的视阈而难以发现问题和缺陷，而同事之间的观摩和讨论正好可以为教师反思个人的教学实践提供新的思路和借鉴。教师教学行为的转变和改进显然需要同事的帮助，可以说，集体的教学智慧正是教师专业发展的源泉。观摩与讨论有助于推进教师集体的教学反思，有利于为教学反思创造一个良好的整体氛围。

注重教师之间的合作与对话是教学反思的一个重要特征。反思并不仅仅是“闭门思过”，与外界的沟通与交流也是进行教学反思的重要途径，这是由教与学的社会性本质所决定的。教师在学校教育的实践中也发明了一些进行集体反思的活动，如公开课、讲课比赛、相互评课等，这些活动对于促进教师的教学反思是行之有效的。通过观摩别人的教学，分析别人成功和失败的原因，可以为反思自己的教学行为提供新的启示。这样可以拓展思路，吸取他人的经验教训，少走弯路。尤其是观摩一些优秀教师的公开课，可以收到一些意想不到的效果。有的教师善于把握教材、深钻细研；有的教师善于启发诱导、与学生沟通；有的教师善于旁征博引、循循善诱；有的教师善于营造氛围，达到春风化雨之功效；等等。

当然，观摩和讨论是相互的、参与性的。教师可以观摩别人的教学，也可以邀请别人观摩自己的教学，并指出不足，提出改进的意见。这对参与者也提出了相应的要求，如在相应的教学领域有着丰富的经验;可以清晰地进行交流并提出质疑性的问题;有帮助教师渡过难关、改进其教学的历史等。总而言之,进行有效的观摩和讨论需要教师做有心人,做负责的人,做善于思考和批判的人。参与观摩和讨论的教师要以批判的眼光审视自己和他人的教学,进行质疑性的讨论和对话,通过集体智慧的分享从整体上提高教师的教学水平。

(三) 反思总结与对话反思法

所谓反思总结法,是指总结反思自己或他人在教育教学实践活动中的经验与教训的方法。反思总结的内容十分广泛,它可以总结自己在教育教学过程中各种灵感顿悟和对教材、学生以及教法等要素的理解,可以总结学生和同事的反馈意见,也可以总结他人的宝贵经验或失败的教训,还可以总结教育教学实践中的关键事件。所谓关键事件,是指自己认为对自身专业发展影响较大的事件,它可能是一堂成功或失败的课,也可能是一次师生之间的矛盾冲突,还可能是一次与专家的对话等。教师要对关键事件反思,首先就要对关键事件进行如实的记录,因为任何事件本身一般都无法呈现自身的意义,只有在事后的反思中才能断定它是否真是关键事件。因此,教师平时要善于关注对自己的教育教学观念和教育教学行为触动较大的事件,以便为事后总结反思提供基本的原始素材。

所谓对话反思法,是指通过与其他老师研讨交流来反思自己的教育教学行为,使自己清楚地意识到隐藏在教育教学行为背后的教育教学理念,进而提高自己教育教学监控能力的方法。对话反思法类似于平常采用的专题性的小型研讨会。其基本操作程序是:首先,由一名执教老师围绕研讨专题上课,其余老师则带着问题听课;其次,由执教老师阐述自己教育教学设计的内容以及这样设计的理论依据;第三,由执教老师与其他听课老师展开对话,从而产生思维碰撞;最后,执教老师根据大家讨论的结果重新修改完善教育教学设计方案,并写出反思性总结材料。

(四) 体验与撰写反思日记法

为了使教师更清楚地理解自己的教学行为和工作环境,教学反思强调教师的思考与体验。体验意味着作为教学主体的教师对教学行为的自觉体悟和反省,体验使得教学反思超越单纯的技术或方法论层面,而成为教师的生存方式和生活方式。我们大家都知道,专业知识是建立在专业经验基础之上的,但如果不能对自身经验进行积极的体验和反思,经验对专业知识的增长也就不会产生作用。积极的体验与思考可以使教师从经验中学到一些个人化的实践性知识,领悟教学的意义并提出新的教学方法。如果教师不善于体验,不能进行反思,就算是他有几十年的教学经验,也只不过是对以往工作的几十次重复,不会增加新的知识,对于教学水平的提高也不会有根本性帮助。

为了进行有效的体验和反思,教师可以通过撰写反思日记的形式帮助自己进行教学反思。反思日记的撰写比较随意,就是把教学过程中的一些感触、思考或困惑记录下来,以帮助自己重新审视和认识自己的教学行为。教师对教学的积极体验和反思日记的撰写体现了叙事学的方法,反思日记的撰写实际上是一种教学叙事,这种教学叙事为探究教师的日常生活和教学故事、积累教师知识提供了极大可能。教学叙事就是教师有意识地叙述发生在日常教学生活中的故事。显然,教师对教学故事的叙述过程同时也是一个反思自身教学活动的过程,对于改变教师的教育观念和教学实践有着积极的意义。教师善于讲述自己的教学故事,教学叙事可以引导教师从多个角度讲述给自己留下深刻印象的教学活动的细节,经过书面表达并整理加工后,就是一个生动鲜活的教学案例。教学叙事来自教师的日常生活,从教学叙事中教师可以审视自己走过的足迹，倾听自己的心声，并通过教学叙事来揭示灵魂深处的感动与对教育的认识和独到理解。通过教学叙事进行的反思是深刻的，由于在叙事中教师是讲故事的主体，又是反思的主体，因此教学叙事对于促成教师的人生观、价值观和教学观的转变是行之有效的。

（五）录像反思与档案袋法

所谓录像反思法，是指通过录像再现教学过程，使教师以旁观者的身份反思自身或他人的教育教学过程的方法。这种反思方法能起到“旁观者清”的效果。这种方法的基本操作程序为：首先，上课和录像；其次，观看录像，比较录像的教育教学过程与预先的教育教学设计有什么不同；第三，反思评价，包括自我评价和听课或观看录像人员的评价，评价主要教育教学环节所应用的教育教学技能、教育教学策略及其理论依据。最后，根据评价内容进一步修改完善原先的教育教学设计，写出反思性总结。

所谓档案袋法，是指以专题的形式促进教师不断反思，进而从方法上提高教师反思能力的方法。教师在运用这种方法时，一方面要根据自己的教育教学实际确定反思的专题，并进行分类，然后在每个专题之下，由教师本人通过回忆自己的教育教学观念与行为，并对其进行深刻反思，从而记录下自己过去的情况、现在的状态、未来的进步以及尚需努力之处与努力方向。也可以这样说，档案袋代表着教师个人在某一领域或某一专题内研究发展的历史、现状与未来趋势。档案袋建立的过程也就是教师对已有经验进行整理和系统化的过程，是对自身专业成长不断积累的过程，也是教师自我评价、自我教育和自我提高的过程。

第十章　校本培训与教师专业发展

校本培训是在教育专家引领下，由学校和教师共同发起与组织，以教育发展和改革面临的各种实际问题为中心，充分利用校内外各种教育资源，注重教师“教、学、研”的时空统一，有效促进教师专业发展的一种培训模式。校本培训的根本旨归在于提高教师的专业水平和教育教学能力，主要内容是以学校需求和教育教学实践为中心，基本学习方式为探究性学习。走向校本，其实就是走近教师的工作场域和真实生活，它能够更加关注教师的生存空间和生活方式，因而也更能激发教师的创造热情，促进教师的专业发展和专业成长。

第一节　校本培训的本质意涵

校本培训的理论研究与实践探索始于20世纪60年代，美国在“能力取向教学理念”指导下，开展了规模较大的以能力为基础的教师教育运动，突出“能力”与“实践”两大要素。虽然当时还没有明确提出校本培训的概念，但却隐含着要求借助优秀一线教师“传、帮、带”作用，由学校自己组织教师培训的思想和实践要素。到80年代，有关校本培训的研究工作及其发展过程得到较快发展，校本培训作为促进教师专业发展的一种有效模式得到人们的普遍认可。

一、校本培训的兴起

（一）教师培训模式变革的推动

传统教师培训模式大都是在政府命令下，通过高校师资培训中心对教师开展培训。这种培训模式存在着诸多弊端：一是理论与实践容易脱节。教师培训倡导先进教育教学理论，但往往却采用与这些观念不相符的培训模式。如集中式的单一信息传递，很少考虑教师的主动性和创造性。教师培训倡导的理论大多是理论层面的，缺少明确而具体的可转化为操作的策略和方法，主要原因就在于培训者本身缺乏实践层面的操作经验。二是对受训教师知识背景、教学经验和实际需求的忽视甚至漠视。受训教师已经形成一定的知识体系和行为方式，要使他们获得进一步提高，就必须在原有模式基础上加以改造改组，这种改进必须建立在受训教师反思和他人指导基础上才能有效进行。但培训者却很少能深入教师个体经验之中，培训很难满足教师个体的需求，导致针对性与实效性较差。三是合作与互动的缺失。培训中受训教师往往很少参与，经常处于被动状态，主要原因在于教师培训机构与学校教师之间缺少一种共同对话的中间环节。这种环节应是教师实践中的问题或是任务，而这一切应来自基层学校，因此把师资培训机构培训放入学校情境中去的校本培训，自然成为教师继续教育的正确方向。

（二）教育管理体制改革的要求

我国长期以来实行的是计划经济下的教育管理体制，这种体制的特点是铁板一块，毫无弹性。在这样的僵化管理体制下,学校的活动主要由其上级主管部门策划组织,学校不过是一个循规蹈矩的执行者,无所谓校本课程,更谈不上校本培训。但随着我国教育体制改革的不断深入,教育管理更具弹性,学校的办学自主权日益扩大,三级课程管理体制也正在逐步形成。随着学校办学自主权的扩大和校本课程在我国课程体系中地位的确定,中小学校如何展示自己的个性,形成独特的办学理念和办学特色,逐渐被提上了学校的议事日程。然而,无论是校本课程、校本研究还是校本管理,都需要学校领导和教师担任主要角色。由于我国的校本运动还只是处于改革探索的起步阶段,一线的大多数教师对何谓校本课程、校本研究、校本管理往往知之甚少,迫切需要加强这方面的培训,校本培训便由此应运而生,并对学校管理体制及其教师教育教学水平的提升发挥越来越积极的作用。

(三)终身教育理念的支持

终身教育和终身学习思想的提出,要求教师必须接受终身教育和进行终身学习,以不断地更新、补充自身专业成长所需要的知识、技巧和能力。教师职前教育、在职教育逐渐趋于一体化,从一次性师资培训走向终身教育。促进教师专业发展成为教师教育的努力方向,教师教育呈现出一些不同于以往的新趋向:首先,培训目标的专业化。传统教师培训过分强调教师教学技能,仅从教师教学能力的角度要求教师,把教师作为实现教育目标的工具。而现在的教师培训则倡导促进教师专业发展,培养目标包括知识的积累、技能的娴熟、能力的提高、态度的转变、情意的发展以及教师自治能力、责任感、探索解决问题能力等,并依据教师专业发展不同阶段的特点确定具体目标。其次,培训内容的综合化。教师培训目标的多样化及教师处于不同阶段个体生存空间的差异,往往会导致教师产生不同的发展需求,培训内容就会走向多样并趋于综合化。培训内容突破了学历式培训的窠臼,突破了只重理论指导或技能形成的局限,更加注重教育观念的塑造和核心教育教学技能的形成,注重在教育教学实践中以实践智慧整合条件性知识和本体性知识,注重教师在情境性教学和真实任务中学习探索,获得专业成长。最后,培训形式的多样化。培训目标的多层次性、内容的综合化决定了教师培训形式的灵活多样。单一的、灌输式的讲授逐渐被微格教学、案例教学、合作探究、科研推动等取代,更加强调教师主体参与和实践操作,培训者与受训者之间研究与发展更注重合作与互动。

(四)课程改革发展的呼唤

在新的历史时期,价值取向的多元化和个性化以及学校办学自主性的不断扩大,学校对自身发展方向、课程、师资培训、教学拥有了更多的发言权,来自学校层面的实践及研究逐渐受到重视,教师成为行动研究者和改革实践家,走向校本已成为我国教育改革和发展的方向。它以改进学校实践、解决学校面临的实际问题为指向,主要依靠学校领导者和教师对自身问题的分析、研究与决策,从学校的实际出发,开发学校自身的资源来解决。在教师培训中起重要作用的高校师资培训中心积极介入校本实践中,相互促进,共同发展,指导、协助学校教师在校本研究的基础上,通过校本培训实现校本课程开发,通过培训教师促使学校发展。同时,教师在校本培训中也能更新教育理念,获得新的知识和技能,不断提高教师培训的质量,获得良好的专业成长。课程改革是教育改革的核心,而课程改革取得成功的关键在于实施,实施过程是课程改革的重要过程,最终体现于课堂教学情境之中,其标准是教师和学生的主体性都获得解放,教师和学生的个性得到理想的发展。课程实施的多种价值取向及成功标准表明,单靠那种大面积全员集中式的、以信息传递为主的、脱离教育教学情境的培训模式已无法实现教师培训的目标,寻求有效的、适应课程改革需要的教师培训体系,已成为新时期教师培训工作必须直面的重要课题。

二、校本培训的内涵

从以往研究来看,我国学术界对于校本培训的内涵解读存在着不同的认识与理解。有学者认为,校本培训就是以校为本的培训,即基层学校与教学研究、教育科研融合在一起的培训活动。① 有学者认为,校本培训是以教师的任教学校为培训基地,以全体教师为学员(既是学员,又是教师)、本校校长和领导干部为组织者与领导者,以提高教学实际能力为目的的一种培训模式。② 有学者认为,校本培训是指任职学校根据学校发展的需要,自主制订培训计划,确定培训目标,设计培训内容,以学校最基本的教育教学实践领域为主要阵地,立足于本职、本岗、本校而自主开展的旨在满足学校和每个教师工作需要的校内培训活动。③ 有学者指出,校本培训是指在教育行政部门和有关业务部门的规划和指导下,以教师任职学校为基本培训单元,以提高教师教育教学能力素质为主要目标,把培训与教育教学、科研活动紧密结合起来的继续教育形式。④ 还有学者从国外界定校本培训概念的视角,剖析了校本培训概念的几个要点:按欧洲教师教育协会 1989 年的界定,校本培训指的是源于学校课程和整体规划的需要,由学校发起组织,旨在满足个体教师的工作需求的校内培训活动,认为这一概念界定确定了校本培训的出发点即学校课程和整体规划的需要;校本培训的主体即学校发起组织;校本培训的目标即满足个体教师的工作需求;校本培训的场所即校内。⑤

从构词法上来分析,校本培训实际上是由"校本"与"培训"两个概念组合而成的,因而对校本培训的理解,关键在于把握"校本"和"培训"的内涵。所谓"校本",主要包括三层含义:一是指"为了学校"。校本培训的根本目的是促进学校和教师的发展,因此它应以推动学校的教育改革与发展、解决学校和教师在教育教学工作中所面临的各种问题、促进教师的专业发展为根本出发点。二是指"在学校中"。学校自身的问题应由学校加以解决,即由了解学校问题并处于学校问题之中的校领导和教师理论联系实际地发现问题、分析问题、解决问题。同时,教师也应该在任职学校与课堂中谋求专业发展,因而任职学校应成为培训教师的主战场,以达成教学时间、学习时间与研究时间的统一和教学实践空间、学习空间与自我发展空间的统一。三是指"基于学校"。基于学校是指有关教师培训的所有计划和活动必须从学校与教师的实际需求出发,学校和教师有充分的自主权,成为"以校为本"培训的主体,可以自主发起、组织、实施各种形式的培训活动,以满足学校和教师的培训需求,达成学校和教师的共同发展。"基于学校"同时也意味着以学校特色为本,即从学校校情出发,挖掘校内各种资源,寻求能够展现本校优势、形成本校特色、有利于本校个性发展的培训模式。

所谓"培训",主要包含两层含义:一是培训是一种持续于整个教师生涯的培养和训练的过程。从词义上理解,培训是指"培养与训练"。"由于现代教育事业的发展,办学形式多样化,培训与培训分化,培养趋向于专指造就新生力量;培训多指在职、在业人员的专门训练或短期再

---

① 张向新.实行校本培训,提高中小学教师能力[J].辽宁教育研究,2000(10).
② 田爱丽.中英美三国教师培训"校本"模式的比较研究[J].中小学教师培训,2001(8).
③ 杨秀治.校本培训:当代西方师资培训的新模式[J].山东教育科研,2002(2).
④ 李玉斌.校本培训:教师培训新模式[J].电化教育研究,2002(3).
⑤ 郑金洲,俞海燕.认识校本培训[J].中小学管理,2011(9).

教育,如工人岗位培训、农业技术培训、师资培训等。"①教师的培训主要是指在任职期间,通过接受师资培训机构的指导与帮助,以及自我持续进行的学习、实践与研究等活动来完成的。二是培训过程既是教师专业发展的过程,也是教师自主学习的过程。当前科技迅猛发展,大量的新思想、新内容、新技术与新方法不断涌入学校,这给教师带来严峻考验与挑战,要求教师必须积极参与各种培训,尽快更新、补充知识和技能,更好地解决教育教学工作中的各种问题,以取得专业上的发展。因此,教师的专业发展离不开培训,培训过程就是促进教师专业发展的过程。另外,虽然培训强调管理、督导与技能训练,但它同时也注重教师学习态度的改变以及同事或学习者之间的支持、交流与合作。尤其在学校和教师发起与组织的校本培训中,教师自主进行的学习、反思与研究等培训活动,更有利于教师素养的提高和发展。

基于上述分析,我们认为,校本培训是指在教育专家的指导下,由学校和教师共同发起与组织,以学校教育教学发展和改革所面临的各种实际问题为中心,充分利用校内外的教育资源,注重教师教、学、研的时空统一,有效实现教师专业发展的培训模式。这样的定义,其立足点在于:第一,校本培训是以解决学校教育教学问题为中心的,以理论与实践有机融合作为出发点。第二,校本培训强调以学校为中心和主体,以促进教师教、学、研统一为原则,以充分利用校内的教育资源为基础的教师培训与发展。校本培训也倡导有效整合校外的各种资源,如教育行政部门的支持,各级师资培训机构的指导与协助,与其他学校的合作等。第三,校本培训是一个体现学校特色,展现教师个性的活动。第四,校本培训是一种复杂的、持续于整个教师生涯的、促进教师专业发展的过程。第五,校本培训要求重新审视和提升学校在师资培训中的地位及作用。

三、校本培训的特征

(一) 培训主体的多元性

传统教师培训多把教师置于被"教"或被"训"的位置上,培训者则多是高校的专家、教授或教科研部门的教研员。这些培训者虽然有很高的专业素养,但他们和教育教学一线教师相比,毕竟缺乏对真实的教育教学情境的深层了解,是以"旁观者"的身份,置身于学校教育教学过程之外去培训。不仅如此,这种方式也未能深入挖掘潜藏在每一位教师身上的聪明才智,以及他们对发生在自己身边的教育现象和问题的独特认识。而校本培训则认为,培训者既可以是本校的教师,也可以是外聘的专家学者,选择的标准完全取决于实际的需要和条件,它更强调针对性。教师从自身的教育教学实践中发现问题,更注重对自身教育行为的自我观察、自我反思和经验总结,对问题的理论分析是为了切实解决问题,改善教育过程。因此,校本培训能够充分调动教师的主动性和积极性,使其具有较强的动机和投入感。

(二) 培训目标的发展性

校本培训的目标是紧紧围绕着本校的发展理念和发展规划展开的。一般意义上的教师培训目标主要侧重于学科知识、专业理论和教育理论三个方面。而校本培训的目标则是:首先,它以独特的视角来思考学校的整体发展,致力于改善教师个体、教师群体和学校三者之间的关系,使之能够达到整体优化。其次,它着眼于提高每一个教师理智地、艺术地解决即时教育教学情境中所遇到的一切实际问题的能力。由此可见,校本培训的目标是在明晰的

① 顾明远.教育大词典(第1卷)[M].上海:上海教育出版社,1990:4.

教育哲学和办学理念统摄下形成的，直接指向于教师和学校自身的发展。

（三）培训内容的针对性

校本培训的内容是根据教师的实际需要加以设计和实施的。与传统教师培训相比较，校本培训的内容不是一般性的“通识”培训，而是完全取决于教师的实际水平和实际需要，其内容是按照“缺什么补什么”、“需要什么选什么”的原则确定的。这样做有以下几方面的好处：一是更有针对性。校本培训的内容具有显著的个别性，是因人而异来选择和取舍的，更能满足教师专业发展的需要；二是更有前瞻性。校本培训的内容着眼于教师对当前问题的解决和未来的发展，并将这两方面有机和巧妙地联系在一起，更能引导教师实现自身的专业成长；三是更有灵活性。校本培训的内容可以根据各方面的实际情况加以灵活地调整，而不必拘泥于某种既定的系统或程式，因此它更能成为教师专业发展中的“及时雨”。

（四）培训形式的多样性

传统教师培训在形式上多是模式化的，如利用专门的业务学习时间或业余时间学习、脱产学习，在方式上多为宣讲式。这种培训形式沿用的是传统集体授课的模式，其效果多受制于授课者的讲课水平及投入状态。如何使教师培训的形式更切合教师的实际和学校的实际呢？校本培训显然在这方面有自己的独到之处。由于校本培训的目标、内容和方法的独特，其形式也是灵活多样的，并不拘泥于某种固定的模式，因而更有助于良好培训效果的取得。

（五）培训方法的参与性

传统教师培训方法多是“给予式”的，即在培训中一味强调把现成的、既定的教育理论与方法像知识一样传授给教师，而教师也多以识记、理解的方法来学习这些“知识”，似乎如此就能阐述全部的教育现象和问题。但是，由于教育理论和方法本身的局限性，加之这种培训方式的僵化，培训与教师实际的专业性发展需要之间难以达成默契。而校本培训在方法上并不是简单地把知识灌输给教师，相反，它是以立足于现状的方式引导教师通过对自己教育教学工作的反思与体验，不断地深化有关认识，进而逐步接近教育理论和教育思想的内核，使其成为充满生机活力的东西。长期以来，教育理论和教育实践的脱节一直是困扰教师培训的一个瓶颈，而校本培训以其独到的方法为这个问题的解决提供了重要支撑。

第二节　校本培训的理论基础与意义

校本培训作为一种行之有效的教师继续教育形式，已得到世界范围的普遍认可。其之所以科学有效，从心理学的角度来说，主要是因为它建立在建构主义心理学的基础之上，建构主义心理学成为校本培训的最重要理论基础。

一、校本培训的理论基础

建构主义心理学的基本精神是强调学习发生在解决问题为目的的真实情境中，强调学习者凭自己的经验进行意义建构，强调利用社会性相互作用的经验进行意义建构，强调社会性相互作用的对话、合作和人际互动等。其基本理论观点包括以下方面：

首先，建构主义心理学主张学习不是消极被动地接受知识，而是积极主动地探究过程。建构主义心理学认为，一方面知识不是对现实的纯粹客观的反映，任何一种传载知识的符号系统也不是绝对真实的表征，它只不过是人们对客观世界的一种解释或一种假设。另一方面,知识并不能完整精确地概括世界的法则,不能提供对任何活动或问题解决都适用的方法。不仅如此,建构主义心理学还认为,世界是客观存在的,但对于世界的理解和赋予意义却是由每个人自己决定的。人们以自己的已有经验为基础来建构现实,或者至少说是在解释现实,每个人因经验与体验的不同,理解也就不可能完全相同。真正的理解只能是由学习者自身基于自己的经验背景而建构起来的,取决于特定情况下的学习活动过程。个人的知识世界是用人们自己的头脑创建的,所以建构主义心理学更关注如何以原有的经验、心得结构和信念为基础来进行知识的有效建构。

其次,建构主义心理学主张学习应与情境相关联。建构主义学习观认为,学习不单单是获得某种认知符号,而是参与真实情境中的活动过程。学习必须是问题定向的学习、基于案例的学习。学习行为启动于问题,问题又与具体情境相联系,这就使得学习者能更积极主动地进行学习。建构主义心理学认为,情境性学习的具体体现可说是案例学习,案例学习能够有效地加强记忆中的语义性的知识与情境的联系,从而克服传统学习中的过于抽象性和理论性。

最后,建构主义心理学主张社会性的学习。建构主义心理学既然认为知识不是某种独立于主体之外的客观性的东西,那么学习就不是获得知识,不是独立个体内部表征的过程,而是学习者之间的某种社会协商。每个人都以自己的经验为背景来建构对事物的理解,因而只能理解到事物的不同方面,不存在一个人对事物的唯一正确的理解。正因为如此,每个人都要超越自己的理解,都要重视相互合作性学习,以此来看到那些与自己不同的理解和事物的另外的侧面,从而形成更丰富、更有创造性的见解。因此,建构主义心理学主张建立学习共同体,开展学习小组讨论,强调社会性的合作学习。

从建构主义心理学的基本理论观点来看,教师学习应该是建构主义的高级学习。教师的学习是主体建构的学习,是紧密结合教育教学情境的真实的、问题的、案例的学习,是参与教师共同体的合作学习。建构主义心理学对校本培训的现实启迪在于:

首先,教师的学习是主体自主的学习。根据建构主义心理学理论,教师的学习应属于高级学习,教师是以自己的经验为基础来建构现实或者说在解释现实。每个教师因经验与体验的不同,其理解也就不可能完全相同,真正的学习受到教师内部思维的作用,因此校本培训不能把预先选择决定了的东西传递给教师,而应该更加重视教师的主体自主性,由教师以自己的经验为背景,批判地进行分析、检验和反思,以此建构出新的知识结构。

其次,教师的学习应是平等民主教学关系下的学习。在教师的培训中,教与学双方都是心理发展成熟的成人个体,相互之间的尊重和理解十分重要。良好的教学关系是成功教学的保证,教师培训中平等民主教学关系的建立,有赖于培训指导者和学习者角色定位的转变,尤其是培训指导者的角色不应该是单纯知识的传授者,而应该转变为共同学习者与研究者。培训指导者与培训者应该成为学习的共同体,大家的经验、见解都是学习的有效资源,应尽可能实现最充分的信息交流和资源共享。

最后,教师学习应该是一种合作学习。建构主义心理学认为,每个人都以自己的背景和经验来解释事物,任何事物都不存在唯一正确的理解,因此要超越自己的理解,就必须开展社会性的合作学习。所以在校本培训中,应该更加关注教师之间的相互学习与合作,关注教师与培训指导者之间的相互学习与合作。正如美国学者萧伯纳所说的那样:你有一个苹果,我有一个苹果,互相交换,各自还是得到一个苹果;你有一种思想,我有一种思想,互相交换,各自得到两种思想。

二、校本培训的意义

（一）有助于培养和造就名师

优秀教师不是短时间内能够培养出来的，更不是通过职前教育“培养”或“教”出来的，它需要教师立足学校、立足岗位、立足自身，通过长期学习研究、实践反思，才能逐步成熟和发展起来，最终成长为一名优秀教师。名师的成长是一个自我挑战、自我提升和自我超越的过程，名师的能力结构是多层面的：表层是教育教学能力，中层是操作动手能力，深层是发展提升能力。能力是在活动中形成，在活动中发展，又在活动中显现的。基于此，名师的能力培养必须在教育教学、科学研究和各种实践活动中才能得以形成。如果单靠校外的培训是远远不够的，关键是要立足于本校去完成，即通过校本培训加以实现。校本培训为名师成长提供了一个重要契机，学校必须抓住机遇，审时度势，不仅要树名师、推名师，更要通过校本培训“育”名师。

（二）有利于完善教师继续教育体系

回顾我国教师继续教育的模式，概括而言，一个共同特征就是“自上而下”。这种培训模式客观上存在着一定的局限性，突出表现在：培训内容过于理论化，缺乏针对性和实用性；培训形式过于单一，缺乏教师的主动参与和自我反思；培训时间过于集中，普遍存在教学矛盾和经费紧张的困难。这些问题的存在要求我们必须转变传统培训理念，创新培训模式。高校在教育教学中所处的位置使得“校本”逐步纳入人们的视野范围，“校本”的核心要素在于：一是为了学校；二是在学校中；三是基于学校。从本质上说，“走向校本”其实也就是走向每一个教师的职业生活，就是更加关注教师的生存状态，就是更大地激发全校教师的创造热情，使学校更具活力和效率。校本培训以其目标的明确指向性、组织的自我主体性、内容的现实针对性和方式的灵活多样性等独特优势，能够弥补传统教师培训的不足，有利于不断完善教师继续教育的体系。

（三）能够形成和彰显学校特色

学校特色是指在办学主体刻意追求下，学校工作的某一方面特别优于其他方面，也特别优于其他学校的独特品质，也是学校在长期教育教学实践中形成的独特的、优质的、稳定的教育风貌和个性。学校特色建设是一个学校创造性实践的过程，它受到主观和客观、外因和内因等多种因素的影响。尽管目前对什么是学校特色以及如何创建学校特色，理论界与实践界还存在不同看法，但有一点却是极为一致的，那就是学校特色建设离不开一支高素质的教师队伍。学校教育目标的实现，特色学校的形成，必须有一大批教育思想先进、善于学习、勤于思考、躬于实践、敢于创新的教师群体。一个强有力的教师群体一旦形成，它就具备了强大的凝聚力、同化力、竞争力和对于各种干扰因素的排斥力，就能够使学校沿着既定的方向稳步、快速地前进。学校特色建设靠教师，教师的成长靠教师培训，教师培训的最有效方式是校本培训，这已经成为特色学校建设的成功经验。

第三节　校本培训体系的要素与过程

校本培训体系的建构，首先要考虑学校的整体发展战略，因为培训必须依托学校为载体，必须配合学校总体发展战略的实施；其次要根据学校整体发展战略来制定人力资源发展战略，在此基础上来制定校本培训体系。

一、校本培训体系的要素

（一）需求分析

需求分析亦即确定是否有必要进行培训的一个过程，是建立有效校本培训体系的基础。"根据培训需求的理论框架，需求分析可以分为组织（战略）分析、任务分析与人员分析等三个方面。"①

（二）培训准备

培训准备是指教师是否已经做好了接受培训的准备。一方面应分析受训者的个人特征，他们是否有足够的背景知识与技能消化将要接受的培训内容；另一方面，根据分析，对受训者进行学习能力的分组，并为需要的人员提供额外类型的指导。不仅如此，为达到最佳学习状态，受训者必须明确培训的组织与个人目标，清楚知晓学校期望他们做什么？学校要达到什么样的绩效水平？如何才能达到理想的培训效果？让他们知道培训的目的在于提升他们的绩效，自我超越实现个人的价值而不是找出他们某方面的不足。

（三）学习环境

为了使工作环境更有利于让受训者获得新知识和新技能的机会，学校应努力向学习型组织转变。良好的培训环境应由多方面因素组成，要有领导和同事的支持，要有受训者的积极参与，要有操作和实践的课程内容和培训结果的信息反馈。首先，校长与中层领导干部既要积极支持、参与教职员工的培训，又要身体力行，发挥表率作用。其次，校长与中层领导干部除制订详细培训计划外，还要保证计划在各个环节能够顺利实施，创造各种有利的条件，让教师充分体会到领导对培训工作的重视。最后，将教师已有知识经验作为培训学习的基础，为教职员工提供实践操练的机会，让他们及时获得有关自己完成培训学习任务的信息，反馈的内容既可以是定量化结果，也可以是定性化结果；注意由培训者提出应当修正的建议，并对受训者达到目标要求的行为予以赞赏。

（四）培训内容

教师的培训内容最基础的应该包括以下几个方面：一是当代科学和人文方面的基本知识，以及一些工具性学科的扎实基础知识和熟练运用的技能、技巧；二是具备深厚的学科专门性知识与技能，学科的性质可以是邻近、相关的，也可以是相距甚远的，由学习者根据本人的兴趣和能力决定。培训内容主要培养教师的合作能力、管理能力以及研究能力等。

（五）培训方法

校本培训的方法有很多种，其选择正确与否直接影响到培训的效果。校本培训应根据学校发展不同时期的需要和教师专业发展不同阶段的需要，选择不同的培训方式。具体而言，可采用如下一些行之有效的培训方法：如课堂讲授、录像观摩、视听教学、角色扮演、案例研究和远程学习等。

（六）支持系统

支持系统主要是指确保校本培训有序完成的一系列保障措施。培训支持体系包括理念支持、制度支持和硬件支持三部分。首先，要将科学的培训理念引入学校，提高教职员工对

① [美]诺伊，等．人力资源管理：赢得竞争优势[M]．刘昕，译．北京：中国人民大学出版社，2001：4.

培训工作的重视程度。其次，要建立科学的制度，要有培训规定、个人进修管理规定、培训积分制度、讲师管理办法、培训需求、评估制度、激励机制等制度支持。最后，要有硬件支持，主要包括三部分：一是应有较齐备的培训物质条件，要有资金、培训设备、场地、器材等；二是人员组织体系，主要包括培训师资、培训管理人员，要明确各类人员在培训中的角色分工和职责；三是培训信息体系，要包括培训原始文件、培训统计平台、培训供应数据库等。

（七）效果评估

效果评估是校本培训流程中的最后一个环节。培训的评估标准可从四个方面来考虑：学员的反馈、知识标准、行为标准和工作成果。① 这四项标准可以从不同的侧面提供培训信息，在评估时应该将这四项标准结合起来使用，检验校本培训是否符合学校的实际需要。工作绩效层面的评估内容是学校组织培训的最终目的，也是培训评估最大的难点，因为对学校绩效产生影响的不仅仅是单因素的培训活动，而是多因素共同作用的结果。

二、校本培训体系的过程

校本培训的决策与活动大都是在教师的任职学校或同类学校进行的，学校要肩负起为本校和其他合作学校教师培训的责任。由于各校情况不同，校本培训的方式也是灵活多样的，因此校本培训的具体过程和阶段划分也不尽一致，但为了保证培训质量，每所学校的培训工作都要有明确的目标和程序。在我国，有学者提出了校本培训过程包括以下八个步骤。②

第一步，规定学校有关的教师培训政策，包括校本培训的目的，可利用的资源，设计、实施以及评价培训活动的要求与程序，教师的时间安排，校领导、教研组长的职责等。

第二步，让所有教师全面了解学校的培训政策，尤其是那些负有重要责任的教师明确自己所担负的责任。

第三步，对学校政策的具体实施作出合理安排，包括分派给专业指导教师的责任以及设立学校教师专业发展委员会和其他小组协助专业指导教师的工作。

第四步，提出年度计划。学校要提前一年对教师培训的需要作出分析，并说明学校、教研室和教师个人三方面的需要以及预先计划培训的时间、途径和费用等。

第五步，规定培训计划能有效实施的程序，如先培训教师培训工作的直接负责人，让有关人员能经常得到有关专家的建议与支持等。

第六步，保留详细的教师培训记录。

第七步，对学校培训的政策、活动计划、取得的效果、支出的费用等进行即时监控与评价，并听取各方面的不同意见。

第八步，安排反馈，让教研室及整个校内外有价值的观点与实践经验能够得到审慎的考虑并采纳。

在国外，校本培训也有自己的阶段模式。英国是校本培训产生较早的国家，其 20 世纪 80 年代形成的六阶段模式是一种强调大学和中小学“伙伴关系”，并以中小学为基地的培训

① 叶澜，白益民，王枬，等．教师角色与教师发展新探[M]．北京：教育科学出版社，2001：10．

② 田爱丽．中英美三国教师培训“校本”模式的比较研究[J]．中小学教师培训，2001(8)．

方式，比较有代表性，在国际教师培训领域产生了重大影响。六阶段模式主要包括以下步骤。[①]

第一步，确定需要。培训意向首先产生于学校而不是培训机构，在校长感到教师有进修和提高的必要后，进一步确认在哪些方面需要培训和提高，然后与大学培训部联系，以便实施有针对性的培训。

第二步，判断。中小学以地方教育部门为中介，与大学培训部洽谈怎样依据需要编排教师在职培训计划。教师在职培训的主动权、主导权在学校，中小学要明确提出大学提供什么专业课程。大学充任助推器的角色，帮助提高教师水平。

第三步，协议。在大学培训部、地方教育部门、中小学等多方人员参与下提出一份详细的培训协议，交给即将接受培训的教师修改，使得教师认可才能确定下来。

第四步，前期培训。前期培训一般在大学培训机构进行，培训人员介绍新的科学技术概况和新方法论原理。大学方面提供的这类导引课程有助于教师开阔视野，在学科横向联系、跨学科交流方面得到帮助。

第五步，主体培训。大学教师以中小学为基地深入中小学教学第一线，与中小学教师个人或集体共同备课，共同钻研教学难点和关键，选择教学方法，设计教学结构。中小学教师的教学水平在大学教师的指导和帮助下得到提高。

第六步，小结。协议规定的项目基本完成之后，教师在职培训告一段落。一般来说，培训结束时，教师都会对自己的工作有一定信心，能够在教学中运用获得知识、技能和方法。

比较我国校本培训阶段模式和英国典型的六阶段模式，可以发现两者在总的程序上是一致的，都是从形成计划开始，经过实施，以总结、评估为结束。但两者也存在着较大的差异，英国更突出教师的需要，强调学校与外部机构如大学的合作；而我国则更注重学校本身培训工作的计划性，更注重发挥学校内部而不是外部人员或机构在培训过程中的作用。

第四节　校本培训的实施机制与模式

作为一种崭新而有效的培训模式，校本培训要想实现其所蕴含的价值意义，必须明确并遵循其独特的实施机制，采用与之相适应的行之有效的实践模式。否则，校本培训就会流于形式，难以实现对教师专业发展的积极作用。

一、校本培训的实施机制

（一）专家合作开发助学机制

在当前情况下，高校与中小学共同参与教师培训已成为校本培训的共识，大中小学共同进行教育教学改革实验、主持教科研课题、推广教育教学成果，其核心是把学校各项工作课题化和研究化，通过教育教学课题研究，教师经常系统地反思和研究自己的教育教学工作，探究和解决教育教学工作中所遇到的各种问题，强调以教科研的手段来提高自身的素质。[②]首先，进行校本培训可以按照学校教师需求设定培训目标，培训方案由高校和中小学学校共

① 杨秀治．校本培训：当代西方师资培训的新模式[J]．山东教育科研，2002(2)．

② 刘尧．中小学科研兴校中的教师校本培训[J]．教育研究，2002(7)．

同商定，其有效方式主要应包括：教育理论探索、教学技能演示以及仿真条件下对该技能的演习和研讨，对该技能行为的反馈以及工作场地的辅导等。培训过程中应体现合作探究的教学形式，最终达到观念转变、知识更新和技能获得的目的。其次，中小学要与高校展开合作，邀请教育专家进行教育教学和教育科研辅导报告，并对教师的研究和学习进行个别指导，特别是对中小学教育科研课题项目予以全程指导，共同完成综合性研究课题。“如果没有协作的技巧与协作关系，就不可能学习和继续学习你所需要的尽可能多的东西，以便成为推动社会进步的力量。”①中小学受训教师应努力克服传统的“专业个人主义”价值取向，在教育专家引导下，以科学理论武装自己，运用相关科学理论对教育教学实践进行诊断，发现问题并依据相关科学理论和学科规律制订出恰当的解决方案，并加以实施检验和开发应用。

（二）分类分层的自主培训机制

对于新入职的教师来说，必须认真参加日常教育教学研究和教育教学改革活动，争取在3～5年实践内熟悉和掌握反映教育规律和先进教育经验的教育教学工作常规；对于青年骨干教师和担任中级技术职务的教师，应积极引导他们参加教育教学改革课题研究活动，在研究活动中学习教育科学理论和先进教育经验，并注意形成、积累有自己特色的教育教学经验；对于具有高级技术职务的教师，应作为主要科研人员主持或参与本校、本学科重大教育教学改革课题，能较为系统地宣讲本学科教育教学理论，引领青年教师的日常教研活动和教改研究，特别是要注意结合教育教学改革研究，系统地总结自己的教育教学经验；对于特级教师来说，应能高质量地完成高级技术职务教师的教育教学科研任务，还应能正确选择优秀教育教学成果进行推广和应用，并能独立设计课题、组织校际间的学科教育科研活动。教师的专业价值和主体精神应具体落实于提高教育教学科学意识、确立教育教学与科研的双重任务观念，向研究型教师素质作执着追求。因此教师个体在改进教育教学活动中，可以结合自身需要和兴趣爱好制定学习目标和计划，不断开展深入的学习活动，并能将教育科学理论和教育教学技能应用于教育教学实践之中。这类培训的形式较为灵活，教师具有较强的积极性和主动性，但往往由于其监控存在一定的困难，因而学校可以通过对检查教师学习笔记、论文以及课堂教学改进评估等方面加以落实和实现。

（三）学校工作整合机制

教师能够成为一名优秀教师的关键在于其实践性知识和教育教学智慧的提升与丰富，包括教育教学信念、教育教学机智和批判性教育教学反思能力等。而校本培训则是促进教师专业发展的关键措施，着力提升教师的实践性知识是校本培训的重要任务之一。在校本培训中，教师与新课程一起成长，教师培训机构与新课程共同发展的思想贯穿始终，尤其是体现在教师教育理念的提升、专业素质的提高、思维方式的刷新、实践知识的积累与个体文化的拓展上。每位教师结合自己的工作和教学，选择教育科研课题，把课题设计、研究与学习提高结合起来。校内通过师徒结对、示范课、学术论文报告以及教研组教研活动等有效形式，提高教师教育教学和科研水平。校外通过校际间的互动与交流，优秀教师“走出去”和“请进来”，促进教师的专业成长。在这其中，中小学教研组是校本培训和教师教育的基础。通过教研组开展校本培训，除了继续补充学科新知识之外，重点培训教师的教育科研能力、

① [加]迈克尔·富兰.变革的力量——透视教育改革[M].中央教育科学研究所，加拿大多伦国际学院，译.北京：教育科学出版社，2004：186.

职业道德和敬业精神，提高教师的综合素质。教师是教育教学的推动者，教师可以参与高层次课程研究，也可以针对学校发展和教师教育教学中的问题开展研究。教师在研究中要注意以行动研究为主，侧重于教育教学的实践应用或开发研究。学校可以以教研组为单位，开展教育教学的自我评估和观摩评估，教育教学评估的结果作为一种反馈，使教师明确教育教学水平提高的程度以及今后进一步努力的方向。通过学校工作的不断整合，教师深入学习、领会和体认理论的意义价值，并加以创造性地转化，融入自身鲜活丰富的实践经验，顺利实现由单纯思辨向科学归纳的转变，更好地促进自己的专业成长。

二、校本培训的实施模式

（一）同伴互助模式

国内外的教育教学实践已经表明，在教师进行教育教学实践的同时，还应该开放自己，加强同伴间的交流、切磋、合作和经验分享，这十分有利于教师群体中的不同思想、观念、教学模式、教学方式的交流与融合，促进教师队伍整体素质的不断提升。可从教师个体、教研室、学校三个层面开展互动合作培训：教师个体层面交流互动，可由学校推行“同伴合作互动”方式，将那些具有共同意愿、共同志趣的教师组合为“专业发展共同体”。“专业发展共同体”中的教师通过名师指点、同伴交流，真诚袒露自己的教育教学思想、课堂教学的具体做法和教学困惑，从而对自己的教育教学思想和行为进行反思、重构和扩展；教研室层面的互动交流，最常用的方式是教研室内部的案例交流，通过交流，教师人人都可以参与到讨论分析和研究之中，实现优势互补。校级层面的交流互动，可采取举行校级公开课的方式，由执教者自述，专家现场点评，剖析利弊得失，其他教师对比学习、研究思考、生发联想、感悟升华。同伴互助主要包括以下几种形式：第一，交谈。浅层次的交谈主要指信息交换和经验共享，信息和经验只有在流动中才能被激活，才能实现增值，而教师也只有不断从伙伴中获得信息，借鉴和吸收经验，才会少走弯路。深层次的交谈主要是指专业会谈和专题讨论，专业会谈是一个相对自由开放的发散过程，这个过程是最具生成性和建设性的，它会冒出和形成很多有价值的新见解。专题讨论是教师在一起围绕某个问题畅所欲言，提出各自的意见和看法，在有效讨论中每个教师都能获得单独学习所得不到的东西。第二，协作。协作是指教师共同承担责任和完成任务，新课程要求教师共同承担教研课程或教改任务。协作强调团队精神，群策群力，既要发挥每个教师的兴趣爱好和个性特长，使教师在互补共生中成长；又要发挥每个教师的作用，使其在彼此互动、合作中实现自身的专业成长。第三，帮助。教学经验丰富的优秀教师要帮助和指导新任教师，使其尽快适应教师角色和教育教学环境的要求。骨干教师和学科带头人是教师中德才兼备的优秀人才，是教师队伍的核心和中坚力量，他们要在同伴互助中发挥积极作用，通过同伴互助，防止和克服教师各自为战和孤立无助的局面，促进教师尽快地实现自身的专业成长。

（二）诊断反思模式

反思是对已发生过的教育教学活动的思考，是一个比较研究的过程。对教师来说，个体经验是形成反思的前提。反思不只是意味着一种思考问题的角度和方法，更重要的在于它是教师主体力量的表现形式，是教师对教育教学实践的自我体验、自我诊断、自我感悟、自我调整和自我更新。反思指向的不是教育教学技能和方法的普遍性，而是个体对于教育教学的体验、回味、感悟和建构。教师进行教育教学反思的内容主要包括：第一，应重视对教学内容的反思,既反思对课程标准和教材编写意图的理解,又反思对文本的解读。对于课文的基本结构和内容,教师需引导学生正确解读,还原文本的本意,领会作者的意图。第二,应重视对教学过程的反思。对教学过程的反思主要包括教学重点、难点的确立,教学方法的选择和教学环节的设计。一方面是反思教学重点、难点的确立。一节课要学习的东西很多,但在有限的教学时间内要重点学习什么,在教学的过程中难点是什么,是如何突破的,都要进行反思;另一方面是反思教学方法的选择。教学有法,教无定法。课堂教学是一个动态的创造性过程,教学内容的多样性和教学对象的差异性决定了教师不能采用一种固定的方法和形式组织课堂教学,应以内容为主导,选择方法。不仅如此,还要反思教学环节的设计。由于确立的教学重点不同、教学理念不同、教学方法和教学风格不同,每个教师对教学环节的设计也就不尽相同。第三,应重视对教学效果的反思。一节课结束后主要是反思教学的效果,这种效果一方面是与自己课前的教学设计相比照,看是否达到了预期的效果,是否完成了预定的课程目标;另一方面从现场效果来看,学生的积极性、主动性和创造性是否被激发出来,学生是否当堂掌握了所学的内容。对教学效果的反思除了应结合学生的反馈外,还需要结合同行和专家的评议,反思一节课的"得"与"失",提出今后改进和完善的具体措施。

(三)案例分析模式

案例分析模式是指围绕一定的培训目的,把实践中真实的情境加以典型化处理,形成供教师思考分析和判断的案例,通过独立研究和相互讨论的方式,提高教师分析问题和解决问题的能力。这是一种具有探究成分的经验性资源开发。在进行校本培训时,所选的案例一定是在教育教学过程中含有问题情境在内的真实发生的典型事件。案例分析要求教师在观察中学习,大量地观察优秀教师的教学,有助于教学能力的提升。典型案例植根于课堂,来源于课堂。案例分析式培训的方法主要有:第一,收集典型案例。将教育教学过程中具有针对性、可运用性、新颖性和前沿性的案例收集起来,作为学习和研究的资料。在收集整理案例过程中,教师不仅要收集整理自己在课堂教中的有关案例,更为重要的是将其他教师尤其是骨干教师、特级教师的鲜活优秀的课堂教学案例,作为第一手资料加以认真收集与整理,以便于自己从中汲取有益的"营养成分";第二,分析和探讨案例。在分析前,必须让教师充分阅读案例,了解事件全过程。在此基础上,参与研究的教师不断对案例进行剖析、讨论、交流,总结案例的成功之处,反思个人的教育教学行为,并升华为个人的教育教学经验,实现教育理论与教育实践的高度统一。

(四)教研网络模式

目前教师普遍存在着这样两种认识:一是认为"研究"是科研院所研究人员的事情,自己只是教书先生,不是专职科研人员,甚至认为自己离研究型教师目标太遥远;二是认为搞研究会为教师增添额外的负担,科学研究对课堂教学作用不大。事实上,教师专业技能的提高应该自始至终与科学研究结伴而行,教师教育教学专业技能提高中的问题,通过科研的方法解决不失为一条有效的途径。首先,要培养教师的问题意识。在教育教学实践中,不少中小学教师不善于发现问题,缺乏对问题的敏感性,找不到值得研究的有意义的问题。科学研究开始于问题,所以发现问题对研究来说是重要的第一步。英国课程与教学论专家斯腾豪斯就认为:教师是教室的负责人,教室是检验教育理论和思想的实验室。课堂是不可复制的,任何一个教学实践体验都是唯一、独特的,对他人来说都是新鲜的。因此,教师应把教育教学实践中发现的问题以及处理问题的全过程写成文字材料，进而围绕这些材料展开讨论，概括出一般性的结论。其次，要掌握科学的教育研究方法。教师应根据各自的所教学科，选择科学的研究方法，以课堂和学生为研究对象，进行定向研究。这样，坚持数年，反复实践，自己的科研能力和水平将会大幅度提升。再次，建立"研究共同体"。"研究共同体"即教师与教师之间、教师与专业研究人员之间进行合作交流的组织。共同体要侧重研究过程，而不强求所有参与者的同步发展。一方面，可通过共同体成员之间的对话和共同的探索活动将公共知识转化为个人知识；另一方面，也可通过共同体的集体智慧解决个人困惑，从而实现教育研究的良性循环。

(五) 专业引领模式

所谓专业引领，实质上就是理论对实践的指导，是理论与实践之间的对话。鉴于教师个体或群体在研究中可能会存在一些难以把握的问题，为避免在同一水平上的反复研究，教师需要专业引领，需要高水平专家的及时指导与帮助。在日常的教育教学实践活动中，虽然有些教师已做了很大努力，但教育理论水平和教育教学实际能力并未得到明显提高，或提高速度比较缓慢。在这样一个关键的时期，如果有专家或名师的及时点拨和引导，教师就能视野开阔、思路清晰，就能理性地思考教育教学中遇到的实际问题，并寻找出解决问题的良策，教育教学业务能力就能由此获得提高。

第五节　校本培训存在的问题与应对

当前，虽然校本培训已经成为学校主导的教师培训模式，但由于认识和理解的偏差，以及操作方法与技巧的不熟悉，致使校本培训在实施过程中出现了诸多问题，影响了校本培训实效性的发挥，因而有必要对之加以重视和有效应对。

一、校本培训存在的问题

(一) 校本培训的认识与定位问题

校本培训是为了克服以校外教师培训机构为基地的传统培训模式的弊端，而提出和发展起来的。校本培训在整个教师培训中处于什么样的地位？它是对传统教师培训的补充还是替代？这个问题无论在理论上还是在实践中尚未得到很好的解决。国外研究者认为，传统教师培训并不应当被全部推翻，它也是一种教师培训的形式。校本培训固然有自己的优势，但对教师严格的学术性训练也应该有自己的合适位置。我国有学者主张应对教师培训形式进行分类，试图通过分类来确定校本培训在整个教师培训方式中的地位。其建议是将教师培训划分为"改变观念型"和"提高技术、技能型"两类，前者以大学或教师进修学院为基地进行，后者则以校本培训为最适宜。也有学者主张将教师培训分为四种类型，即"未来观念型"、"现实观念型"、"现实技术型"和"未来技术型"等。上述分类显得极为必要，对教师培训工作的健康发展十分有利，只是显得过于粗糙，缺乏辩护与论证，这也是可以理解的。因为我们正处于校本培训初见端倪、传统教师培训备受质疑的历史转折期，校本培训的机制尚未普遍建立起来，其优势和弊端还未在实践中充分表现出来，人们从更为全面的角度进行综合考虑的时机尚未成熟。但随着校本培训的深入发展，把校本培训作为一种重要形式放在教师专业发展的整体框架中加以考虑，将越发显得重要，这既包括理论的探索工作，也包括实践中的实际定位。不仅如此，由于我国地域辽阔，各地教育发展水平不均衡，高校的类别和层次又极为繁杂，教师培训究竟该采用何种方式也要考虑各地各校的差异，不能只套用一种固定的模式。这些都是在校本培训认识和定位问题上形成一致的看法后才能完成的。

（二）校本培训的质量问题

校本培训的实施质量问题，在实施校本培训时间较长的英国暴露得较为突出。首先，作为培训者的教师因工作负担过重或缺乏激励机制而引起的质量问题。在英国，尽管学校常常指派级别较高、经验丰富的教师（通常是副校长和学科教学组长）指导前来培训的教师，但作为学校的高级教员，他们在监督受训者的教学实践和进行日常教学之外，还要管理学校。繁忙的工作使他们很少能真正关心受训者的活动，加之指导受训者被看作是一个"单向"的过程，它要求教师给予大量的"输入"却很少得到回报，大多数教师不愿承担这种既费时又费力的工作，也不愿奉献出有效指导所需的时间。其次，校本培训的质量标准和评估问题。由于不同学校中指导与评价人员的组成和水平不同，国家又缺少评价教师培训结果的标准化要求，如何评估以学校为基础的教师培训质量，以及建立怎样的质量标准，这些问题并未能得到很好的处理和解决。

（三）教师压力与学校落后文化问题

把教师培训的场所放在学校本身并不意味着就一定能培养出高素质的教师，校本培训需要承担教师培训任务的学校本身转变观念，在学校职能和学校文化方面率先进行变革，否则，校本培训下培训出来的教师，非但不能形成教育教学创新能力，反而会被学校旧文化所同化、所羁绊。许多受训者感受到的工作压力是巨大的：他们不仅要在规定的时间内完成规定的教学内容，还要帮助和评价各种背景、各种性格与智力的学生的身心发展，并与形形色色的同事、同学、培训指导教师打交道。实际的压力使他们很快就学会了"应付"，无论"应付"将如何阻碍专业发展，它比"思考"更适合学校生活。与学校里的"老"教师一样，他们越来越关心怎样控制学生而不是怎样教学生学习。同时，由于受训教师将受到学校指导教师和培训机构的评价，这就进一步强化了受训者继承现有教学方式的倾向，他们精心地效仿指导教师，希望以此换取好的分数和好的评价。这些受训者形成的共识是：自己陷于更传统的学科组中，既存的"现实"成为强大的"黑洞"，而反思和批判则在"黑洞"中难觅其踪。教师培训如果都是在这样的背景下展开，其前景将是不容乐观和令人悲哀的。

（四）校本培训与教师专业发展问题

教师培养要走专业化发展之路，这是国际教师教育领域的普遍共识。实际上，校本培训从其初衷来看，正是在这一理念下兴起的。但是，校本培训的当代发展是否有助于实现教师专业化发展？专业化培养之路到底是只有校本培训一条道路还是有多种途径？各种方式和途径之间能否整合？如何进行整合？这些都还是悬而未决的问题。从国际范围来看，在英美等国强化学校在教师培养中的作用，注重校本培训的价值的同时，另一些国家正在关注如何提高教师的学术水平以改善教师的专业化程度。例如，法国正从一种主要以学校为基地的培训体制转向以新建的具有大学地位的教师机构为核心的体制。人们正试图从两个不同甚至是相反的途径去实现教师培养的专业化。将校本培训作为教师专业化的途径似乎并没有得到广泛的认同。在英国，甚至出现了这样的现象：那些以前曾要求大学与学校共同分担教师职前培养的人，现在看到事情正向相反的方向发展，他们转而呼吁大学要对自身培养教师的能力具有充分的信心，以学校为基地的教师职前培养改革并没有如人们希望的那样带来教师质量的显著提高。当然，这并不意味着校本培训的失败，只是说明校本培训本身还要变革和完善。英国就有学者建议必须将两者不同取向的教师培养途径区分开来：一种力求通过大学与伙伴学校间适当而有机的联系来提高培训质量；另一种企图利用“学徒制”获取即时利益。

二、校本培训的应对策略

（一）重视同行专家的引领指导

倡导自主学习、推动合作互助是校本培训的核心理念和基本方式，但这并不意味着校本培训不需要专家资源系统的支持和引领。对校外专家资源，可以通过“请进来”、“送出去”方式，获取他们的指导和引领；对校内专家资源的利用，则应特别关注以下两个方面：首先，要大力倡导实施以老带新的“导师制”。由于教师教育的先天缺失，教师入职初期的教学引领就显得格外重要。许多高校对新任教师实施以老带新的“导师制”，选配指导教师对新教师的教学实践进行“一帮一”指导，这是一种极为有效的促进教师专业发展的形式。但是，要确保这种校本培训方式能收到实效，一方面必须把好“导师”的选配关，所选“导师”应在专业态度、专业伦理、专业知识与能力尤其是教学实践能力上，能够真正对新教师起到“传、帮、带”作用；另一方面，必须对“导师制”的运行给予引导和激励。有些高校虽然实行了“导师制”，但往往流于形式，管理局限于开始时的师徒文本协议和结束时的填表考核，而从根本上忽略了对“传、帮、带”运行过程的关注与引导，致使“导师制”不能真正发挥其应有的价值。其次，要充分发挥“教学督导”的作用。高校的教学督导委员会是一个以提高教学效率和教学质量为旨归的专家式支持系统。“教学督导”作为校内专家，对上能起到“参谋”和“反馈”作用，对下能起到“监督”和“指导”作用。在“督”与“导”的关系上，应侧重“辅导”或“指导”职能，真正的督导过程应是进行校本培训的过程。“教学督导”应坚持合作、民主、全面和科学的工作方式，通过听课对教师课堂教学进行检查，并从发展性角度及时给予反馈和指导，引发教师进行教学反思，帮助教师改善教学实践，从而不断提高教学水平。但在现实中，有些高校并未真正重视和充分发挥校内“教学督导”的作用，督导人员的选聘较为随意，督导工作也处于只“督”不“导”状态。基于此，我们认为，需要重新审视和定位校内“教学督导”工作，要从实施校本培训角度，挖掘和运用校内专家资源系统，加强教学督导队伍建设，充分发挥“教学督导”对教师的教学引领功能。

（二）加强教师之间的合作互助

校本培训根本不同于传统培训之处就在于：它不是培训者高高在上、受训者被动“失语”的培训方式，而是建立在对校内培训资源进行充分挖掘和利用的基础之上，通过“教师实践共同体”进行的主动发展提高过程。每位教师都有其独特的教育教学经验，作为“经验载体”都是一份宝贵的培训资源，教师是校本培训中的“话语主体”。校本培训的核心理念与基本方式就是要搭建起教师之间合作互助的平台，促使教师就教育教学经验进行对话、交流和成果分享，就共同的工作开展合作与学习，在相互传递与接受经验过程中整合和重构各自的经验背景，形成更高层次的教育教学经验，从而不断促使自身的专业发展。但是，在我国当前高校教育教学实践中，教师之间的合作与互助明显不足，教师通常是各自为战甚至相互封闭，试图凭借个人力量和智慧解决教育教学实践中纷繁复杂的问题，独自品尝失败或成功的经验。日常的教研活动、互相听课、教学观摩等带有交流性质的活动即便有，也大都流于形式，自我封闭的藩篱始终横亘在教师之间，阻碍了教师专业的共同发展。校本培训正好可以打破制约教师专业发展的这一瓶颈，它通过致力于教师合作型文化的建设，为教师提供了沟通和融合深层教育理念的机会。为此，首先需要形成教育教学“实践共同体”。也就是围绕共同的教育教学任务建立起课程组，遴选合适的课程负责人或课程首席教师，并赋予其相应的责、权、利，切实强化课程组的地位与作用。以课程组为单位展开合作互助性活动是开展校本培训的最基本组织保障；其次要组织形式多样、富有成效的合作性活动。例如，可以围绕共同的教学内容进行集体备课与诊课；可以开展教学示范与观摩；可以围绕某个主题举办教学沙龙、教学论坛；可以设立教学工作坊；可以开辟网上教学咨询与交流平台，鼓励教师传习教学经验，分享教学心得，逐步展开教学对话，尤其是以建设为目的的批判性对话，从而使教师深刻体会合作互助、多元互补所带来的积极效应，努力营造有利于教师专业发展的良好的合作型文化氛围。

（三）健全组织制度的保障机制

就学校组织保障来说，高校应当建立“教学发展中心”，具体负责整合相关资源，开展校本培训，为教师提供教学支持，协助教师提升教学质量。国外许多著名大学都将“教学发展中心”作为常设机构，我国台湾、香港地区的多所大学也借鉴国外经验，设有相应“组织”。如台湾大学于 1995 年筹划成立了“教学发展中心”，并将之视为“迈向顶尖大学计划书——教学卓越”的重要组成部分。该中心下设教师发展组、数字媒体组、规划研究组和学习促进组，策划并组织新进教师讲习营、教师传习制度、教学工作坊、教学助理研习会、杰出教学助理奖励、课堂评析、个别教学咨商服务等形式多样的校本培训工作。高校设立“教学发展中心”，可以更好地推动校本培训制度的建立与落实。由“教学发展中心”牵头，通过调查研究，结合本校实际，将有关教育教学及教师培训的标准、要求等规范化和制度化，如出台不同职称水平教师应达到的专业标准，研究制定各层次教师教学水平和效果评估标准与方案，制定宏观性的教师培训规划以及具体的、个性化的各层次教师培训计划和方案，出台可行的培训效果考核标准，明确相应责任，建立有效的激励机制，调动教师参与校本培训的积极性，引导教师正确处理好教学与科研的关系，形成专业发自我发展意识，激发专业自我发展动机，进行专业自我发展规划，严格专业自我发展管理，提升专业自我发展能力，从而不断促使教师的专业成长。

（四）倡导教师个体的自主学习

从本质上来说，教师专业发展是一个自我定向、自主学习、自主发展的动态过程，它在很大程度上要依赖教师个人专业发展意识的觉醒。正如有学者指出的那样：“在大学教师专业化发展的理念上，我们应该确立和宣传教师的自我发展，只有当政府、教育行政管理部门，尤其是所有的教师自身树立起教师发展的观念，教师培训的主动性、有效性才会得以真正的实现。”①因此，校本培训必须坚持教师自主发展、尊重教师自主性的理念：首先，要引导教师树立起专业发展的自觉意识，增强对专业自主发展的责任感和使命感，始终保持“自我更新”的价值取向，通过自我反思、自我专业结构剖析、自我专业发展规划与实施以及自我专业发展方向调控等自主学习行为，实现专业自主发展和自我更新的目的；其次，校本培训应建立在

① 谢安邦，周巧玲. 提升大学教师的专业化发展水平——构建终身的学习型体系[J]. 中国高教研究，2007(5).

对受训主体的培训需求进行充分认识和了解的基础上，重视作为受训主体教师自身的培训愿望、对培训方式的选择和对培训效果的评价，积极引导教师从自身发展的角度关心自我提高与完善，而不是被动接受学校对教师作出的培训安排。针对教师教育理论知识和教学技能训练欠缺的状况，校本培训可以采用教育经典文献导读、优秀教学资源网络展示、自我教学反思等方式，为教师的自主学习提供有力的支持和引导。例如，可以为不同层次的教师尤其是新教师列出阅读书目，引导教师系统阅读优秀教育文献，开展读书交流，形成对教育基本问题的认知框架，确立对教育教学基本问题的判断力、鉴赏力和批判性的思考力，进而形成正确的教育教学理念和教育哲学观；可以充分利用网络搜集、提供优秀教师课堂教学范例、资深教师的教学讲座、精品课程展示、高校教学模式和教学设计范例库、教师电子教学档案、教育技术学习与实践、教师教学经验交流等教学资源，使教师能自主浏览、自主学习和主动使用，为教师提供一个向教育教学实践榜样学习的有效平台；还可以引导教师撰写教学后记、教师专业日志和自我发展规划，提供交流与合作的机会，尊重其个性化发展需求。

第六节　校本培训的支持系统与评价

校本培训要想持续有效地得以运行和实施，除了需要理解和掌握其实施机制与模式、认识和把握其存在的问题与应对之外，还必须依赖于良好的支持系统以及科学的评价系统，否则校本培训就会出现这样或那样的问题或偏差。

一、校本培训的支持系统

（一）校本培训计划

与传统以大学或教师培训机构为中心的教师培训不同，校本培训所有重大决策与活动都是在教师所在的学校里进行的，因此学校必须为全体教师的专业成长制定一个整体周详的计划。但由于各个学校的具体情况不一样，而学校计划又必须与其所具有的优势相适应，以便充分利用和发挥各种资源的优势，因而各个学校的校本培训计划也会存在一定的差异。为了保证校本培训质量，每个学校的培训计划都要有明确的目标和实施程序。一般而言，学校校本培训计划主要包括下列内容：第一，规定学校有关教师培训政策，包括校本培训的目的，可供利用的资源，设计、实施以及评价培训活动的要求与程序，教师的时间安排，校领导、教研组长和年级组长的职责等。第二，要让所有教师全面了解学校的校本培训政策，特别是那些负有重要责任的教师更要明确自身所担负的任务与责任。第三，对学校政策的具体实施要作出合理安排，包括分派给专业指导教师的责任、设立学校教师专业发展委员会以及其他协助工作小组等。

（二）专业指导教师

校本培训计划的有效实施，有赖于校内有关人员尤其是领导能否明确并履行自己的职责，因为教师校本培训的基地就在中小学，因而学校对教师校本培训活动负有重要责任。在校本培训中，校长的职责是极为重要的，校长除了自己要亲自负责整个学校计划的制订与实施外，往往还需要指定一名副校长或相关领导专门负责教师校本培训工作。担当这一职责的这名副校长在英国的校本培训计划中被称为“专业指导教师”。每所学校的专业指导教师所担负的责任是校长亲自指定的，主要对新任教师和资深教师的指导。在整个学校的校本培训计划中，专业指导教师的具体职责一般是：第一，对新任教师的指导，主要包括：组织安排新教师参加培训课程；观察、分析、与其他教师讨论新教师的上课情况并写出书面报告交给校长；协助新任教师备课，并了解其进展情况；组织新教师参观其他中小学；根据教研组长、年级组长提供的书面材料及有关信息为新任教师撰写最后的评价报告；鼓励新任教师在资深教师指导下全面考虑其专业发展，并参加深一步的专业研究课程及校外培训活动。总之，要对新教师进行鼓励和提供支持，联络其他教师，介绍校外有关培训机构，并让他们了解各种有关的资源，帮助他们尽快适应教学环境和顺利开展教学活动。第二，对资深教师的指导，主要包括：让资深教师了解并参与新任教师的入职训练与培训活动；收集整理教师专业培训的有关信息，并监控教师的培训情况；观察、分析教师上课情况，并写出分析报告；为教师的教学研究提供支持；鼓励教师根据自己的需要设计自己的专业发展计划，并参与有关课程或活动的设计；寻求校外机构的有关专家，为教师提供充裕的信息渠道。以上对专业指导教师工作职责的描述强调了校长、学校教师及专业指导教师本身的需要，体现了其工作的新颖、敏感与复杂。事实上，在经验丰富的专业指导教师与新任教师以及资深教师一起工作后，学校可以明确了解完成某项工作所需的时间及进展情况。因此分派这一工作以后，不仅校长能够全面统筹规划，而且教师个体的专业成长也能备受关注。

（三）专业发展委员会

专业指导教师如果能征询学校内有经验或有独特见解人员的建议并与之协作，其职能就能得到更好的发挥。因而在学校内形成一个为教师专业发展服务的组织，将十分有利于校本培训活动质量的提高，这个组织就是学校专业发展指导委员会。一般说来，学校专业发展指导委员会主任应由专业指导教师兼任，委员会主要成员由学校教师代表组成，地方教育行政部门的有关人士和教师培训机构的代表也可以作为指导委员会的成员。专业发展指导委员会的职责主要包括：为整个学校教师的专业发展规划提供指导性建议、协调与监控；把教师具体培训计划与学校的全局发展规划相联系；提出每年度的优先发展项目；在教师培训事务方面与教研组长、年级组长合作；为学校教师培训的具体内容提供建议。专业发展指导委员会的运作要使学校教研组、年级组以及具体的职能性组织都能发挥各自的主动性和创造性，为其各自的专业发展提出规划与补充。这样，不但这些小组能及时获得有关信息，而且也可以使专业发展指导委员会尽可能地避免工作上的失误或疏忽，从而有效利用各种资源为教师校本培训服务。

二、校本培训的科学评价

（一）校本培训评价的功能

第一，激励功能。与一般教师培训评价更为不同的一个功能，是校本培训评价具有较大的对教师专业发展的激励功能。一般教师培训评价的实质是面向过去，而校本培训评价则是为了教师进一步的发展与学习。校本培训评价虽然也有对当前教学给出评价的意思，但更为主要的是它为今后教学改进指明的方向和提出的方法。因此校本培训要着眼于教师的专业成长，要能够为教师进一步的学习和发展提出要求。可以说，校本培训评价的主要功能就在于激励教师的专业成长。

第二，诊断功能。校本培训评价所具有的诊断功能是一般教师培训所不具备的。教师在校外参加的培训更多的是针对学习内容掌握所进行的评价，评价成绩的好坏只代表学习成绩，还不能据此判断出教师教学存在的问题。由于校本培训在大多数情况下是在教学中学会教学，评价其教学水平的提高与存在的问题，在一定意义上就是其校本培训的结果，这就使得校本培训评价具备了一定程度的诊断功能。

第三，鉴定功能。校本培训评价也是对教师教学水平高低的一个整体评价，在评价时可能只是针对教师学习中要解决的问题，但评价大多是在完整的教学过程之中，这样必然对教师的教学水平的高低给予了鉴定。

（二）校本培训评价的原则

第一，自主性原则。虽然在校本培训中主张合作学习，也必须存在教师之间的相互评价，但更为主要的是要注意教师自己对自己的自主评价，所有的评价方式和活动只有在教师自我有正确认识时才有可能发挥作用。如果要求教师在评价中多多受益，并且确立恰如其分的发展方向，其自我评价也是至关重要的。为了真正发挥自我评价的作用，学校在进行校本培训评价时，一定要对教师做好工作，让教师真正地体会到评价是为了自己专业成长服务的。这样，教师就能既看到自己的进步，又能认识到自己存在的问题。

第二，过程性原则。校本培训评价由于是在校内进行的，因而它完全可以做到过程评价。过程性评价要注意医学两个方面：第一，要注意教师在意识观念上的提高。很可能教师有一定的先进的教学观念，但从教学观念到教学行为的转化需要时间，它不是一蹴而就的，评价时要允许等待教师的这种转化，不能因为只有观念的变化，还未来得及改变行为，就做出教师难以接受的评价结论。第二，要注意教师教学行为的转变也是一个长期和反复的过程，对于符合新的教学理念的教学行为，即使稍显稚嫩和不完备，也要热情鼓励并尽可能提供有益的帮助和指导。

第三，定性原则。由于校本培训是一种结合教学实践的培训活动，这就使得对它的评价几乎难以定量评价，而主要应是质性评价。教学实践已经表明，教师的教学不是书面答题，定量化对教师教学进行评价，是极为不恰当的。因此除特殊情况如国家规定的教育政策法规的学习外，一般来说校本培训都应使用质性评价方式。

第四，实践性原则。教师校本培训就其主要内容来说，是一种实践的、行动的学习活动，因而单纯的语言与书面的评价不应是值得提倡的评价方式，而应更多地采用以实践为主的评价。对教师教学实践的考察就是校本培训评价这一原则下教学的，因而听课、观察、讨论等就成为校本培训评价的主要方法。

（三）校本培训评价的方法

校本培训的具体评价方法可以有多种不同的选择，但由于校本培训评价更强调一种随时随地的过程性评价，因而建立教师“校本培训档案袋”不失为一种极为有效的方法。这种评价方法完全改变了以往教师评价标准化和定量化的传统思维模式，它不是外在于教师本人，而是由教师本人进行的；它不是预设性的知识驱动，而是教师自身的研究推动；它使评价成为教师自己的行为，教师亲自发现问题，进行教育教学反思，判断自己的进步；教师拥有自己建立的档案袋内容，他是自己进步的见证人，而不是由他人来对自己加以评判。

“校本培训档案袋”类似于新课程背景下很多学校实施的“学生成长记录袋”，它是一种质性评价的方式。“学生成长记录袋”一般分为“过程型”、“目标型”、“评估型”与“展示型”四种不同的类型，“校本培训档案袋”也可以此为借鉴。“评估型”档案袋在学校统一规划下，要求每个教师都建立档案袋，这样的档案袋目的在于记录和评价教师的学习过程。对于学校和教师自己在一段时间内确立的学习目标，它也要加以反映，也就是说它兼有“过程型”和“目标型”特点，这种类型的档案袋可由教师自己保管与建立。学校要尽可能为每个教师建立一个展示型的校本培训档案袋，作为学校对内和对外的交流与展示，这样的档案袋可以由学校建立与保管。

“过程型”档案袋是最为重要的一种形式，它也是展示型档案袋的重要基础。其主要功能在于：首先，它是以校本培训档案袋为中心，建立收集评价相关信息的体系。校本培训档案袋可由学校统一制定发给教师自己保存，档案袋可以是一个纸制的档案夹。在这个档案袋中要放置一学期的教学日志、读书笔记、听课记录、科研课题计划、教学反思文章以及发表的论文等，还可以是其他教师的反馈意见，这就为教师与学校收集评价信息提供了确定的来源。其次，它是以校本培训档案袋为中心，建立教师反思与解决问题的资源库。在档案袋中，有教师的问题叙述，有学习的经历与经验，有相互的学习建议与反馈，这就为教师反思与解决问题提供了一个可利用的平台。教师不仅可以记录自己的学习过程，而且在学习中利用档案袋不断评价自己的进步，不断发现存在的问题，并不断在档案袋中寻找和反思可供利用的资源。再次，它是以校本培训档案袋为中心，建立经常的评价反馈制度。教师校本培训档案袋其中一个方面，就是吸纳其他教师的评价反馈意见。其他教师听课或教师学习讨论时对自己的评价和提供的建议，都应由教师装入校本培训档案袋。学校负责校本培训的校级领导或年级组长有权力与职责检查档案袋，并对教师教学日记中记录的问题提供支持解决的建议。最后，它是以校本培训档案袋为中心，建立定期的教师专业发展评价报告制度。教师在一定时期内的校本培训需要总结性的评价，有了系统的校本培训档案袋，对教师定期的总结性发展评价也就有了一定的依据。专业发展指导教师在每学期或每学年都要对教师的专业成长作出评价，指出存在的问题，提出相应的对策建议，并呈送校长审阅。

第十一章　共同体建构与教师专业发展

知识经济时代和学习型社会的到来，对学校教育变革提出了强烈的要求。作为教育变革核心和中坚力量的教师，必须以积极的心态面对新知识、新技术和新任务带来的挑战。这种挑战要求教师要成为教育实践者、研究者和创新者，通过构建良好的教师专业发展共同体，营造和谐融洽的教师专业发展的团体氛围，从而实现自身的专业发展。

第一节　教师专业发展共同体的本质意涵

教师的专业发展从本质上看虽然是教师个体专业道德、专业知识、专业能力和专业情意不断成长和完善的过程，但它一刻也不能离开教师群体所提供的团体氛围和现实境域，只有依托专业发展共同体并通过专业发展共同体，教师才能促使自身专业发展水平的不断提高。

一、教师专业发展共同体的兴起

（一）对教师专业发展面临困境的超越

传统教育对教师的统一性、封闭性和强制性，造成教师教育教学能力和思维方式的狭隘性和固定化，教师因此丧失了作为独立个体的主体精神，失去了内在的发展愿望、发展需求和发展动力，难以成为专业自我发展者和自我管理者，从而造成教师在专业发展上的被动性和依赖性。在传统应试教育的影响下，有些教师形成了以传授书本知识为唯一目的、高耗低效的具有教学模式以及因循守旧、经验为本的专业心理倾向。这种繁重、低效、重复、被动的教师专业生活状态，往往会导致教师专业发展表现知识更新滞后、反思精神缺乏、自主意识丧失等弊端，阻碍了教师专业的健康成长。不仅如此，就当前我国中小学现状来看，由于个人主义教师专业文化根深蒂固地存在于教师群体之中，渗透于教师教育教学生活的各个层面，这就使得教师只专注于独立从事自己的教育教学工作，独立解决自身所面临的教育教学问题，而拒绝与自己同事之间的合作，回避与其他教师讨论“教什么”以及“如何教”等实质性问题，形成了教师积习难改的习惯化的工作方式和行为习惯。正是基于这种对传统教育的批判性反思，教师专业发展共同体才逐渐走进人们的视野。许多研究者在概括有效教师专业发展活动时，都将建立教师专业发展共同体作为促进教师专业发展的重要特征之一。如有学者强调教师的批判反思能力和有意义合作，建立专业学习共同体；有学者指出要发展教师的专业共同体；有学者认为有效的教师专业发展蕴含于正在对教育教学实践进行再定义的学习共同体之中，教师参与共同体活动并重新思考作为一个教师应具有的行为方式；还有学者主张建立强有力的全校范围的专业共同体。① 由此可见，建立教师之间自愿协作、以反思研究和行动研究为主要活动方式的实践共同体，是教师专业发展的强烈呼唤，也是教师摆

① 操太圣，卢乃桂．伙伴协作与教师赋权：教师专业发展新视角[M]．北京：教育科学出版社，2007：90-91.

脱自身专业发展面临困境的一种有效路径。

（二）教师职后培训改革的不断推动

我国传统教师培训存在着一定的弊端：一方面培训大都采用寒暑假集中培训，培训的知识量大、参加培训的人数众多，不同科目的教师往往都在一起培训，很难达到因人而异，因材施教。另一方面，培训者主要是聘请来的大学教师或教育研究机构的研究人员，他们虽然具有较高的理论水平，但往往缺乏中小学教育教学的实践经验，很难适应实际的教育教学情境，没有很好地利用教师的鲜活经验，培训内容空洞，实效性普遍较低。为改变教师在职培训存在的弊端，应该将教师视为学习者和研究者，应结合成人学习特点、以学习者学习的眼光重新审视教师培训，从而使教师由被动培训向主动学习转变。作为教师在职自主学习与研究的教师专业发展共同体，由于其所具有的灵活性、长期性、连续性和自主自愿性等特征，成为教师职后培训走向自主自愿的有效途径。教师职后培训以促进教师专业发展为目的，这与教师专业发展共同体的目标是一致的。教师职后培养模式的实践转向要求在职教师培训立足于实践和回归实践，这与教师共同体以教师实践中的问题作为研究对象也是一致的。教师培训需要重视教师的经验，这与教师专业发展共同体分享经验是一致的；教师培训中需要重视教师主体的参与性，教师专业发展共同体所倡导的自愿原则正好符合这一要求；教师培训应该是一个连贯、持续和整体的过程，教师专业发展共同体的持续性、连续性合作研究与行动研究也满足了教师培训这一要求。因此教师专业发展共同体可以作为教师职后培训的有力补充，能够促进教师职后培训走向教师的自主自愿，从而能从根本上促进教师的专业发展。

（三）新课改对教师合作与反思的深层促进

我国从2001年开始的新一轮基础教育课程改革倡导合作式教师专业发展，提出要改变教师的工作方式，倡导合作型教师专业文化，鼓励教师在合作中相互学习和共同成长。新课改理念下教师合作不仅是教师专业劳动特点的客观需要，而且也是新课程标准和新教材的必然要求。新课改在改革原有分科课程的基础上，设置了综合课程和综合实践活动课程。这类综合课程涉及多种学科知识和领域，如果单靠教师个体的力量是无法完成，这就需要教师之间开展更紧密、更有效的合作，形成一个平等互动的教师工作群体。在新课改中，教师的角色和地位发生了很大的变化，他们从单纯的知识传递者转变为学生学习活动的组织者、参与者和指导者，这些都要求教师在时间和空间上展开有效合作。不仅如此，在新课改背景下，“教师即研究者”的理念越来越深入人心，经常性的教学反思可使教师从“经验型”教师走向“研究型”教师。教学反思不同于一般的教学思维，反思性教学也有别于传统的经验型教学。新课改的实践表明，教学反思可以激活教师的教学智慧，探索教材内容呈现的科学方式，构建师生之间互动的有效机制以及学生学习的崭新方式。反思性教学的核心是：提出问题、探讨研究和解决问题。教学反思不仅是一种个体行为，也是一种群体行为。在教师专业发展共同体中，不仅有教师个体的自我反思，而且发现问题和提出问题也有教师之间的群体反思。

二、教师专业发展共同体的内涵

要想全面认识和理解教师专业发展共同体的内涵，首先需要正确把握共同体和实践共同体的本质含义。

共同体作为一个概念提出来,最早始于社会学。有学者认为,共同体概念进入学科领域应以1887年斐迪南·藤尼斯发表的《共同体与社会》一书为标志,藤尼斯使用“共同体”这一概念的目的在于强调人与人之间的紧密关系、共同体的精神意识以及共同体的归属感和认同感。① 在此之后,又有多位学者对共同体进行了较为深入的研究,如布朗和埃皮恩提出设计学习者和思考者共同体;李普曼提出探究共同体;斯卡达玛亚和伯雷特则提出知识建构共同体。② 马克斯·韦伯在《社会学的基本概念》一书中把共同体定义为:“在个别场合内、平均状况下或者在纯粹模式里,如果而且只要社会行为取向的基础,是参与者主观感受到的(感情的或传统的)共同属于一个整体的感觉,这时的社会关系,就应当称为‘共同体’。”③萨乔万尼则这样来界定共同体:“共同体是个体的集合体,这些个体基于自己的意愿而紧密联合起来,共享一些观念与理想。这种联合会使一群个体的‘我’转型为集体的‘我们’。在成为一个‘我们’之后,每一个成员都是紧密编织的有意义关系网的元素之一,这一个‘我们’通常处于一个共同的地方,维持一段时间,并分享共同的意义、情感与传统。”④从学者们的研究来看,他们通常用“某某共同体”来描述一种职业发展的组织实体或组织特征,如实践共同体、专业共同体、学习共同体以及对话共同体等。

实践共同体这一概念,最早是由莱夫和温格在其合著的《情境认知:合法的边缘参与》一书中提出来的,主要用以表达一种基于知识的社会结构。他们认为:“一个实践共同体不是简单地把许多人组合起来为同一个任务而工作,拓展任务的长度和扩大小组的规模都不是形成共同体最主要的因素;关键是要与社会联系——要通过共同体的参与在社会中给学习者一个合法的角色(活动中具有真实意义的身份)或真实的任务。”⑤从整个大的社会背景来看,实践共同体是因各种社会需要而自然形成的,并随社会分工而发展变化。任何一种实践共同体本身都会伴随其相应而独特的社会角色,以及随之而来的社会意义。这种角色和意义为该实践共同体中每一成员所共享。与这种共享的社会角色和意义相对应,每一种实践共同体都具有其独特的共同属性。莱夫和温格指出:“一个实践共同体包括了一系列个体共享的、相互理解的实践和信念以及长时间追求共同利益的理解。”⑥在此基础上,他们进一步指出:实践共同体是“人、活动、世界之间的一系列关系,这些关系是跨越时间的,并与其他相切与相交的实践共同体发生联系”⑦。任何一种实践共同体在其形成和发展历史中,都会形成其各自独特的共同文化历史遗产,这种文化历史遗产经社会协商而被实践共同体中的所有成员接纳和认同,成为实践共同体身份归属和认同的重要标志。人们时刻身处不同的实践共同体,并依赖该实践共同体的共同文化历史遗产而从事相应的实践活动。不仅如此,任何一种实践共同体又与其他实践共同体存在着相切或相交的关系,从而形成了相互依存的社会大系统。而实践共同体的长远存在和发展,则有赖于其成员的新老更替,以及内含于其中的共同文化历史遗产的传承和发展。由此可见,实践共同体的核心内涵就是特定活动系

① 周燕.从“外铄”走向“内发”:教专业发展的范式转换[J].中国教师,2007(2).

② [美]约翰·杜威.民主主义与教育[M].王承绪,译.北京:人民教育出版社,1990:153.

③ [美]约翰·杜威.哲学的改造[M].许崇清,译.北京:商务印书馆,2004:46.

④ 刘捷.专业化:挑战21世纪的教师[M].北京:教育科学出版社,2003:82-89.

⑤ 王文静.人类学视野中的情境学习[J].外国中小学教育,2004(4).

⑥ 王文静.人类学视野中的情境学习[J].外国中小学教育,2004(4).

⑦ [美]莱夫.情景学习:合法的边缘性参与[M].王文静,译.上海:华东师范大学出版社,2004:45.

统中的社会关系。

教师专业发展共同体是指教师有着共同的愿景和共同的目标——提升教师的专业水平，从而对教育教学实践活动共同的关注点、同样的问题或者对同一个话题共同讨论，丰富专业领域的知识和提高专业技术水平。由此可见，教师专业发展共同体是基于教师的专业实践活动或问题解决的需要，而不是外部的指令聚集在一起，通过教师之间相互的合作、介入、协商和对实践活动的积极参与，在不停的反思、对话和再实践中，完成从“初级学习者”到“专家学习者”，从“初级研究者”到“高级研究者”的身份转变，采取了“自下而上”组建团队的方式，自主申报专业实践活动的研究问题和选择彼此认同的同伴，组建以课题研究为指引的共同体，从而获得专业水平的不断提升。教师专业发展共同体可以分为两种形式：一是作为一种非正式组织而存在，它是教师基于共同目标及兴趣自愿组织的，是一种本意上的教师专业发展共同体；二是作为一种正式组织而存在，如在学校教育改革过程中经由年级组、教研组等而形成的教师专业发展共同体，这是一种隐喻意义上的共同体。上述两种教师专业发展共同体都是旨在通过教师之间的合作对话与分享性活动，从而促进教师的专业发展。

三、教师专业发展共同体的特征

（一）以实践问题为基础

从本质上来看，教师专业发展共同体就是一种基于实践问题的学习模式。它强调将学习过程设置到负责的、有意义的实践问题情境之中，通过共同体成员的合作配合共同解决真实性问题，从而使教师在教育教学实践中既能形成一种实践智慧，也能获得解决问题的技能以及自主学习的能力。从教师知识的特性来看，教师知识是一种实践性、情境性、个体性、默会性和整合性知识，它很难通过系统的课堂传授或书本学习来获得。以教师在教育教学实践中遇到的真实的实践问题为基础，通过反思、交流和再实践的方式，能促使教师根据个人的认知方式和所面临的教育教学情境的差异，提高分析和解决问题的实际能力，从而提升教师专业发展的科学性和实效性。

（二）以共同愿景为导向

共同愿景能使教师集聚在一起，心往一处想，劲往一处使，为了他们的共同利益和奋斗目标而努力告终。教师专业发展共同体中的愿景更多的是一种特定的结果，是一种教师所期望的未来景象或意象，它不是抽象的和虚幻的，而是具体的、持续的和容易描述的。其中包括了教师的个体愿景和团队的共同愿景，它们并不总是一致的，共同愿景的形成正是建立在教师个人愿景的不断协商和协调的基础之上，受到具体情境和条件的影响，参与教师对于这些情境因素拥有各自不同的反应，共同愿景的确立，其实就是这种不同反应共同协商的结果。共同愿景存在的意义，虽然仅存于该教师专业发展共同体本身，但它却是共同体赖以存在的基础，也是教师专业发展的最终旨归。

（三）以共同体为载体

教师专业发展共同体打破了以往教育者与学习者之间的人为界限和区隔，它以共同体的形式把教师聚集和团结在一起，为教师专业发展提出共同愿景，搭建广阔有效的交流平台。在教师专业发展共同体中，教师往往都是基于日常教育教学实践活动或问题解决的实际需要，彻底改变了传统教师专业发展中“专家讲，教师听”的专家教授“一言堂”的消极被动局面，使得每个教师都可以根据自身的学科专业背景和教育教学实际情况，分享自己和他人的鲜活经验。在教师专业发展共同体中，所有教师的地位都是平等的，只是参与的角度有所不同，这有助于形成教师之间的平等合作的对话关系，对于教师专业发展的促进也必将是至关重要的。

（四）以实践研究为标志

在教师专业发展共同体中，教师的“合法边缘性参与”是一个重要概念。这种合法边缘性的身份不是由外界所赋予的，而是根据教师专业发展共同体的共同愿景的不同以及具体情境和实践问题所生成的。教师专业发展共同体中教师个体的身份变化，也是随着其在共同体中中心地位的不断获得而得以发展的。这种身份的变化，不仅代表着教师学习水平的提高，而且也是对教师学习过程和学习效果评价的一种体现。它表现为教师作为一名专业人员，在面对具体教育教学任务或实践问题时，其他共同体成员与其分享交流的频率等的高低，以及对其所发表意见或建议的听取与采纳程度等，它标志着教师对实践共同体实践活动的充分胜任。整个教师专业发展共同体的实践过程，其实就是教师从“新手教师”到“熟练型教师”再到“专家型教师”的逐步发展和转变的过程。

（五）以意义协商为机制

在教师专业发展共同体中，教师所有的学习行为都是在实践、反思、对话、交流的过程中而进行的，这就需要建立起一种相互合作、意义协商的文化机制，它不仅意味着教师作为实践共同体成员参与到教育教学实践活动之中，而且要求实践共同体成员能够分享学习资源，彼此对话沟通，交流情感体验和思想观念，协作完成一定的学习任务，通过共同参与活动，建立彼此间相互影响和相互促进的良好人际联系，最终形成对教师专业发展共同体所确立的愿景的认同感和归属感。这种意义协商的文化是民主的、开放式的，而不是权威的或封闭式的，它是建立在教师专业发展共同体所有成员的共同愿景和发展需求的基础之上的。

第二节　教师专业发展共同体的基础与意义

教师专业发展共同体在当代的兴起，及其在促进教师专业发展领域独特价值的发挥，表明其建立在正确的理论基础之上。正是由于这些理论的深层支撑，才使得教师专业发展共同体成为教师专业发展的理想境域，并发挥出所内含的重要价值和意义。

一、教师专业发展共同体的理论基础

（一）社会建构主义理论基础

社会建构主义理论强调知识的发展是通过社会建构而引起的，这种社会性的建构是通过两个或两个以上的人从事持续性谈话的社会环境中进行的，在与其他人讨论的过程中帮助学习者学习新东西，扩大其认知结构，更清楚地表达他们自己已有的概念，并检验那些与别人相左的观念，实现对自身认知结构的重新建构。可以这样说，人的心理发展不仅是个体的而且也是社会的，个体知识建构过程和社会共享的理解过程是不可分离的。作为学习者的教师在学习过程中不是处于一个学习情境之中，而是处在有意识或无意识的与同辈教师、优秀教师、专家教师的互动和交流之中。由于不同的教师在知识结构、经验水平、思维方式、认知风格等多方面都存在着差异，从而能看到别人与自己的不同理解，形成更为丰富和更接近事物真实全貌的见解和思想。

（二）主体间性理论基础

主体间性的概念最初是由哲学家胡塞尔首先提出并加以使用的，他认为处于交往关系中的人都应不是客体而是主体，主体间交往是一种从自我走向他我，从单数我走向复数我们的过程。自胡塞尔以后，交互主体性理论经由海德格尔、伽达默尔、哈贝马斯、马丁·布伯等思想家的继承与阐发，其本身的涵义也不断得到充实。交互主体性意味着自我与世界的关系不是主客关系，而是自我与另一个我的关系，是“我—你”的“相遇”关系。生存是主体间的共在，是平等的、开放的自我主体与对象主体间的交往和对话。在交往与对话过程中，每一个主体都敞开自己的“视界”，同时进入他人的“视界”，最终实现双方的“视界融合”，这一过程也就是主体和主体彼此间分享经验、共同建立意义和理解的过程。建立教师专业发展共同体，意味着教师走出孤立化的自我，通过与其他教师进行平等的交往和对话，实现精神、意义和智慧的共享，这种主体间的彼此走近和相互拥抱，正是交互主体性理论内在精神的具体体现。教师专业发展共同体并不是一个同质性的群体，每一位教师都在自己独特的学习经历和教育教学经验中形成个人化的知识结构、信念体系和思维方式，即使是执教同一学科的教师在教育教学内容的处理、教育教学方法的选择、教育教学情境的创设等许多方面也各不相同。因此可以说，教师专业发展共同体中成员的多样性和差异性本身就是一种重要的学习资源。教师在专业认知与理解上的差异，用哲学解释学的术语来说，就是每位教师都拥有自己独特的“视界”。在教师专业发展共同体中，由于教师之间构成一种彼此信任、互相开放的交互主体性的关系，每一位教师一方面敞开自己的视界，同时又可以进入他人的视界，不同的视界彼此交织，从而实现伽达默尔所说的“视界融合”。由于实践共同体中每一主体的视界总是处于变动和发展之中，因而教师专业发展共同体就能为教师提供源源不断的鲜活的学习资源。

（三）隐性知识理论基础

隐形知识的概念是在20世纪60年代初由学者波兰尼首次提出并加以论证的。他认为隐性知识由认知、情感、信仰、经验和技能等五个要素共同组成，它依附于人的大脑或技能，通常是通过行动而表现出来的。由于隐性知识是高度个人化的知识，很难规范化，因而具有“只可意会，不可言传”的鲜明特点。日本学者野中郁次郎曾提出SECI模型，这个模型包括社会化（socialization）、外化（externalization）、融合（combination）和内化（internalization）等四个显性知识和隐性知识相互转换的过程。所谓社会化，是指个体交流共享隐性知识的过程，如学校的师徒制等；所谓外化，是指从隐性知识到外显知识，是知识创造的关键，需要教师把自己的观点和意向在群体中加以传播和沟通；所谓融合，是指从低层面的显性知识到高层次的显性知识，主要是通过文献、会议和网络形成的；所谓内化，则是指从显性知识到隐性知识，它主要通过个人的具有教学实践活动加以实现。

二、教师专业发展共同体的意义

（一）促进教师的专业发展

教师群体向教师专业发展共同体的转变，不但改变了以往学校生活中教师的角色，更为重要的是，教师专业发展共同体的发展对教师的日常生活和教育教学方式都产生了重大的影响。首先，促进教师专业知识的获得。从教师获得知识的来源来看，教师知识可以划分为理论性知识和实践性知识两大类。但教育教学是一项极为复杂的活动，单纯的理论知识的堆积不仅无助于解决教育教学实践中的具体问题，而且还会变相地加重教师内心的失落感和焦虑感。因此，可以认为“教师知识是一种动态的，是随着课堂实施环境变量的变化而变化的”。① 教师的专业发展不能只停留在关注自身掌握了多少学科理论知识和教育教学理论知识，而更多地表现在他们对教育教学情景中问题的处理和把握上。教师专业发展共同体正是强调以教师的日常生活为学习环境，以现实性意义的内容和问题为学习内容，教师从中学到的是极具情境性、个体性和经验性的知识，从而形成和丰富了教师的实践性知识。其次，促进教师专业技能的发展。知识是能力的源泉，知识是能力的载体，没有知识，能力是无源之水、无本之木。教师专业技能的有关知识和理论是教师专业技能训练和提高的基础与前提。教师专业发展共同体成员之间进行交流与合作，共同建构分享知识和技能，从而改善教师自己的教育教学实践，能够迅速提高自己的备课技能、教学设计技能、课堂教学技能、教学方法技能、教学语言表达技能、教学媒体选用技能、学法指导技能、检查学习效果技能、说课与听评课技能、教学评价技能、教学研究技能和教学反思技能等专业能力。② 第三，促进教师专业精神的形成。教师专业精神是教师对自己所从事的教育事业的敬畏与自豪，是对社会、对学生的一种强烈的责任意识，是对教育工作的一种精益求精的态度，是对自己的一种严格要求和强烈的发展意识，是一种专业的自律精神和自我教育态度。教师专业发展共同体构建了一个合理的沟通情境，关注着教师在自我成长中的情感变化、主体意识与主观动机，彰显出了人文关怀，使其每个成员都能找到一种强烈的归属感，提高了教师专业发展共同体成员的心理认同程度和自我效能感。

（二）实现学生全面健康成长

教师专业发展共同体的目的是为了切实提高教师学习的有效性，逐步提升教师的专业水平，进而改进教师的教育教学实践，促进教师专业素养的不断提升。但不可否认的是，教师在实践共同体中成为了真正学习者与持续的学习者后，他们自然而然地就会成为更为有效的教师，他们在共同体内的教育教学实践活动中通过“实践—反思—再实践”的循环学习模式，不断改进自身的教育教学思想与行为，在课堂上的教育教学方法更为有效，在学生心目中更具人格魅力，并最终必将更好地促进学生的全面发展与不断进步。教师在教师专业发展共同体中所获得的专业化成长，对学生而言则主要是实现了四个方面的有效教学行为：一是使教育教学更有效果。教师所获得的鲜活有效的实践性知识，更适宜解决教育教学中学生所遇到的具体问题，达成教育教学所要实现的既定目标。二是使教育教学更有效率。在解决问题的过程中提升了教师的教育教学效能感，通过教育教学方法的转变使教师能用最少的投入，达成学生学业的最大产出，帮助学生提高运用实际知识分析和解决实际问题的能力。三是使教育教学更有磁性。让课堂教学变得更加丰富与精彩，引发学生的学习兴趣，激发学生的学习动机，吸引学生更持久地关注学习，使教育教学具有更长久深远的感染力、穿透力与亲和力。四是使教育教学更有价值。教师更了解学生的身心发展规律，更注重了解和分析学生，促进学生个性化发展，更好地满足学生的学习需要。教师通过教师专业发展共同体能相互帮助、相互支持、共同肩负起教育学生的责任，齐心协力地改进自身的教育教学活动，共同鼓励学生取得更高的学业成就，为培养学生的学习自信心与形成有效的学习方

① 时伟.实践知识与教师教育教学改革[J].教师教育研究，2009(2).

② 教育部师范教育司.教师专业化的理论与实践[M].北京：人民教育出版社，2003:58-67.

法提供了良好的支持性大环境。通过这种教师集体的不断努力,就会使学生在这个过程中慢慢成长为一个真正的有效学习者和持续学习者。

(三)培育合作型学校文化

传统的学校组织结构是以学科为中心,行政上采用“自上而下”的管理方式,教师之间相互孤立、专业隔阂,缺乏积极的沟通与交流,导致了学校内部个人主义教师文化和隔离型教师文化的盛行和蔓延,从整体上阻碍了教师之间相互汲取教育教学经验,从而不利于积极的教师合作型文化的形成。而教师专业发展共同体正好可以促进教师文化由人为合作发展到自然合作,因而是一种真正意义上的合作型文化。这种教师合作文化是“教师之间齐心协力、同舟共济的表现,是基于教师之间开放民主、相互信赖、相互支持所形成的一种关系形式”①。在教师专业发展共同体的实践活动中,参与教师轮流做学习的领导者、学习的听众,或者提出批评意见,或者担任激励讨论的领导者,学习与他人一起处理各种经验的意义,共同协商和承诺工作目标与方法,并承担责任,相互支持,共享经验,它通过成员之间的共同努力而产生积极的协同作用,去实现全体共同体成员所一致认可和追求的目标。自然合作俨然已经成为教师专业发展共同体中的最基本的行为方式,经验丰富的熟手教师自愿地把自己的教学专长奉献出来,供其他教师加以观摩和分享;同时,新手教师也能在这样一个宽松与和谐的氛围中,自由表达和检验自己的思想。在教师专业发展共同体中发展起来的教师自然合作文化,促成了教师之间良好的同事关系的建立,激发出教师对共同体的认同感和责任感,无形中形成了教师群体的聚合力,从而改变了以往教师在教研组织形式中普遍形成的根深蒂固的层级观念,并将以此为基础进一步推动合作型学校文化的最终形成。

第三节　教师专业发展共同体的结构与机制

教师专业发展共同体是一个复杂的系统,其组织结构一般包括内部结构和外部支持两大部分,它们共同为教师专业发展提供了持续不断的动力。

一、教师专业发展共同体的组织结构

(一)教师专业发展共同体的内部结构

教师专业发展共同体组织结构可大可小,它可以是由少数几个兴趣爱好相同的教师围绕某个主题的学习组成的,也可以是多数教师的集体性参与。在教师专业发展共同体成员背景上,可以是同一学科的教师形成的专业发展小组,也可以是由知识或生活背景具有明显差异的成员组成,如大学教授、校长、专家教师、新手教师等。

第一,新手教师。这里的新手教师不是通常意义上所指的新入职的教师,而是教师专业发展共同体中学习者身份的一种隐喻,是针对教师专业发展共同体的目标和所解决问题的认知程度而言的,它不以教师的年资背景为基础,而是以教师在实践共同体学习当中发挥的作用和表现为依据。通过实践共同体的学习,这些新手教师对共同体愿景的认知程度不断加深,对学习的内容不断深化,从而完成实践共同体中学习身份的转变,即由新手教师转变为专家教师。

---

① 时长江,陈仁涛,罗许成.专业学习共同体与教师合作文化[J].教育发展研究,2007(11).

第二,专家教师。这是与新手教师相对应的一个概念。在教师专业发展共同体中,专家教师在学习的开始阶段发挥着主导作用,他们对所解决的问题认识较深,体会更为深刻,同时在与新手教师的对话和交流中,他们也在不停的反思基础之上获得新的认识。因而,在教师专业发展共同体中,新手教师与专家教师的身份是可以相互转化的,所有参与的教师都可以获得提高。

第三,指导专家。一般是指来自大学的经验和知识丰富的教授,他们对教师专业发展共同体的存在和作用发挥是极为重要的,但他们发挥作用的机制和方式却是不同的。在教师专业发展共同体中,专家不是整个学习过程的主导者,而是整个活动过程的监控者,这种监控不作为评估的标准,而是为了配合整个教师专业发展共同体活动的顺利开展。他们不会主导整个教师专业发展共同体的进程,而是为教师的学习提供一种专业上的支持,在整个教师专业发展共同体活动陷入停滞或者困境中时,他们起到一个"脚手架"的作用,能启发教师的积极思维,他们往往并不直接教给教师解决问题的方法,而是鼓励教师不断反思与合作,形成自己的实践智慧,在教师需要帮助的时候予以适当的点拨。

第四,顾问。一般是指教师专业发展共同体的外部支持者。他们是学校组织行政和共同体开展的一种重要协调力量,他们在教师专业发展共同体当中并不直接参与到共同体实践活动的讨论与交流中,而是为教师专业发展共同体的开展提供支持性的条件。

（二）教师专业发展共同体的外部支持

教师专业发展共同体的建立需要得到学校行政层面的支持,为此,中小学校长要切实转变教育观念,把教师的学习和专业发展视作学校管理工作的一项重要内容,学校不仅是教师发挥专业才能的舞台,而且也是教师持续获得专业发展的主要场所,学校组织机构需要为教师的专业发展整合资源、协调关系和沟通信息,为教师专业发展共同体的创建和运作创造支持性条件。

教师专业发展共同体并不具有行政组织的意义,它不是学校组织中的一个部门,而是根据问题的解决或教师的发展需要而建立起来的一种促进教师专业发展的学习机制;它不具有强制性,也不具有考核或奖惩的意义,它以教师参与的自愿性为基础,以问题的解决为纽带,与学校的教研组和课题组有着本质的不同;它的结构是松散的,人员是流动的,是一种自发性的教师学习形态。

当然,在现有的条件和基础之下,教师专业发展还不能够完全依靠教师的自主性和自发性,集体备课和集体教研的活动仍然是当前学校开展教师专成长活动的主要形式,不少学校以安排好的项目研究活动鼓励教师参加专业研究,促进教师专业水平的不断提升,他们在这些方面的努力是值得肯定的。

但对教师专业发展共同体来说,这种以项目任务为驱动的专业发展模式其实并不是学校外部支持的最理想模式,如何把这种项目研究的开展真正内化为教师的内在发展需求,并进而达到教师个人发展需求与学校组织目标的有机统一,从而建立起真正意义上的实践共同体,是教师专业发展共同体能否发挥其应有作用的关键。

二、教师专业发展共同体的动力机制

"机制"一词最初来源于希腊文,主要是指机器的构造和动作原理,后来逐渐被生物学、医学、管理学和教育学等领域广泛借用。教师专业发展共同体是一个动态发展的过程,它没有终极目标，而是处于不断发展变化的过程之中。因此教师专业发展共同体的建构，通常只能是在促进教师专业发展共同体的产生和发展过程中，由外力施加影响来加以维系。但教师专业发展共同体若要维持运转并得以延续并发展成为一个成熟的共同体，就需要减少外界的各种干预，在民主协商的基础上形成教师专业发展共同体的基本规范，发展建设实践共同体文化，并逐渐由组织形式走向自组织形式。教师专业发展共同体的动力机制，其主要功能就是要让共同体在无需外力干预下，由共同体内部本身所具备的自生成性、不稳定性和非平衡性而产生的适度动力，去促进系统内部诸要素之间不断地进行自我调整和发展，以此来保持教师专业发展共同体持续、稳定的发展态势。

（一）成员性质：保持同质与异质间的张力

教师专业发展共同体是围绕着共同体成员所感兴趣的问题领域，对他们来说非常重要的事情而形成和发展起来的。在长期参与共同体的实践活动中，新老共同体成员一起分享着对共同事业的理解，协商决定着共同体活动的目标，创造了共同体内一整套共享的智库，发展出共同体内部一种特有的文化实践。正因为如此，教师专业发展共同体中相互介入的成员关系真正成为一种现实，它们构筑了共同体内部的同质性，使共同体内部具有一种强烈的感召力量。当然，这种相互介入并不单单只是要求参加者具有同质性这一项特征，异质性和同质性一样都是驱动实践的重要因素。新手教师和熟练教师的角色定位本身就说明教师专业发展共同体中成员构成的异质性，如果进入共同体的成员都为新手教师，这将有可能导致实践共同体中缺乏结构性的学习资源，就会导致在解决问题时的手足无措。因而一个特定教师专业发展共同体的成员除了应在性质上具有相异性外，同时在共同体内部领域中专门的知识技能也并非通常那种均等的分配，而是分布在共同体所有成员之中，也就是每个共同体成员都拥有可贡献于共同体目标任务的不同专长，个人所具有的专长成为其他人可资利用的资源。共同体成员的这种分布式专长可以使其在问题解决过程中互为可资利用的资源，彼此之间取长补短，促进共同体知识及教师个人知识的不断增长。如果加上实践共同体过于趋于同质，那么成员之间就会无法形成有效的互补关系，必然影响成员参与活动的积极性。而如果过于趋于异质，则成员之间的互动就会很难充分展开，必然导致共同体发展速度的迟缓。教师专业发展共同体中存在一种平衡的张力，既有异质间的参差错落，又有同质间的交叉融合。在相互介入的过程中，教师之间既能不断产生新的同质性，又能不断产生新的异质性，从而促进教师专业发展共同体的有效运转。

（二）成员构成：保持连续与更替间的张力

教师专业发展共同体中的学习即教师合法的边缘性参与，“既涉及知识渊博的专家身份的发展，又涉及实践共同体的生产与再生产”①。教师专业发展共同体是可持续性的，具有连续性的特征。问题领域是共同体成员共享的一个探索性的事业和主题，凡是对这个问题感兴趣的教师，都可以通过合法的边缘性参与这一实践路径，介入到某个特定的教师专业发展共同体之中。新手教师模拟专家教师的教育教学实践，共同体内部的知识结构从一代学习者传递给继承一代的同时，也促使他们具有对知识和实践发展的责任感。由此可见，教师专业发展共同体实际上是一种开放而非封闭的系统，其连续性的实现需要不断地补充新成员来完成代代相传的使命。然而，对于通过合法的边缘性参与而逐渐提高参与程度的新手

① ［美］莱夫．情景学习：合法的边缘性参与［M］．王文静，译．上海：华东师范大学出版社，2004：18．

教师和熟练教师来说，随之产生了一个基本矛盾，那就是“为了或随着充分参与者的向心性发展，一个实践共同体的成功产生也意味着熟手的更替”①，意味着新手教师向熟练教师身份的完美转变，因而教师专业发展共同体所固有的再生产能力是十分重要的。在共同体的实践活动中，新加入的成员和专家一起进入成熟的实践活动，在解决真实教育教学问题的过程中，通过持续的观察、尝试、交流、反思与实际应用等迅速获得进步，成为独立的、熟练的专家活动者。这些新成员加入到教师专业发展共同体的共同实践之后，经过自身不断发展，其能力发展到甚至超越或替代老成员的作用。通过这一更替式循环，教师专业发展共同体内也就顺利完成了新老人员之间的过渡与交替，实现了教师专业发展共同体内部文化的更新与传承，共同体也能借此使本身得以维持。总而言之，教师专业发展共同体中“水平性互动”的连续性和稳定性与“垂直性互动”的对立性和更替性之间形成了鲜明的对照，这种共同体再生产循环之间的张力是共同体再生产和变革的根本动力。

（三）成员身份：保持边缘与核心间的张力

在教师专业发展共同体中，教师的合法的边缘性参与是一个极其重要的概念，合法的边缘性参与其实就是一种学习的进程。由于实践活动的复杂性和丰富性，共同体中教师成员的身份也不是一个固定的范畴，而是一个动态的生成性概念。边缘性是一个授权的起始位置，它使得新手教师在共同体的实践活动中存在着更深入参与的可能性。新手教师在参与共同体活动的开始，最初是在部分的、边缘的琐碎活动中吸收各种的认识，作为活动的新加入者，他们不可能完全地参与到所有的共同体活动之中，而只是作为共同体某些活动的参与者，在共同体中仍处于一种边缘性位置。随着与共同体中专家教师和其他教师的经验交流、对话和分享，新手教师对所需解决的问题的认识不断深入，与其他共同体成员分享交流的频率以及共同体对其所发表意见或建议的听取、采纳程度也就越来越高。伴随着他们参与性的不断增强，他们在活动中也变得越来越积极，会更多地接触到共同体中的文化，对共同愿景的理解程度也因此不断加深，其边缘性位置会不断向核心位置靠近，直到对整个共同体活动的充分胜任。教师在实践共同体的整个参与过程，其实也就是参与教师从初级学习者到专家学习者、从初级研究者到高级研究者的身份发展和转变过程。

（四）知识获取：保持共享与创生间的张力

随着信息产业的迅速发展，知识经济时代已悄然来临，知识作为与传统生产要素相并列的资源，其重要性已远远超过了其他要素，成为知识经济的根本特征。教师专业发展共同体则是一种具有积累知识、共享知识、创新知识和运用知识的自组织形式，它打破了共同体内部不同知识所有者之间的封闭式壁垒，实现了知识在一定范围内的自由流动和广泛使用，并在实践活动中通过成员之间的互动，创生出共同体中新的知识体系。在教师专业发展共同体中存在着一个清晰而明确的共同愿景，分享着一整套丰富的结构性资源，并共同完成一系列真实的教育教学实践，这些都成为共同体成员在参与共同体内某一具体活动时所遵循的普遍方法和共有标准。首先，在这套普遍方式和共有标准之下，学习者既与助学者之间进行广泛交流，又与同伴学习者之间进行交流和合作，共同分享彼此之间以及共同体已有的知识结构。其次，这一整套共享的普遍方法和标准继而又会产生持续的行动、交往、问题解决和实践动力，共同体对实践活动所产生的信息进行主动的选择、加工和处理，新获取的信息经

① ［美］莱夫．情景学习：合法的边缘性参与［M］．王文静，译．上海：华东师范大学出版社，2004：19-20．

过重新认识和编码后，建构出对知识的新理解，产生出经验的新意义。而共同体原有的知识经验也会因为这些新的知识经验的加入而悄然发生调整和改变，从而创生出新的共同体知识。正是在教师专业发展共同体中，通过有意义的互动的活动将个人知识与他人共享，通过反思和实践活动又不断创生出新知识，从而达成个人学习、团队学习与实践创新的良性循环的局面。

（五）问题解决：保持认同与协商间的张力

从具体实践活动来看，教师专业发展共同体一直置身于创造自身未来的生成过程之中，共同体所共享和追求的目标尽管会受到外部情境的影响和制约，但却并不是由外部指定和强加的，而是属于共同体自身的和自愿的。共同体外部的目标和追求，是建立在共同体成员自愿的基础上，在合作氛围中充满着平等与民主的畅谈与探讨，经过成员之间持续不断地互动，才能成为共同体内部所一致认同的共同追求。但是，因为“教师专业发展共同体作为一种教师组织形式，由于熟手教师和新手教师在建立与维持身份上存在着不同的方式，在教育实践过程中便容易产生竞争性的观点，所以它必定涉及共同体成员支持学习过程和反对学习过程的两股力量间的冲突”①。它所固有的这种矛盾性意味着共同体需要一种合理的动力机制来完成对潜在冲突解决方法的重构，而这种合理的动力机制其实就存在于共同体内部持续的互动之中，也就是即对实践活动的情境性认同与协商之间的张力。认同是强调教师专业发展共同体的参与教师因追求共同体内部的同质性而归属于所在群体，它意味着共同体知识向着个体成员的传递；而协商则强调教师成员本身所带来的异质性对该共同体所施加的影响，它意味着共同体原有经验受成员交互作用之后所产生的延续与更替。教师专业发展共同体作为一种解决实际教育教学问题的学习模式，并非是一种孤立的个人认知行为，而是创造一种民主、和谐与开放的氛围，在鼓励共同体内每个教师对问题提出自己独到见解的同时，也能达成教师个体与共同体内部成员之间的交互责任与期望。

第四节 教师专业发展共同体的实践策略

作为促进教师专业发展的一种有效场域，教师专业发展共同体必须注意科学设计、精心组织和正确实施，其实施策略可以从以下几个方面综合加以考虑。

一、确立明确的学校发展目标

（一）建立学校的共同愿景

学校发展必须有一个共同的愿景，唯其如此，才能形成良好的学习型学校的校园文化氛围。学校必须确立能使全校师生员工产生内在动力的长远发展目标和发展战略，它既对学校发展有利，又对每一个教师具有积极作用。学校在建立共同愿景时，要注意充分发挥领导团队的引导作用。领导团队作为学校共同愿景的倡导者和推动者，必须保持思想的先进性、政策的务实性和策略的创新性，成为学校发展的动力基础。其引导作用主要是对优秀教师群体的培育和打造，使他们能够心系学校发展，胜任自身工作，适应变革需要，不断提高素养水平。一方面要注意保证优秀教师的培养和稳定，另一方面要关注并促进管理团队素质的

① ［美］莱夫．情景学习：合法的边缘性参与［M］．王文静，译．上海：华东师范大学出版社，2004：20．

不断提高,如人本管理理念的确立、科学管理能力的提高、良好管理结果的预期等。不仅如此,还要加大对学生潜能的有效挖掘,实现其可持续发展。在建立学校共同愿景时,除了充分发挥领导团队的作用外,教师的意见和看法同样也应该得到应有的尊重。共同愿景应该反映的是学校所有教职员工的意志,学校领导要充分与教师进行沟通与协调,明确学校未来发展的基本思路,采纳更多的有价值的建议和看法,并在综合团队意见的基础上制定出适合学校的发展目标和发展战略。

(二) 平衡教师的个人目标

学校发展到任何一个特定阶段,教师都能利用已经形成的共识全面系统地思考自身、学校与外部社会环境之间的发展问题,主动参与对学校发展的深入思考。这种目标与战略使得教师个人价值的实现与学校团队价值的实现达成高度一致,它不仅是一种物质力量,而且也是一种精神力量,同时更是一种共同的精神追求。教师经常思考的内容与其自身教育教学工作具有高度的一致性,这种一致主要表现在教育教学的投入上。教师如果能够认同并积极参与教育教学工作,把教育教学工作绩效视为体现自身个体价值的重要标志,教师团体在共同的目标引领下互相学习、互相促进,心往一处想,劲往一处使,就为学校共同愿景的顺利实现提供了强有力保障。①

二、不断优化教师的心智模式

(一) 加强特色学校文化建设

学校文化是学校在长期发展过程中逐渐形成的一种价值观念和行为方式,它对教师的行为具有巨大的指导和约束作用,影响着教师心智模式形成与优化,引领学校发展的正确方向。② 在学校文化建设中,一方面要注意树立多元化价值体系。作为学校要鼓励多元价值观念,营造积极、民主、开放的思想氛围,学会包容,学会慎思,关注国际国内教育改革和发展动向,有意识地弥合与社会之间的隔阂。学校只有建立多元的价值评价体系,才能以此为导向,更新教师的思维模式,从多方面考虑问题,学会反思,学会变通,更合理地处理日常教育教学事务。另一方面,还要形成具有特色的学校文化。学校文化作为影响教师心智模式的重要外部因素,是学校长期办学理念、办学定位和办学行为的累积沉淀,只有具有特色的学校文化,才会对教师形成深远的影响。不仅如此,在学校文化的建设上,要充分相信教师自身的能力,想方设法调动其主观能动性,为他们创造更多的参与机会,让他们能保持活跃灵动的思维,不断提升自身的教育教学创造力。

(二) 重视教师自身素质的提高

教师的心智模式不仅影响教师个体的认知,而且也影响教师自身的行为方式。心智模式是在日常生活和教育教学活动中逐渐形成的,它是一个内在的调节系统,对教师的行为起指导和监控作用。构建全新的心智模式,就是要让教师看到自己工作的亮点,把目光从对细节的关注转移到对中心的把握,采取更加全面系统的思考模式来评价自己的教育教学工作,学会用心体验教育教学工作的乐趣。首先,在教师的心智模式中最重要的是创造性。教育教学是一项充满创造性的事业,教师要面对的教育教学对象是富有生命活力的学生,他们思

① 胡利红.学校愿景应该是教职工的一致追求[J].湖北教育,2006(8).

② 王劲松.用校园文化影响教师的心智模式[J].职业教育研究,2005(9).

维活跃，充满朝气，善于接受新事物。教师只有培养自身的创造性才能顺应学生的需求，用创新的思想来影响和带动学生，从而帮助学生构建完善的心智模式。其次，教师的心智模式还具有全面性。教师在评价学生时，除了应关注他们的学科成绩外，也不能忽视其在思想道德品质以及适应未来社会能力等方面的发展水平。教师一定要学会多角度地观察，积极听取学生、其他老师乃至家长等多方面意见，从而对学生给予客观公正、实事求是的正确评价。

三、切实改变教师的思维模式

（一）学会发现自身存在的问题

教师固有的心智模式影响着教师的行为，教师容易把教育教学失败的原因归因于外。教师专业发展共同体则要求教师要向内看，学会反求诸己，以挑战自己的思维为起点，不断反思自己的教育教学观念和行为。要以系统思维代替传统的片面思维方式，对已经积累的支离破碎的知识善于进行加工整理，并力求推陈出新。① 教师在自身专业发展上要想有所建树，除了一些外部影响因素外，教师个体的主动性更为关键。在教育教学过程中，教师只有充分深刻地反思自己的教育教学过程，才能充分利用教育教学时间，促进良好教育教学效果的达成。教师个体成长是在不断否定自身的前提下进行的，教师要想在专业发展方面有所进步，就必须学会审视和反思自身的教育教学表现，不断总结经验和利弊得失，为以后教育教学活动卓有成效地开展奠定坚实的基础。

（二）掌握处理与团队关系的技巧

教育教学活动是人与人之间的双向交流活动，在开展教育教学和其他日常工作过程中，教师要学会系统地加以思考，听取多方意见和建议，做到统筹兼顾和权衡利弊得失。在教师专业发展过程中，教师个体的力量毕竟是极为有限的，作为教师专业发展共同体成员，就要努力使自己融入整个团队，并在团队中充分展示自己，充分利用团队的优势，使自己实现更快更好的专业发展。如教师可以通过上教研公开课，主动邀请同一学科教师参与听课与评课，为自己创造学习提高的机会。教师个体的专业发展是通过教师专业发展共同体来体现的，只有与共同体团队建立起广泛的联系，才能不断汲取团队的养分，为自身的专业发展注入源头活水。系统思考要求教师个体能学会平衡各类关系，把视野扩展到区域性共同体团队的支持之中，把自己的见解纳入到整个共同体团队中来，从而达到与团队共同实现成长的最终目标。

四、建立健全促进教师专业发展的长效机制

（一）建立良好的教师教学反思机制

伯曼曾指出：有效的教师专业发展建立在需求、反思和参与者需求驱使的尝试上。反思是专业人员最重要的一种品质，通过经常性、系统化的自我反思与对话，才能对自己当前的专业发展水平作出正确诊断，并进而调整自己未来的发展规划，提高教育加以实践的理性自觉。对此，人本主义心理学家马斯洛也认为：我们有充分的理由假设，人有一种内在的或先天的趋向自我实现的成长需要。这种自我实现包括了自我审视、自我反思、自我学习、自我超越等，它需要教师日常教育教学活动中的积累和完善，是教师在个人教育经验、教育教学

① 杨雪翠，周在龙. 如何成为学习型教师——学习型组织理论的启示[J]. 教学与管理，2005(11).

实践知识的基础上所进行的变革。教师的每一次反思其实都意味着对“旧我”所包含的教育教学理念和行为的扬弃，以及对未来发展图景的自我规划，因而它是一个自我超越的过程。教师的专业发展意味着要给教师提供反思的机会，要让他们形成有关的教学内容、教学方法和教学对象的新观点。教师的自我反思就是教师个人对自我教育教学观念、教育教学行为的自我认知、自我监控和自我调节。

（二）建立卓有成效的教师学习机制

合作的教师文化是教师专业发展的最理想土壤，也是教师在学校环境下进行非正式学习的最重要保障，其核心就是共享的价值与信念。教师合作文化的基本承载者及体现者是教师，建立有效的教师学习机制，关注教师的生命价值和精神价值的内在统一，是教师文化构建的根本追求。现代社会是一个竞争与合作并存的社会，只有在共同体中个人才能获得全面发展其才能的手段。让不同年段、不同学科的教师按照不同需求进行衔接与整合，构建起跨专业、跨年级、跨学科的共同体团队的学习方式、工作方式和行为范式，在教师中建立起真正的合作文化，整合各学科教师间的教学智慧，拓宽教师专业研修的时间和空间，以不断提高教育教学质量。唯其如此，才能充分彰显合作文化迸发的集体力量，科学探索渐进的规律境界，实现教师生命价值与精神价值的内在统一，在不知不觉中建立起一种真正意义上的教师合作文化。

（三）建立教师实践知识的共享机制

加拿大教育学教授马克斯·范梅南曾经指出：“智慧和机智是我们通过教学的实践——不仅仅是教学本身所获得的。通过过去经验，结合对这些经验的反思，我们得以体现机智。”“教育是通过知识引导人的智慧成长的艺术”，教育的真谛在于“将知识转化为智慧，使文明积淀成人格”。[①] 而教师专业发展的核心其实最重要的就是教师实践知识的丰富、教师情意方面涵养的提高和教师独特人格与品质的塑造等。实践性知识以个体化的语言存在于教师的头脑中，它无法通过书本或其他媒介获取，也无法在正式的集中培训中获得，它只能通过教师之间的对话和交流，如教师之间的教育教学实例研讨、教育教学经验介绍以及集体备课等，实现知识的传递与共享。对此，巴西教育家费莱雷认为：“没有了对话，就没有了交流；没有了交流，也就没有了真正的教育。”[②]通过对话与交流，教师可以从教育对象那里获得宝贵的反馈信息和有价值的启示，由此可以共享彼此的知识与经验，从而不断地扩展和完善自己的认知结构。在教师专业发展共同体中，教师通过不断的反思，创造性的形成新的实践性知识，从而内化为教师的实践能力，促使教师走上不断改进教育教学实践的良性循环，最终走上可持续的专业发展之路。

（四）建立科学合理的教师职称评聘机制

坚持以教师发展为本，把教师职称评审这项关系到广大教师切身利益，直接影响到教师队伍的建设和稳定的大事抓好，创造有利于教师成长与发展的良好环境。教师职称评审工作是一项政策性强、专业性强的工作，既要创新评价机制和工作方式，更要严格标准、严格程序、严肃纪律，进行严密、科学、准确、公正的评审。在评审过程中，一方面要树立以教师为本的思想，根据教师的岗位特点进行评审，不仅要考虑对教师能力和水平的认可，而且要考虑

① 李树英.教学机智——教育智慧的意蕴[M].北京：教育科学出版社，2001:6.

② 顾建新，等.被压迫的教育学[M].上海：华东师范大学出版社，2001:11.

每个人成长的阶段性特点，进行综合和客观的评价。另一方面，要树立以业绩为本的思想，在申报者具备基本条件的基础上，对照评定标准重点对其工作业绩成果进行评价。对于在教育教学改革工作中，师德师风高尚、积极探索、勇于实践、大胆创新，并取得突出业绩的教师要优先考虑其晋升，让他们更好地发挥作用，不是比资历和熬年头，而是要让优秀教师脱颖而出。

（五）建立客观公正的教师发展性评价机制

评价也就是信息的审慎和研究判断。良好的专业发展评价是审慎规划的结果、提出良好问题的能力和对如何找到有效解决方案的基本理解。发展性教师评价就是依据一定的教育目标，以现代教育发展观为指导，以促进教师改进教育教学和教师专业发展为目的，以尊重教师的主体地位和人格尊严为前提，以教师内涵发展为主，以评价主体多元为方向，体现和尊重被评者的个体差异和个性特征，把他评与自评结合起来，定量与定性统一起来，注重形成性评价和过程性评价的共同作用，共同制定出双方都能认可的发展目标，并努力实现双方达成的评价目标，从而促进每个教师最大可能地实现其自身的良好专业发展。

五、注意营造教师专业发展的团队氛围

（一）创造教师团队学习的机会

教师专业存在主要是通过校内的实践共同体团体智慧而展开的，在学校内部存在着多元结构的组合，大致可分为学科组式、学年式、学年学科组式等。因此可以在这些常见组合的基础上，有意识地构建实践共同体团队，尤其是学科组，教师大都是同一学科出身，由于所教授年级不同，会面临不同的问题，通过实践共同体团队内部的广泛交流，可以为成员提供丰富的学习材料，提升处理教育教学问题的能力。不仅如此，还可以倡导新的实践共同体团队构建方式，如由不同学科组合成年级组，通过异质实践共同体成员之间的交流与沟通，可以起到活跃教师的头脑，激发教师创造性思维的作用。

（二）形成深度会谈的教师团队学习方法

深度会谈是实践共同体团队学习的最有效方法。深度会谈是自由和有创造性地探究复杂和创造性的议题，它要求成员在无拘无束的探索中用心聆听，仔细听取别人的意见，自由交流自己心中的想法，相互支持与启发，从而得到超越个人的认知水平，获得独自一人无法达到的见解或收效。因而可以把教师的专业学习看作是一种过程，是一种人与人之间的情感交流、智慧碰撞和心灵互动过程。实践共同体团体学习开展深度会谈，能在教师群体中让每个人的想法自由交流和碰撞，在交流和碰撞中发现别人更深刻的见解，以此来发挥团体的智慧。因此团体学习的修炼要求成员能超越自我，克服防备心理，学会如何相互学习和工作，形成共同的思维，真正的实践共同体团体能够使其成员更快地成长。① 作为教师，应该注意认真聆听实践共同体团队成员的看法，扩展自己的专业思维模式，同时也应该信任实践共同体团队，乐于发表自己的意见和见解，在交流互动中改进自己的心智模式，从而更好地发现问题和解决问题。

（三）及时消解教师之间存在的思想隔阂

在教师专业团队的建设上，要注意消除教师之间的思想隔阂，摆脱习惯性的防卫机制，

① 于秀芝.试论教师群体的“学习型组织”建设[J].大连教育学院学报，2002(6).

坦陈己见，用心交流。在这个过程中，教师共同体团队的领导更应该发挥自身的模范带头作用，率先表明自己的真实看法，敢于暴露自身存在的问题，倾诉工作的难处，调动教师的积极性和主动性，大胆发表自己的意见和建议。在教师的表述过程中，无论是积极的还是消极的，无论是正确的还是有待商榷的，作为实践共同体的领导，都应该学会包容，认真听取教师的看法，打消教师的顾虑，使其能够畅所欲言。

第十二章　教师专业自主发展

教师专业发展一般存在着两条路径：一是外驱式发展，即教师的职前教育和职后培训；二是内源性发展，即教师的专业自主发展。教师专业发展的根本动力不是外驱式专业发展培训，而是内源性专业自主发展。教师专业自主发展就是"教师自觉主动地追求作为教师职业人的人生意义与价值的自我超越方式"①，它注重教师专业发展的自主性，重视教师专业发展的自主意识、自主规划、自主能力、自主管理和自主更新，强调教育理论知识、研究性教学、反思性实践、行动研究和案例研究等在教师专业发展中的价值作用。

第一节　教师专业自主发展的本质意涵

20 世纪 80 年代美国教师专业化运动的兴起，开创了世界性的教师专业化运动。随着教师专业化运动的发展，教师专业自主问题日渐凸显。专业自主是提升某一专业地位的关键，专业人员能否独立地做出专业判断，自主地采取有效的策略性行为，是判断某一专业发展状况的核心要素。然而由于各种内外因素的限制，不少教师并没有能够通过专业化获得预期的专业自主意识和能力。研究表明，美国 40％多的教师对自己的工作有失控的感觉；30％多的教师愿意让事情保持原样，并且对他们是否能驾驭自己的工作表示担忧；20％的教师甚至开始怀疑他们作为教师的能力。如何提升教师的专业自主已成为当前各国教师专业化发展需要面对的议题。

一、教师专业自主发展的内涵

（一）教师专业自主的含义

"自主"一词最早来源于古希腊，在希腊语中"自主"(autonomy)一词是由"自己"(auto)与"法律"(nomos)组合而成的，因此也有学者把"自主"(autonomy)翻译为"自律"、"自主性自律"等。在我国汉语的习惯用法中，"自主"与"自律"的内涵存在一定的差异。"自主"主要是指"独立"、"自由"以及"自我导向"；而"自律"则多与"他律"相对应，主要是指"自我约束"或"为自己定规矩"。今天学术界更倾向于认为，"自主"包含有"自由"与"自律"的双层内涵："自律"能使自我不至于因"自由"的泛滥而忘却反省，从而演变为"随心所欲"和"为所欲为"；而"自由"则确保了"自我"的主体性，因而它是建立"自律"的内发性动力之源。由此可见，"自主"不仅是指个体主体性的弘扬，而且也是指个体在普遍规范之下的自我约束和自我反省。

将"自主"与"教师专业"联系起来，即为教师专业自主。所谓教师专业自主，是指教师依靠专业智能，遵循专业法规和专业伦理，在教育教学实践及其专业发展等方面不受他人干

① 金美福.教师自主发展论[D].长春：东北师范大学，2003：58.

涉,享有决策与行动的自由与自在。教师专业自主不仅包括个人专业自主,而且也包括群体专业自主,是这两个方面的辩证统一。但无论是教师个人的专业自主,还是教师群体的专业自主,都不是无条件的绝对的自主,而应受社会基本规范和教师专业伦理的规约。

教师专业自主是提高教师专业地位的关键之所在。专业人员独立地根据专业判断,自主确定行为的范式和策略,是判断专业标准的核心要素。当前社会发展对教师工作非常重视,但对教师专业自主的认同感却并不高,因为教师是在统一大纲、统一教材以及统一考试和评价标准之下从事教育教学工作的。随着教师专业化进程的不断发展,人们已经日益认识到教师是一个专业要求很高的职业,教育教学的内容、情境、模式和方法是千变万化、日日常新的,因而应赋予教师更多的专业自主。但是,从教师专业生活的实际情境来看,教师专业自主的权利与空间仍然是相当有限的。因此,我们有必要重新审视这一困境背后所隐藏的内在影响机制,深刻揭示社会背景、高校制度文化、教育组织逻辑、教师工作特性、教师自身与其专业自主之间的必然的逻辑联系,从而能为教师专业自主提供卓有成效的变革之路。

（二）教师专业自主发展的含义

关于教师专业自主发展的内涵,存在着不同的认识和理解。在国外,美国学者富兰和哈格显夫斯认为,教师专业自主发展是指教师在目标意识、教学技能、与同事的合作能力等诸方面的共同进步。格拉特霍恩认为,教师专业自主发展是教师随着经验的增加以及对教学系统的审视而获得的专业成长。

在我国,钟启泉认为,教师专业自主发展是指在自己的专业领域,教师运用其教育智慧,维持其专业品质免受外界干涉的状态。代慧玲认为,教师专业自主发展是"教师所具有的自我发展的意识和能力以及对于教师专业发展的自觉担当;教师专业自主发展是教师通过不断地学习、实践、反思、探索,使自己的教育教学能力、不断提高不断向更高层次发展的过程"①。张典兵认为,教师专业自主发展"是指教师由于教育教学的需要或是为了追求自身价值,主动、自觉地设定专业发展目标、制定自身专业发展计划、拟定专业发展进程、不断提升自身专业素养的创造性实践活动"②。廖肇银等认为,教师专业自主发展是"教师在自我专业发展意识和动力支配下,自觉承担专业发展责任,通过自主反思、自主专业结构剖析、自主专业发展设计和自主专业发展方向调控等实现专业发展的过程"③。

中外研究者关于教师自主发展的定义在表达方式上有些差异,但其内涵是基本一致的。所谓教师专业自主发展,就是教师根据自己的专业要求,通过有计划地自主学习与教育教学实践,使自身的专业能力不断得到提升的过程。它表现为如下几方面的特征:第一,教师专业自主发展是一个有意识的过程。教师在自身的专业发展过程中,是对专业自我、专业角色,对学校、教育、学生的理解不断加深的过程;第二、教师专业自主发展是一个需要教师不断学习才得以完成的过程。教育是一个动态的领域,教师的专业发展也是一个动态的生成过程,这就需要教师自定计划,不断地学习;第三,教师的专业自主发展只能通过教师的教育教学实践才能实现。教育是一种实践,教育过程始终充满着可变性与复杂性,教师要在教育教学实践中不断反思,才能实现其专业自主发展。

---

① 代慧玲.反思:教师专业自主发展的必由之路[J].当代教育科学,2005(5).

② 张典兵.高校教师专业自主发展:结构与路径[J].现代教育科学,2012(4).

③ 廖肇银.教育期刊:教师专业自主发展的平台[J].教育学术月刊,2009(8).

二、教师专业自主发展的特征

（一）自由性

所谓自由，是指个体在认识活动和实践活动中能独立自主地发现问题和解决问题，它是人的主体性的核心，是人的内在本质特性之一。人类认识世界和改造世界的最终目标就是为了增强人的自由，而不是相反。主体之所以能够发挥其能动性和创造性，就在于它拥有着自由。主体只有在能够支配自己的时候，才能够支配其他事物。不论任何主体，只有切实地感受到自己是活动的主人，只有感受到自己是一个自由的人，他才能产生活动的热情和能量，才能全身心地投入活动之中并关心活动的结果，也才能迸发出丰富的想象力、顽强的意志力和巨大的创造力。如果主体缺乏自由，言行不能自主，那么他只能是一个循规蹈矩的人，在创新的天地里必将缩手缩脚，最终也将一事无成。作为一定社会中的个体，其最主要的生存领域是职业活动，因而人的自由的最主要也是最突出表现就是职业自由。高校教育教学工作是一项创造性极强的活动，要使教师的主体性在这项高创造性活动中得到充分发挥，并取得预期的创造性结果，教师就必须拥有高度的专业自由。教师的专业自由意味着，教师在教育教学实践过程中能独立思考，能作出自己的专业判断，并不受非专业人员、教育行政管理人员乃至远离自己专业实践的同行的干扰和控制。教师的专业自由还意味着相对于其他职业者来说，教师对自己的教育教学情境最为熟悉和了解，因而在自己的教育教学实践中也最有发言权。

（二）自律性

人不仅是一种情感的动物，而且更是一种理性的动物，是理性和非理性兼有的存在物。理性是人冷静、理智地认识和实践的行为方式；非理性则是指人的感性认识及非逻辑的认识形式，它不仅包括直觉、灵感、顿悟和潜意识，而且也包括人的生命欲望、情感和意志。非理性源于人的生命的本能欲望和冲动，它不仅存在积极的一面，而且也难免存在一定的盲目性和冲动性。理性的人必然是自律的个体，它意味着人对客观存在及其本质规律的认识、尊重和遵循，意味着人能够用理性统领非理性。所谓自律，就是人能够用理性引导、说服和控制自己非理性中的消极成分。如果人不能用理性对非理性进行引导、说服、规范和控制，非理性就可能会支配人的行动并可能造成不良的行为后果。教师的教育教学从本质上而言，是一种培养人的社会实践活动，其行动过程必须符合社会发展的要求，必须尊重学生身心发展的特点规律，必须遵循高校教育教学工作的客观规律。由此可见，教师的专业自主一定不能离开教师的自律，它要求教师要时刻注意对自己消极的非理性行为进行有效的调控，始终使自己在理性的指导和支配下进行自由的教育教学实践活动。

（三）伦理性

苏联教育家苏霍姆林斯基曾经把教育工作看作是最具有人道主义意味的职业之一。教师的教育教学实践活动以培养人为最终旨归，教师的根本职责教师根据社会和时代发展的需要，通过自己力所能及的专业劳动，把正在成长中的青少年培养成为德、智、体、美、劳全面发展的有理想、有道德、有文化、有纪律的社会主义事业的建设者和接班人，使他们都能够成为社会主义的有用之才。教师专业与其他专业的最大不同就在于其工作对象是人，是活生生的、有思想、有情感和主观能动性的个体，是正在迅速成长中的未成年人，他们思想单纯、心灵稚嫩，他们渴望知识的获得，需要思想的启迪。正是基于这样的认识，教师的专业自主与其他职业相比更具有无与伦比的伦理价值和道德意义。教师在自己专业实践过程中，必须充分考虑自身专业对象的特殊性，考虑自身专业对象的“人”性，考虑到教育对象的可塑性和可教性，不能因为强调自己的专业自主，就压抑了学生的主体性和创造性，从而损害学生的人格尊严，危及学生的自由自主的健康成长。

（四）合法性

随着社会和教育事业的不断发展，教师专业自主在许多国家都形成了法律制度。我国1993年颁布实施的《中华人民共和国教师法》也具体规定了教师享有的六项基本权利，其中的五项都直接与教师的专业自主有关。具体表现在：其一，进行教育教学活动，开展教育教学改革和实验；其二，从事科学研究、学术交流，参加专业的学术团体，在学术活动中充分发表意见；其三，指导学生的学习和发展，评定学生的品德和学业成绩；其四，对学校教育教学、管理工作和教育行政部门的工作提出意见和建议，通过教职工大会或者其他形式，参与学校的民主管理；其五，参加进修或者其他方式的培训。不仅如此，《中华人民共和国教师法》所规定的教师具有的六项义务，其中四项也对教师的专业自主作出了一定的限制。具体表现在：其一，遵守宪法、法律和职业道德，为人师表；其二，贯彻国家的教育方针，遵守规章制度，执行学校的教学计划，履行教师聘约，完成教育教学工作任务；其三，对学生进行宪法所确定的基本原则的教育和爱国主义、民族团结的教育，法制教育以及思想品德、文化、科学技术教育，组织、带领学生开展有益的社会活动；其四，关心、爱护全体学生，尊重学生人格，促进学生在品德、智力、体质等方面全面发展。由此可见，教师的专业自主已不再是某些人的恩赐，它已经成为教师应该享有的基本法律权利和应该承担的基本法律义务。

（五）创造性

教师的专业实践充满着极大的不确定性和情境性，它需要教师依靠自己的专业智能进行发现、研究和创造，并作出准确、精细和及时的专业判断。教师专业自主的创造性特征，主要表现在教师并不按部就班地执行既定的操作程序，无论这种程序是来自于自己的传统习惯，还是来自于外在的事无巨细的规定。当然，任何一种专业都有其独特的本质及规律，都有着深厚的科学理论基础，都需要特殊的技能和能力支撑。因此，教师在专业自主中表现出来的创造性，必须建立在其渊博的专业知识和高超的专业能力的基础之上，建立在教师对自己的课堂教学、学科课程和教育对象的深入了解的基础之上。

三、教师专业自主发展的意义

（一）促进学生自主学习和成长

当代教育改革的最突出特征，就是要使学生由被动地接受学习转变为主动的自主学习和探究学习。学生学习方式的转变必然要求教师作出相应的改变，教师要成为学生自主学习的引导者和促进者。自主学习中的学生离不开教师的积极参与，教师只有亲历过自主学习，才能在课程教学中真正实现学生的自主学习。教师对学生自主学习的引导和促进作用主要表现在：一是引起学生注意和唤起学习者的学习需要；二是激活学习者学习所必需的先前经验；三是帮助学生确立能够达成的学习目标；四是引导学生创设和谐的学习氛围；五是密切联系学生的生活世界；六是激励学生完成富有挑战性的学习任务；七是帮助学生发现知识的个人价值和意义；八是及时进行反馈和塑造沟通的桥梁；九是教师的教学方式要服务于学生的学习方式。而上述这些引导和促进作用的达成和实现，最根本上要依赖于教师的专业自主。正如有学者指出的那样:“为了培养学生的自主学习能力,教师在教育教学实践中必须自主地和有能力行使自己的自主权;同时教师在培养学习者自主的过程中不仅改变了教学方法,也改变了教师的个性。”①

(二)促进教师的主动性和创造性

在教师的生活世界中,最具特性和价值的就是其专业自主发展。教师的专业自主发展能有效地促进教师的主动性和创造性,提升教师的教育智慧和生存状态。当然,这一能够实现的前提条件是让教师的职业真正融入其生活之中,使教师的专业自主发展和自己的生活世界融为一体。为此,首先要注意把课堂教学作为自己职业生活的一个部分。课堂教学是教师和学生共有的人生中最重要的生命经历,是他们个体生命意义的构成部分。正如有学者所认为的:“对于教师而言,课堂教学是其职业生活最基本的构成,它的质量直接影响教师对职业的感受与态度、专业水平的发展和生命价值的体现。”②课堂教学的创造性,直接影响到教师对生活的创造性。教师可以从作为生活一部分的课堂教学的创造中,获得生活的乐趣。其次教师作为自身专业发展的主人,还要把专业发展融入日常生活之中,在日常的专业生活中实行自我学习、自我教育和自我创造,从而不断促进自身的专业发展。其实,若从本质上来看,教师的教育与生活就是紧密地融为一体的,“教育即生活”,“生活即教育”。“由于教育与人的生活世界重合,由教育者、受教育者和教育影响所构成的环路不再是一个封闭的结构,而是时刻保持对生活世界的开放性,一方面不断接受生活世界对教育可能发生的影响和对教育的需求;另一方面又不断丰富生活世界的内涵,把人引向世界的交流,拓展人的生活世界的空间,引导人积极理解人与世界的关系,在此关系的敞开中敞亮生活的真理,获得生活的智慧。”③由此可见,教师专业自主发展关涉到教师的生活智慧和生命质量的提升。

(三)提升教师的幸福感,感受教育的快乐

教师的幸福是教育的本真追求。教育活动不仅需要教师认知因素的投入,更需要教师的情感、意志等非理性因素的参与,是充满激情和热爱的活动,是彰显生命价值的活动。正如有学者指出的那样:“没有教师发自内心的热爱,就不会有真正的教育;没有教师在职业生涯中自我实现的成就感、满足感和幸福感,也不会有真正的教育。教育要给人以幸福,成为幸福的教育,就必须有教师的幸福。教育是师生共同创造教育幸福的活动。”④幸福不仅是教师的一种教育体验,而且更是教师专业发展的根本动力。如果教师在教育教学活动中体验不到快乐和幸福,也就不会有从事教育教学活动的内在动力。只有当教师真正地体验到教育的幸福,他才会对教育事业产生强烈的责任心、不懈的追求和发展的愿望。而教师的幸福感来源于教师的积极探索和主动创造,表现为有强烈的求知欲望和探究精神,对新事物与新思路有究根问底的热情;能够独立思考、批判质疑和勇于探索,提出新思想新见解的精神。正是基于这样的认识,有学者就指出:“专业化的教学活动是一种富有挑战的创造性活动,而不是一种按照既定程序模式的机械操作。正是这些创造活动,使教师工作充满幸福,这种幸福来自于工作的挑战,也来自于对自己创造性成果的欣赏。”⑤也正是因为这些创造性活动,

① 裴希山.论自主学习中的教师自主[J].湖北社会科学,2010(9).
② 叶澜.“新基础教育”论[M].北京:教育科学出版社,2006:247-248.
③ 刘铁芳.走向生活的教育哲学[M].长沙:湖南师范大学出版社,2005:13.
④ 冯建军.教育学的人学视野[M].合肥:安徽教育出版社,2008:325.
⑤ 冯建军.教育学的人学视野[M].合肥:安徽教育出版社,2008:328.

教师也就找到了职业外在的社会价值与内在的生命价值相统一的尊严、快乐与幸福。

第二节　教师专业自主发展的结构与基础

教师专业自主发展的结构主要包括专业自主发展意识、专业自主发展规划、专业自主发展能力、专业自主发展管理和专业自主发展更新等维度。教师专业自主发展的基础主要体现在知识基础、伦理基础、权力基础和环境基础等几个方面。

一、教师专业自主发展的结构

(一) 教师专业自主发展意识

从事任何一种职业，要想取得成功，首先必须有明确的职业发展目标和价值追求，有对自己专业发展的强烈愿望。美国教育家詹姆斯认为，教师专业发展的可能性就在于教师本身对自我发展的承诺。这表明专业发展的动力之源来自于教师内在的主动意愿，即专业自主发展意识。所谓专业自主发展意识，就是教师能在日常的教育情境中觉察到真实的问题，认识到问题背后蕴藏的教育契机和资源，意识到自己所担负的职责，具有主动改善教育实践的意愿和能力。教师专业自主发展意识若按时间维度来划分，主要包括对过去专业自主发展历程的意识、对现在专业自主发展状态和水平的意识以及对未来专业自主发展规划的意识；若按内容维度来划分，则主要包括在专业精神、专业理念、专业知识和专业能力等方面的意识。专业自主发展意识是教师顺利实现专业自主发展的前提和基础。专业自主发展意识强的教师，对自己的专业发展能始终保持一种自觉积极的状态，能增强专业发展的使命感和责任感，主动寻找一切可能的学习机会，及时评价和调整自己的专业发展行为方式，从而使自己的专业发展达到较为理想的境界。

(二) 教师专业自主发展规划

教师的专业自主发展不是一种结果，而是一个不断由量变到质变、不断累积提升的过程，表现出明显的发展阶段性。专业自主发展规划就是教师对自己专业发展的各个阶段和各个方面进行长远的和总体的规划，它具体包括教师对专业目标和预期成就的设想、对未来学校与教师岗位的选择、对专业素养内容与目标的设计、对专业发展阶段的规划和拟采取的措施等。专业自主发展规划就像教师为自己的专业发展设计了一个宏伟“蓝图”，为教师引领、反思和监控自身专业发展提供了一个重要参照框架。教师在制订专业自主发展规划时，应注意考虑以下一些因素：第一，要正确认识自我，全面进行自我剖析，清楚知晓自己的知识与能力、兴趣与特长、思想与人格、优势与劣势；第二，重视环境分析，不仅要分析学校发展的小环境，而且要分析时代和社会发展的大环境，以把握专业自主发展的大方向，使自己的专业发展与学校、社会的实际和学生的需求结合起来；第三，确立目标并进行目标分析，要形成专业自主发展的愿景，清楚哪些是短期目标，哪些是长远规划，哪些是优先发展领域等；第四，科学拟定专业自主发展的路径与策略，精心设计行动方案。

(三) 教师专业自主发展能力

从心理学上讲，能力是直接影响活动效率，保证活动任务顺利实现的个性心理特征。能力与活动任务的实现与否，与活动效率的高低存在着正相关。教师专业自主发展能力包括一般能力和特殊能力两个方面：一般能力也就是我们常说的智力，如观察力、注意力、记忆力、思维能力和想象力等;特殊能力则是与教师教育教学实践联系密切的、特殊领域的能力,如语言表达能力、组织管理能力、课程开发能力、教育研究能力和学科教学能力等。专业发展自主能力是在教师专业活动中逐渐形成并得以发展的,它需要教师专业生活的长期累积,也是教师实现更高程度专业发展的基础。英国课程与教学论专家斯坦豪斯曾指出:教师是教室的负责人,而教室正好是检验教育理论的理想实验室。不论从哪一种视角来理解教育,都必须承认教师充满了丰富的进行教育教学研究的机会。教师的专业自主发展能力正是在这种特定的学校组织文化背景和课堂教学专业活动中形成的。可见,专业活动既是教师专业自主发展能力形成的现实土壤,而它一旦形成又反过来成为教师从事专业活动的重要支撑。

(四) 教师专业自主发展管理

教师专业自主发展既然是一个复杂的、长期的过程,为了使它能朝着预定的美好方向顺利运行,就必须进行科学有效的管理。这种管理既有来自于学校管理者和其他老师的外在管理,也有来自教师本人专业发展的自我管理。教师专业自主发展需要外在的管理,但自我管理却具有更大的价值。所谓自我管理,是指教师在自主规划基础上采取的自我保障措施,也就是为实现专业发展目标所进行的自我监督、自我评价和自我调控。自我监督能使教师的专业自主发展始终保持积极主动的状态;自我评价能使教师清楚自己专业自主发展过程中的经验与教训、优势与不足;自我调控能使教师的专业自主发展始终朝向正确的目标和理想的方向。总之,自我管理能让教师认清自己面临的职业形势,意识到相应的职业危机,有助于提高教师的专业敏感性,增强专业发展的紧迫感和主动性,从而使教师不断挑战自我,并实现自我超越。

(五) 教师专业自主发展更新

专业自主发展是教师在其专业领域内不断提升与完善教育观念和教育行为、不断走向专业化的过程。这个过程一刻也离不开教师的专业自主发展更新。华东师范大学的叶澜教授就十分强调“自我更新”取向的教师专业发展,并把它看成教师专业发展的关键。专业自主发展更新是指教师专业发展动力不再受外部评价或职位升迁的牵制,而直接以专业发展为指向。教师完全能够自觉地依照其专业发展的基本路线和自己当前的发展状况,有意识地进行自我谋划,寻求最大程度的自主发展。这种自主发展已经形成教师日常专业生活不可分割的一部分,成为教师的专业生活方式和生存方式,并能经常保持专业发展的“自我更新”取向。这时,教师的专业发展不再单纯指向专业结构的改善和提升,而变成一种自觉的意识,自信与从容已成为教师的突出特征。专业自主发展更新使教师不再把教学看成是传授学生知识的过程,而是帮助学生去理解和建构“意义”的过程,是在师生的对话和互动中体悟生存的价值和生命的意义的过程。

二、教师专业自主发展的基础

(一) 教师专业自主的知识基础

在长期的教育教学实践中,我们特别强调知识的客观性、普遍性和绝对性,正是由于这些特征的存在,往往使得教师仅仅成为公共知识的传输者,其自身的专业自主也因之被削弱、被掩盖和被抑制。英国学者波兰尼的“个人知识”理论、意大利学者康内利的“个人化实践知识”的提出,使得知识范式的认识性特征发生了根本性的转变,教师得以脱离传统公共知识的束缚，从而为教师专业自主的存在奠定了坚实的知识基础。教师的专业知识结构主要包括本体性知识、条件性知识和实践性知识。但有关“教什么”的本体性知识和有关“怎么教”的条件性知识，并不一定能保证教育教学实践活动的有效展开。因为教师面对的是充满不确定性的教育情境，这种变动不居的情境要求教师不断地作出专业自主判断和自主选择，而专业自主判断和自主选择正是基于教师个人实践知识的“实际运用的理论”所作出来的。由此可以看出，教师个人实践性知识的存在和其蕴含的巨大价值，成为教师专业自主的基本诉求。

（二）教师专业自主的伦理基础

教师的伦理德性是教师担当教育教学角色所应有的重要品质，也是在履行教育教学责任和义务的过程中所体现出来的核心道德力量。教师伦理德性的主要构成包括教师的善、教师的公正和教师的责任感等三个方面。教师的专业性首先是以专业伦理道德要求为基础的，一个有德性的教师也意味着他具有了教学自由和专业自主。教师专业自主并不是教师的主观放纵和任意行为，而是对教学的自主判断和自主选择，是基于既定的责任和自身义务的专业自主行为。而这种基于责任的教师专业自主行为，更需要得到教师伦理德性的根本保证。

（三）教师专业自主的权力基础

从 1966 年联合国教科文组织在《关于教师地位的建议》报告中明确提出“教育工作应被看作专门职业”的思想以来，教师职业专业化的理念已经广为接受。其中，教师是否能够拥有专业自主权，以及其所拥有专业自主权的程度，是认定教师职业是否达到完全专业地位的关键指标之一。我国 1993 年颁布的《中华人民共和国教师法》第一次以法律的形式明确规定教师是“专门人员”，并指出教师的权利主要包括教育教学权、学术研究权、学生指导权、参与管理权和进修培训权等。这些法律意义上的教师权利，为教师专业自主行为规定了一个相对明确的范围和界限。如教师既可以自主选择教学内容与教学方法、开展关于教学改革的学术研究、规划自身的专业发展，也可以拒绝教育行政上的不当指挥对自身自主行为的干预等。由此可见，教师的专业自主并不是某些教育行政部门的恩赐和奖赏，而是国家法律制度赋予教师的应有权利。国家在法律上所规定的教师专业自主权，为教师在教育教学实践活动中的专业自主行为提供了有效的权力基础。

（四）教师专业自主的环境基础

教师专业自主的存在及其作用的充分发挥，需要具有适当的现实环境。但是，从教育教学实践来看，我国教师专业自主长期被统一的、官僚化的教育管理体制所掩盖和限制，在实际的教育教学中步履维艰，教师专业自主权的回归尚缺乏现实环境的重要支撑。高等教育体制的改革、高等教育办学自主权的下移以及三级课程管理体制的建立，为教师广泛而自觉地参与高等教育改革和发展提供了越来越广阔的空间。我们有理由相信，在当前高等教育改革的环境基础支持下，教师的专业自主越来越具有了现实的极大的可能性。

第三节　教师专业自主发展的实现策略

关于教师专业自主发展的实施策略，理智取向专业自主发展教师教育思想的倡导者强调加强教育理论知识构建的价值；实践—反思取向专业自主发展思想的主张者强调教师的专业自主发展要求教师应养成反思自己的教育实践并不断改进自己的教育行动的习惯;生态取向的教师专业自主发展的主张则强调构建学习共同体学习环境。综合各派观点,我们认为教师专业自主发展的实现策略主要包括以下几个方面。

一、加强教育理论知识的建构

“教师的阅读是让学生飞翔的第一步,也是使一枝梅花变成‘一枝春天’的魔法石。作为文本的诠释者,教师的阅读量与阅读率决定着课堂上每句话的分量,也决定着学生人生每一步脚印的深浅,延伸的阅读化成教师的修养与感悟,也增强了诠释者的诠释能力,诠释后化成涓涓细流流进学生的心田,温馨而坚韧。”①教师的专业发展是由准教师到新手、再到能干型教师、最后再到专家型教师这样一个渐进的过程,在这一过程中,建构学科知识特别是教育理论知识是至关重要的,而读书恰恰是教师建构教育理论知识最有效的途径。教育教学改革首先是教师教育教学理念的变化。教育理论知识是生成教师教育理念的理论源泉,教师教育理念的生成过程是教师通过读书学习活动对社会倡导的教育理论解读、内化的过程。教师教育理论知识建构取决于以下方面:

第一,取决于这些教育教学理论能否有效地指导教师的教育教学实践。苏霍姆林斯基说得好:“教育科学只有当它去研究和解决那些最细微、最复杂的教育现象相互依赖和相互制约的关系的时候,才会成为一门确定性的科学和真正的科学。”②目前,教师在专业自主发展过程遇到的尴尬的局面是:他们在大学里学习的教育学知识派不上用场,他们的教育教学方式还是回归到了他们的师傅——中小学教师那里。造成这种尴尬局面的主要原因是教师的学科知识与教育学知识没有实现有效的整合。教师只有通过读书学习活动,才能实现两种知识的有效整合。

第二,取决于这些教育理论的学习能否给教师带来现实的利益。理论向成果的转化需要一个较长的周期。目前,在“分数”崇拜的环境下,教师对教育教学理论的学习未必能立竿见影地给他们带来现实的利益——学生分数的提高,这可能是当下一些教师忽视教育理论学习的重要原因。

第三,取决于教师现有理论水平的高低。据调查,目前中小学教师阅读教育理论书籍、杂志的状况非常令人担忧。中国教育报记者在某地学校对部分教师的采访显示:许多老师不了解多元智力理论,有的甚至不知道陶行知是谁。教师对社会倡导的教育教学理论难以理解,就更谈不上理论的内化了。“一个理论不是认识,它只是使认识可能进行的手段;一个理论不是目的地,它只是一个可能的出发点;一个理论不是一个解决方法,它只是提供了处理问题的一种可能性。换句话说,一个理论只是随着主体的思想活动的充分展开而完成它的认识作用,而获得它的生命。”③

二、培养教师的行动反思能力

培养教师的行动反思能力,首先应拓宽实践教学的渠道,使教师沉浸在教育实践情境之

① 胡庆芳.教师专业发展背景下的学习与学习文化的重建[J].上海教育科研,2005(3).

② 李琼.教师专业发展的知识基础——教学专长研究[M].北京:北京师范大学出版社,2009:95.

③ [法]埃德加·莫兰.复杂思想:自觉的科学[M].陈一壮,译.北京:北京大学出版社,2001:271.

中。在真实的教育实践情境中，教师能够与学生的真实言行相接触，能够对现场产生困惑与惊奇，并通过现场试验来回应困惑，回应学生的言行。通过教育见习、实习、现场教学等实践环节，教师（或师范生）才能时刻关注学生在学习时所遭遇的惊讶之事，并对学生的言行感兴趣；通过教育见习、实习、现场教学等实践环节，教师（或师范生）才能亲身体悟教育问题的复杂性与多变性，不断增强自身体察教育问题与解决教育问题的能力；通过教育见习、实习、现场教学等实践环节，教师（或师范生）才能帮助学生将对问题的自发性理解与学校的权威性之事联系起来，更加科学地解决问题。

行动反思不仅包括行动中的反思，还包括对行动的理智之思。教师的行动反思能力培养，养成撰写教育日志的习惯是很有价值的方法。通过教育日志，能够对自己思想、感觉、自己或他人教育教学行为、教育现象、教育问题等进行及时反思与批判，这是对自我“前见”的反思与批判途径，是教师理解走向神话的过程。教育日志是为自己而写，不是为了迎合功利性的学术需求，教育日志的写作是教师与自己的思想、信念、感觉进行交流的安全途径。通过教育日志的写作，教师能够检视自身“前见”与“前理解”的合法性，促进其专业实践性知识的有效生成。实践性知识的建构涉及整个脑部的运作，既包括右半球视觉、直觉与抽象能力，也包括左半球的语言能力与分析能力。通过教育日志这种自我反思的表达方式，对于脑功能的充分发挥具有重要价值。

三、构建教师专业学习共同体

所谓教师学习共同体，就是教师、共同的目标以及对所属团体的归属感而组织起来的学习共同体。在此团体中，教师打破孤立倾向，通过平等对话和讨论，分享专业意见及各种学习资源，以探究的精神来共同完成一定使命，最终实现教师专业发展的组织形式。教师学习共同体绝不是简单地把许多教师组合起来为一个任务或目标而工作或学习，而是共享和协作的组织。良好的教师学习共同体应具有共同的学习目标，相互学习和交流、相互信任，共享资源及优秀的教学经验，共同解决难题，个体有所进步并能促进共同体发展等特质。当然，在构建教师学习共同体时要注意共同成员的优化组合、整体搭配，如教师的性别、性格、年龄、知识结构、教龄、教学经验、教学水平和教学风格等，使他们在各方面达到优势互补，发挥团队和个人的最大潜力。

建构教师专业发展学习共同体，首先要建立共同的学习愿景。共同愿景对于教师共同体是至关重要的，因为它为共同体内的学习提供了焦点和能量。在缺少共同愿景的情形下，共同体中的学习最多是适应性的学习，只有当人们致力于某种他们深深关切的事情时，才会产生创造性的学习，为共同体带来知识的创生。教师在共同体中，开始考虑问题更多是从自身的需要出发，每一个人开始都有自己的想法，要使这些想法朝向一个方向，形成共同愿景，协商就变得尤为重要。在教师专业共同体中，为了形成共同愿景，可以让教师个体充分表达自己的个人愿景。形成共同愿景之所以强调协商，是因为共同愿景不是共同体强加给某个人的，而是在尊重教师个体个人愿景的前提下，共同形成的得到大家认同的愿景。建构教师共同学习的愿景，首先，学校组织应为教师创设理论学习的条件，为教师教育理念的生成提供环境和组织支持，如为教师建立图书室、阅览室，为教师购买、订阅教育理论书籍、教育类报纸杂志等；其次，教育理论工作者，应深入教育教学第一线，了解教师的所思、所为，创生出更具有实际指导意义和可读性的乡村教育作品，为乡村教师教育理念的生成提供高质量的理论源泉；第三，教师应不断加强教育理论的学习，不断提高自身的理论修养和政治觉悟，为自身先进教育理念的生成提供内部的动力支持。

建构教师专业发展学习共同体，应该建立健全共同的学习机制。教师专业化是一个渐进的、不断深化的过程。教师的专业成长是建立在教师主动自觉的学习的基础上的，但其自觉性并不是自发的，其成长也要经历由他律到自律的过程，配以制度保障是完全必要的。首先，要根据教师发展的需要构建共同体组织，如组建教研组、备课组、专家组等。其次，学校组织要给各学习共同体提出建议，共同体要对其成员提出明确要求，如学校组织可以给共同体提出公开课、读书报告会、专题讨论、课题研究的次数、内容等建议；各共同体可以要求其成员每周进行一次教学学术交流，每学期写一份评课材料，每学年撰写一篇专题研究论文，青年教师和骨干教师每学期分别上一节汇报课和示范课等。第三，要建立相应的考核机制，学校组织可以组成有专家引领的考核小组对教师进行发展性考核，可以制定首席教师、学科带头人、骨干教师的评比方案。学校组织要对共同体的活动进行考勤、质量评估等。考核机制要充分体现其导向性和激励性，以真正使教师从"要我学"转变为"我要学"。

建构教师专业发展学习共同体，应该建立健全共同的学习氛围。教师的专业发展是通过教师的不断学习得以实现的。教师的学习不是储存性学习，而是应用型学习。教师的学习是与教学工作融合于一体的，教师在教学实践中会遇到各种各样的问题，这些问题需要在学习中得到解决。因此，教师的学习是为了改进自己的教学的学习，是针对自己的教学问题而进行的学习，是贯穿于整个教学过程中的学习。教师的学习与工作融于一体常常表现为教师的学习是以案例为载体的情境学习。情境学习理论的研究表明，学习就是情境性的认知。知识的学习离不开知识运用的情境，教师的学习是以案例为载体，将自己的知识学习与个人经验联系于一体，从知识剖析到知识内化再到知识创新的过程。作为一个职能共同体，不同教师之间在知识结构、思维方式、认知风格等方面均存在差异。每位教师的差异就是教学资源，差异就是合作学习的动力和源泉。在教师的合作共同体中，教师之间取长补短，互相帮助，从而实现了心与心的对话、思想与思想的碰撞，教师的专业素质必将获得共同的提高。

四、注重叙事研究与案例研究

叙事就是为了真实生活，编写自我与他人、自我与社会过去与未来的故事。也就是用自己的语言讲述有意义的故事。教育叙事就是教育研究者以"故事"为载体，解读生动的教育生活背后的意义。运用教育叙事的研究方法，有助于研究者检视个人的教育观念、假说与信念的合理性。在教育领域，通过教育叙事，教师（未来教师）可以在行动的反思中，激活个人的智慧与公共理论知识相互作用的经历，以产出超越"主观"与"客观"断裂带的个人知识。教师的实践性知识存在于过去的经验中，存在于现时的身心中，存在于未来的计划与行动中，因而要真正理解教师教育观念、假说、行动的合理性，就可以利用教育叙事的研究方法将自己的实践知识（隐性知识）显现出来。运用教育叙事的研究方法，还有利于教师把自己的生活置于更大的环境之中，教师个人的思想与行为是与他所处的社会文化环境分不开的，只有把自己放置到丰富、复杂、流动的社会环境之中，才能便于对个人与社会的理解。在教育叙事的研究中，研究者能以直接的、交互的方式走入教育世界，从而实现对同行、对学生、对领导、对社会乃至对整个世界的理解。在教学中，教育叙事的形式多种多样，有撰写学习日志、学科论文、见习报告等书面形式，也有课题讨论、课题演讲、课题提问等口述形式。

教师在教育教学过程中所面临的往往是具体的和情境性的问题，这些问题通常还带有复杂性和不确定性的典型特征。教师仅有理论知识难以对这类问题作出合理的判断和决策。那么，如何才能弥补教育理论知识的不足呢？参考其他专业领域成功地进行理论与实践相结合的学习方式，教育案例研究逐渐走进教师的教育教学活动，并成为促进教师专业成长的重要方法。教育案例研究主要是指对一个真实的教育教学活动情境的描述，其中含有明显教育教学疑难问题及矛盾冲突，也包括解决这些问题的方法和策略。教育案例研究一般由三部分构成：一是教育案例背景，包括间接背景和直接背景；二是教育案例事件，包括教育教学事件如何发生，问题表现是什么，真实原因何在；三是对教育案例事件的反思，包括问题解决中存在的利弊得失，出现了哪些新问题，如何进一步解决、收获和启示等。教育案例研究不仅为教师之间分享经验、加强沟通提供了一种有效方式，而且能促进教师对自身教育理念和教育教学行为的深度反思，因而成为教师专业自主发展的重要路径。

第十三章　教师心理健康与专业幸福

在当代,教师专业发展问题得到了社会前所未有的关注,然而,教师的生存状态、心理健康状况以及职业幸福体验等却未能得到人们应有的重视,这不仅影响了教师自身的专业发展和专业成长,而且从根本上制约了教育教学质量的提高。教育的终极目的是人生价值的实现,教育的真正意义在于使人快乐和幸福。从事教育教学工作的教师在自身职业活动中的生存状态如何,心理健康水平怎样,对职业幸福体验如何,这既是教师个人的问题,也是关涉教育本真意义实现的问题,必须给予高度的重视。

第一节　教师的心理素养

教育教学活动是教师与学生之间的双边互动活动,从实质上看也就是教师与学生这两种“人”之间的智慧碰撞、情感交流和心灵沟通的过程。教育教学过程离不开教师和学生的感知、记忆、思维、想象、情感、意志、人格等心理活动的参与与支撑。教师的心理素养不仅是教师从事教育教学活动的根本保证,而且也是获取良好教育教学效果、促进学生心理健康成长不可或缺的重要条件。

一、教师心理素养的意涵

对教师心理素养的内涵进行解读,需要把握以下几个基本方面:第一,要体现教师职业的特殊性,反映教师独特的本质;第二,对教师心理素养的理解要有深刻的理论背景;第三,要着眼于教育教学活动的本质及其基本规律;第四,要把教师心理素养看成一个系统的结构,其内部包含着复杂的构成要素;第五,教师心理素养是结构和过程的统一,动态发展性是其核心要义;第六,教师心理素养的内涵要能为教育教学实践提供理论指导,具有针对性和操作性。基于以上考虑,可以对教师心理素养做如下解读,即教师在教育教学实践中生成和积淀的,与学生身心发展密切关联的,对教育教学效果具有显著影响的心理素质的综合。它是教师个体的一种有机综合性的机能状态,渗透着人的心理现象所包含的各种心理成分,但却不是这些成分的简单机械的累加,而是各种成分积淀和凝结的结果,是各种成分的辩证和谐的有机统一。

教师的心理素养是教师在教育教学工作中表现在智力和非智力因素等方面的稳定心理特征的综合。教师的职业特点、社会角色和人际关系决定了其应具备一系列特定的心理素养,主要包括教师的认知能力、情感、意志和人格的特征等。具体而言,教师优秀的心理素养综合体现在人格的完整性、情感的丰富性、意志的坚忍性、思维的缜密性与创新性以及民主与合作的精神等方面。人格的完整性能使教师在教育教学过程中做到对自己严格要求,有涵养,讲文明,生活正派,以身作则,为人师表,做学生的楷模;教师情感丰富性的核心表现在对教育事业和学生的热爱,这是教师能够做好教育教学工作、赢得学生的信任和爱戴的基础和前提，也是教师体验工作乐趣和价值、并愿意为此而不懈努力的动力支撑；教师坚韧的意志力，给予他们乐观面对失败和挫折的勇气与信念，使之能较好地适应内外环境与各种挑战，并能以坚强的意志和积极向上的人生态度潜移默化地影响学生的发展；教师思维的缜密性与创新性，要求教师要善于深思熟虑，准确掌握学科教育教学的相关理论和知识点，同时还要结合当前形势和学生思想实际，找好切入点。同时，教师还应根据课程教学的实际特点，培养创新的思维品质，不因循守旧，勇于尝试，在教育教学中注重教育教学内容和方法的不断改进和提高，创造性地开展教育教学工作；教师的民主与合作精神是协调好教师之间、教师与学生之间关系、全面提升教育教学质量的重要保证。

由此可见，优秀的心理素养不仅是教师自身人生发展的基础和前提，而且也是教师从事教育教学活动的基础和必然要求；它不仅有助于教师积极性的调动和发挥，而且有助于学生主观能动性的激发和良好的教育教学效果的取得。教师要促进学生的身心和谐发展，首先自己要有健康和谐统一的心理素养，要在教育教学实践中不断提高自身的修养，优化自己的心理素养结构，从而更好地为促使学生德、智、体、美、劳诸方面的全面发展奠定基础。

二、教师心理素养的特征

（一）师表性与位移性

“以身作则、为人师表”既是教师职业道德的一种体现，也是极为重要的一种心理素质。作为一名教师，不论任何时候或从事任何活动，都必须清晰地意识到自己是一名教师，要为学生树立好的师表形象。因为教师的思想、感情、言语乃至行动，都会对学生产生重大影响，时时处处起着潜移默化的作用。有的教师曾做过这样形象的比喻：“学生的眼睛是录像机，耳朵是录音机，脑子是电子计算机，录下来的信息装在电子计算机里储存起来，然后进行反馈，并指导他们今后的人生行动。”正是由于学生时时处处都在模仿教师，所以说教师的世界观、品行、生活以及他对每一现象的态度都必然会这样或那样地影响着学生。正因为如此，一个教师必须时时检点自己，反思自己，使自己的言行和态度符合教师专业道德的规范和要求。所谓心理位移，也就是我们常说的“换位思考”，是指教师要时时站在学生的立场，以学生的眼光观察事物、思考问题和解决问题。心理位移素养是教师极为重要的心理素质，这是因为师生之间有着不同的生活经历、不同的成熟程度、不同的认识水平、不同的情感体验以及不同的品德修养，如果教师不能自觉地意识到这种差异，只从自己所处的位置出发，而不能置身于与自己各方面差异较大的学生的位置上来分析、理解和处理学生出现的问题，必然会在师生间筑起认识、情感与态度各方面的屏障，给教育教学带来困难与失误。大量教育教学经验表明：了解学生是获得心理位移素质的重要前提。教师只有置身于学生群体之中，全面了解学生复杂的内心世界，才能正确评价学生的行为，否则心理位移也就成了一句空话。

（二）稳定性与发展性

教师专业心理素质的稳定性特点，一方面是指教师专业心理素质是在教育教学实践中逐步形成和发展的，而它一经形成，就具有了相对的稳定性和持久性；另一方面是指教师心理素质对学生的影响具有稳定性和持久性特点。教师专业心理素质的形成和发展，是其在同客观现实的相互作用过程中，通过学习获得的各种知识经验，并运用这些经验去调节人的各种行动中而实现的。它作为一种较稳定的心理特质，是以概括化和定型化的特点作用于教师的教育教学活动。可见，教师的心理素质作为一种稳定的心理构成物，始终以其动力功能稳定地作用于教师的教育教学实践，形成每个教师所特演的教育教学态度及其相应的教育教学方式。教师专业心理素质的这一特点要求教师要不断加强职业心理素质的修养，确保留给学生的东西能够照亮其人生道路，成为他们奋发向上的强大精神动力。但是，教师专业心理素质所具有稳定性又是相对的，它还经常会表现出发展性和可变性特点。作为人与环境相互作用的产物，教师专业心理素质实质上是人在适应和改造环境的过程中不断得以塑造的结果。教师专业心理素质的发展性和可变性，揭示了其专业心理素质可塑性，认识这一特性是极为重要的，它要求我们一方面可以通过自身努力，逐渐完善自己的心理素质，摒弃不良的心理素质；另一方面还可以帮助学生顺利完成这一转变。当然，心理素质的改变与完善不是一朝一夕就可以实现的，需要通过长期的实践锻炼才能达到。但只要个人有强烈的锻炼意愿，坚持不懈地要求自己，勇于实践，就一定能塑造出良好的心理素质。

（三）内隐性和潜在性

教师专业心理的内隐性和潜在性特点，一方面是指任何教师都具有形成良好专业心理素质的潜在可能性。这种潜在性变成现实性的前提，就是教师自觉地不懈地扎根教育教学实践；另一方面是指教师专业心理素质对学生影响的潜移默化性。首先，教师的专业心理素质不是生而就有的，也不是自然形成的，而是在长期的教育教学活动中，从不适应到适应，从苦教到乐教，以至形成坚定教育教学信念的过程中形成的，具有鲜明的职业和社会角色特点。其次，教师专业心理素质对学生的影响是潜在的。“随风潜入夜，润物细无声。”教师专业心理素质对学生的影响是在不知不觉中，通过耳濡目染的形式而得以实现的。就师生关系来看，不成熟的学生长期地、连续地同教师处在一种特定关系中，必然会受到教师这样或那样的深刻影响。这种影响是不以师生双方的主观意志为转移的，具有客观必然性。不管是正面的、积极的，还是反面的、消极的，虽然不那么明显和直接，甚至有时教师也未必意识到，但学生总是在自觉不自觉地受着这些因素的影响。正如美国心理学家科勒斯涅克所说：在加以教学过程中，教师向学生不仅传授学习教学大纲所规定的正式课程，而且还传递领会教学大纲所未规定的态度、意愿、情感等个性心理特征方面的“看不见的课程”。这正表明了教师专业心理素质作用的内隐性和潜在性特征。

（四）多维性和复杂性

教师专业心理的多维性和复杂性特点，一方面是指教师专业心理素质包含多种成分和多层方面，是由多样的心理结构特征构成的综合体，同时又在多种因素的影响下才能形成；另一方面是指教师专业心理对学生的影响是多方面的，它以其心理的多个侧面塑造着学生的健全人格。教师专业心理具有极为丰富的内涵和内容，其主要内容有认知、情感、意志方面的修养，也有个性倾向性、个性心理特征、自我监控系统等方面的修养。这些方面的有机统一，构成了教师复杂而丰富的心理面貌。不仅如此，由于教师个体的经历、教育教学实践和已有心理水平的不同，又形成了教师专业心理方面的极为突出的个体差异性。同时，单就优秀教师的专业心理素质而言，他们还具有某些共同的、典型的心理特征，他们不仅具有良好的认知能力和广泛的兴趣，而且也具有高尚的情感、坚强的意志、良好的性格和高超的教育机智。由此可见，教师的专业心理素质是多方面的、多层次的，并且以多种方式、从各个侧面对学生的认知、情感、意志、兴趣、能力、气质、性格等心理方面产生着广泛而深刻的积极影响。

三、教师心理素养的内容结构

（一）教师的教育心理结构

第一，道德心理。道德是教师处理和调节教育教学活动中人与人之间关系的特殊的道德要求。教师道德品质是一个完整的心理系统，其心理成分包括道德认识、道德情感、道德意志、道德信念和道德行为等五个方面。道德认识是教师在教育教学过程中表现出来的对是非、好坏和善恶的行为准则及其意义的认识，如教师的信念、人生价值观、理想等；道德情感是伴随职业道德认识所产生的一种内心体验，教师的道德情感集中体现在爱国主义、热爱教育事业和热爱学生等三个具体方面；道德行为是在教师实际行动中形成和发展的，也是衡量教师品德的重要标志，如以身作则、为人师表、身教与言教结合等。

第二，教学心理。教师的教学心理包括一般教学能力、教学技能、辅导学习技能和教学监控能力等方面。一般教学能力是教师在教学实践中形成和发展的基本能动力量，是实现人才培养的保证，如教师的智能、言语能力、非言语能力等。教学技能是指教师从事教学活动、完成教学任务必须具备的基本技能，如掌握教学大纲、运用教材、教学设计、信息技术等技能。辅导学习技能是指教师在教学过程中辅导学生解决一系列学习问题的能力，也就是辅导学生学会学习的技能。通过教师辅导，学生能充分发挥学习的主动性、自觉性和积极性，会制订计划、会预习、会听课、会做作业、会复习、会应考等。教学监控能力是指教师在教学过程中为成功地实现教学目标，以教学活动为监控对象，不断地对其进行积极主动的计划、监视、检查、评价、反馈、调控的能力。如教师在教学活动前的计划和准备，对课堂教学的检查和反馈，对自己整个教学活动的调控以及对课后的回顾和评价等。

第三，辅导心理。辅导是辅导者协助当事人解决心理问题，为当事人的心理发展提供帮助和服务的一种人与人之间的心灵交流与互助的活动。它作为应用心理学的一个新概念已成为现代教育主体性发展水平的一个重要标志。随着教育现代化历史进程的不断推进，主体教育价值理念得以广泛弘扬，现代教育走向以学习者为主体的终身教育和学习化社会，从而赋予教育者以辅导的教育职能。教师不仅仅是一个文化知识的传播者，而且还是一个心理辅导者。教师必须适应心理辅导的角色职能，自觉调整自身的知识结构、能力结构和职业技能，从而提高自身心理辅导素养。教师辅导心理素质包括心理咨询素质、心理教育素质和心理治疗素质等内容。心理咨询是指运用心理学的知识、理论和技术，通过咨询者与求询者的协商交谈和指导过程，提供可行性建议，针对正常人及轻度心理障碍者的各种适应和发展问题，帮助求询者进行探讨和研究，从而达到自立自强，增进健康水平和提高生活质量的目的；心理教育是指有目的、有计划地培养受教育者的良好心理素质，调节心理机能，进而促进德、智、体、美等整体素质的提高和个体的和谐发展；心理治疗则是指应用心理学的方法，治疗患者的心理问题以及改善患者的心理与适应方式，解除患者的症状与痛苦，促进其人格的成熟和完善的活动过程。

（二）教师的人格心理结构

第一，兴趣。所谓兴趣，是指一个人经常倾向于认识掌握某种事物，并力求参与该种活动的心理倾向，是个性倾向性的重要成分。兴趣往往通过求知欲的满足而使本身更丰富和深化，并产生与更高的认识活动水平相适应的新的兴趣。教师的兴趣能够表现出教师自身个性的积极性和主动性，它不仅能够推动教师去认识世界，去求知和探索，而且能够开阔教师的视野，丰富教师的心理活动内容，同时也是教师创造性完成教育教学工作的重要心理素质之一。教师的兴趣是多方面的，最主要的是对学生心理、对所授学科和教育方法的研究兴趣。这种兴趣不仅能促使教师接近和了解学生，积极探索学生心理发展和学习规律，寻找更有效的教育教学方法，而且能促使他们努力地对所教学科进行深入钻研；他们不是机械地应付完成上课和批改作业等常规任务，而是不断地进行创造性的教学；他们对学生的各种问题并不愤怒或厌倦，而是积极寻求打开学生心理奥秘的钥匙，启发引导，扬长避短，做深入细致的教育转化工作。

第二，性格。所谓性格，是指人对现实的态度和习惯化的行为方式。教师的性格是教师在长期教育教学实践中形成的，逐步稳定的态度和习惯化了的行为方式，它是教师人格的最集中体现。教师的性格体现主要是教师对教育事业的高度热爱以及对知识渴求的强烈责任感，也就是对教育事业勇于创新、善于探索，对教育教学工作认真负责、兢兢业业。教师良好性格的形成，既有助于自身人格心理素质的完善，又有助于塑造学生的人格。在许多影响学生心理素质发展的因素中，教师性格的影响是最为重要的因素。具有良好性格的教师能够得到学生的爱戴，促进教育教学工作的开展，学生会在学习活动中有意模仿教师的一言一行、一举一动，并能够积极合作，提高教育教学效率。

第三，移情。移情也称同理心、共感或共情。人本主义心理学家罗杰斯认为：体会当事人的内心世界，有如自己的内心世界一般，可是却永远不能失掉“有如”这个品质，这就是“同感”。由此可见，教师在表达“移情”时，一方面要放下自己的参照标准，设身处地从学生的参照标准来看事物，以感同身受的方式体会学生的内心感受和情感。另一方面，又要保持自己的身份，并把学生的内心想法和感受准确地表达出来，传递给学生。“移情”使教师在教育教学过程中能够站在学生的角度看问题，充分体会学生的内心感受与情感，从而有助于良好师生关系的建立，促进学生开放自我，探索自我，以积极心态面对问题，解决问题。在教育教学过程中，良好的师生关系是教育教学效果的重要前提，而在良好师生关系的建立中，“移情”又恰恰是特别重要的。“移情”可以通过以下步骤来达成：首先，教师要放下自己的参照标准，进入学生的内心世界，设身处地从学生的角度来看事物和感受事物；其次，教师要倾听学生的叙述，注意学生所发出的语言和非语言信息；第三，教师要跳出学生的内心世界，把从学生那里知觉和体会到的东西做一番清理和理解，分清哪些是事实内容，哪些是情感内容以及它们之间有何联系；第四，教师要以语言或非语言方式把体察到的东西准确传达给学生；最后，教师要观察和留意学生的反应，有目的、有针对性地对自己下一步行为进行及时的调整。

第四，宽容。我国心理学家皮连生等人认为，宽容主要包含三层含义：灵活、体察和无偏见。人们对外部世界的了解，对别人的看法和感情，都有赖于自身的感觉与情感的参照系。如果人们能够改变自己的参照系，以适应外界情境的需要和标准，也就能够理解并适应与自己通常的参照系并非完全一致的各种变化，也就是能容纳与自己不同的看法、见解、思想、情感，能对各种不同的人表示关切。认知参照系的灵活性引发了个体对他人的体察和无偏见，这就是宽容。对教师而言，宽容能够使他摆脱先入之见成见或偏见，更好地接纳各不相同的学生，不管他的家庭背景、性别、智力、身体、个性、知识等如何，都能与他们和谐相处。教师的宽容在很大程度上也是鼓励学生独立性和自主性人格发展的积极力量。

第五，期待。教师对学生的期待是影响学生学业成绩及人格品质的一个重要因素。教师对学生的期待对学生发展的影响，在心理学上被称之为教师期待效应，也称为皮格马利翁效应或叫罗森塔尔效应，是指教师基于对某种情境的知觉而形成的对学生发展的一种强烈期望，它能使该情境产生适应这一期望发生或达成的效应。教师如果根据对某一学生的了解而形成一定的期望，就会使该学生的学习成绩和行为表现发生符合这一期望的变化。教师对学生的期待及其影响是在师生互动过程中产生的。一方面，教师根据学生的学习行为、个性特征和在人际交往中的表现等，形成对某个学生的期待，这些期待会在教师的教学行为中表现出来；另一方面，学生接受了教师行为所暗含的期待，并根据期待的方向表现出相应的行为。在这种互动过程中，教师不断坚持按自己的期待去影响学生，而学生也会逐步向教师期待的方向发展。

（三）教师的文化心理结构

文化心理是指人类创造的文化历史成果在心理结构中内化和积淀的文化素养和心理素质的结合。它不仅是人的心理潜能素质的文化化，而且是文化历史成果的素质化。教师作为人类文化的传承者，其在文化传承中所担负的教化职能对文化心理提出了专业性的要求，它要求教师在教育教学实践中能够自觉构建富有“教化”功能的文化心理。

第一，学习心理。学习心理是指教师在学习化社会中，不仅善于学习新的知识和技能，而且善于用获取知识技能的方法和认知策略，在更新和运用知识中开发学习潜能，及时而有效地进行行为的自我调控，从而不断提高自己实践和创新能力。

第二，文化心理。文化心理是指人类文化历史成果在教师心理素质结构中的内化和积淀，它标志着教师心理发展的文化水准和社会成熟度。教师作为人类文化的传播者，担负着将人类文化历史成果传递转化为学习者个体的身心素质和品质的职能，因此必须具有较高的文化素质。教师的文化是指不仅包括学科专业素质，而且包括通识性的文化素质以及对人类文化的体验与感悟。这就决定了教师必须在教育教学实践中努力提高自身文化素质，不断完善自己的人格和个性心理品质。

第三，科学心理。现代教育科学体系的不断丰富与发展，使得教师正在由经验型的“教书匠”转变为创新型的“教育家”，这就要求教师既要掌握各门学科文化知识，也要掌握教育教学规律与原则，懂得并学会研究教育教学活动，在向学生传授知识的同时，加强自身科学素质的提升，努力学习教育基础理论和研究方法，不断提高自身的教育科研能力和水平。

（四）教师的社会心理结构

教师不仅是一个传道者和教育者，而且是担负多重角色的社会成员。作为一名社会人，其社会心理水平的高低也必然对其教育教学活动产生至关重要的影响作用。

第一，角色心理。随着经济社会的快速发展变化，高校价值及其功能也日趋多样化和复杂化，这就必然决定了教师角色的多样性。这种多样性正好也反映了社会、学校和学生等多元文化价值对教师角色赋予的多方面的社会期望。教师要充分发挥其积极能动作用，就必须善于自觉扮演和承担多重社会角色，如社会的代言人、知识的传播者、学生的教育者、集体的管理者、人际关系调节者、心理辅导者等。如果教师在心理上没有多重角色准备，也就很难充分发挥其在教育教学中的主导作用。基于此，我们特别强调，教师在教育教学实践过程中，必须不断学习掌握各种社会角色期待和角色情景判断，学会在不同情景中从事自己的独特的角色活动，并能及时有效处理各种角色之间的矛盾冲突，从而提高扮演并发挥多重角色的社会心理素质。

第二，交往心理。教育从其本质来说，就在于建立个人与集体和社会的密切联系，以保证个体社会化进程的顺利完成，而在这一过程中，教师起着十分重要的作用。一方面，教师的职能就是指导学生进行人际交往，并实施对学生集体人际关系的教育管理。另一方面，教师本身就是群体交往的对象，师生之间在相互交往的过程中形成了一定的心理关系。如果相互之间能满足对方的需要就会产生彼此接近、相融的心理关系；反之，则会产生疏远回避甚至敌对的心理关系。而要在师生间建立良好的人际关系，教师就必须首先具备良好的交往心理素质。

第三，管理心理。管理心理是指教师对教育教学活动的计划、决策、组织、指挥、监督、控制、调节等方面的综合素质与能力，它是保证教育教学工作顺利开展的必要条件。对学生集体来说，教师既是教育者，又是管理者，而学生集体的组织管理是一个多层次的复杂变化的动态过程。它与教育教学工作有机结合，构成教育教学的整体系统。正是基于这样的认识，教师在教育教学实践中，就有必要充分全面地了解和研究学生以及教育教学过程的本质及规律，不仅要具有静态管理的素质，而且要具备动态管理能力，也就是随着学生的心理状态与外界环境的变化及时改变管理策略和方法，以便达到最佳管理效果。

第二节　教师的心理健康

教师是学校教育教学任务的主要承担者，高质量的教育教学不能没有高素质教师队伍的支撑。在教师与学生心理问题频发、严重影响教育教学质量的当下，关注和研究教师的心理健康问题有着极为重要的现实意义。教师的心理健康直接或间接地影响学生的心理发展和行为，心理健康的教师对学生心理健康的维护和促进具有不可低估的积极作用，是学生心理健康维护的必要条件。

一、教师心理健康的意涵

要想理解心理健康的本质意涵，首先需要理解健康的含义。联合国世界卫生组织(WHO)曾经给健康下过这样的定义："健康不仅指没有疾病或不正常的存在，进而指每个人在生物层面、心理层面以及社会层面上能保持最佳、最高的情况。"据此分析，所谓心理健康，主要是指不仅没有心理疾病或变态，而且在个体身体上、心理上以及社会上均能保持最高、最佳的状态。也就是说，心理健康不仅指个体社会生活适应良好，还指身体健康、人格的完善和心理潜能的充分发挥。由此可见，心理健康一般包含生理、心理、社会三层含义。就生理层面而言，一个心理健康的人，其身体状况尤其是中枢神经系统应无疾病，其功能都在正常范围，并无不健康的体质遗传。健康的心理必须以健康的身体为其先决条件，只有具备健康的身体，个体在情感、意识、认知和行为方面才能正常运作。就心理层面而言，一个心理健康的人，其个体对自我持肯定的态度，能自我认知，明确认识自己的潜能、长处和缺点，并积极发展自我，认知系统和环境适应系统能保持正常而有效的运转。在自我发展与人际和谐方面均能兼顾，在本我、自我与超我之间能平衡发展，并且能面对问题，积极应对，而不依赖于消极的心理防卫。就社会层面而言，一个心理健康的人，在社会环境中能有效地适应，并能妥善地处理人际关系，其行为符合生活环境中文化的常模而不离奇怪异，角色扮演符合社会要求，能与环境保持良好的接触，并且能为社会贡献其心力。

具体到教师的心理健康，除了应当具备上述一般个体心理健康的基本特质外，还应包括教师职业所决定的特殊性质。教师的心理健康是与教师的心理素养紧密联系在一起的，心理健康是教师最基本的心理素养，具备教师的心理素养的心理必然是健康的。教师心理素养是指教师在教育教学活动中决定其教育教学效果、对学生身心发展有显著影响的、在心理过程和个性心理特征方面所表现出来的本质特征。它是一个结构和过程相统一的系统，该系统内部包含行为、知识、能力、观念、人格等成分。教师心理素养作为一个系统，如果其结构完整，在与环境、他人互动过程中各个成分能协调有效运行，那么其心理就是健康的。一个心理健康的教师往往具有正确的自我认识、良好的心境、适度的情感反应、和谐的人际关系、健全的意志品质、统一完整的人格、良好社会适应等特点，在教育教学中能够营造良好的心理氛围和课堂气氛，能够使学生具有满意愉快的积极良好的情绪状态。

二、教师心理健康的标准

教师心理健康对于教师个体而言，是其教育教学活动获得成功的根本；就其社会作用而言，则是强国之基。教师心理健康的标准不是静止的、固定不变的，而是随着时代的进步和社会的变迁处于发展变化之中。教师心理健康的标准不仅应包含一般的心理健康标准的共性，而且也应体现出教师这一职业的特殊性。由此，我们认为，对教师心理健康标准的界定可以从以下几个方面考虑。

（一）热爱教师职业

能认同自己的教师职业角色，热爱教育工作，认真负责，对之充满信心和情感。人是社会生活的主体，每个人在社会生活中都占有一定的地位，担负着一定的社会职能，因而对待事业的态度必然成为社会适应的首要构成因素。作为人类灵魂的工程师，教师只有将自身的才能在教育教学工作中充分表现出来，并由此获得成就感和满足感，才能对社会生活形成良好的适应。

（二）和谐的人际关系

人是社会化的动物，妥善处理人际关系，乐于与人共事相处，才能立身处世。教师在人际交往活动中，能够了解彼此的权利与义务，个人的思想、目标、行为与社会要求协调；能够客观地了解和评价他人，积极与他人真诚沟通，与人相处时尊重和信任他人。教师良好的人际关系在师生互动中，突出表现为师生关系的和谐融洽，能够理解、尊重和乐于帮助学生。

（三）正确的认识自我

心理健康的人能正确看待自己，容忍自己的不足和缺点，并努力寻求自己的最佳发展，使自己更加完善，形成健全的人格。教师在教育教学实践活动中，总会遇到各种成功与失败，心理健康的教师能够平静地加以对待，在成功面前不沾沾自喜，在失败面前不妄自菲薄。

（四）坚韧与自制

教师要有良好的意志品质，自觉地克服困难，在困难面前永不畏惧，有坚定的原则和信念，态度严肃认真而又诚恳明朗，措施果断又以理服人，把当机立断和深谋远虑结合起来，积极和善的态度中蕴藏着坚定性，对该追求的目标一定要追求到底，对不该追求的目标要勇于放弃，有顽强的自制力。

（五）有效的情绪管理

由于教师的服务对象是人，情绪健康对教师而言尤为重要。人都是有感情的，生活于矛盾无处不在的社会中，谁都会有产生烦闷、恼怒、焦虑、恐惧等消极情绪的时候。教师应保持乐观积极的心境，学会自我心理维护和调适不良情绪，不将生活中不愉快的情绪带入学校和课堂。

（六）好学与创新

知识渊博的教师往往能赢得学生的爱戴，知识贫乏可能使教师感到焦虑或神经紧张。教师要引导学生的探索精神，自己就要有创新意识，心理健康的教师在教学活动中善于学习，不断创新，能根据学生的身心特点富有创造性地理解教材，改进教学方法，设计教学环节，使教学达到预期的教学目标。

三、教师常见的心理问题与应对

（一）教师常见心理问题

教师作为一种特殊的职业群体，其心理健康状态近年来备受社会各方面的关注。从世界范围来看，教师心理健康问题已经成为一个全球性的热点话题。根据相关研究成果分析，教师常见的心理存在的问题主要有以下几种。

1. 适应不良

适应不良是指教师个体与专业环境不能协调一致的一种状态，它直接影响教师个体的生存与发展。有关调查结果表明：超过43%的被调查者不能很好地适应当前的教育变革；超过33%的被调查者不能很好地适应学校外面的世界。在当前情况下，教育思想和观念、教学课程和内容、教学方法和手段日益变革，教师无论在知识水平还是教育教学能力或者教育教学方法等方面都存在诸多的适应不良，教师的权威地位正在受到前所未有的挑战，教师常感力不从心。

2. 认知偏差

认知是情绪和行为产生的直接原因。有些教师由于认知上的偏差，从而导致了在行为态度上也发生偏差，严重影响正常的师生关系。有的教师在教育教学过程中表现为主观武断、偏听偏信的知觉误差；有的表现在首因效应、晕轮效应、近因效应和刻板印象等的社会认知偏差。反映在教师的行为态度上，就会随意伤害学生的自尊心，影响教师在学生心目中的良好形象。

3. 职业倦怠

教育教学工作本身就是一种应激情境，教师面对的是正在成长的有思想、有个性、活生生的青少年学生，在花费大量时间和精力钻研业务的同时还要处理许多非教学性事务，这就使得教师面临着前所未有的压力，从而导致职业倦怠。有关调查就表明：66.7%的教师感到身心疲惫；近50%的教师认为自己的工作枯燥无味，缺乏创造性；近50%的教师感觉工作时不太幸福，缺乏成就感。

4. 情绪障碍

有的教师由于多方面压力的增大，多种角色的矛盾冲突，不可避免地存在一些不良情感情绪的困扰，主要表现为性情急躁，反应过敏，容易冲动，又不善于调节控制等。这些不良情绪如果在教育教学过程中表现出来，就会不同程度地影响学生的心理健康。

5. 人际关系不良

良好的人际关系状况是个体心理发展、个性保持健康和保持良好生活状态的重要条件之一。但有关调查表明：在遇到困难时近半数的教师不能从领导和同事那里得到帮助；超过

36%的教师认为同事之间关系不够和谐;26.7%的教师觉得师生关系不够良好。由于受职业交往的限制,多数教师的社会交往比较少,信息和情感交流不畅,再加上个人性格等因素,因而很容易在人际关系方面出现问题。

6. 生理和心理疾病

有关调查表明:46.7%的教师认为身体状况影响自己的职业和心理状态;53.3%的教师觉得教学工作给自己的身体带来了负面影响。生理健康是心理健康的基础和载体,心理健康又是身体健康的条件和保证,二者关系密切、相互制约、相互影响。教师在心理活动过程中产生的冲突、紧张、不良习惯以及负向人格特征等往往会引起生理上的不适。如果不良的情绪得不到及时的疏导宣泄或者情绪归因不当,就很可能会产生更深层次的心理问题。

(二)教师常见心理问题应对

解决教师上述这些常见的心理问题,最重要的就是要建立教师专业心理的支持系统。心理支持系统是现代心理学的一个重要思想与概念,它是一种多维的心理建构过程,包含那些具有能够促进个体、群体与社会心理健康功能的社会关系,以及个体通过社会网络能够获得的物质上和心理上的有用的资源。支持系统常见的主要有社会支持、小组团体支持、家庭支持等不同形式。支持的形式既可能是社会认知的和情绪的,也可能是行为的和物质的。教师心理支持系统的建构需要综合考虑以下几个方面。

1. 完善社会心理支持系统

教师心理问题的解决和心理健康的维护,有赖于整个社会机体的强健,需要广泛的社会支持和营养,需要社会的积极参与和支持,尤为重要的是全社会都要为学校与教师营造一个尊师重教、进取和谐的社会环境。社会心理支持是指人们感受到来自他人的关心和支持,其来源不仅包括团体、家人、朋友和同事,也可以来自与我们关系一般的其他人,其心理支持形式也是多种多样的。

第一,保障投入。政府和社会相关部门要通过立法和规章制度等来保证教育的投入,使学校教育教学有充足的经费支持,从而为学校与教师提供必要的保障与支持,为提高教师的社会地位奠定物质基础。

第二,健全法规。国家和政府相关部门要进一步制定相关法律法规,完善和提高教师任职资格条件,特别是要明确地将心理素质作为教师选用任职的重要条件,严把教师入口关,从源头上保证教师队伍整体素质的优化。

第三,加大宣传。社会及媒体要正确认识和评价教师工作,立足正面宣传,深入倡导全社会形成尊师重教的舆论氛围,在全社会真正形成尊重知识、尊重人才和尊重教师的良好风气。社会及政府部门要进一步解放思想、转变观念,树立正确的教育质量观、人才观,加大力度,全面实施素质教育,既从根本上为教师与学生减负,又为国家民族的发展培养人才开辟正确道路。

第四,重视培训。在教育系统全面启动以"助人"和"自助"为目的、以现代心理学理论及拓展技能训练为主要内容的"教师心理健康教育工程",并将之纳入教师继续教育工作课程体系,从时间、内容、经费乃至制度上提供强有力的保障。

2. 优化学校心理支持系统

心理学研究表明:团体是由相互依赖、相互影响的个体组成的集合,一群人在一起以清楚而又有组织的方式工作,以完成任务为目标。学校其实就是一个有共同的目标任务、相应的组织结构与工作方式的团体。团体生活对人类的生活极为重要,因为团体所提供的心理支持对任何人来说都是不可或缺的。

第一,营造良好的舆论环境。教师心理健康的维护需要一个宽松的心理氛围和和谐的工作环境。这要求学校要以"科学发展观"为指导,牢固树立和坚持"以人为本"的教育理念,以先进思想武装人,以典型的人和事影响人,以正确的舆论引导人,以真挚的情感感染人。学校领导干部要切实转变工作作风,以身作则,实现管理的刚性和柔性相融并济,实现人本化管理,降低教师心理问题产生的可能性。

第二,改变教师管理方式。学校管理方式的改变要深化民主管理,充分发挥教代会的作用,尊重教师的主人翁地位。要下降管理重心,充分发挥年级组、备课组的作用,特别是以教研和教科研课题为载体,增强小组学习,互动提高合作能力。如有些学校以学生学习适应性为课题,组织一批青年教师组成课题组,将课题目标任务与新课改紧密结合每周开展一次活动,在实践中提高青年教师教学组织能力,融和了心理氛围,提升了合作研究水平。

第三,建立心理评估制度。从健康心理学来看,心理评估是心理卫生及心理健康维护的基础与工具。在学校建立心理评估制度,定期对教师心理健康状况进行检测和评定,并建立教师心理健康档案,为教师及个人心理健康的维护提供科学的依据,建立完善的教师心理支持系统,这些都是维护教师心理健康的有效形式。

第四,开展群体心理干预。团体或群体生活是人类最基本的生活方式,生活在团体之中,人类的心理与行为必然要打上团体的烙印。学校是教师群体生活的最主要场所,教书育人是教师生活的基本方式。怎样在心理学的指导下,充分利用有效的组织形式去开发教师群体中积极的主流的因素,去维护教师心理健康,这是我们基层学校领导应十分关注的问题。近年来,在我国经济文化发达地区出现了一些教师心理成长团体,运用这一平台开展丰富多彩的心理自助与互助活动,如专家讲座、同伴启示、角色扮演、影视赏析、音乐陶冶等活动,使教师在参与中活动,在活动中思考,在思考中体验,在体验中感悟,在感悟中转变心智模式,在转变中学习掌握心理调适的技巧,最终达到提高心理健康的目的。

第五,畅通心理危机干预渠道。心理危机是指因为生活及工作意外事件造成的情感创伤,使当事人心理内外环境出现巨大的失衡,以致不能自救而导致精神崩溃的状态。所谓危机干预,则是指针对危机个体及群体采取某些措施干预和改善危机情景,以防止伤害当事人及周边的人。教育教学实践表明:无论在平时生活还是在心理危机时,人都有一个最基本的心理支持系统,如果丢失和偏离了这样的支持系统,他们就可能因为心理缺陷而无法生存。为此,学校要重视建立相应的心理危机干预,畅通干预渠道。

3. 强化教师心理的自我调适

教师心理问题的化解和心理健康的维护是由多方面原因造成的,其中个人因素则是引发心理问题的内部原因。因此,要促进和维护教师的心理健康,除了社会和学校因素外,更多地需要从教师自身入手,通过改善心智模式来改变认知、调整情绪、磨砺意志、调适心态等方式来实现。

第一,直面现实。在当代,发展机遇与挑战共存,需要全体公民直面现实,也需要我们既看到我国教育的发展与前景,也要看到教育所面临的问题与不足,特别是由于诸多的社会主客观原因,教育及教师的地位和待遇偏低,政策不到位,造成教师压力太大,负担沉重,以致造成了教师诸多的心理健康问题。直面现实,就需要我们正确地认识自己,确立健康稳定的自我意识，其中首要的是正确认识自己，接受自己的优点和缺点。只有敢于接纳，才能面对焦虑、悲伤和恐惧等负面的情绪与问题，才能换位思考，扬长避短，把握今天，创造明天。直面现实，也要正确对待他人。在生活与工作中要善于发现他人的优点，学会欣赏和感激美好的人和事，尤其要将你的欣赏与感激恰当地表达出来。惟其如此，才能展示教师自身的智慧和感情，才能得到别人的理解和尊重，从而建立起良好的工作关系和人际关系。

第二，改变认知。改变认知，一方面要学会正确看待环境。心理健康的发展过程实质上是人与自然环境、与社会环境能否取得动态平衡的过程。教师的工作性质和职业特点决定了其工作、生活环境的复杂性。教师应该在这种变化中不断认识适应环境，并在内外环境允许的条件下去改变不利因素及环境，通过自己的工作去影响环境。另一方面，还要学会调整自身的期望值。由于许多主、客观原因或者挫折，教师的期望特别是过高的期望往往不能得以实现，如果不能正确地面对，烦恼、问题就会随之而来，因而在现实生活及工作中，教师既不能抱有盲目的期望，又要在遇到挫折时具体分析，善于调整目标，这样才能在工作和生活中有良好的心态，从而顺利实现理想的目标。

第三，提升人格。人格是人的各种心理特征的总和，是一个人对社会态度的真实稳定的反映。教师的人格是其思想、道德、行为、举止、气质、风度、知识、能力等众多因素的综合。一个心理健康成功的教师，往往都具备良好的人格魅力，因而教育教学工作中的一切都应该建立在教师人格提升的基础之上，只有教师人格才能影响学生人格的发展和形成。良好的教师人格是学生健康成长的保证，是社会进步的标尺，也是教师身心健康与自我完善的灵魂。我们强调教师心理的调适，重视教师心理健康的维护，都必须紧紧抓住人格这个教师从教的根本和灵魂，在教书育人的实践中，从我做起，从小事做起，自觉塑造自身完美的人格。

第四，情绪调适。情绪是人对客观外界事物的态度的体验，是人的心理活动的重要内容，情绪的好坏与否会直接影响人的身心健康、认知活动、个性发展与人际关系。从心理健康的角度看，情绪的控制是自我心理结构中主要的调节功能，也是心理成熟的重要标志。作为一名教师，在沉重的压力面前，在激烈的冲突面前，都要学会调整和放松情绪，做情绪的主人。作为教师还应该学会和掌握一些简便易行的放松方法，如呼吸调节法、表情调节法、音乐调节法、倾诉发泄法等。只有放松、控制自己的情绪与情感，教师才能增进自己的心理健康水平，提高工作效能和生活质量。

第五，心理防御。自我心理防御机制是指个体在社会生活与工作中，为了避免冲突、内疚或焦虑等心理困扰的潜在意识的适应性反应，是一种无意识的心理操作，用来掩饰和修改思考的内容和对现实的感知，是一种广泛应用的个体自动的防卫行为。积极的、恰如其分的防御可以促进心理的调适，而不恰当的、病态的防御对个体的身心健康有消极的作用。教师作为社会的一员，工作和生活中难免遇到心理困扰和问题，而伴随着困扰也会产生或学会一些心理防御方法。为此，教师必须学习和了解心理防御机制的原理和方法，清醒认识和区分其积极与消极的意义，最大限度地弘扬其积极效应，避免和限制其消极的方法与作用。

第六，适量锻炼。要积极锻炼和养成良好的生活习惯，习惯成就性格，好性格成就好人生。健康的心理寓于健康的身体之中，教师职业的特点要求必须具备充沛的脑力和体力，更需要身心健康。身心健康首先要有良好的生活习惯，如饮食、睡眠、嗜好等，特别要加强大脑营养，注意劳逸结合，防止大脑过度疲劳；其次要积极锻炼，尤其要注意根据自己的兴趣、体质等条件，选择适合自己的项目，适时适量、循序渐进地开展体育锻炼。

第七，寻求支持。教师在受到压力威胁时，不妨和同事、亲朋好友及家人共同讨论自己的境遇和压力，把心里的问题说出来，放松情绪。在同事、亲友及领导的关心下，重新审视自己的思想情绪和压力，寻找解决问题、缓解压力的方法。不仅如此，在教师个人的焦虑、紧张、恐惧长期难以消除，特别是出现头痛、失眠、胸闷等身体不良症状时，要解除思想顾虑，积极到专业机构寻求心理咨询或治疗，从而维护自身心理健康。

四、教师的心理压力与调适

(一) 教师心理压力来源

研究表明，我国教师心理困惑、心理问题、心理障碍乃至精神疾病的发生，大都与过重的心理压力有关。客观而言，心理压力本身并不必然是一件坏事，它能使人处于紧张状态，并由此带来较好的工作效率。但是，心理压力如果超过一定的限度，超出人们的心理承受能力，就会导致心态失衡和身心疾病。从实践的角度分析，教师心理压力的来源主要表现在以下方面。

1. 外部环境改变

生活水平的提高，使人们对优质教育资源有了更高的需要，对教师的素质要求也就更高了。学校用人机制、教师专业的特殊性、家长社会的要求等，都会让老师有个适应过程，在适应磨合期内教师的压力自感增大。有的教师忧心忡忡，觉得学校工作无形的压力太大。对这种压力的体验是有个别差异的，这与教师的工作能力、业务水平、心理调节能力、适应能力都有关系，这种压力也是社会带来的必然结果。

2. 管理制度不完善

一方面，教师工作能否得到客观、公正的评价，是关系到每一个教师工作积极性的重要因素。他们希望得到认可，但由于教师的评价体系不够完善，也使教师产生一定心理压力。另一方面，对于大多数老师来说，他们都有进修学习或通过参与课题研究提高自己的迫切愿望。但他们普遍感觉可支配的时间有限，即使参与了课题研究，可是又认为课题研究已成为自己一个沉重负担。课题研究缺乏理论和研究过程的有力指导，教师觉得无从下手，下了手也觉得困难重重，最后取得实质性成果的微乎其微，这对于缺乏课题研究经验的教师来说确实带来很大压力。

3. 人际环境不良

这种人际环境，包括教师之间的人际环境，也包括教师与领导之间的人际环境，同事之间的猜疑、嫉妒、缺乏合作、报复行为等。这些人际环境不但影响教师的工作，也给教师造成很大的心理压力。在教育教学实践中，很多教师都有这样的切身体会：工作上的繁忙都能承受，最让人感到疲惫的是协调与某些人的关系。

4. 自我发展需要

这种压力是绝大多数教师尤其是年轻教师所共同感受到的。如果从教师个人发展来说，这是能促进人成长、进步、自我实现的重要动力。但有些教师把自我发展需要的压力看成是自己当前面临的最大压力，他们认为工作繁忙无法及时进行业务的进修与学习，所学理论与工作实践无法有效结合，他们时刻担心自己会被学校或社会淘汰。

5. 心理障碍

有些教师存在着不同程度的心理障碍。例如，情绪障碍：常有不愉快、烦闷的消极情绪，对学生缺乏耐心，容易激动、发怒。人格缺陷：如不能客观正确认识自我，自以为是或极其自卑；爱嫉妒，对别人获得成就或荣誉感到紧张不安，妒火中烧，背后说风凉话或抱怨、指责别人；不能正确客观分析形势，有问题易从个人感情出发，主观片面等不良心理品质使之不能正确客观地处理人际关系、工作关系与师生关系，进而产生心理负担。

（二）教师心理压力调适

教师心理压力的调适，最重要的就是要建立教师心理的内控机制。所谓内控机制，主要是指在教师角色及作为个体特点规定下组合而成的、维护自身心理和谐存在与发展的内在诸要素自我协调控制的运行系统。这些要素在教师心理活动运行中形成了一个既有因果联系又相互影响的整体，它们的存在状态对教师心理健康具有很大的影响和制约。教师心理压力调适内控机制的建立，可以从以下几个方面考虑。

1. 基于自我角色认同的专业理想

专业理想是指对从事某种专业所期望达到的理想状态。社会分工形成了诸多的社会专业，每一种专业由于其社会功用和特点赋予了它一定的专业要求和规范，这就是专业角色要求。所谓专业的自我角色认同，是指从事某种工作的人对这种工作所要求的专业规范能自觉而正确地遵守和履行，并且能够孜孜不倦地追求，从而形成专业理想。教师劳动具有的周期长和迟效性的特点，更多地表现为对学生的隐性影响。如果教师对自己的劳动缺乏认同感，甚至持排斥的态度，必然影响自身劳动的效能感，也必然影响对专业理想的追求，最终会影响接受和认同教师这个社会角色。不仅如此，教师的专业理想还是教师应对挑战、自我进取、自我发展的内在动力。教师不仅肩负着传承、引领、超越现实文明的重任，而且还面对着特殊的有思想情感的活生生的学生。时代的发展和社会的进步，使教师必须树立新的教师观、学生观和教育观。今天的师生关系，已突破了传统的单纯的“授受”关系，而是相互促进、共同学习、共同发展完善的关系。但这种认识必须建立在对教师角色的自我认同和全新思维方式之上，否则他就无法在这样一种境界中去体味教师这个角色所面临的挑战。教师从工作中体验专业的乐趣和价值，获得胜任感，得到精神上的需要和满足，这是教师专业独有的感受。这种专业和角色的时代认同，对于教师在较大的工作压力下仍能体验专业效能和满意度，激发工作热情和积极性，具有极为重要的现实价值。

2. 基于生存价值超越的专业信念

教师专业信念是指深植于教师思想中对教师专业价值的一种深信不疑的信仰，它不仅建立在对教育的本质及其功能的认识和理解基础之上，而且也建立在对教师自身生存价值的深刻思考基础之上。教育的本质就是要超越现代文明，不断达到更新、更美、更完善的境界。在个体短暂的生命历程中，能够让文明在自己的工作中得以延续和发展，在辛勤工作中与学生一道成长，从而使自我生命价值也得到充分彰显，这就是教师工作的价值之所在。教师专业信念如能建立在这样一种对教育和自身生存意义的深刻理解基础上，他就找到了事业追求的永不衰竭的精神动力，就会对自己的工作投以深刻的情感，并转化为强烈的行为动机，就会把对教育境界的追求当作他实现人生价值的体现。人总是需要一种精神的支持和寄托，对人生意义的追问，是这个浮躁时代的一个严肃而沉重的话题，更是人们谈论心理健康时的重要因素。因为，教师职业从来就不是一个能够“出人头地”的工作，而是一个从某种程度上讲“相当孤独的职业”。在功利主义和工具主义大行其道的当下，教师只有具备了专业信念，才能体验到自身工作的价值感，从而以健康阳光的心态去应对社会发展变迁的冲击，全身心地投入到自己的生活和工作中去。

3. 基于爱生的积极自我评价态度

积极的自我评价态度是指接受喜欢自己，并认为自己是一个有价值的人。这是一切正确认知和心理健康的出发点。无论哪种关于心理健康标准的表述，它们都共同认定：一个人对自我的积极认识是其重要的条件之一。作为教师，这也是极为重要的专业心理素质基础。教师职业中一个很重要的素质就是爱心，对学生、对世界、对他人的出自生命本原的爱。正所谓“没有爱就没有真正的教育”，就是要想树立热爱学生的理念，并能从与学生的交往中体会到爱的快乐，首先是教师对自我的认同、喜爱与悦纳，否则教师的爱心便会失却源头。我们很难设想一个对自己都不接受和喜欢的人，会产生对学生的爱。其次积极的自我评价也决定了教师能从正面的角度去解释和面对生活。最后积极的自我评价还决定着教师事业成功进取的期望水平。正因为有了对自我的积极评价，才会激发教师生命的激情，使教师自我激励，自觉地进行教育教学探索，不断获取新知，发展自己。这种积极的自我评价和期望心态，会形成教师自我激励的良性循环：即由积极自我评价而心情愉快，由心情愉快而激发活力，由激发活力而工作轻松，由工作轻松而事业成功。可以毫不夸张地说，积极的自我肯定评价，是教师心理健康内在机制极为重要的一个关键环节。

4. 基于工作质量提升的自觉心理意识

心理健康的人由于其良好的心理状态，会激发其热情工作和生活的希望与追求，这表明心理健康和生存、工作质量成正相关关系。作为教师，要想形成自身良好的心理素质，就必须树立自我心理保健的自觉意识，这是很具有现实意义的。实践证明：教师若能在自觉程度上树立自我心理保健意识，他就能主动获取种种关于自我心理维护与减压的知识，并在实践中摸索适合自己特点和条件的自我调节技能，从而获得自我内在的心理支持资源和形成心理支持系统。这种心理自我调适，是在人的自觉意识支配下进行的，它是教师形成心理健康维护和调节内在机制中最具主动意识的一环。一方面，教师工作中许多不可控因素和应急的发生是工作性质的表现，因为他们面对的是活生生的学生。保持一种良好的心理状态，才能应对工作中随时出现的不利心理健康的事件和因素。另一方面，自觉学习有关心理健康的科学知识，有意识地结合自身知识、兴趣、爱好、性格、环境的特点和条件，形成有自己特色的有效自我调节的方法，使它们不断改进并“内化”，作为心理自我调节内控机制重要的组成部分，形成体现为心理素质修养的能力。教师将在这种自我不断学习实践中，形成维护心理健康、锻炼良好心理素质的内在机制，从而使自己体会到工作乐趣，勇敢接受挑战，最终成为一个快乐幸福、事业成功的人。

5. 基于教师专业认识的情感表现

人在现实中生活，会因事情的情境与自己需要满足的状态，产生各种情绪情感反应。面对复杂的现实生活，教师也常常会陷于角色冲突和角色混乱的困扰。一方面，教师首先是“作为一个人的教师”，和普通人一样有着许多正常的需求。但由于诸多复杂的因素，教师的这些需要往往并不一定都能得到较好满足，这势必会在教师心理上引起苦恼、失望等负面情绪。但由于教师又是作为“教师的人”，教师的专业角色要求他必须无私奉献，必须以饱满的热情、积极的情绪状态面对成长发展中的学生。这些近乎于“不食人间烟火”的过高期待，使教师作为“人”的正常心理要求反应与所承担的社会角色要求产生冲突，教师就在这种经常面对角色冲突和角色混乱中，艰难地充当着“公众的仆人”。为此，教师一方面要确立正确的思维方式，对事不对人，不可转至对人格的攻击。另一方面，当遇到教育教学以外的挫折，教师有必要以理性提醒自己，并与学生建立良好的沟通。另外，教师要经常进行人格修养和表达技巧的锻炼。娴熟的师生相处的情感情绪表达技巧，有利于师生建立相互接纳的融洽关系，还可以帮助教师处理突然发生的应急事件，不致使教师陷入突然的尴尬局面而影响情绪，破坏和谐的教育教学氛围。教师对自身情绪的有效控制和管理，是建立自然和谐师生心理关系的前提。

第三节　教师的专业幸福

对幸福的不懈追求是人生的最高理想，也是所有社会生活价值的最核心体现。对此，德国著名哲学家费尔巴哈明确指出："一切有生命和爱的生物、一切生存着的和希望生存的生物之最基本的和最原始的活动就是对幸福的追求。人也同其他一切有感觉的生物一样，他所进行的任何一种意志活动，他的任何一种追求也都是对幸福的追求。"①教育作为一种培养人的社会实践活动，是从根本上关涉人的幸福的最伟大的事业。教师作为教育活动的主要承担者，必须关注并实现自身的专业幸福，唯其如此，才能教会学生幸福，才能最终达到教育的根本旨归。

一、教师专业幸福的意涵

（一）幸福的内涵

要想理解教师专业幸福，首先必须了解和把握幸福的基本内涵。从已有研究来看，不同学者从不同学科视角对幸福进行了界定。有学者从心理学上关注幸福，认为"幸福是指人类个体认识到自己需要得到满足以及理想得到实现时的一种情绪状态，是由需要包括动机、欲望、兴趣、认知、情感等心理因素与外部诱因的交互作用形成的一种复杂的、多层次的心理状态"②。有学者从伦理学的视角把幸福界定为："幸福是人的根本需要或总体需要在一定程度上得到满足时所产生愉悦感。"③也有学者从教育学的角度将幸福阐释为："幸福是人性得到肯定时的主观感受。"④由此可见，无论人们对幸福的理解如何多元化，几乎都承认这样一点，即幸福是人的一种主观心理体验，是人的一种生存客观状态，是人的主观体验与客观状态的统一。

1. 幸福是一种积极愉悦的心理体验

从幸福的主观层面来看，幸福是个体愉悦的心理体验，表现为快乐、满意、满足。一方面，作为一种情感体验，幸福不等同于快乐，两者表现在"在强度或持久度上的区别……与快乐相比，每一种幸福都是非消费性的……它是我心的纯粹意义"⑤。幸福的意义性表明，幸福感仅限于感性经验，人的社会性决定了这种幸福感受需要伦理道德的规约。另一方面，从情感发生的对象来看，幸福感总是基于感受主体内心体验的，与感受主体对事物的认知、评

① 唐凯麟．西方伦理学名著提要[M]．南昌：江西人民出版社．2000：292．
② 严标宾，郑雪，邱林．主观幸福感研究综述[J]．自然辩证法通讯，2004(2)．
③ 江畅．幸福之路[M]．武汉：湖北人民出版社，1994：14．
④ 刘次林．幸福教育论[M]．南京：南京师范大学出版社，1999：31．
⑤ 赵汀阳．论可能生活[M]．北京：中国人民大学出版社，2004：114．

价有关，幸福需要个人亲自去感知和体验，只有当某事物得到个体的真心认同时，他才真实地感受到幸福。

2. 幸福是个体和谐自由发展的生存状态

从幸福的客观层面上来看，幸福绝非仅仅是个体的主观感受，这种感受是以他的客观的生存状态为基础的；从全面人性观的视角来看，个体“是一个身心健康的人，是一个在各方面的精神要素（知识、道德、审美）协调发展的人”①。个体作为一种自然的存在，需要有基本稳定的物质生活作保障；作为一种社会性的存在，能与周围各关系主体和谐相处；作为一种精神性的存在，则在与自然、社会和自我相互作用的过程中，超越了动物的本能，自由自主地进行创造。也就是说，幸福就是以人的完整生命为基础的一种和谐自由发展的生存状态。

3. 幸福是个体的一种重要能力

从幸福的实现方式上来看，要达到主客的统一，个体在与事物相互作用的过程中就必须经过主体客体化和客体主体化的过程，这就需要一种幸福能力。所谓幸福能力，主要是指个体创造幸福和感受幸福的能力。一方面是幸福的创造能力。幸福是一种客观生活状态，这种客观生活状态是由人的实践活动造就的。人的本质和特点就在于他能够通过实践活动改变环境，使环境适应并满足人的需要。从这个意义上说，幸福是由人创造而来的；另一方面是幸福的感受能力。幸福作为主观心理体验，它依赖于人们对客观生存状态的感受性。感受力是主观世界通向外界的第一道关口，外界的一切刺激都要通过它达到我们的心灵。由于人在感受力的指向性、强度、深度、广度上存在差异，导致个体对自我生存状态的体验就会产生不同。感受力强的人较容易获得幸福的体验，感受力差的人就很难获得较为强烈的幸福感。

（二）教师专业幸福的内涵

基于上述对幸福内涵的分析，我们认为，所谓教师专业幸福，主要是指教师在教育教学实践活动中，实现自己的专业理想和追求，体味教育教学以及人生价值，促进自身专业发展的一种精神愉悦状态。教师的专业幸福存在于教师专业理想和追求的实现过程中，教育教学实践活动是其基本的场域和根本的源泉。我国学者王传金认为：“虽然教师专业幸福要以一定的物质基础为条件，但它排除了物质幸福的成分，是一种精神幸福，这种精神幸福是心理体验与专业伦理的统一，是主观努力与客观条件的统一，是享受与发展的统一。”②

1. 教师专业幸福是心理体验与专业伦理的统一

人的幸福可分为生理幸福、心理幸福和伦理幸福。生理幸福是教师专业幸福的基础，但它不被包含在教师专业幸福之内，教师专业幸福应是心理幸福和伦理幸福的统一。主观心理体验决定教师是否感受到专业幸福，专业伦理则决定教师感受到的幸福是否正当。幸福首先是一种主观的心理体验，但单纯的主观心理体验是靠不住的，心理学体验加上伦理学的价值限定，才是真正的教师专业幸福。同时，也只有产生了主观体验的伦理价值才能是幸福的，那些因无意识地使行为符合伦理价值却无内心体验的，或被迫做出合伦理的行为因而没有产生主观体验的，都不是真正的教师专业幸福。有些行为，教师个人觉得值得，但却违背了专业伦理价值；有些行为虽然高尚，但教师个人并不觉得它值得，它们都不能产生真正的

① 王江松. 悲剧人性与悲剧人生[M]. 北京：中国社会科学出版社，1994：254.

② 王传金. 教师职业幸福解读[J]. 教育理论与实践，2008(12).

教师专业幸福。教师专业幸福的心理体验要有伦理标准去修饰，伦理标准要有心理体验去证实，因此教师专业幸福既是心理的，也是伦理的，是教师在教育工作中的主观心理体验与专业伦理规定的统一。

2. 教师专业幸福是主观努力与客观条件的统一

教师专业幸福只能在教育教学活动中才能实现，这是教师的主观努力与客观条件相契合的结果。如果教师在客观条件都具备的同时，没有把自己的专业理想付诸实践，这就注定他无法体味教育劳动的乐趣，当然也不会获得专业幸福。只有经过教育教学活动，促进了学生整体素质的提高，为学生的终身发展奠定了基础，使之成为对国家和社会有用之才，教师才可能获得真正的专业幸福。也就是说，在客观条件具备的情况下，教师的专业生活也并不必然是幸福的，教师专业幸福来源于教师的辛勤劳动和积极创造，依赖于教师的主观努力，表现在教师与教材、与学生、与同事、与自己的融合统一之中。换言之，教师专业幸福是一种潜在的能力，它的彰显要靠教师的努力，这是因为“没有健康的价值需求与追求的人必定是远离幸福的人，提升人的人生追求本身就是提升人的幸福水平的前提，幸福存在于人生的实现过程，一个人的生命力在何种程度上得到健康张扬，其创造力在何种程度上得到发挥，其潜能在何种程度上得到实现，其幸福也就在何种程度上得到实现”①。

3. 教师专业幸福是享受与发展的统一

享受是人存在和发展的前提与动力，过度限制享受和欲望就是限制人的存在和发展。如果教师为了得到所谓的幸福而远离人的生活，那么这种幸福就不是人的幸福。当然，教师专业幸福不是物质欲望得到满足的自然性、实时性的快感，而是教师实现其专业理想的精神性愉悦，是教师的自我发展与超越。教师专业幸福存在于教师永无止境的创造性活动之中，存在于教师永恒的发展之中。享受与发展是教师专业幸福中不可或缺的两个方面，离开享受，发展就毫无意义；离开发展，人就只能处于原始状态，无法超越动物的存在。对于幸福的教师来说，教育不是牺牲，而是享受；不是重复，而是创造；不是谋生的手段，而是生活本身。如果从教师专业的社会性角度来看待这些要求，这是社会对教师专业的规约，有其合理性的一面，但如果将其推向极端，则显得未必合理，这是因为教师不仅要履行社会职责、承担社会义务，而且也应享受到专业的尊严与幸福，教师在促进学生发展的同时，自身也应得到发展。

二、教师专业幸福的特征

（一）精神性

人既是一种自然的感性存在，又是一种精神的理性存在，而人之所以为人在于人的精神存在，人是自然属性和精神属性的统一，二者统一的基础是社会实践。因此，人的存在方式决定了幸福不是纯粹的精神体验，也不是单纯的肉体感官的满足，幸福在本质上是一种物质幸福和精神幸福的统一。就现实而言，教师也是有自然生命的人，他们也要解决包括吃、穿、住、行、性等人的生理需要，只有这些需要达到能维持生命机体的最低线时，教师才有可能追求更高层次的精神需要。所以，基本的物质需要和条件是实现教师幸福的必要的物质前提和基础。在一定的物质条件具备时，教师的幸福更在于它的精神性，这种精神性表现在精神性的报酬和教学活动中。教师往往以学生道德养成、学业进步进而对社会作出的贡献作为

① 赵汀阳. 论可能生活[M]. 北京：中国人民大学出版社，2004：152.

自己生命价值的体现和证实，同时教师把师生间的精神交流和情感交融看做是一种精神享受。

（二）给予性

个人幸福的实现不是孤立的个人活动，它总是在一定的社会关系中才能从事的实践活动。个人幸福只是相对于社会幸福而言，个人幸福在实现过程中促进了社会幸福的发展，同时社会的普遍幸福为个人幸福的成功获得提供支持。由此，幸福具有一定的为我性和为他性，是两者的辩证统一，不存在谁先谁后的逻辑关系。但是，教师幸福的精神性和创造性意味着教师首先是为他、给予、奉献而不是索取。给予就是为学生付出，而教师的幸福是学生给予的。教师只有全身心地将自己的热爱给予学生，才能进行有效的创造性工作；教师也只有把自己的热情和智慧给予学生，才能领略到本身的劳动成果，最终实现精神性幸福。也就是说，教师的专业幸福超越了一己之私，从中凸显了一种精神性的奉献和付出。

（三）教育性

从根本上说，教育就是培养人们感受幸福、追求幸福、创造幸福的能力。教育通过使受教育者人格的提升和完善，通过道德和理智的实践使学生体验到精神上的幸福，但使学生获得幸福的教育也须是幸福的教育。教师专业幸福的直接结果是学生学习生活的幸福和健康成长。在教育教学过程中，教师不但授业、解惑，充当知识传播者的角色，而且其本身也是教育内容。不管教师是否意识到，教师都有成为学生模仿对象的最大可能性。教师在专业生活中所表现出的幸福、对生活的乐观态度、对学生的无私关爱，在学生幸福成长中具有举足轻重的作用。

（四）创造性

劳动实践不仅使人成为人，而且使人的本质力量不断体现和发展。在劳动实践中人逐渐认识到自身存在的意义和价值，进而享受到生活的乐趣和美好，并进行各种形式的实践创造出社会财富，体味着多样的幸福。一方面，人的幸福内涵有享受和创造两个基本的方面，创造是享受的前提，享受是创造的结果；另一方面，幸福是一种享受，更是一种创造过程。不可否认的是，现实中的确有些人完全依靠他人创造的丰厚成果来享受幸福。但教师专业幸福的精神特点和表现决定了幸福感的产生只能建立在艰苦的劳动付出之后，只有看到实在的劳动成效，才能实现精神性幸福。由此可见，教师专业具有巨大的创造性价值，这些价值只能在劳动中得到显现和展示。

三、教师专业幸福的实践样态

教师的专业幸福是对自身各种需要的认识和把握，每个需要都会成为教师追求的目标。在教育教学实践活动中，教师的需要是多种多样、丰富多彩的，但这些需要一般都会指向一个终极目标，即对教育之真、善、美的追求，从而表现出三种不同的实践样态。

（一）追求教育真的幸福

教育真指的是教育的本质和规律，反映的是教育中最为根本的东西。教育是求真的，自古以来人们都在苦苦追寻教育的本质和规律，这已成为广大教育者的人生追求。在教育活动中，探寻教育的本质和规律是教师的重要使命。如何才能更好地教育学生，如何才能更好地启迪学生，这些都需要教师对教育真进行正确把握。教师对教育真的认识越深刻，就越能按照教育的本质和规律开展教育活动，每一次按照本质和规律实施教育，都会获得一次教育成功。教育成功不仅是对教育本质和规律的正确运用，也会在教师的情感上发生积极的作用，使教师在这一次的教育活动中感到满足和愉悦，这种满足和愉悦反过来又会促使教师积极实施下一次的教育成功。正是在多次的教育成功中，教师才慢慢地感受到专业幸福，体验到专业幸福。

（二）追求教育善的幸福

教育善指的是教育活动遵循人的本性和社会伦理道德规范，即教育活动符合人性并且得到肯定性的道德评价。教育是向善的，教育是从精神和行为上对学生进行积极的正面的引导和影响，这种引导和影响是向着善的方向努力的，是符合人性和社会伦理道德规范的，因而是善的。教育善表现为善的教育思想和善的教育行为。教师在善的教育思想的指导下，用善的教育行为对学生进行引导和影响，使学生的精神和行为受到改造，向着善的方向迈进。如果学生产生了善的意识和善的行为，并且能够在现实生活中加以运用，教师就获得了教育成功。这种教育成功会使教师的情感发生变化，由热爱到执迷，在这一过程中，教师会感到满足和愉悦。经过多次的教育成功，教师就会不断地感受到幸福，体验到幸福。

（三）追求教育美的幸福

教育美指的是教育活动符合审美要求，给人以美的享受。教育是唯美的，主要体现在教育实践活动中，不仅表现为教育思想上的美，也表现为教育行为上的美，并且这种教育思想和行为上的美是有教育意义的。教师在教育活动中揭示了教育真和教育善，在教育实践中有效地运用了教育真和教育善，使学生向着求真和向善的方向前进，这本身就是展示教育美的过程，即正确的揭示和运用教育真、教育善就是展示教育美。对教育真和教育善的有效运用是通过教师的教育思想和教育行为展现出来的，我们可以从教师的一言一行上感受教育美，也可以从学生的思想和行为的积极变化中体会教育美。正是由于教师在教育成功中正确地揭示和运用了教育真、教育善，这一过程也就蕴含了美，展示了美，创造了美，因而也就从思想和行为上满足了教师和学生的审美需求，从而使教师和学生感到赏心悦目和美好体验，并从中获得有意义的教育。符合了教师的审美需求，教师在心理上就会产生积极的情感变化，从而产生满足和愉悦，教师就会逐渐感受和体验专业幸福。

四、教师专业幸福的实现策略

教师专业幸福的实现是一个系统工程，不仅需要一些外部条件，而且更需要教师自身的主观努力。综合考虑，教师专业幸福的实现策略可以从以下几个方面加以设计。

（一）正确进行角色定位，不断提升教师专业境界

从教师自我主客统一的角度来看，教师专业幸福的先决条件就在于角色自我和个性自我的统一。处于各种关系场域中的教师，必须在深刻认识教育本质和教师专业价值的基础上，对自己的角色正确进行定位。只有当教师真正认同教师专业的生命性和精神性本质的时候，教师才可能意识到自己的专业身份、专业权利、专业义务和专业素养，也才能恰如其分地扮演自己的专业角色。只有在此基础上，教师才能尊重新人和热爱学生，充分发扬教育教学民主，把更多的情爱注入学生的精神世界，在与学生合作、互动和交流中，自主地、创造性地设计教育教学活动，千方百计、想方设法调动学生学习的积极性和主动性。这时教师的角色自我被个性自我情感化、感性化和个性化，从而成为其完整生命的重要部分。教师从师生共度的生命历程中收获尊严和自由，从教育教学实践的硕果中体悟到专业的内在价值和生

命升华。只有达到这种专业境界，教师才能从专业者转变为精神关怀者，真正由他律走向自律，教育教学的神圣使命才会内化为教师的坚定信念，从而积极投身教育教学变革的大潮之中，勇于挑战困难，自觉批判反思，不断实现自我的超越。

（二）持续向学生施予教育之爱，积极营造和谐的师生关系

从教师与教育场域主客统一的角度来看，教育之爱乃是教师专业幸福的一种重要的德性能力。教师只有毫无保留地对学生施加教育爱的阳光雨露，自己也才能由此体验被学生所爱的专业幸福感。教师的教育爱主要是对自己、学生和教育教学过程的爱。一方面，教师要自爱。自爱不等于自私，自爱是施爱的前提。正如德国著名教育思想家爱克哈特所说："如果你爱自己，你就会像爱自己一样去爱别人，如果你对别人的爱少于自爱，你就不可能真正爱自己，如果你爱所有的人，包括对自己，你就会爱他们像爱一个人一样，这个人既是上帝又是人，那么他就是一个既爱自己又爱他人的人，一个伟大而正直的人。"①教师的自爱主要包括了解并反思自己的生存现状，重视身心保健，学会自我调适策略，增强抗挫能力，对自己的权利和义务有高度自觉，对人民的教育事业有高度责任心，修正自己不合理的教育信念和认知观念，不断完善自己等。另一方面，教师也要爱学生。教师能够切实地从学生生命成长的立场出发，充分地了解、尊重、关心每个学生，对学生的健康发展负全责。除此之外，教师要还爱教育教学过程。教师只有深刻理解和正确认识教育教学过程的实质，在内心深处满怀对教育教学过程的喜爱，才能使自己的专业实践过程成为充满情感、富有意义并不断获得价值肯定的过程。

（三）主动践行"教师即研究者"的教育理念，不断提高自身的专业技能

从教师与教学主客统一的角度来看，教师对教材进行创造型加工和精神性享受，也是教师体验和形成专业幸福的重要条件之一。创造和享受的课堂教学必定是动态生成的和成功和谐的，它是建立在教师熟练地驾驭课堂教学基础之上的。首先，教师在动态生成的课堂情境中领悟教材的精神实质，及时捕捉和重组课堂上灵动的课程资源，自主建构教学的过程和方式。其次，教师在与学生分享教材时，能机智地处理课堂教学中出现的意外事件，与学生进行真诚的交往和对话。教师要想达到这种教学境界，需要具备精深的学科专业知识、教育教学条件性知识以及处理具体情境问题的实践性知识。为此，教师一方面要不断学习教育教学理念，深化自身专业技能，这是教师驾驭课堂教学的基本素养；另一方面也要积极开展教育教学研究，这是课堂教学得以成功的根本保证。教师面对着千姿百态的教育教学场域，需要各种各样的教学技艺和教学策略，只有通过积极主动的研究，才能对自己的教育教学行为进行审视和分析，也才能解释惯常行为背后潜藏着的认知图式，形成教育教学的规律性认识和理解，提升教育教学实践能力以及自我超越能力，在获得胜任感和成就感基础上形成强烈的专业幸福体验。

（四）坚守教育道德，凸显教育的人性、人道和正义

教育是道德的，具有道德性。在内在的规定性上，教育是对人本性的扩展和提升，是向着积极的方面发展的活动；在外在的约束性上，这一过程中必然会遵循社会伦理道德规范。可见，教育本质是一种善的活动，至善是教育的最终目标，也是终极目标。教育的道德性表现为教育善，即在教育活动中要遵循人的本性和社会伦理道德规范。对于教师而言，实现教

① ［德］弗洛姆．爱的艺术［M］．赵军，译．北京：外文出版社，1998：19．

育善就需要教师的教育道德。教师的教育道德指的是教师按照教育的内在规定性和外在约束性开展教育活动，即在教育活动中体现教育人性、教育人道和教育正义。所谓教育人性，就是对人性的扬弃，即发掘和提升人的善性、惩戒和转化人的恶性，形成人的积极的正面的品质。为此，教师一方面必须拥有正确的教育人性观，正确地看待学生，这是开展教育的基础。另一方面，要正确地分析学生的人性，根据不同情况适时采取不同的措施，发扬学生身上表现出来的善性，惩戒和转化表现出来的恶性，积极地使学生向着善的方面发展。所谓教育人道，是指在教育活动中教师对学生的关爱，即教育爱。教育爱是对学生生命的关照，对学生人格的尊重，对学生权利的维护。所谓教育正义，就是教育活动符合社会道德规范。教育是培养人的活动，是对人心灵和行为进行正面的积极的培育活动，是向着善的方面努力的，本身具有道德性，这就决定了教育是符合社会伦理道德规范的，因而是正义的。教师的教育正义主要表现在教育公平上，让每一个学生在其所处的教育环境中都能够充分享受教育公平，给予他们相对公平的教育，这是教师教育正义的最好体现。

（五）改善生活和工作条件，减轻工作负担与心理压力

一方面，教师是从事一种教育活动的专业人，他必然有作为人所具有的一定的物质需要，只有在物质需要达到一定水平之上，才可能追求更高的精神需要或精神幸福，因而必备一定的生活和工作条件是实现教师幸福不可或缺的前提条件。另一方面，教师的幸福与自身重大的需要实现有关。这里往往存在着需要的合理性问题，即需要是根据教师自己的客观现实和主观能力确定的，是社会所认同的，它就是一种合理和正当的需要。一旦社会利用教育制度和规范来指导教师的需要时，就会产生两种正负效果，它既可以激发许多教师的热情和潜能，实现自我价值和人生幸福，又会挫伤一部分教师的自信心和积极性，无法达到自身的理想和幸福境地。后面的情形是社会牵制教师的需要，应该不算一种合理性的需要。在现实的教育实践中，正是由于教育行政部门和学校制定的某些强性的制度和目标，给教师增加了很大的工作压力和负担，从而严重影响了教师教育教学的积极性，制约了教育教学质量的不断提高，同时也增加了教师实现专业幸福的难度，阻碍了教师对专业幸福的理解和体验。教育行政部门和学校领导只有高度关注教师的生活世界，为他们松绑、减负和减压，他们才能远离紧张疲惫和心理重压状态，才能更好地履行自己教书育人的职责，也才能领会、体验和实现教师专业独有的幸福。

附　录

附录一　中华人民共和国教师法

第一章　总　　则

第一条　为了保障教师的合法权益，建设具有良好思想品德修养和业务素质的教师队伍，促进社会主义教育事业的发展，制定本法。

第二条　本法适用于在各级各类学校和其他教育机构中专门从事教育教学工作的教师。

第三条　教师是履行教育教学职责的专业人员，承担教书育人，培养社会主义事业建设者和接班人、提高民族素质的使命。教师应当忠诚于人民的教育事业。

第四条　各级人民政府应当采取措施，加强教师的思想政治教育和业务培训，改善教师的工作条件和生活条件，保障教师的合法权益，提高教师的社会地位。

全社会都应当尊重教师。

第五条　国务院教育行政部门主管全国的教师工作。

国务院有关部门在各自职权范围内负责有关的教师工作。

学校和其他教育机构根据国家规定，自主进行教师管理工作。

第六条　每年九月十日为教师节。

第二章　权利和义务

第七条　教师享有下列权利：

（一）进行教育教学活动，开展教育教学改革和实验；

（二）从事科学研究、学术交流，参加专业的学术团体，在学术活动中充分发表意见；

（三）指导学生的学习和发展，评定学生的品行和学业成绩；

（四）按时获取工资报酬，享受国家规定的福利待遇以及寒暑假期的带薪休假；

（五）对学校教育教学、管理工作和教育行政部门的工作提出意见和建议，通过教职工代表大会或者其他形式，参与学校的民主管理；

（六）参加进修或者其他方式的培训。

第八条　教师应当履行下列义务：

（一）遵守宪法、法律和职业道德，为人师表；

（二）贯彻国家的教育方针，遵守规章制度，执行学校的教学计划，履行教师聘约，完成教育教学工作任务；

（三）对学生进行宪法所确定的基本原则的教育和爱国主义、民族团结的教育，法制教育以及思想品德、文化、科学技术教育，组织、带领学生开展有益的社会活动；

（四）关心、爱护全体学生，尊重学生人格，促进学生在品德、智力、体质等方面全面发展；

（五）制止有害于学生的行为或者其他侵犯学生合法权益的行为，批评和抵制有害于学生健康成长的现象；

（六）不断提高思想政治觉悟和教育教学业务水平。

第九条　为保障教师完成教育教学任务，各级人民政府、教育行政部门、有关部门、学校和其他教育机构应当履行下列职责：

（一）提供符合国家安全标准的教育教学设施和设备；

（二）提供必需的图书、资料及其他教育教学用品；

（三）对教师在教育教学、科学研究中的创造性工作给以鼓励和帮助；

（四）支持教师制止有害于学生的行为或者其他侵犯学生合法权益的行为。

第三章　资格和任用

第十条　国家实行教师资格制度。

中国公民凡遵守宪法和法律，热爱教育事业，具有良好的思想品德，具备本法规定的学历或者经国家教师资格考试合格，有教育教学能力，经认定合格的，可以取得教师资格。

第十一条　取得教师资格应当具备的相应学历是：

（一）取得幼儿园教师资格，应当具备幼儿师范学校毕业及其以上学历；

（二）取得小学教师资格，应当具备中等师范学校毕业及其以上学历；

（三）取得初级中学教师、初级职业学校文化、专业课教师资格，应当具备高等师范专科学校或者其他大学专科毕业及其以上学历；

（四）取得高级中学教师资格和中等专业学校、技工学校、职业高中文化课、专业课教师资格，应当具备高等师范院校本科或者其他大学本科毕业及其以上学历；取得中等专业学校、技工学校和职业高中学生实习指导教师资格应当具备的学历，由国务院教育行政部门规定；

（五）取得高等学校教师资格，应当具备研究生或者大学本科毕业学历；

（六）取得成人教育教师资格，应当按照成人教育的层次、类别，分别具备高等、中等学校毕业及其以上学历。

不具备本法规定的教师资格学历的公民，申请获取教师资格，必须通过国家教师资格考试。国家教师资格考试制度由国务院规定。

第十二条　本法实施前已经在学校或者其他教育机构中任教的教师，未具备本法规定学历的，由国务院教育行政部门规定教师资格过渡办法。

第十三条　中小学教师资格由县级以上地方人民政府教育行政部门认定。中等专业学校、技工学校的教师资格由县级以上地方人民政府教育行政部门组织有关主管部门认定。普通高等学校的教师资格由国务院或者省、自治区、直辖市教育行政部门或者由其委托的学校认定。

具备本法规定的学历或者经国家教师资格考试合格的公民，要求有关部门认定其教师资格的，有关部门应当依照本法规定的条件予以认定。

取得教师资格的人员首次任教时，应当有试用期。

第十四条　受到剥夺政治权利或者故意犯罪受到有期徒刑以上刑事处罚的，不能取得教师资格；已经取得教师资格的，丧失教师资格。

第十五条　各级师范学校毕业生，应当按照国家有关规定从事教育教学工作。

国家鼓励非师范高等学校毕业生到中小学或者职业学校任教。

第十六条　国家实行教师职务制度，具体办法由国务院规定。

第十七条　学校和其他教育机构应当逐步实行教师聘任制。教师的聘任应当遵循双方地位平等的原则，由学校和教师签订聘任合同，明确规定双方的权利、义务和责任。

实施教师聘任制的步骤、办法由国务院教育行政部门规定。

第四章　培养和培训

第十八条　各级人民政府和有关部门应当办好师范教育，并采取措施，鼓励优秀青年进入各级师范学校学习。各级教师进修学校承担培训中小学教师的任务。

非师范学校应当承担培养和培训中小学教师的任务。

各级师范学校学生享受专业奖学金。

第十九条　各级人民政府教育行政部门、学校主管部门和学校应当制定教师培训规划，对教师进行多种形式的思想政治、业务培训。

第二十条　国家机关、企业事业单位和其他社会组织应当为教师的社会调查和社会实践提供方便，给予协助。

第二十一条　各级人民政府应当采取措施，为少数民族地区和边远贫困地区培养、培训教师。

第五章　考　　核

第二十二条　学校或者其他教育机构应当对教师的政治思想、业务水平、工作态度和工作成绩进行考核。

教育行政部门对教师的考核工作进行指导、监督。

第二十三条　考核应当客观、公正、准确，充分听取教师本人、其他教师以及学生的意见。

第二十四条　教师考核结果是受聘任教、晋升工资、实施奖惩的依据。

第六章　待　　遇

第二十五条　教师的平均工资水平应当不低于或者高于国家公务员的平均工资水平，并逐步提高。建立正常晋级增薪制度，具体办法由国务院规定。

第二十六条　中小学教师和职业学校教师享受教龄津贴和其他津贴，具体办法由国务院教育行政部门会同有关部门制定。

第二十七条　地方各级人民政府对教师以及具有中专以上学历的毕业生到少数民族地区和边远贫困地区从事教育教学工作的，应当予以补贴。

第二十八条　地方各级人民政府和国务院有关部门，对城市教师住房的建设、租赁、出售实行优先、优惠。

县、乡两级人民政府应当为农村中小学教师解决住房提供方便。

第二十九条　教师的医疗同当地国家公务员享受同等的待遇；定期对教师进行身体健康检查，并因地制宜安排教师进行休养。

医疗机构应当对当地教师的医疗提供方便。

第三十条　教师退休或者退职后，享受国家规定的退休或者退职待遇。

县级以上地方人民政府可以适当提高长期从事教育教学工作的中小学退休教师的退休金比例。

第三十一条　各级人民政府应当采取措施，改善国家补助、集体支付工资的中小学教师的待遇，逐步做到在工资收入上与国家支付工资的教师同工同酬，具体办法由地方各级人民政府根据本地区的实际情况规定。

第三十二条　社会力量所办学校的教师的待遇，由举办者自行确定并予以保障。

第七章　奖　　励

第三十三条　教师在教育教学、培养人才、科学研究、教学改革、学校建设、社会服务、勤工俭学等方面成绩优异的，由所在学校予以表彰、奖励。

国务院和地方各级人民政府及其有关部门对有突出贡献的教师，应当予以表彰、奖励。

对有重大贡献的教师，依照国家有关规定授予荣誉称号。

第三十四条　国家支持和鼓励社会组织或者个人向依法成立的奖励教师的基金组织捐助资金，对教师进行奖励。

第八章　法律责任

第三十五条　侮辱、殴打教师的，根据不同情况，分别给予行政处分或者行政处罚；造成损害的，责令赔偿损失；情节严重，构成犯罪的，依法追究刑事责任。

第三十六条　对依法提出申诉、控告、检举的教师进行打击报复的，由其所在单位或者上级机关责令改正；情节严重的，可以根据具体情况给予行政处分。

国家工作人员对教师打击报复构成犯罪的，依照刑法有关规定追究刑事责任。

第三十七条　教师有下列情形之一的，由所在学校、其他教育机构或者教育行政部门给予行政处分或者解聘：

（一）故意不完成教育教学任务给教育教学工作造成损失的；

（二）体罚学生，经教育不改的；

（三）品行不良、侮辱学生，影响恶劣的。

教师有前款第（二）项、第（三）项所列情形之一，情节严重，构成犯罪的，依法追究刑事责任。

第三十八条　地方人民政府对违反本法规定，拖欠教师工资或者侵犯教师其他合法权益的，应当责令其限期改正。

违反国家财政制度、财务制度，挪用国家财政用于教育的经费，严重妨碍教育教学工作，拖欠教师工资，损害教师合法权益的，由上级机关责令限期归还被挪用的经费，并对直接责任人员给予行政处分；情节严重，构成犯罪的，依法追究刑事责任。

第三十九条　教师对学校或者其他教育机构侵犯其合法权益的，或者对学校或者其他教育机构作出的处理不服的，可以向教育行政部门提出申诉，教育行政部门应当在接到申诉的三十日内，作出处理。

教师认为当地人民政府有关行政部门侵犯其根据本法规定享有的权利的，可以向同级人民政府或者上一级人民政府有关部门提出申诉，同级人民政府或者上一级人民政府有关部门应当作出处理。

第九章　附　　则

第四十条　本法下列用语的含义是：

（一）各级各类学校，是指实施学前教育、普通初等教育、普通中等教育、职业教育、普通高等教育以及特殊教育、成人教育的学校。

（二）其他教育机构，是指少年宫以及地方教研室、电化教育机构等。

（三）中小学教师，是指幼儿园、特殊教育机构、普通中小学、成人初等中等教育机构、职业中学以及其他教育机构的教师。

第四十一条　学校和其他教育机构中的教育教学辅助人员，其他类型的学校的教师和教育教学辅助人员，可以根据实际情况参照本法的有关规定执行。

军队所属院校的教师和教育教学辅助人员，由中央军事委员会依照本法制定有关规定。

第四十二条　外籍教师的聘任办法由国务院教育行政部门规定。

第四十三条　本法自 1994 年 1 月 1 日起施行。

附录二　教师资格条例

第一章　总　　则

第一条　为了提高教师素质，加强教师队伍建设，依据《中华人民共和国教师法》(以下简称教师法)，制定本条例。

第二条　中国公民在各级各类学校和其他教育机构中专门从事教育教学工作，应当依法取得教师资格。

第三条　国务院教育行政部门主管全国教师资格工作。

第二章　教师资格分类与适用

第四条　教师资格分为：

(一) 幼儿园教师资格；

(二) 小学教师资格；

(三) 初级中学教师和初级职业学校文化课、专业课教师资格(以下统称初级中学教师资格)；

(四) 高级中学教师资格；

(五) 中等专业学校、技工学校、职业高级中学文化课、专业课教师资格(以下统称中等职业学校教师资格)；

(六) 中等专业学校、技工学校、职业高级中学实习指导教师资格(以下统称中等职业学校实习指导教师资格)；

(七) 高等学校教师资格。

成人教育的教师资格，按照成人教育的层次，依照上款规定确定类别。

第五条　取得教师资格的公民，可以在本级及其以下等级的各类学校和其他教育机构担任教师；但是，取得中等职业学校实习指导教师资格的公民只能在中等专业学校、技工学校、职业高级中学或者初级职业学校担任实习指导教师。高级中学教师资格与中等职业学校教师资格相互通用。

第三章　教师资格条件

第六条　教师资格条件依照教师法第十条第二款的规定执行，其中“有教育教学能力”应当包括符合国家规定的从事教育教学工作的身体条件。

第七条　取得教师资格应当具备的相应学历，依照教师法第十一条的规定执行。取得中等职业学校实习指导教师资格，应当具备国务院教育行政部门规定的学历，并应当具有相当助理工程师以上专业技术职务或者中级以上工人技术等级。

第四章　教师资格考试

第八条　不具备教师法规定的教师资格学历的公民，申请获得教师资格，应当通过国家举办的或者认可的教师资格考试。

第九条 教师资格考试科目、标准和考试大纲由国务院教育行政部门审定。

教师资格考试试卷的编制、考务工作和考试成绩证明的发放，属于幼儿园、小学、初级中学、高级中学、中等职业学校教师资格考试和中等职业学校实习指导教师资格考试的，由县级以上人民政府教育行政部门组织实施；属于高等学校教师资格考试的，由国务院教育行政部门或者省、自治区、直辖市人民政府教育行政部门委托的高等学校组织实施。

第十条 幼儿园、小学、初级中学、高级中学、中等职业学校的教师资格考试和中等职业学校实习指导教师资格考试，每年进行一次。

参加前款所列教师资格考试，考试科目全部及格的，发给教师资格考试合格证明；当年考试不及格的科目，可以在下一年度补考；经补考仍有一门或者一门以上科目不及格的，应当重新参加全部考试科目的考试。

第十一条 高等学校教师资格考试根据需要举行。

申请参加高等学校教师资格考试的，应当学有专长，并有两名相关专业的教授或者副教授推荐。

第五章 教师资格认定

第十二条 具备教师法规定的学历或者经教师资格考试合格的公民，可以依照本条例的规定申请认定其教师资格。

第十三条 幼儿园、小学和初级中学教师资格，由申请人户籍所在地或者申请人任教学校所在地的县级人民政府教育行政部门认定。高级中学教师资格，由申请人户籍所在地或者申请人任教学校所在地的县级人民政府教育行政部门审查后，报上一级教育行政部门认定。中等职业学校教师资格和中等职业学校实习指导教师资格，由申请人户籍所在地或者申请人任教学校所在地的县级人民政府教育行政部门审查后，报上一级教育行政部门认定或者组织有关部门认定。

受国务院教育行政部门或者省、自治区、直辖市人民政府教育行政部门委托的高等学校，负责认定在本校任职的人员和拟聘人员的高等学校教师资格。在未受国务院教育行政部门或者省、自治区、直辖市人民政府教育行政部门委托的高等学校任职的人员和拟聘人员的高等学校教师资格，按照学校行政隶属关系，由国务院教育行政部门认定或者由学校所在地的省、自治区、直辖市人民政府教育行政部门认定。

第十四条 认定教师资格，应当由本人提出申请。

教育行政部门和受委托的高等学校每年春季、秋季各受理一次教师资格认定申请。具体受理期限由教育行政部门或者受委托的高等学校规定，并以适当形式公布。申请人应当在规定的受理期限内提出申请。

第十五条 申请认定教师资格，应当提交教师资格认定申请表和下列证明或者材料：

（一）身份证明；

（二）学历证书或者教师资格考试合格证明；

（三）教育行政部门或者受委托的高等学校指定的医院出具的体格检查证明；

（四）户籍所在地的街道办事处、乡人民政府或者工作单位、所毕业的学校对其思想品德、有无犯罪记录等方面情况的鉴定及证明材料。

申请人提交的证明或者材料不全的，教育行政部门或者受委托的高等学校应当及时通知申请人于受理期限终止前补齐。

教师资格认定申请表由国务院教育行政部门统一格式。

第十六条　教育行政部门或者受委托的高等学校在接到公民的教师资格认定申请后，应当对申请人的条件进行审查；对符合认定条件的，应当在受理期限终止之日起30日内颁发相应的教师资格证书；对不符合认定条件的，应当在受理期限终止之日起30日内将认定结论通知本人。

非师范院校毕业或者教师资格考试合格的公民申请认定幼儿园、小学或者其他教师资格的，应当进行面试和试讲，考察其教育教学能力；根据实际情况和需要，教育行政部门或者受委托的高等学校可以要求申请人补修教育学、心理学等课程。

教师资格证书在全国范围内适用。教师资格证书由国务院教育行政部门统一印制。

第十七条　已取得教师资格的公民拟取得更高等级学校或者其他教育机构教师资格的，应当通过相应的教师资格考试或者取得教师法规定的相应学历，并依照本章规定，经认定合格后，由教育行政部门或者受委托的高等学校颁发相应的教师资格证书。

第六章　罚　　则

第十八条　依照教师法第十四条的规定丧失教师资格的，不能重新取得教师资格，其教师资格证书由县级以上人民政府教育行政部门收缴。

第十九条　有下列情形之一的，由县级以上人民政府教育行政部门撤销其教师资格：

（一）弄虚作假、骗取教师资格的；

（二）品行不良、侮辱学生，影响恶劣的。被撤销教师资格的，自撤销之日起5年内不得重新申请认定教师资格，其教师资格证书由县级以上人民政府教育行政部门收缴。

第二十条　参加教师资格考试有作弊行为的，其考试成绩作废，3年内不得再次参加教师资格考试。

第二十一条　教师资格考试命题人员和其他有关人员违反保密规定，造成试题、参考答案及评分标准泄露的，依法追究法律责任。

第二十二条　在教师资格认定工作中玩忽职守、徇私舞弊，对教师资格认定工作造成损失的，由教育行政部门依法给予行政处分；构成犯罪的，依法追究刑事责任。

第七章　附　　则

第二十三条　本条例自发布之日起施行。

附录三　教师教育课程标准(试行)

为落实教育规划纲要,深化教师教育改革,规范和引导教师教育课程与教学,培养造就高素质专业化教师队伍,特制定《教师教育课程标准(试行)》。

教师教育课程广义上包括教师教育机构为培养和培训幼儿园、小学和中学教师所开设的公共基础课程、学科专业课程和教育类课程。本课程标准专指教育类课程。

教师教育课程标准体现国家对教师教育机构设置教师教育课程的基本要求,是制定教师教育课程方案、开发教材与课程资源、开展教学与评价,以及认定教师资格的重要依据。

一、基本理念

(一) 育人为本

教师是幼儿、中小学学生发展的促进者,在研究和帮助学生健康成长的过程中实现专业发展。教师教育课程应反映社会主义核心价值观,吸收研究新成果,体现社会进步对幼儿、中小学学生发展的新要求。教师教育课程应引导未来教师树立正确的儿童观、学生观、教师观与教育观,掌握必备的教育知识与能力,参与教育实践,丰富专业体验;引导未来教师因材施教,关心和帮助每个幼儿、中小学学生逐步树立正确的世界观、人生观、价值观,培养社会责任感、创新精神和实践能力。

(二) 实践取向

教师是反思性实践者,在研究自身经验和改进教育教学行为的过程中实现专业发展。教师教育课程应强化实践意识,关注现实问题,体现教育改革与发展对教师的新要求。教师教育课程应引导未来教师参与和研究基础教育改革,主动建构教育知识,发展实践能力;引导未来教师发现和解决实际问题,创新教育教学模式,形成个人的教学风格和实践智慧。

(三) 终身学习

教师是终身学习者,在持续学习和不断完善自身素质的过程中实现专业发展。教师教育课程应实现职前教育与在职教育的一体化,增强适应性和开放性,体现学习型社会对个体的新要求。教师教育课程应引导未来教师树立正确的专业理想,掌握必备的知识与技能,养成独立思考和自主学习的习惯;引导教师加深专业理解,更新知识结构,形成终身学习和应对挑战的能力。

二、教师教育课程目标与课程设置

(一) 幼儿园职前教师教育课程目标与课程设置

幼儿园职前教师教育课程要帮助未来教师充分认识幼儿阶段的特性和价值,理解“保教结合”的重要性,学会按幼儿的成长特点进行科学的保育和教育;理解幼儿的认知特点和学习方式,学会把教育寓于幼儿的生活和游戏中,创设适宜的教育环境,保护与发展幼儿探究、创造的兴趣,让幼儿在愉快的幼儿园生活中健康地成长。

1. 课程目标

目标领域	目标	基本要求
1 教育信念与责任	1.1 具有正确的儿童观和相应的行为	1.1.1 理解幼儿阶段在人生发展中的独特地位和价值，认识健康愉快的幼儿园生活对幼儿发展的意义。 1.1.2 尊重和维护幼儿的人格和权利，保护幼儿的好奇心和自信心。 1.1.3 尊重幼儿的个体差异，相信幼儿具有发展的潜力，乐于为幼儿创造发展的条件和机会。
	1.2 具有正确的教师观和相应的行为	1.2.1 理解教师是幼儿学习的引导者和支持者，相信教师工作的意义在于帮助幼儿健康成长。 1.2.2 了解幼儿园教师的职业特点和专业要求，自觉提高自身的科学与人文素养，形成终身学习的意愿。 1.2.3 了解教师的权利和责任，遵守教师职业道德。
	1.3 具有正确的教育观和相应的行为	1.3.1 理解教育对幼儿成长、教师自身发展和社会进步的重要意义，相信教育充满了创造的乐趣，愿意从事幼儿教育事业。 1.3.2 了解幼儿教育的历史、现状和发展趋势，认同素质教育理念，理解并参与教育改革。 1.3.3 形成正确的教育质量观，对与幼儿教育相关的现象进行专业思考与判断。
2 教育知识与能力	2.1 具有理解幼儿的知识和能力	2.1.1 了解儿童发展的主要理论和儿童研究的最新成果。 2.1.2 了解儿童身心发展的一般规律和影响因素，熟悉幼儿年龄阶段特征和个体发展的差异性。 2.1.3 了解幼儿认知发展、学习方式的特点及影响因素，熟悉幼儿建构知识、获得技能的过程。 2.1.4 了解幼儿情感、社会性发展的特点，熟悉幼儿品德和行为习惯形成的过程和规律。 2.1.5 掌握观察、谈话、倾听、作品分析等基本方法，理解幼儿发展的需要。 2.1.6 了解幼儿期常见疾病、发展障碍、学习障碍的基础知识和应对方法。 2.1.7 了解我国教育的政策法规，熟悉关于儿童权利的内容以及维护儿童合法权益的途径。
	2.2 具有教育幼儿的知识和能力	2.2.1 了解我国幼儿园教育的目标和任务，熟悉健康、语言、社会、科学、艺术等各领域的教育目标，学会以此指导自己的学习和实践。 2.2.2 了解幼儿教育的基本原理，理解整合各领域的内容、综合地实施教育活动的重要性，学会设计和实施幼儿教育活动。 2.2.3 了解幼儿的生活经验，学会利用实践机会，积累引导幼儿在游戏等活动中建构知识、发展创造力的经验。 2.2.4 掌握照顾幼儿健康地、安全地生活的基本方法和技能。 2.2.5 了解教育评价的理论与技术，学会通过评价改进活动与促进幼儿发展。 2.2.6 了解与家庭、社区沟通的重要性，学会利用和开发周围的资源，创设有利于幼儿发展的环境。 2.2.7 掌握幼儿心理健康教育的基本知识，学会处理幼儿常见行为问题。 2.2.8 了解0～3岁保育教育的有关知识和婴儿保育教育的一般方法。 2.2.9 了解小学教育的有关知识和幼小衔接的一般方法。
	2.3 具有发展自我的知识与能力	2.3.1 了解教师专业素养的核心内容，明确自身专业发展的重点。 2.3.2 了解教师专业发展的阶段与途径，熟悉教师专业发展规划的一般方法，学会理解与分享优秀教师的成功经验。 2.3.3 了解教师专业发展的影响因素，学会利用以课程学习为主的各种机会，积累发展经验。

续表

目标领域	目标	基本要求
3 教育实践与体验	3.1 具有观摩教育实践的经历与体验	3.1.1 结合相关课程学习，观摩幼儿的生活和教育活动的组织与指导，了解幼儿园教育的规范与过程，感受不同的教育风格。 3.1.2 深入幼儿园和班级，参与幼儿活动，获得与幼儿直接交往的体验。 3.1.3 了解幼儿园保教工作的特点和幼儿园各部门工作的职责和要求，感受幼儿教育实践的丰富性和复杂性。
	3.2 具有参与教育实践的经历与体验	3.2.1 了解实习班级幼儿的实际情况，在指导下设计教育活动方案，组织一日活动，获得对教育过程的真实感受。 3.2.2 参与各种教研活动，获得与幼儿园教师直接对话或交流的机会。 3.2.3 与家庭和社区合作，提高沟通能力，获得共同促进幼儿发展的实践经历与体验。 3.2.4 参与不同类型的幼教机构活动和幼儿教育实践活动。
	3.3 具有研究教育实践的经历与体验	3.3.1 在日常学习和实践过程中积累所学所思所想，形成问题意识和一定的解决问题的能力。 3.3.2 了解研究教育实践的一般方法，经历和体验制订计划、开展活动、完成报告、分享结果的过程。 3.3.3 参与各种类型的科研活动，获得科学地研究幼儿的经历与体验。

2. 课程设置

学习领域	建议模块	学分要求		
		三年制专科	五年制专科	四年制本科
1. 儿童发展与学习； 2. 幼儿教育基础； 3. 幼儿活动与指导； 4. 幼儿园与家庭、社会； 5. 职业道德与专业发展	儿童发展；幼儿认知与学习；特殊儿童发展与学习等。教育发展史略；教育哲学；课程与教学理论；学前教育原理等。幼儿游戏与指导；教育活动的设计与实施；幼儿健康教育与活动指导；幼儿语言教育与活动指导；幼儿社会教育与活动指导；幼儿科学教育与活动指导；幼儿艺术教育与活动指导；0～3岁婴儿的保育与教育；幼儿园教育环境创设；幼儿园教育评价；教育诊断与幼儿心理健康指导等。幼儿园组织与管理；幼儿园班级管理；家庭与社区教育；教育资源的开发与利用；幼儿教育政策法规等。教师职业道德；教育研究方法；师幼互动方法与实践；教师专业发展；教师语言技能；音乐技能；舞蹈技能；美术技能；现代教育技术应用等。	最低必修学分40学分	最低必修学分50学分	最低必修学分44学分
6. 教育实践	教育见习；教育实习等。	18周	18周	18周
教师教育课程最低总学分数(含选修课程)		60学分+18周	72学分+18周	64学分+18周

说明：(1) 1学分相当于学生在教师指导下进行课程学习18课时，并经考核合格。(2) 学习领域是每个学习者都必修的；建议模块供教师教育机构或学习者选择或组合，可以是必修也可以是选修；每个学习领域或模块的学分数由教师教育机构按相关规定自主确定。

（二）小学职前教师教育课程目标与课程设置

小学职前教师教育课程要引导未来教师理解小学生成长的特点与差异，学会创设富有支持性和挑战性的学习环境，满足他们的表现欲和求知欲；理解小学生的生活经验和现场资源的重要意义，学会设计和组织适宜的活动，指导和帮助他们自主、合作与探究学习，形成良好的学习习惯；理解交往对小学生发展的价值和独特性，学会组织各种集体和伙伴活动，让他们在有意义的学校生活中快乐成长。

1. 课程目标

目标领域	目标	基本要求
1　教育信念与责任	1.1　具有正确的学生观和相应的行为	1.1.1　理解小学阶段在人生发展中的独特地位和价值，认识生动活泼的小学生活对小学生发展的意义。 1.1.2　尊重学生学习和发展的权利，保护学生的学习兴趣和自信心。 1.1.3　尊重学生的个体差异，相信学生具有发展的潜力，乐于为学生创造发展的条件和机会。
	1.2　具有正确的教师观和相应的行为	1.2.1　理解教师是学生学习的促进者，相信教师工作的意义在于创造条件帮助学生快乐成长。 1.2.2　了解小学教师的职业特点和专业要求，自觉提高自身的科学和人文素养，形成终身学习的意愿。 1.2.3　了解教师的权利和责任，遵守教师职业道德。
	1.3　具有正确的教育观和相应的行为	1.3.1　理解教育对学生成长、教师专业发展和社会进步的重要意义，相信教育充满了创造的乐趣，愿意从事小学教育事业。 1.3.2　了解学校教育的历史、现状和发展趋势，认同素质教育理念，理解并参与教育改革。 1.3.3　形成正确的教育质量观，对与学校教育相关的现象进行专业思考与判断。
2　教育知识与能力	2.1　具有理解学生的知识与能力	2.1.1　了解儿童发展的主要理论和儿童研究的最新成果。 2.1.2　了解儿童身心发展的一般规律和影响因素，熟悉小学生年龄特征和个体发展的差异性。 2.1.3　了解小学生的认知发展、学习方式的特点及影响因素，熟悉小学生建构知识、获得技能的过程。 2.1.4　了解小学生品德和行为习惯形成的过程，了解小学生的交往特点，理解同伴交往对小学生发展的影响。 2.1.5　掌握观察、谈话、倾听、作品分析等方法，理解小学生学习和发展的需要。 2.1.6　了解我国教育的政策法规，熟悉关于儿童权利的内容以及维护儿童合法权益的途径。
	2.2　具有教育学生的知识与能力	2.2.1　了解小学教育的培养目标，熟悉至少两门学科的课程标准，学会依据课程标准制定教学目标或活动目标。 2.2.2　熟悉至少两门学科的教学内容与方法，学会联系小学生的生活经验组织教学活动，将教学内容转化为对小学生有意义的学习活动。 2.2.3　了解学科整合在小学教育中的价值，了解与小学生学习内容相关的各种课程资源，学会设计综合性主题活动，创造跨学科的学习机会。 2.2.4　了解课堂组织与管理的知识，学会创设支持性与挑战性的学习环境，激发学生的学习兴趣。 2.2.5　了解课堂评价的理论与技术，学会通过评价改进教学与促进学生学习。 2.2.6　了解课程开发的知识，学会开发校本课程，设计、实施和指导简单的课外、校外活动。 2.2.7　了解班队管理的基本方法，学会引导小学生进行自我管理和形成集体观念。 2.2.8　了解小学生心理健康教育的基本知识，学会诊断和解决小学生常见学习问题和行为问题。 2.2.9　掌握教师所必需的语言技能、沟通与合作技能、运用现代教育技术的技能。
	2.3　具有发展自我的知识与能力	2.3.1　了解教师专业素养的核心内容，明确自身专业发展的重点。 2.3.2　了解教师专业发展的阶段与途径，熟悉教师专业发展规划的一般方法，学会理解与分享优秀教师的成功经验。 2.3.3　了解教师专业发展的影响因素，学会利用以课程学习为主的各种机会积累发展经验。

续表

目标领域	目标	基本要求
3 教育实践与体验	3.1 具有观摩教育实践的经历与体验	3.1.1 结合相关课程学习，观摩小学课堂教学，了解课堂教学的规范与过程。 3.1.2 深入班级，了解小学生群体活动的状况以及小学班级管理、班队活动的内容和要求，获得与小学生直接交往的体验。 3.1.3 密切联系小学，了解小学的教育与管理实践，获得对小学工作内容和运作过程的感性认识。
	3.2 具有参与教育实践的经历与体验	3.2.1 在有指导的情况下，根据小学生的特点和教学目标设计与实施教学方案，经历1～2门课程的教学活动。 3.2.2 在有指导的情况下，参与指导学习、管理班级和组织班队活动，获得与家庭、社区联系的经历。 3.2.3 参与各种教研活动，获得与其他教师直接对话或交流的机会。
	3.3 具有研究教育实践的经历与体验	3.3.1 在日常学习和实践过程中积累所学所思所想，形成问题意识和一定的解决问题能力。 3.3.2 了解研究教育实践的一般方法，经历和体验制订计划、开展活动、完成报告、分享结果的过程。 3.3.3 参与各种类型的科研活动，获得科学地研究学生的经历与体验。

2. 课程设置

学习领域	建议模块	学分要求		
		三年制专科	五年制专科	四年制本科
1. 儿童发展与学习； 2. 小学教育基础； 3. 小学学科教育与活动指导； 4. 心理健康与道德教育； 5. 职业道德与专业发展	儿童发展；小学生认知与学习等。教育哲学；课程设计与评价；有效教学；学校教育发展；班级管理；学校组织与管理；教育政策法规等。小学学科课程标准与教材研究；小学学科教学设计；小学跨学科教育；小学综合实践活动等。小学生心理辅导；小学生品德发展与道德教育等。教师职业道德；教育研究方法；教师专业发展；现代教育技术应用；教师语言；书写技能等。	最低必修学分20学分	最低必修学分26学分	最低必修学分24学分
6. 教育实践	教育见习；教育实习。	18周	18周	18周
教师教育课程最低总学分数(含选修课程)		28学分+18周	35学分+18周	32学分+18周

说明：(1) 1学分相当于学生在教师指导下进行课程学习18课时，并经考核合格。(2) 学习领域是每个学习者都必修的；建议模块供教师教育机构或学习者选择或组合，可以是必修也可以是选修；每个学习领域或模块的学分数由教师教育机构按相关规定自主确定。

(三) 中学职前教师教育课程目标与课程设置

中学职前教师教育课程要引导未来教师理解青春期的特点及其对中学生生活的影响，学习指导他们安全度过青春期；理解中学生的认知特点与学习方式，学会创建学习环境，鼓励独立思考，指导他们用多种方式探究学科知识；理解中学生的人格与文化特点，学会尊重他们的自我意识，指导他们规划自己的人生，在多样化的活动中发展社会实践能力。

1. 课程目标

目标领域	目标	基本要求
1　教育信念与责任	1.1　具有正确的学生观和相应的行为	1.1.1　理解中学阶段在人生发展中的独特地位和价值，认识积极主动的中学生活对中学生发展的意义。 1.1.2　尊重学生的学习和发展的权利，保护学生的学习自主性、独立性与选择性。 1.1.3　尊重学生的个体差异，相信学生具有发展的潜力，乐于为学生创造发展的条件和机会。
	1.2　具有正确的教师观和相应的行为	1.2.1　理解教师是学生学习的促进者，相信教师工作的意义在于创造条件帮助学生自主发展。 1.2.2　了解中学教师的职业特点和专业要求，自觉提高自身的科学与人文素养，形成终身学习的意愿。 1.2.3　了解教师的权利与责任，遵守教师职业道德。
	1.3　具有正确的教育观和相应的行为	1.3.1　理解教育对学生成长、教师自身发展和社会进步的重要意义，相信教育充满了创造的乐趣，愿意从事中学教育事业。 1.3.2　了解人类教育的历史、现状和发展趋势，认同素质教育理念，理解并参与教育改革。 1.3.3　形成正确的教育质量观，对与学校教育相关的现象进行专业思考与判断。
2　教育知识与能力	2.1　具有理解学生的知识与技能	2.1.1　了解儿童发展的主要理论和最新研究成果。 2.1.2　了解儿童身心发展的一般规律和影响因素，熟悉中学生年龄特征和个体发展的差异性。 2.1.3　了解中学生的认知发展、学习方式的特点及影响因素，熟悉中学生建构知识和获得技能的过程。 2.1.4　了解中学生品德和行为习惯形成的过程，了解中学生交往的特点，理解同伴交往对中学生发展的影响。 2.1.5　掌握观察、谈话、倾听、作品分析等方法，理解中学生学习和发展的需要。 2.1.6　了解我国教育的政策法规，熟悉关于儿童权利的内容以及维护儿童合法权益的途径。
	2.2　具有教育学生的知识和能力	2.2.1　了解中学教育的培养目标，熟悉任教学科的课程标准，学会依据课程标准制定教学目标或活动目标。 2.2.2　熟悉任教学科的教学内容和方法，学会联系并运用中学生生活经验和相关课程资源，设计教育活动，创设促进中学生学习的课堂环境。 2.2.3　了解课堂评价的理论与技术，学会通过评价改进教学与促进学生学习。 2.2.4　了解活动课程开发的知识，学会开发校本课程，设计与指导课外、校外活动。 2.2.5　了解班级管理的基本方法，学会引导中学生进行自我管理和形成集体观念。 2.2.6　了解中学生心理健康教育的基本知识，学会处理中学生特别是青春期常见的心理和行为问题。 2.2.7　掌握教师所必需的语言技能、沟通与合作技能、运用现代教育技术的技能。
	2.3　具有发展自我的知识与能力	2.3.1　了解教师专业素养的核心内容，明确自身专业发展的重点。 2.3.2　了解教师专业发展的阶段与途径，熟悉教师专业发展规划的一般方法，学会理解和分享优秀教师的成长经验。 2.3.3　了解教师专业发展的影响因素，学会利用以课程学习为主的各种机会积累发展的经验。

续表

目标领域	目标	基本要求
3　教育实践与体验	3.1　具有观摩教育实践的经历与体验	3.1.1　观摩中学课堂教学，了解中学课堂教学的规范与过程，感受不同的教学风格。 3.1.2　深入班级或其他学生组织，了解中学班级管理的内容和要求，获得与学生直接交往的体验。 3.1.3　深入中学，了解中学的组织结构与运作机制。
	3.2　具有参与教育实践的经历与体验	3.2.1　在有指导的情况下，根据学生的特点，设计与实施教学方案，获得对学科教学的真实感受和初步经验。 3.2.2　在有指导的情况下，参与指导学习、管理班级和组织活动，获得与家庭、社区联系的经历。 3.2.3　参与各种教研活动，获得与其他教师直接对话或交流的机会。
	3.3　具有研究教育实践的经历与体验	3.3.1　在日常学习和实践过程中积累所学所思所想，形成问题意识和一定的解决问题的能力。 3.3.2　了解研究教育实践的一般方法，经历和体验制订计划、开展活动、完成报告、分享结果的过程。 3.3.3　参与各种类型的科研活动，获得科学地研究学生的经历与体验。

2. 课程设置

学习领域	建议模块	学分要求	
		三年制专科	四年制本科
1. 儿童发展与学习； 2. 中学教育基础； 3. 中学学科教育与活动指导； 4. 心理健康与道德教育； 5. 职业道德与专业发展	儿童发展；中学生认知与学习等。教育哲学；课程设计与评价；有效教学；学校教育发展；班级管理等。中学学科课程标准与教材研究；中学学科教学设计；中学综合实践活动等。中学生心理辅导；中学生品德发展与道德教育等。教师职业道德；教师专业发展；教育研究方法；教师语言；现代教育技术应用等。	最低必修学分8学分	最低必修学分10学分
6. 教育实践	教育见习；教育实习。	18周	18周
教师教育课程最低总学分数(含选修课程)		12学分+18周	14学分+18周

说明：(1) 1学分相当于学生在教师指导下进行课程学习18课时，并经考核合格。(2) 学习领域是每个学习者都必修的；建议模块供教师教育机构或学习者选择或组合，可以是必修也可以是选修；每个学习领域或模块的学分数由教师教育机构按相关规定自主确定。

(四) 在职教师教育课程设置框架建议

在职教师教育课程分为学历教育课程与非学历教育课程。学历教育课程方案的制定要以本标准为依据，考虑教师教育机构自身的培养目标、学习者的性质和特点，并参照在职教师教育课程设置框架；非学历教育课程方案的制定要针对教师在不同发展阶段的特殊需求，参照在职教师教育课程设置框架，提供灵活多样、新颖实用、针对性强的课程，确保教师持续而有效的专业学习。

在职教师教育课程要满足教师专业发展的多样化需求，充分利用教师自身的经验与优势，进一步深化和发展职前教师教育的课程目标，引导教师加深专业理解、解决实际问题、提升自身经验，促进教师专业发展。

课程功能指向	主题/模块举例
加深专业理解	当代教育思潮、教师专业伦理、学科教育新进展、儿童研究新进展、学习科学新进展等;也可以选择哲学、人文、科技等研究领域的一些相关专题。
解决实际问题	学科教学专题研究、特殊儿童教育、青少年发展问题研究、学校课程领导、校(园)本课程开发、综合实践活动设计与指导、档案袋评价、学生综合素质评定、教学诊断、课堂评价、课堂观察、学业成就评价、信息技术与课程的整合、校(园)本教学研究制度建设等。
提升自身经验	教师专业发展专题研究、教育经验研究、反思性教学、教育行动研究、教育案例研究、教育叙事等。

三、实施建议

(一) 各级教育行政部门要根据基础教育改革发展的需要,加强对教师教育课程的领导和管理,提供相应的政策支持和制度保障,充分调动各方面的积极性,做好教师教育课程标准实施工作。依据课程标准,加强教师教育质量的评估和监管,确保中小学和幼儿园教师培养质量。

(二) 教师教育机构要依据课程标准,制定幼儿园、小学、中学教师教育课程方案,科学安排公共基础课程、学科专业课程和教师教育课程的结构比例。根据学习领域、建议模块以及学分要求,确立相应的课程结构,提出课程实施办法,制定配套的保障措施。建立课程自我评估制度,及时发现问题,总结经验,不断完善课程方案。

强化教育实践环节,完善教育实践课程管理,确保教育实践课程的时间和质量。大力推进课程改革,创新教师培养模式,探索建立高校、地方政府、中小学合作培养师范生的新机制。

(三) 教师教育机构要研究在职教师学习的特殊性,提供有针对性的在职教师教育课程,满足不同学习者的发展需求。在职教师教育课程要反映相关研究领域的新进展,联系教育实际,尊重和吸纳学习者自身的实践经验,解决实际问题,增强在职教师教育课程的针对性和实效性。为落实教育规划纲要,深化教师教育改革,规范和引导教师教育课程与教学,培养造就高素质专业化教师队伍,特制定《教师教育课程标准(试行)》。

教师教育课程广义上包括教师教育机构为培养和培训幼儿园、小学和中学教师所开设的公共基础课程、学科专业课程和教育类课程。本课程标准专指教育类课程。

教师教育课程标准体现国家对教师教育机构设置教师教育课程的基本要求,是制定教师教育课程方案、开发教材与课程资源、开展教学与评价,以及认定教师资格的重要依据。

附录四　幼儿园教师专业标准(试行)

为促进幼儿园教师专业发展,建设高素质幼儿园教师队伍,根据《中华人民共和国教师法》,特制定《幼儿园教师专业标准(试行)》(以下简称《专业标准》)。

幼儿园教师是履行幼儿园教育教学工作职责的专业人员,需要经过严格的培养与培训,具有良好的职业道德,掌握系统的专业知识和专业技能。《专业标准》是国家对合格幼儿园教师专业素质的基本要求,是幼儿园教师实施保教行为的基本规范,是引领幼儿园教师专业发展的基本准则,是幼儿园教师培养、准入、培训、考核等工作的重要依据。

一、基本理念

(一) 师德为先

热爱学前教育事业,具有职业理想,践行社会主义核心价值体系,履行教师职业道德规范,依法执教。关爱幼儿,尊重幼儿人格,富有爱心、责任心、耐心和细心;为人师表,教书育人,自尊自律,做幼儿健康成长的启蒙者和引路人。

(二) 幼儿为本

尊重幼儿权益,以幼儿为主体,充分调动和发挥幼儿的主动性;遵循幼儿身心发展特点和保教活动规律,提供适合的教育,保障幼儿快乐健康成长。

(三) 能力为重

把学前教育理论与保教实践相结合,突出保教实践能力;研究幼儿,遵循幼儿成长规律,提升保教工作专业化水平;坚持实践、反思、再实践、再反思,不断提高专业能力。

(四) 终身学习

学习先进学前教育理论,了解国内外学前教育改革与发展的经验和做法;优化知识结构,提高文化素养;具有终身学习与持续发展的意识和能力,做终身学习的典范。

二、基本内容

维度	领域	基本要求
专业理念与师德	(一) 职业理解与认识	1. 贯彻党和国家教育方针政策,遵守教育法律法规。 2. 理解幼儿保教工作的意义,热爱学前教育事业,具有职业理想和敬业精神。 3. 认同幼儿园教师的专业性和独特性,注重自身专业发展。 4. 具有良好职业道德修养,为人师表。 5. 具有团队合作精神,积极开展协作与交流。
	(二) 对幼儿的态度与行为	6. 关爱幼儿,重视幼儿身心健康,将保护幼儿生命安全放在首位。 7. 尊重幼儿人格,维护幼儿合法权益,平等对待每一位幼儿。不讽刺、挖苦、歧视幼儿,不体罚或变相体罚幼儿。 8. 信任幼儿,尊重个体差异,主动了解和满足有益于幼儿身心发展的不同需求。 9. 重视生活对幼儿健康成长的重要价值,积极创造条件,让幼儿拥有快乐的幼儿园生活。

续表

维度	领域	基本要求
专业理念与师德	（三）幼儿保育和教育的态度与行为	10. 注重保教结合，培育幼儿良好的意志品质，帮助幼儿养成良好的行为习惯。 11. 注重保护幼儿的好奇心，培养幼儿的想象力，发掘幼儿的兴趣爱好。 12. 重视环境和游戏对幼儿发展的独特作用，创设富有教育意义的环境氛围，将游戏作为幼儿的主要活动。 13. 重视丰富幼儿多方面的直接经验，将探索、交往等实践活动作为幼儿最重要的学习方式。 14. 重视自身日常态度言行对幼儿发展的重要影响与作用。 15. 重视幼儿园、家庭和社区的合作，综合利用各种资源。
	（四）个人修养与行为	16. 富有爱心、责任心、耐心和细心。 17. 乐观向上、热情开朗，有亲和力。 18. 善于自我调节情绪，保持平和心态。 19. 勤于学习，不断进取。 20. 衣着整洁得体，语言规范健康，举止文明礼貌。
专业知识	（五）幼儿发展知识	21. 了解关于幼儿生存、发展和保护的有关法律法规及政策规定。 22. 掌握不同年龄幼儿身心发展特点、规律和促进幼儿全面发展的策略与方法。 23. 了解幼儿在发展水平、速度与优势领域等方面的个体差异，掌握对应的策略与方法。 24. 了解幼儿发展中容易出现的问题与适宜的对策。 25. 了解有特殊需要幼儿的身心发展特点及教育策略与方法。
	（六）幼儿保育和教育知识	26. 熟悉幼儿园教育的目标、任务、内容、要求和基本原则。 27. 掌握幼儿园各领域教育的学科特点与基本知识。 28. 掌握幼儿园环境创设、一日生活安排、游戏与教育活动、保育和班级管理的知识与方法。 29. 熟知幼儿园的安全应急预案，掌握意外事故和危险情况下幼儿安全防护与救助的基本方法。 30. 掌握观察、谈话、记录等了解幼儿的基本方法和教育心理学的基本原理和方法。 31. 了解 0～3 岁婴幼儿保教和幼小衔接的有关知识与基本方法。
	（七）通识性知识	32. 具有一定的自然科学和人文社会科学知识。 33. 了解中国教育基本情况。 34. 具有相应的艺术欣赏与表现知识。 35. 具有一定的现代信息技术知识。
专业能力	（八）环境的创设与利用	36. 建立良好的师幼关系，帮助幼儿建立良好的同伴关系，让幼儿感到温暖和愉悦。 37. 建立班级秩序与规则，营造良好的班级氛围，让幼儿感受到安全、舒适。 38. 创设有助于促进幼儿成长、学习、游戏的教育环境。 39. 合理利用资源，为幼儿提供和制作适合的玩教具和学习材料，引发和支持幼儿的主动活动。
	（九）一日生活的组织与保育	40. 合理安排和组织一日生活的各个环节，将教育灵活地渗透到一日生活中。 41. 科学照料幼儿日常生活，指导和协助保育员做好班级常规保育和卫生工作。 42. 充分利用各种教育契机，对幼儿进行随机教育。 43. 有效保护幼儿，及时处理幼儿的常见事故，危险情况优先救护幼儿。
	（十）游戏活动的支持与引导	44. 提供符合幼儿兴趣需要、年龄特点和发展目标的游戏条件。 45. 充分利用与合理设计游戏活动空间，提供丰富、适宜的游戏材料，支持、引发和促进幼儿的游戏。 46. 鼓励幼儿自主选择游戏内容、伙伴和材料，支持幼儿主动地、创造性地开展游戏，充分体验游戏的快乐和满足。 47. 引导幼儿在游戏活动中获得身体、认知、语言和社会性等多方面的发展。

续表

维度	领域	基本要求
专业能力	(十一)教育活动的计划与实施	48. 制定阶段性的教育活动计划和具体活动方案。 49. 在教育活动中观察幼儿，根据幼儿的表现和需要，调整活动，给予适宜的指导。 50. 在教育活动的设计和实施中体现趣味性、综合性和生活化，灵活运用各种组织形式和适宜的教育方式。 51. 提供更多的操作探索、交流合作、表达表现的机会，支持和促进幼儿主动学习。
	(十二)激励与评价	52. 关注幼儿日常表现，及时发现和赏识每个幼儿的点滴进步，注重激发和保护幼儿的积极性、自信心。 53. 有效运用观察、谈话、家园联系、作品分析等多种方法，客观地、全面地了解和评价幼儿。 54. 有效运用评价结果，指导下一步教育活动的开展。
	(十三)沟通与合作	55. 使用符合幼儿年龄特点的语言进行保教工作。 56. 善于倾听，和蔼可亲，与幼儿进行有效沟通。 57. 与同事合作交流，分享经验和资源，共同发展。 58. 与家长进行有效沟通合作，共同促进幼儿发展。 59. 协助幼儿园与社区建立合作互助的良好关系。
	(十四)反思与发展	60. 主动收集分析相关信息，不断进行反思，改进保教工作。 61. 针对保教工作中的现实需要与问题，进行探索和研究。 62. 制定专业发展规划，积极参加专业培训，不断提高自身专业素质。

三、实施建议

(一)各级教育行政部门要将《专业标准》作为幼儿园教师队伍建设的基本依据

根据学前教育改革发展的需要，充分发挥《专业标准》引领和导向作用，深化教师教育改革，建立教师教育质量保障体系，不断提高幼儿园教师培养培训质量。制定幼儿园教师准入标准，严把幼儿园教师入口关；制定幼儿园教师聘任(聘用)、考核、退出等管理制度，保障教师合法权益，形成科学有效的幼儿园教师队伍管理和督导机制。

(二)开展幼儿园教师教育的院校要将《专业标准》作为幼儿园教师培养培训的主要依据

重视幼儿园教师职业特点，加强学前教育学科和专业建设。完善幼儿园教师培养培训方案，科学设置教师教育课程，改革教育教学方式；重视幼儿园教师职业道德教育，重视社会实践和教育实习；加强从事幼儿园教师教育的师资队伍建设，建立科学的质量评价制度。

(三)幼儿园要将《专业标准》作为教师管理的重要依据

制定幼儿园教师专业发展规划，注重教师职业理想与职业道德教育，增强教师育人的责任感与使命感；开展园本研修，促进教师专业发展；完善教师岗位职责和考核评价制度，健全幼儿园教师绩效管理机制。

(四)幼儿园教师要将《专业标准》作为自身专业发展的基本依据

制定自我专业发展规划，爱岗敬业，增强专业发展自觉性；大胆开展保教实践，不断创新；积极进行自我评价，主动参加教师培训和自主研修，逐步提升专业发展水平。

附录五　小学教师专业标准(试行)

为促进小学教师专业发展,建设高素质小学教师队伍,根据《中华人民共和国教师法》和《中华人民共和国义务教育法》,特制定《小学教师专业标准(试行)》(以下简称《专业标准》)。

小学教师是履行小学教育教学工作职责的专业人员,需要经过严格的培养与培训,具有良好的职业道德,掌握系统的专业知识和专业技能。《专业标准》是国家对合格小学教师专业素质的基本要求,是小学教师实施教育教学行为的基本规范,是引领小学教师专业发展的基本准则,是小学教师培养、准入、培训、考核等工作的重要依据。

一、基本理念

(一) 师德为先

热爱小学教育事业,具有职业理想,践行社会主义核心价值体系,履行教师职业道德规范,依法执教。关爱小学生,尊重小学生人格,富有爱心、责任心、耐心和细心;为人师表,教书育人,自尊自律,做小学生健康成长的指导者和引路人。

(二) 学生为本

尊重小学生权益,以小学生为主体,充分调动和发挥小学生的主动性;遵循小学生身心发展特点和教育教学规律,提供适合的教育,促进小学生生动活泼学习、健康快乐成长。

(三) 能力为重

把学科知识、教育理论与教育实践有机结合,突出教书育人实践能力;研究小学生,遵循小学生成长规律,提升教育教学专业化水平;坚持实践、反思、再实践、再反思,不断提高专业能力。

(四) 终身学习

学习先进小学教育理论,了解国内外小学教育改革与发展的经验和做法;优化知识结构,提高文化素养;具有终身学习与持续发展的意识和能力,做终身学习的典范。

二、基本内容

维度	领域	基本要求
专业理念与师德	(一) 职业理解与认识	1. 贯彻党和国家教育方针政策,遵守教育法律法规。 2. 理解小学教育工作的意义,热爱小学教育事业,具有职业理想和敬业精神。 3. 认同小学教师的专业性和独特性,注重自身专业发展。 4. 具有良好职业道德修养,为人师表。 5. 具有团队合作精神,积极开展协作与交流。
	(二) 对小学生的态度与行为	6. 关爱小学生,重视小学生身心健康,将保护小学生生命安全放在首位。 7. 尊重小学生独立人格,维护小学生合法权益,平等对待每一位小学生。不讽刺、挖苦、歧视小学生,不体罚或变相体罚小学生。 8. 信任小学生,尊重个体差异,主动了解和满足有益于小学生身心发展的不同需求。 9. 积极创造条件,让小学生拥有快乐的学校生活。

续表

维度	领域	基本要求
专业理念与师德	(三)教育教学的态度与行为	10. 树立育人为本、德育为先的理念,将小学生的知识学习、能力发展与品德养成相结合,重视小学生全面发展。 11. 尊重教育规律和小学生身心发展规律,为每一个小学生提供适合的教育。 12. 引导小学生体验学习乐趣,保护小学生的求知欲和好奇心,培养小学生的广泛兴趣、动手能力和探究精神。 13. 引导小学生学会学习,养成良好学习习惯。 14. 尊重和发挥好少先队组织的教育引导作用。
	(四)个人修养与行为	15. 富有爱心、责任心、耐心和细心。 16. 乐观向上、热情开朗、有亲和力。 17. 善于自我调节情绪,保持平和心态。 18. 勤于学习,不断进取。 19. 衣着整洁得体,语言规范健康,举止文明礼貌。
专业知识	(五)小学生发展知识	20. 了解关于小学生生存、发展和保护的有关法律法规及政策规定。 21. 了解不同年龄及有特殊需要的小学生身心发展特点和规律,掌握保护和促进小学生身心健康发展的策略与方法。 22. 了解不同年龄小学生学习的特点,掌握小学生良好行为习惯养成的知识。 23. 了解幼小和小初衔接阶段小学生的心理特点,掌握帮助小学生顺利过渡的方法。 24. 了解对小学生进行青春期和性健康教育的知识和方法。 25. 了解小学生安全防护的知识,掌握针对小学生可能出现的各种侵犯与伤害行为的预防与应对方法。
	(六)学科知识	26. 适应小学综合性教学的要求,了解多学科知识。 27. 掌握所教学科知识体系、基本思想与方法。 28. 了解所教学科与社会实践、少先队活动的联系,了解与其他学科的联系。
	(七)教育教学知识	29. 掌握小学教育教学基本理论。 30. 掌握小学生品行养成的特点和规律。 31. 掌握不同年龄小学生的认知规律和教育心理学的基本原理和方法。 32. 掌握所教学科的课程标准和教学知识。
	(八)通识性知识	33. 具有相应的自然科学和人文社会科学知识。 34. 了解中国教育基本情况。 35. 具有相应的艺术欣赏与表现知识。 36. 具有适应教育内容、教学手段和方法现代化的信息技术知识。
专业能力	(九)教育教学设计	37. 合理制定小学生个体与集体的教育教学计划。 38. 合理利用教学资源,科学编写教学方案。 39. 合理设计主题鲜明、丰富多彩的班级和少先队活动。
	(十)组织与实施	40. 建立良好的师生关系,帮助小学生建立良好的同伴关系。 41. 创设适宜的教学情境,根据小学生的反应及时调整教学活动。 42. 调动小学生学习积极性,结合小学生已有的知识和经验激发学习兴趣。 43. 发挥小学生主体性,灵活运用启发式、探究式、讨论式、参与式等教学方式。 44. 发挥好少先队组织生活、集体活动、信息传播等教育功能。 45. 将现代教育技术手段整合应用到教学中。 46. 较好使用口头语言、肢体语言与书面语言,使用普通话教学,规范书写钢笔字、粉笔字、毛笔字。 47. 妥善应对突发事件。 48. 鉴别小学生行为和思想动向,用科学的方法防止和有效矫正不良行为。

续表

维度	领域	基本要求
专业能力	（十一）激励与评价	49. 对小学生日常表现进行观察与判断，发现和赏识每一位小学生的点滴进步。 50. 灵活使用多元评价方式，给予小学生恰当的评价和指导。 51. 引导小学生进行积极的自我评价。 52. 利用评价结果不断改进教育教学工作。
	（十二）沟通与合作	53. 使用符合小学生特点的语言进行教育教学工作。 54. 善于倾听，和蔼可亲，与小学生进行有效沟通。 55. 与同事合作交流，分享经验和资源，共同发展。 56. 与家长进行有效沟通合作，共同促进小学生发展。 57. 协助小学与社区建立合作互助的良好关系。
	（十三）反思与发展	58. 主动收集分析相关信息，不断进行反思，改进教育教学工作。 59. 针对教育教学工作中的现实需要与问题，进行探索和研究。 60. 制定专业发展规划，积极参加专业培训，不断提高自身专业素质。

三、实施建议

（一）各级教育行政部门要将《专业标准》作为小学教师队伍建设的基本依据

根据小学教育改革发展的需要，充分发挥《专业标准》引领和导向作用，深化教师教育改革，建立教师教育质量保障体系，不断提高小学教师培养培训质量。制定小学教师准入标准，严把小学教师入口关；制定小学教师聘任（聘用）、考核、退出等管理制度，保障教师合法权益，形成科学有效的小学教师队伍管理和督导机制。

（二）开展小学教师教育的院校要将《专业标准》作为小学教师培养培训的主要依据

重视小学教师职业特点，加强小学教育学科和专业建设。完善小学教师培养培训方案，科学设置教师教育课程，改革教育教学方式；重视小学教师职业道德教育，重视社会实践和教育实习；加强从事小学教师教育的师资队伍建设，建立科学的质量评价制度。

（三）小学要将《专业标准》作为教师管理的重要依据

制定小学教师专业发展规划，注重教师职业理想与职业道德教育，增强教师育人的责任感与使命感；开展校本研修，促进教师专业发展；完善教师岗位职责和考核评价制度，健全小学教师绩效管理机制。

（四）小学教师要将《专业标准》作为自身专业发展的基本依据

制定自我专业发展规划，爱岗敬业，增强专业发展自觉性；大胆开展教育教学实践，不断创新；积极进行自我评价，主动参加教师培训和自主研修，逐步提升专业发展水平。

附录六　中学教师专业标准(试行)

为促进中学教师专业发展,建设高素质中学教师队伍,根据《中华人民共和国教师法》和《中华人民共和国义务教育法》,特制定《中学教师专业标准(试行)》(以下简称《专业标准》)。

中学教师是履行中学教育教学工作职责的专业人员,需要经过严格的培养与培训,具有良好的职业道德,掌握系统的专业知识和专业技能。《专业标准》是国家对合格中学教师的基本专业要求,是中学教师实施教育教学行为的基本规范,是引领中学教师专业发展的基本准则,是中学教师培养、准入、培训、考核等工作的重要依据。

一、基本理念

(一) 师德为先

热爱中学教育事业,具有职业理想,践行社会主义核心价值体系,履行教师职业道德规范,依法执教。关爱中学生,尊重中学生人格,富有爱心、责任心、耐心和细心;为人师表,教书育人,自尊自律,以人格魅力和学识魅力教育感染中学生,做中学生健康成长的指导者和引路人。

(二) 学生为本

尊重中学生权益,以中学生为主体,充分调动和发挥中学生的主动性;遵循中学生身心发展特点和教育教学规律,提供适合的教育,促进中学生生动活泼学习、健康快乐成长,全面而有个性地发展。

(三) 能力为重

把学科知识、教育理论与教育实践有机结合,突出教书育人实践能力;研究中学生,遵循中学生成长规律,提升教育教学专业化水平;坚持实践、反思、再实践、再反思,不断提高专业能力。

(四) 终身学习

学习先进中学教育理论,了解国内外中学教育改革与发展的经验和做法;优化知识结构,提高文化素养;具有终身学习与持续发展的意识和能力,做终身学习的典范。

二、基本内容

维度	领域	基本要求
专业理念与师德	(一) 职业理解与认识	1. 贯彻党和国家教育方针政策,遵守教育法律法规。 2. 理解中学教育工作的意义,热爱中学教育事业,具有职业理想和敬业精神。 3. 认同中学教师的专业性和独特性,注重自身专业发展。 4. 具有良好职业道德修养,为人师表。 5. 具有团队合作精神,积极开展协作与交流。
	(二) 对学生的态度与行为	6. 关爱中学生,重视中学生身心健康发展,保护中学生生命安全。 7. 尊重中学生独立人格,维护中学生合法权益,平等对待每一位中学生。不讽刺、挖苦、歧视中学生,不体罚或变相体罚中学生。 8. 尊重个体差异,主动了解和满足中学生的不同需要。 9. 信任中学生,积极创造条件,促进中学生的自主发展。

续表

维度	领域	基本要求
专业理念与师德	（三）教育教学的态度与行为	10. 树立育人为本、德育为先的理念，将中学生的知识学习、能力发展与品德养成相结合，重视中学生的全面发展。 11. 尊重教育规律和中学生身心发展规律，为每一位中学生提供适合的教育。 12. 激发中学生的求知欲和好奇心，培养中学生学习兴趣和爱好，营造自由探索、勇于创新的氛围。 13. 引导中学生自主学习、自强自立，培养良好的思维习惯和适应社会的能力。 14. 尊重和发挥好共青团、少先队组织的教育引导作用。
	（四）个人修养与行为	15. 富有爱心、责任心、耐心和细心。 16. 乐观向上、热情开朗、有亲和力。 17. 善于自我调节情绪，保持平和心态。 18. 勤于学习，不断进取。 19. 衣着整洁得体，语言规范健康，举止文明礼貌。
专业知识	（五）教育知识	20. 掌握中学教育的基本原理和主要方法。 21. 掌握班级、共青团、少先队建设与管理的原则与方法。 22. 掌握教育心理学的基本原理和方法，了解中学生身心发展的一般规律与特点。 23. 了解中学生世界观、人生观、价值观形成的过程及其教育方法。 24. 了解中学生思维能力、创新能力和实践能力发展的过程与特点。 25. 了解中学生群体文化特点与行为方式。
	（六）学科知识	26. 理解所教学科的知识体系、基本思想与方法。 27. 掌握所教学科内容的基本知识、基本原理与技能。 28. 了解所教学科与其他学科的联系。 29. 了解所教学科与社会实践及共青团、少先队活动的联系。
	（七）学科教学知识	30. 掌握所教学科课程标准。 31. 掌握所教学科课程资源开发与校本课程开发的主要方法与策略。 32. 了解中学生在学习具体学科内容时的认知特点。 33. 掌握针对具体学科内容进行教学和研究性学习的方法与策略。
	（八）通识性知识	34. 具有相应的自然科学和人文社会科学知识。 35. 了解中国教育基本情况。 36. 具有相应的艺术欣赏与表现知识。 37. 具有适应教育内容、教学手段和方法现代化的信息技术知识。
专业能力	（九）教学设计	38. 科学设计教学目标和教学计划。 39. 合理利用教学资源和方法设计教学过程。 40. 引导和帮助中学生设计个性化的学习计划。
	（十）教学实施	41. 营造良好的学习环境与氛围，激发与保护中学生的学习兴趣。 42. 通过启发式、探究式、讨论式、参与式等多种方式，有效实施教学。 43. 有效调控教学过程，合理处理课堂偶发事件。 44. 引发中学生独立思考和主动探究，发展学生创新能力。 45. 发挥好共青团、少先队组织生活、集体活动、信息传播等教育功能。 46. 将现代教育技术手段整合应用到教学中。
	（十一）班级管理与教育活动	47. 建立良好的师生关系，帮助中学生建立良好的同伴关系。 48. 注重结合学科教学进行育人活动。 49. 根据中学生世界观、人生观、价值观形成的特点，有针对性地组织开展德育活动。 50. 针对中学生青春期生理和心理发展特点，有针对性地组织开展有益身心健康发展的教育活动。 51. 指导学生理想、心理、学业等多方面发展。 52. 有效管理和开展班级、共青团、少先队活动。 53. 妥善应对突发事件。

续表

维度	领域	基本要求
专业能力	（十二）教育教学评价	54. 利用评价工具，掌握多元评价方法，多视角、全过程评价学生发展。 55. 引导学生进行自我评价。 56. 自我评价教育教学效果，及时调整和改进教育教学工作。
	（十三）沟通与合作	57. 了解中学生，平等地与中学生进行沟通交流。 58. 与同事合作交流，分享经验和资源，共同发展。 59. 与家长进行有效沟通合作，共同促进中学生发展。 60. 协助中学与社区建立合作互助的良好关系。
	（十四）反思与发展	61. 主动收集分析相关信息，不断进行反思，改进教育教学工作。 62. 针对教育教学工作中的现实需要与问题，进行探索和研究。 63. 制定专业发展规划，积极参加专业培训，不断提高自身专业素质。

三、实施建议

（一）各级教育行政部门要将《专业标准》作为中学教师队伍建设的基本依据

根据中学教育改革发展的需要，充分发挥《专业标准》引领和导向作用，深化教师教育改革，建立教师教育质量保障体系，不断提高中学教师培养培训质量。制定中学教师准入标准，严把中学教师入口关；制定中学教师聘任（聘用）、考核、退出等管理制度，保障教师合法权益，形成科学有效的中学教师队伍管理和督导机制。

（二）开展中学教师教育的院校要将《专业标准》作为中学教师培养培训的主要依据

重视中学教师职业特点，加强中学教育学科和专业建设。完善中学教师培养培训方案，科学设置教师教育课程，改革教育教学方式；重视中学教师职业道德教育，重视社会实践和教育实习；加强从事中学教师教育的师资队伍建设，建立科学的质量评价制度。

（三）中学要将《专业标准》作为教师管理的重要依据

制定中学教师专业发展规划，注重教师职业理想与职业道德教育，增强教师育人的责任感与使命感；开展校本研修，促进教师专业发展；完善教师岗位职责和考核评价制度，健全中学教师绩效管理机制。中等职业学校教师参照执行。

（四）中学教师要将《专业标准》作为自身专业发展的基本依据

制定自我专业发展规划，爱岗敬业，增强专业发展自觉性；大胆开展教育教学实践，不断创新；积极进行自我评价，主动参加教师培训和自主研修，逐步提升专业发展水平。

附录七　中小学教师职业道德规范

为进一步加强教师队伍建设，全面提高中小学教师队伍的师德素质和专业水平，在广泛征求意见的基础上，对1997年国家教委和全国教育工会联合印发的《中小学教师职业道德规范》进行了修订，于2008年9月1日由中华人民共和国教育部颁布实施。内容如下：

一、爱国守法

热爱祖国，热爱人民，拥护中国共产党领导，拥护社会主义。全面贯彻国家教育方针，自觉遵守教育法律法规，依法履行教师职责权利。不得有违背党和国家方针政策的言行。

二、爱岗敬业

忠诚于人民教育事业，志存高远，勤恳敬业，甘为人梯，乐于奉献。对工作高度负责，认真备课上课，认真批改作业，认真辅导学生。不得敷衍塞责。

三、关爱学生

关心爱护全体学生，尊重学生人格，平等公正对待学生。对学生严慈相济，做学生良师益友。保护学生安全，关心学生健康，维护学生权益。不讽刺、挖苦、歧视学生，不体罚或变相体罚学生。

四、教书育人

遵循教育规律，实施素质教育。循循善诱，诲人不倦，因材施教。培养学生良好品行，激发学生创新精神，促进学生全面发展。不以分数作为评价学生的唯一标准。

五、为人师表

坚守高尚情操，知荣明耻，严于律己，以身作则。衣着得体，语言规范，举止文明。关心集体，团结协作，尊重同事，尊重家长。作风正派，廉洁奉公。自觉抵制有偿家教，不利用职务之便谋取私利。

六、终身学习

崇尚科学精神，树立终身学习理念，拓宽知识视野，更新知识结构。潜心钻研业务，勇于探索创新，不断提高专业素养和教育教学水平。

附录八　中小学教师违反职业道德行为处理办法

第一条　为规范教师职业行为，保障教师、学生的合法权益，根据《中华人民共和国教育法》《中华人民共和国未成年人保护法》《中华人民共和国教师法》《教师资格条例》等法律法规，制定本办法。

第二条　本办法所称中小学教师是指幼儿园、特殊教育机构、普通中小学、中等职业学校、少年宫以及地方教研室、电化教育等机构的教师。

前款所称中小学教师包括民办学校教师。

第三条　本办法所称处分包括警告、记过、降低专业技术职务等级、撤销专业技术职务或者行政职务、开除或者解除聘用合同。其中，警告期限为 6 个月，记过期限为 12 个月，降低专业技术职务等级、撤销专业技术职务或者行政职务期限为 24 个月。

第四条　教师有下列行为之一的，视情节轻重分别给予相应处分：

（一）在教育教学活动中有违背党和国家方针政策言行的；

（二）在教育教学活动中遇突发事件时，不履行保护学生人身安全职责的；

（三）在教育教学活动和学生管理、评价中不公平公正对待学生，产生明显负面影响的；

（四）在招生、考试、考核评价、职务评审、教研科研中弄虚作假、营私舞弊的；

（五）体罚学生的和以侮辱、歧视等方式变相体罚学生，造成学生身心伤害的；

（六）对学生实施性骚扰或者与学生发生不正当关系的；

（七）索要或者违反规定收受家长、学生财物的；

（八）组织或者参与针对学生的经营性活动，或者强制学生订购教辅资料、报刊等谋取利益的；

（九）组织、要求学生参加校内外有偿补课，或者组织、参与校外培训机构对学生有偿补课的；

（十）其他严重违反职业道德的行为应当给予相应处分的。

第五条　学校及学校主管教育部门发现教师可能存在第四条列举行为的，应当及时组织调查，核实有关事实。作出处理决定前，应当听取教师的陈述和申辩，听取学生、其他教师、家长委员会或者家长代表意见，并告知教师有要求举行听证的权利。对于拟给予降低专业技术职务等级以上的处分，教师要求听证的，拟作出处理决定的部门应当组织听证。

第六条　给予教师处分，应当坚持公正、公平和教育与惩处相结合的原则；应当与其违反职业道德行为的性质、情节、危害程度相适应；应当事实清楚、证据确凿、定性准确、处理恰当、程序合法、手续完备。

第七条　给予教师处分按照以下权限决定：

（一）警告和记过处分，公办学校教师由所在学校提出建议，学校主管教育部门决定。民办学校教师由所在学校决定，报主管教育部门备案。

（二）降低专业技术职务等级、撤销专业技术职务或者行政职务处分，由教师所在学校提出建议，学校主管教育部门决定并报同级人事部门备案。

（三）开除处分，公办学校教师由所在学校提出建议，学校主管教育部门决定并报同级人事部门备案;民办学校教师或者未纳入人事编制管理的教师由所在学校决定并解除其聘任合同,报主管教育部门备案。

第八条　处分决定应当书面通知教师本人并载明认定的事实、理由、依据、期限及救济途径等内容。

第九条　教师有第四条列举行为受到处分的,符合《教师资格条例》第十九条规定的,由县级以上教育行政部门依法撤销其教师资格。教师受处分期间暂缓教师资格定期注册。依据《中华人民共和国教师法》第十四条规定丧失教师资格的,不能重新取得教师资格。教师受降低专业技术职务等级处分期间不能申报高一级专业技术职务。教师受撤销专业技术职务处分期间不能重新申报专业技术职务。

第十条　教师不服处分决定的,可以向学校主管教育部门申请复核。对复核结果不服的,可以向学校主管教育部门的上一级行政部门提出申诉。

第十一条　学校及主管教育部门拒不处分、拖延处分或者推诿隐瞒造成不良影响或者严重后果的,上一级行政部门应当追究有关领导责任。

第十二条　教师被依法判处刑罚的,依据《事业单位工作人员处分暂行规定》给予撤销专业技术职务或者行政职务以上处分。教师受到剥夺政治权利或者故意犯罪受到有期徒刑以上刑事处罚的,丧失教师资格。

第十三条　省级教育行政部门应当结合当地实际情况制定实施细则,并报国务院教育行政部门备案。

第十四条　本办法自发布之日起施行。

参考文献

[1] 本书编写组. 优秀教师的专业成长之路[M]. 广州:世界图书广东出版公司,2011.
[2] 陈时见. 课程与教师发展:多元文化的检视[M]. 北京:学苑出版社,2003.
[3] 陈霞. 教师专业发展的实效性研究[M]. 北京:北京大学出版社,2012.
[4] 陈向明. 质的研究方法与社会科学研究[M]. 北京:教育科学出版社,2002.
[5] 陈永明. 现代教师论[M]. 上海:上海教育出版社,1999.
[6] 程红艳,等. 新教师的专业发展[M]. 武汉:华中师范大学出版社,2011.
[7] 崔允漷,等. 校本课程开发:初中案例[M]. 上海:华东师范大学出版社,2006.
[8] 单中惠. 教师专业发展的国际比较[M]. 北京:教育科学出版社,2010.
[9] 丁红涛. 教师的职业内涵与专业发展引论[M]. 北京:中国轻工业出版社,2011.
[10] 傅道春. 教师的成长与发展[M]. 北京:教育科学出版社,2001.
[11] 傅金兰. 信息时代的教师专业成长与生命完善[M]. 济南:山东大学出版社,2009.
[12] 顾明远,等. 国际教育新理念[M]. 海口:海南出版社,2001.
[13] 顾小清. 面向信息化的教师专业发展——行动学习的实践视角[M]. 北京:教育科学出版社,2006.
[14] 韩国海. 教师专业成长指引[M]. 西安:陕西师范大学出版社,2009.
[15] 洪明. 教师教育的理论与实践[M]. 福州:福建教育出版社,2002.
[16] 黄甫全. 新课程中的教师角色与教师培训[M]. 北京:人民教育出版社,2003.
[17] 黄显华,等. 课程发展与教师专业发展的伙伴协作[M]. 香港:香港中文大学出版社,2003.
[18] 蒋建洲. 发展性教育评价的理论与实践研究[M]. 长沙:湖南师范大学出版社,2000.
[19] 教育部基础教育司,教育部师范教育司. 普通高中新课程研修手册——校本教研与教师专业发展[M]. 北京:高等教育出版社,2004.
[20] 教育部师范教育司. 教师专业化的理论与实践[M]. 北京:人民教育出版社,2001.
[21] 金美福. 教师自主发展论[M]. 北京:教育科学出版社,2005.
[22] 李瑾瑜,等. 课程改革与教师专业发展[M]. 北京:中国人事出版社,2002.
[23] 李琼. 教师专业发展的知识基础:教学专长研究[M]. 北京:北京师范大学出版社,2009.
[24] 联合国教科文组织国际教育发展委员会. 学会生存——教育世界的今天和明天[M]. 北京:教育科学出版社,2000.
[25] 联合国教科文组织. 教育——财富蕴藏其中[M]. 北京:教育科学出版社,1996.
[26] 刘捷. 专业化:挑战 21 世纪的教师[M]. 北京:教育科学出版社,2002.

[27] 刘良华.校本行动研究[M].成都:四川教育出版社,2002.
[28] 刘清华.教师知识的模型建构研究[M].北京:中国社会科学出版,2004.
[29] 刘素梅.教师专业发展新视界[M].长春:东北师范大学出版社,2010.
[30] 卢乃桂,等.中国教师的专业发展与变迁[M].北京:教育科学出版社,2009.
[31] 卢正芝.校长视域下的教师专业发展[M].杭州:浙江大学出版社,2010.
[32] 陆有铨,等.走向研究型教师之路——教育研究方法与应用[M].杭州:浙江电子音像出版社,2002.
[33] 吕洪波.教师反思的方法[M].北京:教育科学出版社,2006.
[34] 罗炜.校本教研教师行动研究案例[M].北京:首都师范大学出版社,2007
[35] 饶从满,等.教师专业发展[M].长春:东北师范大学出版社,2005.
[36] 任英杰.知识管理视域下的教师专业发展[M].沈阳:东北大学出版社,2009.
[37] 申继亮.新世纪教师角色重塑[M].北京:北京师范大学出版社,2006.
[38] 宋虎平.行动研究[M].北京:教育科学出版社,2003.
[39] 苏令.校长引领与教师专业成长[M].北京:开明出版社,2005.
[40] 唐莲君.校本教研指南[M].北京:教育科学出版社,2003.
[41] 王斌华.发展性教师评价制度[M].上海:华东师范大学出版社,1998.
[42] 王建军.课程变革与教师专业发展[M].成都:四川教育出版社,2004.
[43] 王荣德.教师人格论[M].北京:科学出版社,2001.
[44] 王少非.新课程背景下的教师专业发展[M].上海:华东师范大学出版社,2005.
[45] 王少非.在经验与反思中成长:案例开发与教师专业发展[M].济南:山东人民出版社,2008.
[46] 王水玉,等.教师专业成长策论[M].北京:中国大地出版社,2004.
[47] 王卫东,等.教师专业发展探新[M].广州:暨南大学出版社,2007.
[48] 王文.青年教师专业发展指导[M].武汉:华中科技大学出版社,2012.
[49] 吴金辉.教师专业发展的理论与实践[M].北京:中国传媒大学出版社,2006.
[50] 吴卫东.教师专业发展与培训[M].杭州:浙江大学出版社,2005.
[51] 肖川.教师的诗意生活与专业成长[M].北京:新华出版社,2009.
[52] 肖川.教师的幸福人生与专业成长[M].北京:新华出版社,2008.
[53] 熊川武.反思性教学[M].上海:华东师范大学出版社,1999.
[54] 徐碧美.追求卓越——教师专业发展案例研究[M].北京:人民教育出版社,2003.
[55] 荀渊.教师专业发展制度[M].北京:教育科学出版社,2011.
[56] 杨多.教师心理健康与专业成长[M].成都:西南交通大学出版社,2008.
[57] 杨小微.教育研究的理论与方法[M].北京:北京师范大学出版社,2008.
[58] 叶澜,等.教师角色与教师发展新探[M].北京:教育科学出版社,2001.
[59] 易凌云.教师个人教育观念:教师专业发展的新视角[M].北京:教育科学出版社,2010.
[60] 应湘,等.教师专业发展与学生成长[M].广州:暨南大学出版社,2007.

[61] 袁振国.当代教育学[M].北京:教育科学出版社,2005.
[62] 袁振国.教育新理念[M].北京:教育科学出版社,2004.
[63] 张仁贤.教师专业成长的阶梯[M].天津:天津教育出版社,2008.
[64] 张维仪.教师教育——改革与发展热点问题透视[M].南京:南京师范大学出版社,2000.
[65] 张行涛.新世纪教师素养[M].北京:首都师范大学出版社,2003.
[66] 赵昌木.教师成长论[M].兰州:甘肃教育出版社,2004.
[67] 赵昌木.教师专业发展[M].济南:山东人民出版社,2011.
[68] 赵中建.学校文化[M].上海:华东师范大学出版社,2004.
[69] 郑慧琦,等.教师成为研究者[M].上海:上海教育出版社,2004.
[70] 郑金洲.教育研究专题[M].上海:华东师范大学出版社,2002.
[71] 钟秉林.教师专业发展理论研究[M].北京:北京师范大学出版社,2011.
[72] 钟祖荣.现代教师学导论:教师专业发展指导[M].北京:中央广播电视大学出版社,2001.
[73] 周国韬.教师专业发展与校本行动研究[M].北京:中国轻工业出版社,2010.
[74] 周南照,等.教师教育改革与教师专业发展:国际视野与本土实践[M].上海:华东师范大学出版社,2007.
[75] 周淑卿.课程发展与教师专业[M].北京:九州出版社,2006.
[76] 朱玲娟.教师专业成长新论[M].北京:研究出版社,2007.
[77] 朱小蔓.教育的问题与挑战:思想的回应[M].南京:南京师范大学出版社,1999.
[78] 朱小蔓.新世纪教师教育专业化走向[M].南京:南京师范大学出版社,2003.
[79] [加]康纳利,等.教师成为课程研究者——经验叙事[M].杭州:浙江教育出版社,2004.
[80] [美]费尔斯腾,等.教师新概念——教师教育理论与实践[M].北京:中国轻工业出版社,2002.
[81] [美]格斯柯.教师专业发展评价[M].北京:中国轻工业出版社,2005.
[82] [日]佐藤学.课程与教师[M].北京:教育科学出版社,2003.